丛书主编 吴松弟　丛书副主编 戴鞍钢

Modern Economic Geography of China
Vol. 9

姚永超 著

中国近代经济地理 —— 第九卷

东北近代经济地理

华东师范大学出版社

本书为
国家出版基金资助项目
"十二五"国家重点图书出版规划项目
上海文化发展基金会图书出版专项基金资助项目

本书系2011年度国家社科基金重大课题"中国旧海关内部出版物的整理与研究"(11&ZD092)和2011年度教育部人文社科青年课题"中国近代海关地理信息系统数据库的构建研究"(11YJC790241)的资助成果

《中国近代经济地理》总序

吴松弟

描述中国在近代(1840—1949年)所发生的从传统经济向近代经济变迁的空间过程及其形成的经济地理格局,是本书的基本任务。这一百余年,虽然是中国备受帝国主义列强欺凌的时期,却又是中国通过学习西方逐步走上现代化道路,从而告别数千年封建王朝的全新的历史时期。1949年10月1日中华人民共和国成立,中国的现代化进入新的阶段。

近20年,中国历史地理学和中国近代经济史研究都取得了较大的进步,然而对近代经济变迁的空间进程及其形成的经济地理格局的研究,却仍处于近乎空白的状态。本书的写作,旨在填补这一空白,以便学术界从空间的角度理解近代中国的经济变迁,并增进对近代政治、文化及其区域差异的认识。由于1949年10月1日以后的新阶段建立在以前的旧时期的基础上,对中国近代经济地理展开比较全面的研究,也有助于政府机关、学术界和企业认识并理解古老而广袤的中国大地上发生的数千年未有的巨变在经济方面的表现,并在学术探讨的基础上达到一定程度的经世致用。

全书共分成9卷,除第一卷为《绪论和全国概况》之外,其他8卷都是分区域的论述。区域各卷在内容上大致可分成两大板块:一个板块是各区域近代经济变迁的背景、空间过程和内容,将探讨经济变迁空间展开的动力、过程和主要表现;另一个板块是各区域近代经济地理的简略面貌,将探讨产业部门的地理分布、区域经济的特点,以及影响区域经济的主要因素。

在个人分头研究的基础上,尽量吸收各学科的研究成果与方法,将一部从空间的角度反映全国和各区域经济变迁的概貌以及影响变迁的地理因素的著作,奉献给大家,是我们的初衷。然而,由于中国近代经济变迁的复杂性和明显的区域经济差异,以及长期以来在这些方面研究的不足,加之我们自身水平的原因,本书在深度、广度和理论方面都有许多不足之处。我们真诚地欢迎各方面的批评,在广泛吸纳批评意见的基础上,推进中国近代经济地理的研究。

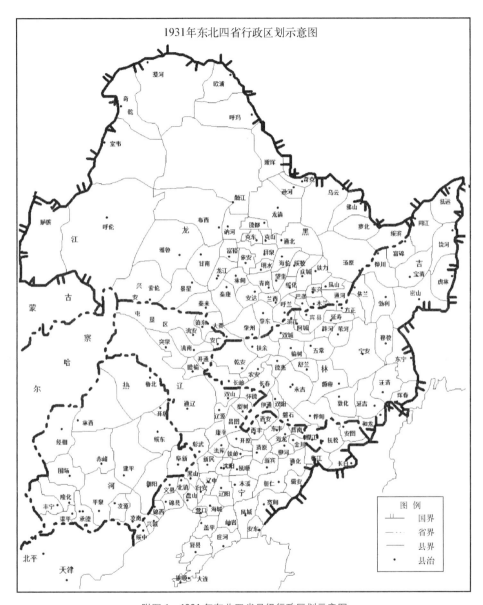

附图1 1931年东北四省县级行政区划示意图

(资料来源:金毓黻主编:《东北要览》,国立东北大学编印,1944年,第280页。)

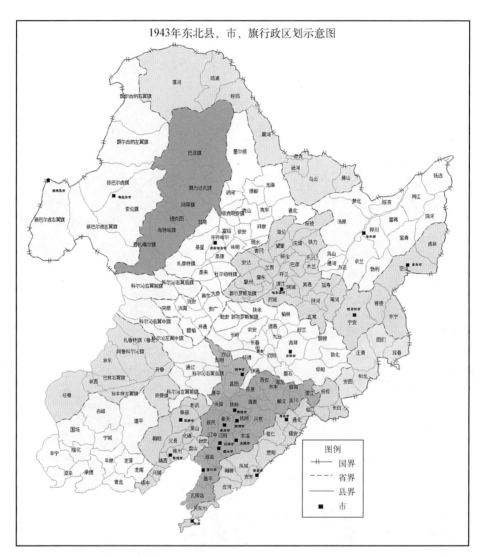

附图2 1943年伪满县、市、旗行政区划示意图

(资料来源:金毓黻主编:《东北要览》,国立东北大学编印,1944年,第279页。)

目 录

第一章 绪论 /1
第一节 东北经济近代化的"空间范式"探讨 /1
一、问题的提出 /1
二、"港口—腹地"分析框架的相关概念 /4
第二节 东北近代经济地理研究回顾 /9
一、1895—1931年：地志的编纂 /10
二、1932—1948年：传统经济地理学成果的涌现 /10
三、1949—1977年：重点研究生产关系 /11
四、1978年以来：生产分布的再认识 /12
第三节 本书写作主线和基本资料说明 /12
一、本书写作主线 /12
二、基本资料说明 /17

第二章 近代经济区形成的自然环境、历史基础与影响因素 /19
第一节 近代经济区形成的自然环境 /19
一、东北地理环境和自然资源特点 /19
二、自然分区二元张力的历史性冲破 /23
第二节 近代经济区形成的历史基础 /25
一、柳条边：清前中期东北的自然、经济和政治分界线 /25
二、南部的农业区 /27
三、东部以渔猎经济为主的地区 /31
四、西部以游牧经济为主的地区 /32
第三节 近代经济区形成的影响因素 /34
一、移民与东北经济开发 /34
二、日俄侵略与东北经济开发 /39

三、清末、民国时期政府对东北的经济开发 / 45
　　四、三元社会经济结构的消融与近代经济区的形成 / 49
第三章　港埠开放、对外贸易发展与辐射腹地 / 51
　第一节　口岸开放与对外贸易发展 / 51
　　一、口岸开放的时空格局 / 51
　　二、对外贸易的快速增长 / 53
　第二节　各口岸贸易发展特征分析 / 65
　　一、1907—1931年各口岸在东北对外贸易中的比重 / 65
　　二、1907—1931年各口岸贸易发展特征 / 66
　　三、伪满时期各口岸在东北对外贸易中的地位 / 80
　第三节　各口岸辐射腹地 / 81
　　一、营口港腹地的盈缩 / 81
　　二、南满铁路干支线延伸与大连港腹地空间的拓展 / 87
　　三、安东港的腹地空间 / 99
　　四、俄国(苏联)海参崴港对东北北部地区的影响 / 102
　　五、朝鲜北部港口对东北东部地区的影响 / 105
第四章　交通运输与通信体系近代化的空间进程与格局 / 109
　第一节　南部沿海港口的修筑与海运发展 / 109
　　一、新式港口的修筑及其运营 / 109
　　二、海洋航路的开辟和轮船运输的发展 / 116
　第二节　铁路、公路和航空交通的兴起 / 119
　　一、以港口为指向的铁路交通网络的形成 / 119
　　二、公路的修筑和汽车运输 / 129
　　三、航空交通的兴起 / 132
　第三节　传统大车与内河帆船运输的延续 / 132
　　一、大车运输的普遍 / 133
　　二、河运的变迁 / 137
　第四节　邮政与电讯的发展 / 141
　　一、从通商口岸开始的邮政 / 141
　　二、电讯的兴起和发展 / 144
第五章　农垦拓展和农业商品化的空间过程与格局 / 148
　第一节　农垦的空间过程 / 148
　　一、由南向北、由内及边的农垦过程 / 148

二、土地利用的空间差异 /153

第二节 农业经济的新变化 /155
一、农垦企业的兴起和发展 /155
二、近代农技的引进和推广 /158

第三节 区域专业化的农业空间结构 /162
一、大豆专业区的形成与重心推移 /162
二、粮食作物的区域专业化生产趋向 /165
三、经济作物的区域专业化生产 /168

第四节 林、牧副业的外向化 /172
一、林业的采伐和运销 /172
二、畜牧业的分布和商品化 /174
三、渔业资源的分布和开发 /179

第六章 工业化的空间进程与格局 /182

第一节 近代工业的勃兴与分布 /182
一、出口加工和进口替代轻工业的勃兴 /183
二、南满、中东铁路工业带的初现 /190

第二节 伪满时期重工业发展和重点工业区的形成 /196
一、满铁、满业主导下的重工业发展 /196
二、重点工业区的形成 /201

第七章 商业体系和金融中心的变迁 /205

第一节 以商埠城市为中心的商品市场网络的形成 /205
一、沿海、沿江、沿边城市的全面开放与区域中心市场的形成 /205
二、区域中级市场与口岸城市、腹地城乡的经济互动 /213
三、腹地集镇与村落初级市场的发育 /218

第二节 商品流通结构的演进 /221
一、19 世纪后半期以营口为中心的商品交易 /221
二、20 世纪前期以大连为中心的商品流通 /226
三、伪满时期对商品流通的统制 /232

第三节 金融中心的变迁 /234
一、1931 年前以港埠城市为中心的区域金融体系 /234

二、伪满时期统一金融体系的建立与金融统制 / 250

第八章　城市化的空间进程与格局 / 256

第一节　商埠城市的密集诞生 / 256
　　一、沿海通商口岸城市型政区"市"的孕育 / 258
　　二、内陆商埠城市经济职能的增强 / 262

第二节　铁路交通枢纽和工矿业城市的兴起 / 265
　　一、铁路附属地与近代城市的兴起及转型 / 265
　　二、其他铁路沿线城市的发展 / 268
　　三、工矿业城市的崛起 / 271

第三节　城镇规模的急剧壮大与地域差异 / 274
　　一、大城市的急剧发展 / 275
　　二、中小城镇的迅速增长 / 281
　　三、城镇发展的地域差异 / 286

第四节　以港埠城市为核心的城镇结构体系 / 287
　　一、清中期东北城镇的连接结构 / 288
　　二、营口一口开放时期的城镇连接结构 / 289
　　三、南、北港口并存时期的城镇连接结构 / 289
　　四、伪满时期满铁一元化管理下的城镇连接结构 / 290

第九章　近代东北的经济地理特性及区域发展分异 / 292

第一节　近代东北的经济地理特性 / 292
　　一、基础设施布局的外向性 / 292
　　二、经济的商品性和输出性 / 293

第二节　经济近代化的南、北分异与其成因 / 294
　　一、商业发展差异 / 295
　　二、工业发展差异 / 297
　　三、农业发展差异 / 302
　　四、区域发展落差的历史地理成因 / 306

第三节　港埠经济区近代化发展的个案分析 / 309
　　一、"营口—辽西"港埠经济区构建的滞碍 / 309
　　二、"安东—辽东南"港埠经济区发展的困境 / 313

后记 / 316

表图总目 / 318

参考征引文献举要 / 321

索引 / 332

第一章 绪论

第一节 东北经济近代化的"空间范式"探讨

一、问题的提出

经济地理学是研究人类各种生产活动在空间上分布规律的学科。空间分布这一概念,所涉及的不仅是各种经济活动的最优区位,而且包含它们在分布上的集中与分散,以及由此产生的地区内各种部门的组合方式,地区间生产、发展与分布面貌的一致性与差异性等。① 东北近代经济地理,顾名思义,指的是 1840—1949 年间中国东北地区②的生产和分布过程、驱动机制及其结果面貌。

1. 东北经济地理面貌在近代中国和世界格局中的巨变

东北地区是近代中国较为特殊的一个区域,开发最晚,发展速度却最为迅速。短短一百余年的时间里,它从一个原始的农牧渔猎经济并存地区,飞跃成为中国工业近代化和农业市场化程度最高的地区之一。

清中期东北人口大约只有 400 万左右,其中 300 万集中分布在南部辽河流域的农业区,无棉花种植和手工纺织业,对关内年约输出大豆 2 000 万石,换回棉、丝、茶、瓷器等日用品;其余 100 万人口分布在吉林、黑龙江和内蒙古东部地区,处于原始的游牧—狩猎经济阶段或游牧经济阶段。

咸丰十年(1860 年)清政府对自由进入东北的禁令解除以后,由关内向东北地区的移民大潮逐渐形成,这也是 20 世纪人类历史上最为壮观的移民浪潮。到 1949 年,东北地区人口增长到 4 000 万。20 世纪以前,东北进出口贸易额还不到全国的 1%,排在全国各大区的最后。随着移民的激增和农业区的扩展,农产品大量向外输出,20 世纪初期东北对外贸易增长迅猛。1907—1927 年中国的贸易总额,年平均增长率约为 3%,而东北竟增长了 12%;出口贸易额关内平均增长了 4 倍,东北则增长了 18 倍。③ 到 1931 年时,东北的出口额居华中之后,排在全国第二位,进口额居华中、华南之后,排在全国第三位。④ 从人均贸易额来看,当时人口尚不到关内 8%的东北,在对外贸易方面达到关内贸易量的 30%,即东北人均贸易额超过关内的 3 倍。⑤

---

① 周起业:《西方生产布局学原理》,中国人民大学出版,1987 年,第 1 页。
② 本书所指东北,包括今天的辽宁、吉林、黑龙江三省以及内蒙古东部的呼伦贝尔市、通辽市、赤峰市、兴安盟地区和河北省东北部部分地区。
③ [日]满史会编著,东北沦陷十四年史辽宁编写组译:《满洲开发四十年史》,上册,内部印行,1988 年,第 12 页。
④ 严中平:《中国近代经济史统计资料选辑》,科学出版社,1955 年,第 68 页。
⑤ [日]满史会编著,东北沦陷十四年史辽宁编写组译:《满洲开发四十年史》,上册,内部印行,1988 年,第 54 页。

而且除个别年份外,东北是全国唯一连续保持贸易顺差的地区,并且顺差额几乎等于进口额,在一定程度上弥补了近代中国对外贸易逆差。

咸丰十一年(1861年)后,英、美以及此后争赶上来的俄、日势力竞相进入东北,为扩大他们各自的经济利益,分别在运输业、农业、林业、工业、矿业、商业、金融业等领域投下了巨额资本,以谋求高额利润。1931年九一八事变前,上述各国在东北的投资总额为24.287亿日元,其中日本为17.566亿日元,苏联为5.9亿日元。伪满时期,日本又在东北投资76.79亿日元,累计总数为94.36亿日元。[①] 清末和民国时期,东北地方政府和民族资本家在列强刺激下,也努力发展东北经济。伪满时期政府投资于各种会社的资本高达127亿满元,民族商业资本约有3.7亿满元。[②] 在中外各种经济力量的影响之下,1931年之前,东北的铁路已初呈网络化布局。至1945年,总长度达到11 822公里。按东北全区面积138.5万平方公里计算,每平方公里线路里程为8.5公里,为关内(1.6公里)的5倍。1945年东北工业产值占当地工农业总产值的比重由1931年的26.9%增长到59.3%,东北南部地区迈入了工业化阶段。此外,据胡焕庸《中国人口地理》一书搜集的20世纪中期中国各省区城市化统计数据,1949年黑龙江城镇人口占人口总数的24.2%,吉林城镇人口占人口总数的22%,辽宁城镇人口占人口总数的18.1%,而同期全国城镇人口占总人口数的比重为10.6%,[③]可见东北三省的城镇化已高出全国的平均水平。

近代东北遍地的开放和开发、移民大潮的持续不断、密集铁路网络的出现、现代的海港交通和进出口贸易的迅猛发展、大豆等特产物品的垄断世界市场,这些因素均昭示了东北区域经济发生了历史性的飞跃和质变。

东北地区经济的成长和速变,首先是近代中国边疆地区开发史上的一件颇具意义的大事。当时,中国的其他边疆地区,如内蒙古、新疆、西藏、云南、台湾,在经济开发方面都取得了较大的进展。然而东北由于拥有最大的可供生产和生活的空间范围、最多的人口数量、最大面积的已开发耕地,以及工农业生产的较高地位,所以其开发的重要意义无疑居各边疆地区之首。

东北地区经济的成长和速变,也是近代中国经济发展史上的一件颇具意义的大事。近代华北自然灾害频繁,政治时局动荡,东北成为华北地区人口迁移和发展的新空间。东北对关内大豆、粮食和煤炭等农产品和能源物资的输出,为华北、华中及华南地区提供了生产和生活资料,同时也为国货的销售提供了市场。此外,从工业化发展程度来看,即使和内地传统经济发达区域的工业化程度相比,近代东北也是工业化速度最快且工业化水平遥遥领先的。事实上在近代,东北地区仅次于

---

① 许涤新、吴承明主编:《新民主主义革命时期的中国资本主义》(《中国资本主义发展史》第三卷),人民出版社,1993年,第383、391页。
② 许涤新、吴承明主编:《新民主主义革命时期的中国资本主义》(《中国资本主义发展史》第三卷),人民出版社,1993年,第401、419页。
③ 胡焕庸:《中国人口地理》,华东师范大学出版社,1984年,第184页。

长江下游地区,为中国工业化最发达的区域板块之一。美国经济史学者罗斯基认为,近代中国的经济增长,是从两个地区向外扩展的:即以充满经济活力的大都会上海为中心的江南地区和以今辽宁省东南的沈阳(奉天)、鞍山、本溪、营口(牛庄)及大连为工业与交通中心的东北地区。据他的研究,江苏省(包括上海)和东北地区的工业总产出,约占1933年全国工业总产值的2/3,而这两地区的人口仅占全国的1/7。在20世纪30年代末,东北地区的工业产出占全国工业总产出的比例上升到8%,如果将小规模的制造业也包括在内,这一比例将达12%。1933年,长江下游(包括上海)地区,工厂产出占地区总产出的比例粗略估计为10%,而在全国这一比例仅为2.2%。①

近代东北区域经济的成长和速变,对日、俄、欧美等国家和地区乃至整个近代世界经济发展史也具有重要意义。无论土地面积还是蕴藏资源,东北比日本都有优势,因此日本视东北为海外最有发展价值的殖民地。1931年前日本对东北投资高达17.566亿日元,带有国策性质的殖民公司"南满洲铁道株式会社"(以下简称"满铁")操纵下的南满铁路和大连港垄断了东北60%以上的进出口货物,东北一方面向日本出口大豆、煤炭、铁矿石等初级产品,充当了日本的生产和生活原料基地,另一方面大量进口日本的棉纺织品等加工制造货物,充当了日本的商品和投资市场。伪满时期,东北完全沦为日本殖民经济体系的附庸。近代东北对俄国尤其是远东地区来说,影响也非同寻常。东北北部除了是俄国商品和投资市场之外,其所生产和出口的面粉、杂粮等也是俄国远东地区居民生活资料的重要保障。此外,东北也是欧美等国家的商品市场和原料产地。东北大豆是近代中国继生丝和茶叶之后,垄断国际市场的又一拳头产品。东北大豆这种原料商品对欧洲油脂工业来说至关重要,"欧洲粮市每视北满之豆产丰歉为转移"②。1929—1933年间,中国大豆占世界总产量的89.4%,其中1929年东北大豆的产量又占当时中国大豆总产量的37.07%。③

东北近代经济巨变的成就如此之大,但其成长过程却充满了许多理论悖论,有许多地方不同于人们对经济发展的一般理解,比如经济发展往往需要相对稳定的环境,但东北近代的经济巨变却是在甲午战争、三国干涉还辽、俄国独占东北、日俄战争、九一八事变等政治动荡环境中发生的。近代东北被动地纳入世界经济体系之后,正是欧美和日本对东北市场的需求导致了东北农产品商品化和经济市场化,但同时无论中东铁路公司(以下简称"中东")还是满铁,都又表现出了浓厚的国家背景和计划经济色彩。在此,市场和计划又是如何结合而创造出高效发展的经济的呢?世界上一般宗主国和殖民地之间的关系都是掠夺式开发,而伪满时期的日

---

① [美]托马斯·罗斯基著,唐巧天等译:《战前中国经济的增长》,浙江大学出版社,2009年,第84页。
② 《中华民国二年哈尔滨暨所属各分口华洋贸易情形论略》,中国第二历史档案馆等编:《中国旧海关史料(1859—1948)》,第61册,京华出版社,2001年,第121页。
③ 许道夫编:《中国近代农业生产及贸易统计资料》,上海人民出版社,1983年,第182页。

本却在更险恶的用心下,在东北大规模发展最新技术工矿产业,这客观上为东北经济近代化奠定了基础。

总之,对整个中国近代经济地理研究来说,东北近代经济地理的形成过程、基本格局及其影响因素诸问题,无疑是最具有研究价值和历史意义的课题之一。此外,东北地区近代经济开发的历史经验和教训,对今天的现代化建设也极具启发意义。但学术界对于东北近代开发的意义、背景、过程和复杂特点等问题的研究目前还很不够。本章拟在回顾东北近代经济地理研究的学术历程的基础上,阐述东北近代经济地理深入研究的必要性以及获取研究资料的可行性,并就东北近代经济地理的演化过程及其空间结构的根本特征提出一些新看法。

二、"港口—腹地"分析框架的相关概念

东北乃至中国近代经济地理的巨变,必须放到近代中国被动卷入早期经济全球化的历史背景中去观察。在这场经济全球化的浪潮冲击下,由于区位和环境因素,近代中国城市和区域形成了"港口—腹地"这一新型经济地理格局的空间范式。[①] 所谓"港口—腹地"就是具有港口经济[②]特征的各类直接和间接相关业务活动所涉及的地理区域。它除指港区、临港地带、港口城市等以外,还指港口业务活动辐射的区域,也就是腹地,包括直接腹地、间接腹地以及海上腹地。[③] 从经济地理学的角度来看,"港口—腹地"地域是一种典型的极化区域,即一定的空间范围被某种形式的流量联系在一起,区域中拥有对周围有吸引力的中心——港口,港口与周围区域形成信息、物资和能量的交换。从历史学的角度观察,传统农业社会港口的货物流通量有限,辐射空间范围狭小。近现代的世界贸易和工业经济兴起以后,港口功能有了质的飞跃,其辐射空间有了极大的扩张,在区域经济发展中可以发挥出关键的资源配置作用。

就近代中国的具体历史情况来看,19世纪中期由于贸易开放及受工业主义的影响,中国区域经济发生了巨大变化。冀朝鼎曾这样阐述他对从传统农业社会向近代社会转型的中国区域经济地理变化的认识:随着铁路修建、工商业发展和海外贸易的出现,起到列强经济与政治行动基地作用的商埠,成为强有力的经济与政治重心,每一港口控制着中国的一个主要区域。新分化地区的地理轮廓,大体上说来,与老的是一致的,主要是以地形条件为标志,但是其经济基础以及新区划的含义,与老的全然不同了。[④] 但冀朝鼎得出这样宏观性的结论后,对近代西方海洋商业文明日渐东来,中国从封闭型的农耕社会逐渐向开放型的工商社会转化,各个区域的经济体系和市场结构随之发生革命性的变化过程这样的情况,并没有再继续作深入的探讨。

---

① 吴松弟:《中国近代经济地理格局形成的机制与表现》,《史学月刊》2009年第8期。
② 港口经济是在以港口所在的区域为核心,依赖港口功能所开展的各类相关生产及流通领域的活动。
③ 茅柏科:《关于港口空间》,《中国港口》2005年第4期。
④ 冀朝鼎:《中国历史上的基本经济区与水利事业的发展》,中国社会科学出版社,1981年,第120页。

自冀朝鼎的研究发表以来,对中国近代沿海、沿江和沿边口岸开放后随之而来的数千年未有之大变局,历史、地理等学界的研究接踵而起,成果丰硕可观。但综观20世纪的研究成果,学者的基调,都是明确中国是如何被纳入到"产业革命"后欧洲工业发展所形成的世界中去的,一批学者从国民经济的理论框架,特别是世界经济论中的从属理论以及民族经济论等角度,做过不同的尝试,研究中以西方国家的成功为衡量标准的"现代化"或"现代性"意图鲜明,无意间倾向于"冲击—反应"、"传统—近代"和"帝国主义"等结构思路。①

进入21世纪以来,复旦大学的吴松弟组织起"港口—腹地"研究团队,致力于近代中国及各区域经济地理格局变迁过程及其驱动机制的深入研究。自2001年以来,笔者逐渐对东北近代经济地理诸问题积累原始资料并展开研究,认为搞清楚近代东北区域经济开发的基本路径、空间结构、历史主体、经济近代化的量变和质变等问题,是认识近代东北经济地理形成过程、格局及其机制的关键。"港口—腹地"分析框架,是解开东北近代经济地理诸多疑团的新空间理论范式。

1. 枢纽—网络:近代东北开发的基本路径和空间结构

经济地理学中关于区域空间结构的理论,通常有"中心—边缘"和"枢纽—网络"两种典型模式。②20世纪70年代,美国汉学家施坚雅开创性地把"中心—边缘"空间结构理论运用到晚清中国区域发展的历史实证研究之中。他以位于中国内陆封闭而相对独立的四川省为基础,按照河流系统,勾勒出中华帝国晚期九大具有经济史意义的区域,打破了传统的以政治边界划分中国的方法,创立了以市场为基础的研究模式。③但他没有再从东部沿海港口入手,思考近代中国区域历史空间结构的多维性问题。

20世纪90年代,中国城市史研究中出现了新的倾向,除了继续注重城市作为"中心地"的等级和功能之外,开始强调"区域"的概念,并在城市体系中提出系统网络的观点。在《帝国晚期的江南城市》中,美国学者约翰逊认为,"区域"这个自施坚雅以来西方经常用于中国研究的术语,并不是指一个由一些关键的语言、宗教或大宗经济产品所构成的具有同一性和一致性的地带,而是指由一些层级和地位会发生变化的地区所组成的系统,它们是一种建立在相互依赖的、较强交换关系上的模式。一个区域,其主要特点并不是内部的同质性,而是功能上的差异性。此外,区域也不是一个固定和封闭的地区,两个区域系统间的边界也不是固定的,它随着时间的流逝和功能划分的不同而发生变化。由此可以看出,约翰逊已经超出了传统的"中心—腹地"理论模式,开始关注起"枢纽—网络"结构中个性专业化的节点的不同功能连接。④

---

① [美]柯文著,林同奇译:《在中国发现历史——中国中心观在美国的兴起》,中华书局,2002年。
② 王铮等:《理论经济地理学》,科学出版社,2002年,第177页。
③ [美]施坚雅主编,叶光庭等译:《中华帝国晚期的城市》,中华书局,2000年。
④ [美]林达·约翰逊主编,成一农译:《帝国晚期的江南城市》,上海人民出版社,2005年,第7页。

总而言之,国外学者在不断地深入探讨中国区域和城市发展历史的过程中,将他们惯用的概念归纳的研究方法加以理论化提升,使形象化的"中心—边缘"模式一度成为中国区域经济史和区域地理研究的学科范式。但目前学界对约翰逊所代表的区域研究理论新动向仍不够关注。尽管"中心—边缘"模式能形象地概括传统时代中国区域发展的经验,但对近代中国区域经济地理格局所发生的天翻地覆巨变却无法作出解释。笔者认为,随着近代中国与海外大规模进出口贸易的兴起,通商港口和商埠地位大幅度提升,内陆交通节点城市货物集散中转功能日益发挥,这些都反映出了从东部沿海到内陆腹地,以港口城市为中心的新的"枢纽—网络"空间结构正在形成,中国区域经济现代化的空间进程因此有了新的载体和范式。

以港口为核心、腹地为外围的"枢纽—网络"空间,是一个对外开放性的区域,它更注重网络的架构,有边缘的动态延展和收缩特性,经济变迁也有发展的阶段性等诸多特征。笔者认为,对属于后发地区的近代东北来说,其开发受日俄等外部政治经济势力影响很深,"港口—铁路交通线—腹地"这种新型空间范式特征极为典型,并且它与西方当代经济学家所总结的西方国家对非洲等地区的殖民开发中所形成的"枢纽—网络"路径和结构也极为相似。

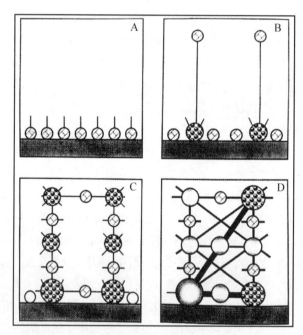

图 1.1 塔弗网络模型示意图
(资料来源:陈秀山、张可云:《区域经济理论》,商务印书馆,2003年,第372页。)

上图为美国学者塔弗(E. J. Taaffe)等人根据对西非加纳和尼日利亚的研究,提出殖民者在经济落后区域从沿海到内地的一种城市体系发展模式,即以海港和铁路系统扩展为主导的"枢纽—网络"空间结构演化模式,它假定发展先从沿海开始,然后向腹地扩散,增长的刺激来自区外。近代东北区域历史演化路径也与其相似,从自然地理意义上来看,东北分属华北和东北两大自然区,古代历史上辽西、辽东地区曾长时间归属于华北平原的大行政区。至清中期,今天的东北地区仍是以名为"柳条边"的篱栅隔离开的三块特色分明的经济区,"人"字形区域封闭结构明显。清中期辽沈地区是农耕区,吉林、黑龙江是游牧、狩猎经济区,内蒙古东部是游牧经济区。柳条边以南的辽沈地区实行与中原地区相类似的府县制度,柳条边以北的蒙古地区实行盟旗制度,柳条边以东的吉、黑地区实行军事镇戍制度。柳条边以南的辽沈地区以与中原相一致的农耕文化为主,柳条边以北以蒙古游牧文化为主,柳条边以东的吉、黑地区以农业和渔耕相结合的文化为主。修筑柳条边有其特定原因,主要功能在于隔绝,老边东段隔绝中外即中朝联系,老边西段和新边隔绝不同生产方式、不同政治体制、不同文化区域之间的人流和物流,从而保证东北边疆地区社会结构和秩序的稳定。

东北近代的开放和开发受到日俄两国外部势力的深刻影响,它们分别掌控中东、南满铁路以及海参崴、大连两大贸易港口,随着连接港口的铁路交通线向内陆腹地的延伸,旧的格局被彻底打破,以柳条边为封闭障碍的"人"字形区域结构于是转化为以港口—铁路、陆路或水路—腹地为骨架的开放性"枢纽—网络"结构,东北城市和区域的经济现代化进程就是随着这种"枢纽—网络"结构的构建而不断变化的。东北内部三块自然经济区的整合,即以山海关为界的东北政治和经济大区的崛起,是19世纪晚期和20世纪初年中国区域经济格局变化的一件历史性大事。①

2. 中东、满铁、东北地方政府和商人:建立起"枢纽—网络"空间结构的历史主体

近代东北"枢纽—网络"空间的构建问题,涉及历史学、经济地理学和区域经济学等多个学科。区域经济学理论认为,一个区域的经济结构、组织和发展水平,是许多行为主体决策及其相互作用的结果。其中最重要的主体有三个:企业、家庭和公共机构。②笔者认为,东北"枢纽—网络"空间是一个不断被建构而成长的政治和经济地域单元,在近代的历史环境下,它的构建主体分别是中东、满铁、东北地方政府和商人等。

19世纪末,俄国希望建立横跨欧亚的铁路大动脉,以便确立其在东方的优势和战略地位。光绪二十二年(1896年)《中俄密约》签订,俄国获得了把西伯利亚支线穿过中国东北地区的特权。光绪二十四年(1898年),俄国又强租了旅大地区。俄国先后投资数亿卢布,修建大连、旅顺港口和中东铁路及其南部支线,中东铁路

---

① 侯甬坚:《区域历史地理的空间发展过程》,陕西人民出版社,1995年,第56页。
② 陈秀山、张可云:《区域经济理论》,商务印书馆,2003年,第6—9页。

公司变成俄国驾驭东北近代交通和经济的大本营。光绪三十一年(1905年)日俄战争结束,两国签订了《朴次茅斯条约》,日本接管了旅大租借区和长春至旅顺铁路。光绪三十二年(1906年)日本以民间名义组织了国策性公司满铁。满铁以东北近代交通为基础,重视对资源的开发,吸引和控制东北主要出口特产,用投资扩张权益,加速了东北经济商品化,将东北引入世界商品市场,使东北能够为日本本土提供大量的必需品、资源、权益和利润。①

在日俄两国垄断了东北南、北部的港口海运、铁路交通运输、腹地资源和产业的背景下,为抵制日俄势力对东北南、北部的经济控制,东北地方政府也积极地筹建自己的港口—铁路运输体系,即从港口到腹地的独立性"枢纽—网络"空间。1908年、1930年,东北地方政府两次兴建葫芦岛港,建立以葫芦岛为出海口的横穿东北南部和北部的东西交通干线,可惜因政治时局变幻而功亏一篑。与此同时,中外商人作为区域经济行为的主体,在"港口—腹地"这种网络结构中,也存在着地缘和业缘多种关系的交织。东北的"枢纽—网络"空间构建过程中,构建主体和经济利益多元,因此相互之间存在着复杂的矛盾和竞争关系。② 弄清不同历史时期东北"港口—腹地"空间构建主体及其相互关系,是透视东北区域经济地理格局变迁的关键问题之一。

3. 从地理空间到制度空间:区域经济地理巨变的表征与内涵

区域经济的整合和差异,是从港口到腹地即"枢纽—网络"空间构建中应关注的最主要内容之一。近代东北各通商口岸既是日俄等外国势力侵略的大本营和基地,同时也是外国先进生产力的传入点,它在客观上导致了区域商路和城镇市场的变迁,以及区域经济性质从传统到近代的巨变。

如何评价以各通商口岸为中心的"枢纽—网络"结构对新区域格局或区域差距的影响,主要取决于各区域港口城市与腹地城镇节点之间的市场结构和连接嵌套程度。港口与腹地之间市场的发展目标,就是使出口产品多样化和城镇、乡村的分工专业化,最终使得民众的购买力普遍提高。至于腹地对港口"嵌入"程度的衡量方法,就是细致划分港口所在区域的那些层次较低的市场等级或划分职能相关的中心地。区域经济的变革成果,应表现在其内部各种等级的小城镇无论在数量还是密度上都能稳定持续地增长。从根本上来说,城市不是广大乡村中零星的存在者,而是与其腹地共同组成一个功能相连的"城市区域"。钱公来在《五十年来东北社会变迁》一书中,把经济变迁更提高到社会进步的意义层面。他形象地描述,在口岸开放以前,东北农村是"量用为种"的生产,海口大开、洋货倾销以后,则逐渐变为面向市场"量种为用"的商品经济生产。自给自足经济时代维持了家长的权威,

---

① 胡赤军:《近代中国东北经济开发的国际背景》,商务印书馆,2011年,第6—9页。
② 姚永超:《国家、企业、商人与东北港口空间的构建研究(1861—1931)》,中国海关出版社,2010年。

都市工业发达以后,则逐渐解放了农村子女,形成进步时代。①

通商口岸或商埠带来的影响,不仅局限在经济结构的变迁以及反映在地理空间的结构上。在此以外,还必须关注到制度内涵层面上的影响,如城市型政区的定型、度量衡及货币的统一等。

自秦始皇在全国范围内实行郡县二级制的行政区划体系以来,两千多年间,中国一直存在着这样一种政区模式,即地域型政区的模式。② 随着清末的口岸开放和工商业发展,这种沿袭了两千多年的地域型行政区划体制严重地束缚了城市的发展,到了非改不可的地步。1921年《广州市暂行条例》实行,规定广州市直属省政府,成为与县平行的行政区划。这是中国历史上将城市作为县级行政区划的开端,也是点状城市型政区的萌芽。1927年与省平行的上海特别市设立,城市型政区正式定型。中国各个市的设置,就是从沿海通商口岸城市开始,再往广大的地区扩展的,通商口岸城市的发展是推动市的兴起并成为行政区划的主要动力。③ 就东北地区来说,1922年营口设立市政公所,1924年安东设立市政筹备处,哈尔滨和大连分别在日俄殖民统治下设有市政管理机构,因此港埠城市也是东北城市型政区萌生的代表。再如近代中国的货币,发行渠道众多,材料多样化,使用习惯因地而异,折算繁琐。币制的紊乱造成交易的种种不便,使得商业的发展受到严重阻碍。营口最早形成了过炉银货币制度,安东形成了镇平银制度,哈尔滨和大连又是日俄对东北金融侵略的基地,港埠城市与东北地方政权统治中心沈阳均发生了金融冲突。冲突和磨合的过程实际上也是东北货币统一化的进程,随着奉系军阀政治势力的强盛,东北金融逐渐走向整合。度量衡是商业活动中重要的计量器,度量衡由旧杂制向市用制的过渡,也是中国商业由传统走向近代的典型的制度变迁事例之一。传统时期中国旧度量衡制混乱不堪,各地区不同,各行业互异,东北近代港埠大规模的贸易则促进了度量衡的统一。

综上所述,本节中笔者尝试对东北近代经济地理的研究框架、研究对象、研究内容等问题进行了理论性的归纳。遵循上述方法,本书将在下文中对东北近代经济地理演化过程、格局及其机制等问题再展开具体的研究。

第二节 东北近代经济地理研究回顾

回顾东北近代经济地理的研究历程,不难发现,其学术成果的涌现与时代学术发展水平及时局对学术研究的需求等历史背景息息相关。笔者将迄今为止东北近代经济地理的学术研究历程划分为四个时期,即1895—1931年、1932—1948年、

---

① 钱公来:《东北五十年来社会之变迁》,1939年,第15、32页。
② 地域型政区,是指面状的行政区划,即省是国家的区划,县是省的区划,乡是县的区划。相对地域型政区而言,城市型政区即城市是点状的,面积较小,而人口集中,工商业发达,有成片的城市建成区。参见周振鹤:《上海设市的历史地位》,苏智良主编:《上海:近代新文明的形态》,上海辞书出版社,2004年,第82页。
③ 吴松弟:《港口—腹地和中国现代化空间进程研究概说》,《浙江学刊》2006年第5期。

1949—1977年和1978年以后。下文对四个时期中的有关东北近代经济地理研究的代表性成果及其发展脉络予以详述。

一、1895—1931年：地志的编纂

受地理环境和人为政策的限制，至清中期时，今天的东北地区仍是被呈"人"字形的柳条边所隔离开的三块特色分明的经济区，即辽宁境内的农耕区，吉、黑游牧狩猎经济区和内蒙古东部游牧经济区。咸丰十一年（1861年）第二次鸦片战争之后，东北南部辽河下游的口岸营口被迫对外开放，其后移民禁令逐步解除，东北地区自此走上了近代农、工、商业开发之路。

东北因开发历史较晚，与内地相比，清前中期及以前的地方志较少。随着东北边疆问题的日益严重、移民开发事务和政区设置逐渐增多，20世纪初和1917—1931年间，先后出现过两次修纂地方志的高潮，其中20世纪初所修大多冠以"乡土志"之名，民国时期所修则冠以"县志"之名。不过当时东北各地方志的编纂并不平衡，截至清末，属于今辽宁省的府县志有68种，属于今吉林省的有33种，属于今黑龙江省的仅有6种。到民国时期，辽宁省新属县市修志有95种，吉林省有49种，黑龙江省有38种。[①] 这些地方志为研究东北地区的历史、地理提供了大量资料，但同时也受当时人力、财力尤其知识水平的限制，大多数地方志仍沿袭传统体例，常有资料搜集粗疏或者失实等问题。

同传统中国地方志相比，该时期日本的调查成果值得关注。日本出于侵略中国的目的，早在光绪十年（1884年），日本参谋本部就编写有《满洲地志》，其后光绪三十二年（1906年）陆军中佐守田利远也编著有三大卷的《满洲地志》。不论从编写体例还是从内容质量上看，这两本地志和中国传统方志都有很大的区别。两书的著者尽可能地从多种渠道搜集经济资料，并加以整理，使之系统化，有时还通过亲身的实地调查来填补某些内容空白。1920年后，中国学者也开始从事新地志编纂，如白眉初编有《满洲三省志》，林传甲编有《大中华吉林地理志》等，其中对自然、人文等地理要素，也已开始有数字化的记载。总体而言，这些成果固然为后世研究提供了较大的便利，不过虽较传统地志有所突破，但仍只是材料的分类汇总，仍属于记述学派的范畴，还不足以建立真正的经济地理科学。

二、1932—1948年：传统经济地理学成果的涌现

1931年九一八事变后，东北沦陷，抗日高潮迭起，许多爱国学者为向国人呼吁和宣传东北的重要性，特别加强了对东北经济和地理方面的研究。1932年到1948

---

① 任海滨、王广义：《东北地方志与东北史地研究》，《东北史地》2006年第4期；许立勋、贾学梅：《浅论民国年间东北地方志的编修》，《东北史地》2006年第4期。

年间,涌现出一大批新著,形成了东北近代经济地理研究的一个高潮。

就东北全区经济地理研究来看,代表性成果有傅恩龄编写的《南开中学东北地理教本(上、下册)》[①],王华隆编写的《东北地理总论》(最新地学社,1933年),张其昀著《东北失地之经济概况》(钟山书局,1933年),张宗文著《东北地理大纲》(中华人地舆图学社,1933年),许逸超著《东北地理》(正中书局,1935年)等。20世纪40年代有金毓黻主编《东北要览》(东北大学,1944年),李曜东著《东北九省地理》(和昌印书馆,1947年),宋家泰著《东北九省》(正中书局,1948年)等。除全区地理之外,在某些产业部门或区域发展方面,也有不少高质量的专著成果问世,如1932年中华书局出版有《东北研究丛书》,1948年物资调节委员会出版有《东北经济小丛书》20种等,其内容涵盖资源、农林、工矿、贸易、运输、机械、流通、金融等多个领域。

1932—1948年的成果,从内容和质量来看,已初具学术研究色彩。中国学者的论著,也开始用"东北"二字来作规范化命名。但以上成果的缺点也显而易见,一是当时的作者基本上属于"当事人写当代经济地理",因此没有较长时段的积淀和观察,其论述的内容大多只集中于某几个年份;二是由于成书时间以及研究方法的局限,这些论著的内容大多以记载和描述为主,属于概括性质的介绍著作,缺乏运用经济和地理等科学理论和方法进行的深入、完整的分析,仍属于传统经济地理学的学科范畴。

三、1949—1977年:重点研究生产关系

1953年,根据苏联专家的建议,中国科学院组建中华地理志编辑部,其中的经济地理编写组将全国分成十大经济地理区,着手区域经济地理志的调查和编写。这些经济地理学者对辽宁、吉林、黑龙江以及内蒙古等区域的经济基础进行综合调查后,出版的成果有《内蒙古地区经济地理》(中国科学院中华地理志编辑部,1956年),《黑龙江省黑龙江及乌苏里江地区经济地理》(吴传钧、郭来喜,1957年),《延边朝鲜族自治州经济地理》(李振泉,1957年),《东北地区经济地理》(孙敬之,1959年),《呼伦贝尔盟经济地理》(郭来喜、谢香方、过鉴懋,20世纪50年代调查成果,1995年)等。

该系列丛书均有专节叙述东北近代经济地理的基本状况,并对近代东北百余年的开发过程和特点做了初步总结,这较以往的研究有了很大进步。但他们也受时代环境的限制,对近代生产力的发展和分布探讨不足。这主要是由于当时的政治环境要求学者们着力揭露和批判帝国主义的经济侵略,研究对象一般着眼于生

---

① 何炳棣:《读史阅世六十年》,广西师范大学出版社,2005年,第49页。何书记载:"张伯苓校长一向注意日本对'满'蒙的野心,尤其是对东北资源的垂涎。所以在九一八事变之前,早已嘱咐校长秘书、精通日文的傅锡永(恩龄)先生,从南满铁路株式会社累年大量的调查统计中,选撷摄要编出一本专书,以为南开大、中、女、小四部必读的教科书,定名为《东北经济地理》。……南满铁路的统计资料是国际驰名的,这部南开独有的讲义,无论从质和量的水准看都胜于当时国内外所有地理教材中有关东北资源的部分。"

产关系所致。此外,20世纪50年代经济地理调查的目的是为确立计划经济体制、开展新的区域规划和工农业布局调整服务,因此上述各书均把行政区和经济区混为一体。① 如孙敬之对东北经济区的划分,只包括辽、吉、黑三省,内蒙古东部地区则被搁置在外。同时,即使黑、吉、辽三省内部的各经济分区,也是按照行政区划一一论述。这种经济分区,显然有悖于东北近代经济地理发展的客观情况。

四、1978 年以来:生产分布的再认识

1988 年,李振泉、石庆武主编了《东北经济区经济地理》一书(东北师范大学出版社,1988 年),对近代东北经济区的形成做了简要回顾。进入 20 世纪 90 年代以后,受现代化时代发展思潮和社会重视生产力传播的影响,经济地理学者们从新的视角开展了研究。如吴传钧的《中国经济地理》(科学出版社,1998 年)和李孝聪的《中国区域历史地理》(北京大学出版社,2004 年)的出版,使区域经济地理和历史区域经济地理方面的研究都达到了崭新的水平。两书中都涉及东北近代经济地理的宏观论述,不过篇幅有限。

总而言之,由于东北经济地理在中国近代边疆开发和世界近代经济发展史中具有突出的重要性,所以有关东北近代经济地理的成果,就资料积累来说,已经较为深厚。但由于各种问题自身的复杂性和时代环境的影响等,目前研究成果依然较为零星。从 1949 年至今,尚未有一部理论与实证兼具、整体和个案考察相结合的东北近代经济地理研究性专著出版。同时,各个时代对研究命题的需求也不尽相同,当今东北的国际和国内环境均发生了深刻变化,和平、合作与区域经济一体化是当今的潮流,新的时代迫切需要学术界对东北近代经济地理做出客观回顾和新的评价。

第三节 本书写作主线和基本资料说明

一、本书写作主线

鉴于东北近代经济地理研究的重要性和问题的复杂性,笔者针对以往研究的不足,在本书中将遵循"港口—腹地"空间范式的理论和方法,拟对东北近代经济地理的一些基本问题提出自己的新看法。譬如今天的人们早已习惯把东北看作一个天然的一级经济大区,但东北经济区实际上是因自然地域单元完整、自然资源丰富、开发历史近似,在近代风雨激荡的历史进程中逐渐形成的。有关东北经济区形成于何时,具体范围何在,东北近代经济地理的变迁概况、过程,东北内部的区域差异的特点和原因等诸多问题,迄今还未达成学术共识。只有把这些问题研究清楚,

---

① 当时经济区划的原则是政治性、经济性和民族性。

才能为新的东北近代经济地理研究奠定科学基础。

1. 以"东北"区域动态构建过程为背景,厘清东北经济区的范围

"东北"这一词语,长期以来只是方位名词。1922年,奉系军阀首领张作霖奉北洋政府之命筹办东北屯垦边防,"东北"一词始见于公牍,这是东北区域定名之始。1924年,东三省陆军改名为东北军。1929年,国民政府复命张学良为东北边防军司令长官,同年张学良在沈阳组织东北政务委员会,指导并监督四省政务,①"东北"之名称开始普遍使用,东北所辖地域亦更加明确。1931年后关于东北地区的学术研究,开始依此而有了固定范围。

当然,"东北"一词在政治、文化上认同的根基,还在于统一经济区的形成。从经济演化过程来看,长期以来,包括黑、吉、辽三省和内蒙古东部地区在内的"东北",在自然地理意义上它是一个二元并存的区域,即华北和东北两大自然区。在二元自然环境并存的基础上,清中期又将其分为农耕、狩猎、游牧三元并存的社会经济形态。它们之间的交流融合遭到人为的柳条边的限制,经济发展水平严重不均衡。②咸丰十一年(1861年)营口开埠,20世纪初大连、安东、哈尔滨等口岸亦先后开埠,随之东西、南北向纵贯东北中部的"丁"字形大铁路修通,东北从封闭走向开放,同时也促进了二元并存的自然区与三元并存的传统区的发展和整合。笔者认为,近代开埠通商促使辽南农业区的孤立性和飞地性特征逐渐消失,吉林、黑龙江以及内蒙古东部地区的外向型农业、商业发展迅速,三个传统经济区的城镇和市场重新分化组合,形成以东北沿海港口为中心的"枢纽—网络"体系。③至此,在经济上,以山海关为界的新东北经济区逐渐成为近代中国一大重要经济区域。

2. 以近代化为主线索,揭示它与传统化、殖民地化之间的关系

近代东北在短短百余年间,人口、农业、工业、商贸、交通、城镇等均发生了历史性巨变,但长期以来中外学者对此种变化却认识不一,分歧较大。中国学者以往大多强调帝国主义的殖民掠夺,有意或无意地忽视了经济变迁的巨大成就。一些外国学者,尤其是日本部分学者,漠视殖民掠夺的主观性,过高强调侵略者对东北经济开发的客观结果。还有的学者,甚至贬损关内移民只给东北带来了传统化的农业,对东北近代工业和商业的发展没有贡献。笔者认为,以上的看法都有问题。东北经济地理变迁的原因,明显有以下两点:第一,东北的开发,主要由经过长距离迁移的关内移民所完成,关内移民是东北开发的主力军;第二,日本和俄国基于殖民目的进行的交通和工业建设,客观上使得东北这方面的建设速度快于国内的其他区域。总之,近代化是东北近代经济地理研究的主流,虽然这个过程,充满了艰辛和苦难的殖民历史。我们首先要看到,关内移民是东北区域大开发的主力军和历史主流,但也

---

① 东北四省,即在旧日的东北三省之外,再加热河省。武尚权:《东北地理与民族生存之关系》,独立出版社,1943年,第15页。
② 陈桦:《清代区域社会经济研究》,中国人民大学出版社,1996年,第47页。
③ 姚永超:《国家、企业、商人与东北港口空间的构建研究(1861—1931)》,中国海关出版社,2010年。

不否认侵略者在经济掠夺的同时,客观上给东北工业、交通等带来的发展和推动。

3. 以"港口—腹地"为视角,对东北内部进行经济分区研究

中国的近代化是外来输入的,先进的生产力和经济文化首先在通商口岸城市登陆,然后再沿着交通路线往广大的内陆地区扩展。广大沿海地带,开埠通商以后既成为中国与世界市场联接最为紧密的地区,又成为先进生产力率先形成的地区,并通过交通路线对自己的腹地产生经济辐射,从而推动腹地走向现代化。因此,口岸城市在不同的区域中,几乎都是近代经济变迁的源头,口岸与腹地的关系逐渐演变成近代城市之间、区域之间的主要经济关系,由此影响了物流方向、交通布局和区域经济中心的确立,推动着新的经济地理格局的形成。①

基于上述认识,笔者拟根据自然地理基础以及近代"港口—交通路线—腹地"的历史情况,尝试把东北划分成东北南部经济区、东北北部经济区和东北西、东边经济区三个一级经济区及若干二级港埠经济区(详见表1.1),以便进行近代经济地理的分区研究。笔者认为,中华人民共和国成立后,东北经济地理布局和行政区划进行多次调整,以黑、吉、辽三省为基础形成南、中、北三个一级经济区,这既是近代经济地理的延续,也和近代经济地理的原有分区有很大的不同。

表1.1 近代东北港埠经济区域系统划分表

一级区域	二级区域	中心城市	交通体系	主导力量	历史演替
南部经济区	营口港埠经济区	营口、新民、铁岭、双辽	辽河航运	英国、中国	1861—1905年
	大连港埠经济区	大连、沈阳、长春	南满铁路干线、四洮、洮索、吉长等支线	俄国、日本	1898—1945年
	安东港埠经济区	安东、辑安、临江、沈阳、长春	鸭绿江航运、安奉铁路	日本	1907—1945年
	葫芦岛港埠经济区	沈阳、吉林、齐齐哈尔	京奉铁路、东四线联运、西四线联运	奉系军阀地方政府	1928—1931年
北部经济区	哈尔滨港埠经济区	哈尔滨、齐齐哈尔、绥化、北安	中东铁路东部线、西部线、南部线、松花江航运	俄国(苏联)	1898—1931年
			南满铁路干线、拉哈线、松花江航运	日本	1932—1945年

① 吴松弟:《港口—腹地和中国现代化空间进程研究概说》,《浙江学刊》2006年第5期。

续 表

一级区域	二级区域	中心城市	交通体系	主导力量	历史演替
北部经济区	黑河港埠经济区	瑷珲、嫩江、北安	瑷珲—北安铁路、黑龙江航运	俄国（苏联）	1860—1931年
	绥芬河商埠经济区	绥芬河、哈尔滨	中东铁路东部、南部支线	俄国（苏联）	1898—1931年
	满洲里商埠经济区	满洲里、海拉尔	中东铁路西部支线	俄国（苏联）	1898—1931年
西、东边经济区	珲春、龙井村商埠经济区	珲春、龙井村、头道沟、百草沟、延吉	天图轻便铁路	俄国（苏联）日本	1909—1931年
	图们商埠经济区	珲春、清津、延吉、牡丹江、佳木斯	吉敦、吉长铁路、拉法—哈尔滨铁路、图们—佳木斯铁路	日本	1932—1945年
	锦州港埠经济区	锦州、阜新、北票、朝阳、赤峰	锦州—承德铁路、锦州—赤峰铁路	日本	1932—1945年

4. 根据东北经济近代化的历史过程，选取若干标准年代和以"县"为分析尺度，尽可能进行量化分析和评估

笔者认为，对东北地区来说，第二次鸦片战争、甲午战争、日俄战争、九一八事变、抗战胜利、新中国建立等都是影响东北经济变迁的关键事件，因此在本书中尽可能多地选取1861、1895、1906、1931、1944等年份为标准年代，根据其前后时间的相关资料，对近代东北经济发展的水平予以量化分析。

清初至清中期，东北设盛京、吉林、黑龙江三将军，对旗人、民人、边民分别采取八旗、州县和姓、屯长三种管理体制。东北州县设置的先后和多寡，在一定程度上反映出汉族移民由南向北的迁徙趋势和规模，并表明这些地区农业及经济开发的程度。截至咸丰十年(1860年)，盛京将军辖区有2府4州6厅7县，吉林将军辖区有3厅1县，直隶省承德府领有1州3县，黑龙江辖区尚无州县之设。光绪三十三年(1907年)东三省官制改革，设东三省总督为最高长官，建行省，裁将军，废除旗、民二重体制，省署之下设立府、州、县等。截至宣统三年(1911年)，奉天省辖境有8府8厅6州31县，吉林省辖境有11府1州5厅18县，黑龙江省辖境有7府1州6厅7县。此外，直隶省承德府领有1州1厅3县，朝阳府领有4县，赤峰直隶州领有2县。[①] 1929年东北政务委员会成

---

① 牛平汉主编：《清代政区沿革综表》，中国地图出版社，1990年，第8页。

立,废道制,县归省直接管辖,在辽宁、吉林、黑龙江三省外,另将热河省划归东北政务委员会统辖。截至1931年九一八事变前,东北4省共有157县17治局,其中辽宁省有59县,吉林省有41县1治局,黑龙江省有42县11治局,热河省有15县5治局。① 伪满时期大幅调整东北四省行政区划,缩小省区,增设行省、特别市和市,并在东北四省原有各县基础上作了一些增置或合并,内蒙古东部地区有些县又改名为旗。截至1943年10月,东北共有1特别市19行省21市155县38旗。② 1945年抗日战争胜利后,国民政府把旧东三省划分为9省3特别市15市158县21旗,③热河省设23县20旗。④ 本书将把每个时期的具体经济成果以县为分析单位,予以空间展示并进行前后对比。

5. 总结港埠经济区发展层次和发展机制,探寻历史地理的根源

对比东北近代各港埠经济区的历史进程和发展结果,可以发现,它们具有以下几个显著特征:

第一,从时间上看,东北近代经济区的发展可以分为多个时段:1861—1898年,1899—1905年,1906—1931年,1932—1945年。1861年,营口开埠,并在其后三十余年时间是东北地区唯一对外通商口岸;1899—1905年间,由于国际斗争激烈,东北开发的主导力量呈现多元化特点,东北呈现全方位开放态势;1906—1931年,东北各港埠经济区的形成和发展也呈现出多样化态势,它们之间或互补,或彼此竞争。1932—1945年即伪满时期,日本在东北实行统制经济,对东北港口经济区域系统做了统一规划,大力落实以大连—南满铁路、安东—安奉铁路,清津—图佳铁路、拉哈铁路和葫芦岛—锦承铁路等为中心的"三港三线"计划。

第二,从空间上看,1931年前,营口、大连、安东港埠经济区和海参崴—东北北部经济区是区域发展的重点,客观上形成了东北中部经济地带的兴起。伪满时期,日本优先开发东北东部区域,以图构建环日本海经济圈,促进日本、朝鲜、东北经济一体化。对东北西部、北部只是攫取煤炭、矿石等物产资源。

第三,从发展层次上看,至伪满末期,东北南部区域近代已发展到重工业化、城市化的经济阶段;东北北部区域处于城市化起步和资源开发及加工制造业混合的经济阶段;东北西部、东部边区地理区位偏僻,开发时间较晚,仍处于自然资源开发和城镇形成阶段。

第四,从发展机制上看,港口、交通等技术因素的进步,仅是各区域发展的表象,港口与腹地之间经济区的发展,还须更多地考虑和探寻自然地理基础以及地方政权、商人、社会等历史综合因素的影响,这样才能抓住各区域向近代化转型的地

---

① 东北文化社编印处:民国二十年《东北年鉴》,东北文化社,1931年,第9页。
② 金毓黻主编:《东北要览》,国立东北大学,1944年,第140页。
③ 宋家泰:《东北九省》,中华书局,1948年,第6页。
④ 郑宝恒:《民国时期政区沿革》,湖北教育出版社,2000年,第516页。

域特征。

二、基本资料说明

1. 旧海关、满铁、资源委员会、财经委等机构的统计数据等,是本书使用的基本资料

东北近代经济地理的研究,涉及农业、商业、工业、交通、城镇等产业的数据统计和分析,本书将主要以中国旧海关贸易统计、满铁的调查统计、大连和沈阳等重要城市商业会议所的年报、伪满政府经济年报等作为基本资料。2001年,茅家绮等主编的《中国旧海关史料》公开出版,旧海关的这些贸易数据统计翔实,长期且连续,具有重要的文献价值。1907—1945年,满铁每个年度都有营运收支的详细统计,其内容甚至详细到南满铁路各个车站每个月份发送、到达东北各港口的货物种类、吨数,是东北铁路交通和货物运输研究的一手数据。此外,近代东北主要城市商业会议所和伪满政府经济部门,对各年度的产业发展情况也有年报出版。这几套数据资料,虽然存在着庞大的数据审核及比较问题,但对于学者们来说,它们对东北近代经济地理长期发展趋势的客观分析极为有用。解放战争期间,国民政府资源委员会曾编写有东北经济系列小丛书。1949年,东北财经委员会根据伪满和国民政府的调查成果,编著有《伪满时期东北经济统计》等,这些资料都十分珍贵。

2. 调查报告、地方志等,是本书叙述和描写的重要引证资料

因其所谓"龙兴之地"的重要地位,自清末东北地区开发和开放之始,它就受到清廷和地方政府官员的格外重视。

1895—1931年间,因东北正处于移民浪潮兴起和经济大开放、大开发的过程之中,所以该时期涌现的那些著作,大都是反映某些官员见解的奏议,某些重要经济机构的调查报告,爱国人士以及侵略者的考察、游记等。清末任职东北的一些务实的官员首先对东北的开放和开发提出了大量见解,写成奏议,并汇辑成集。如曾担任东三省总督的徐世昌主编了《东三省政略》,曾任奉天省财政厅官员的熊希龄编纂了《满洲实业案》(光绪三十四年1908年)等。1912年以后,银行、铁路等重要经济机构对东北的经济也做过实态调查,出版有《东三省经济调查录》(中国银行总管理处编,1919年)、《北宁铁路商务会议会刊》(北宁铁路局编,1929年)等书。除此之外,边疆危机也引发了大批爱国志士来到东北地区做地理勘查,并向国人宣传东北的物产和资源的重要性,一时间民间的著述成果也颇为不少,如《东三省纪略》(徐曦,1915年)、《蒙古调查记》(王华隆,1925年)等。

中国各地素有修志的优秀历史传统。20世纪初年,这里也编纂了一些省志、县志和乡土志,如《蒙古志》(姚明辉,1907年)、《黑龙江乡土志》(林传甲,1913年)等。20世纪30年代,新式各省通志陆续编纂,如《奉天通志》(王树柟,1935年)、《吉林新志》(刘爽,1932年)、《黑龙江志稿》(万福麟,1933年)等。这些志书对各地

经济地理情况的记载和描述更加精准。

日俄侵略者为了资源掠夺的目的,早在甲午战争之前就派人对东北各地经济情况做实地探察,尤以日本为甚。如光绪二十六年(1900年)小越平隆以记者身份在东北各地广为探秘,其游记最终汇集成《白山黑水录》一书;松本敬之通过游历,著有《富之满洲》(光绪三十三年,1907年)一书;稻叶岩吉原也通过文献和调查相结合的研究方法,著有《满洲发达史》(1914年);藤冈启经过考察,著有《满蒙经济大观》(1929年),等等。

除民间人士外,近代日本政府机构对东北地区的调查更是不遗余力。日俄战争期间,日本占领了东北南部地区,日本陆军参谋部编辑了《满洲地志》(光绪三十年,1904年)一书,此后日本外务部编写《南满洲ニ於ケル商业》、《北满洲之产业》(宣统元年,1909年)等,这些书中对东北各地方的自然地理、人口、农业、商业、交通、城镇等都做了非常详细的记述,当然其目的也不言而喻,即为侵略服务。光绪三十三年(1907年)后满铁内部的调查机构渐成体系,此后更是有计划、有针对性地展开地理调查。如清末民初,满铁印有《北满州经济调查资料》、《南满洲经济调查资料》、《吉林东南部经济调查资料》、《松花江黑龙江及两江沿岸经济调查资料》、《东清铁道南部支线经济调查资料》、《满蒙交界地方经济调查资料》等系列资料。20世纪20年代后,满铁调查课又开始系统调研和编纂港口、城市及铁路腹地的经济资料,较为重要者有《大连港背后地の研究》、《南满洲主要都市与其背后地》、《奉山铁路沿线背后地及经济事情》、《京图线及背后地经济事情北鲜三港を含む》、《平梅线の经济的价值と沿线经济事情》、《北黑线沿线背后地经济事情》、《热河诸铁道及背后地经济事情》、《沈海铁路背后地の经济事情》和《图宁·宁佳·林密线及背后地概况》等书。他们对各港口城市以及内陆中心城市出口货物来源地和进口货物销售地的记载极为细致,具体到满铁沿线各城市甚至集镇的货物流动,对今天的研究者来说,这些都是东北内部经济区域专业化分工和经济发展研究的重要资料。

总之,新的东北近代经济地理的编写,将对东北近代经济区形成的时间、空间和过程给予深入的关注和阐释,并以近代化为研究视角,厘清东北经济近代化与经济的传统化、殖民地化之间的关系。在东北内部经济区的划分研究上,我们采取"港口—腹地"的分析框架,尝试进行新的分区域经济发展研究。当今中国旧海关史料及满铁调查资料均已大量出版,如此详尽丰富的新材料,为东北近代经济地理的科学、系统、规范的梳理与研究提供了数据上的可行性保障。

第二章　近代经济区形成的自然环境、历史基础与影响因素

清初的东北,东极日本海,东南以图们江与朝鲜为界,东北达鄂霍次克海、库页岛,北至外兴安岭,西北抵格尔必齐河,面积极为广大。咸丰十年(1860年)第二次鸦片战争后,清政府割让了黑龙江以北和乌苏里江以东大片领土。本书所指东北,包括今天的辽宁、吉林、黑龙江三省以及内蒙古东部的赤峰市、通辽市、兴安盟地区和河北省东北部部分地区。清末这里原为盛京、吉林、黑龙江三将军的辖区,光绪三十三年(1907年)后改为奉天、吉林、黑龙江三省的辖区;此外,当时内蒙古的哲里木盟、昭乌达盟和卓索图盟辖区亦属本区范围。民国时期为奉天(1928年后改为辽宁)、吉林、黑龙江三省和热河都统(1928年后改为热河省)东部辖区。

经济区是客观存在的经济地域单元,是具有一定专业化部门的地域生产综合体,是社会生产地域分工的表现形式。自然、技术和社会经济等物质条件是经济区的组成要素。同时,这些要素之间相互连接、相互作用形成区域的层次和结构,使这个区域内部的经济活动对外呈现出较明显的统一性,在很大程度上区域作为一个整体与外界环境发生关系。出于自然环境、历史沿革、民族习俗和政策氛围等原因,就全国而言,清前期东北已作为一个相对独立的经济区域而存在,但就东北内部而言,一直到清中期,东北在经济形态上仍呈现为辽南农业区、西部内蒙古草原游牧区、东部吉黑森林渔猎区三个差异显著、联系松散的经济区域。[①] 这三个经济区在发展的水平、速度以及途径上,都保持着各自的特点,并且在相当长的一段时期内,这种特点非常明显。清末东北大移民、外资投入、港埠开放和对外贸易发展以来,这三块传统经济区域在向现代化转型过程中虽然表现出不同的特征,但总的历史趋势是逐渐走向市场整合和区域统一。本章拟从近代环境、资源以及政治经济活动的历史背景等方面,透视东北近代经济大区的形成过程及其影响因素。

第一节　近代经济区形成的自然环境

一、东北地理环境和自然资源特点

一个经济区的形成和发展,大体上要有一个与之相对应的自然综合体为基础。从地势上看,东北水绕山环,构成一个相对完整的自然地域单元;从地质上看,东北土壤肥沃,富有发展工业化经济所需要的煤、铁等资源;从气候上看,它横跨多个不同气候地带。其地理环境的完整性、丰富性和综合性是近代经济区形成的自然

---

① 陈桦:《清代区域社会经济研究》,中国人民大学出版社,1996年,第41页。

基础。

所谓地势,指的是地球表面高低起伏、山林原野以及河海湖泊的分布状态。在生产技术方面,人类社会的经济状态往往因地而异,所以地势对区域经济的影响甚为重要。东北的地势,呈半环状结构,总轮廓是一个缺口向南方海湾的不完整的马蹄形盆地。盆底为广阔的大平原,盆边镶嵌着三个半环带(见图2.1)。

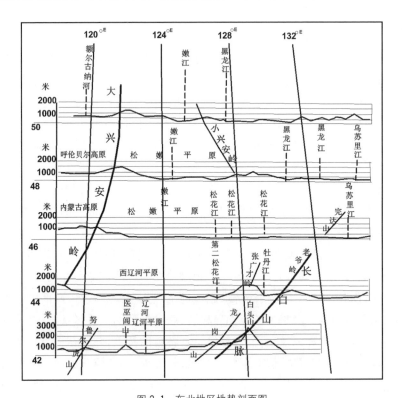

图2.1　东北地区地势剖面图

(资料来源:李祯等编:《东北地区自然地理》,高等教育出版社,1993年,第14页。)

最外环为黑龙江、乌苏里江、图们江、鸭绿江等河流和黄、渤二海,构成"水绕"之势,成为本区与四邻的自然分界。

中环为大兴安岭、小兴安岭和长白山地,从西、北、东三面环抱着松辽大平原。西段大兴安岭为一单列式山地,海拔在1 000米左右,顶部宽广而平缓;北段小兴安岭北西走向,海拔500—800米,东段长白山由多列平行的山地组成,海拔在1 000米左右。这三列山地分别是松辽水系与内蒙古高原诸河、黑龙江干流、绥芬河、图们江和鸭绿江等水系的分水岭,"山不甚高,各拥有大森林,这是满蒙富源之一"[①]。

---

① [日]藤冈启著,吴自强译:《满蒙经济大观》,民智书局,1929年,第27页。

内环为各列山地向平原过渡的山前丘陵台地,海拔在200—500米之间。三环中间的松辽大平原,以长春——通榆一线为界分为两部分,南部为辽河平原,北部为松嫩平原。在松辽平原的东北部,就是由黑龙江、乌苏里江、松花江冲积而成的三江平原,平均海拔约为50米,是全区地势最低的地方。

东北江河湖泊中,除外环的黑龙江、乌苏里江、鸭绿江、图们江等界河外,辽河、松花江贯穿东北平原中央。此外,还有牡丹江、嫩江、大凌河等重要河流以及兴凯湖、镜泊湖、呼伦池等大小十余个湖泊,对灌溉、发电等较为有利。不过东北海岸线相对较短,出海口仅限于西南一隅。通常河流水量不大,水运能力有限,这对东北经济发展产生一定负面影响。

整个东北地势四周高,中间低,全区的山地、丘陵、山间盆地、台地、平原和水面等地貌类型的面积比例适当。山地、丘陵约占总面积的2/3,比重虽然很大,但因皆属中、低山丘,山间的盆谷地面积广阔,所以绝大部分皆有开发利用价值。辽河平原和三江平原的面积在35万平方公里以上,约占东北全区1/3,也占中国平原总面积的1/3,"这广大的原野,生产着大量的粮食,使东北有资格成为中国的谷仓"①。

所谓地质,指的是土壤的性质、肥瘠程度和地下的矿藏等。这些也是形成一定地域生产力的基础,有时地势相同,地质不同,其经济状态也不尽相同。

在地质上,大、小兴安岭和长白山脉属于太古界侵入岩,是中国境域中最早形成的土地之一。而东北三大平原的形成时间较晚,属于新生代第四纪,由冲积层和洪积层构成,是最新形成的土壤。土质优良,各处山脉、丘陵、平原分布着山地棕壤、森林黑化土、冲积土、黑钙土、盐渍土、栗钙土等数种。其中黑钙土是东北地区最有名的土壤,这是冬季严寒、夏季干热气候区域所特有的土壤。它主要分布在嫩江流域和松花江流域,质地由沙壤土到壤黏土,成黏状构造,腐殖质含量在3%以上,肥力甚高,最适合谷类生长,尤宜栽种小麦。嫩江流域及松花江流域中段小麦生产甚多,与此种土壤有很密切的关系。②因各种土壤色泽相异,乃构成不同地带,大致北部为黑土带,中部为蓝色土带,南部为赤色或蓝色土带,表明有机质向北则愈多,向南则愈少。③清前中期封禁二百余年而保存下来的肥沃土壤,为近代关内大移民进行农业垦殖提供了得天独厚的地理条件,所以日本侵略者曾对之垂涎三尺并如此感叹:"自农业上所见东省之天然条件,有利若此。人的条件,亦为巧合,每年接踵而来之山东移民,数可百万。具备如此条件之未开地,恐他处无其比类。东省信为农业之天国。夸为世界谷仓之时代,已近在目。"④

"广漠的大平野,不仅为农业上之适地,在其地下,且埋藏了不可测量的莫大矿

---

① 王成敬:《东北之经济资源》,商务印书馆,1947年,第21页。
② 王成敬:《东北之经济资源》,商务印书馆,1947年,第23页。
③ 詹自佑:《东北的资源》,东方书店,1946年,第23页。
④ [日]藤冈启著,汤尔和译:《东省刮目论》,商务印书馆,1933年,第34页。

物"①。就东北近代发现和开采的地下矿藏来看,金属矿物类主要有金、沙金、银、铜、铁、锰、铅、锌,非金属矿物类有煤、油母页岩、耐火黏土、菱镁矿、滑石、石灰石、矾土等。东北近代勘探煤炭储藏量有150亿吨,其中阜新以40亿吨储藏量居首,其次还有抚顺、本溪、复州等多处矿藏。抚顺煤矿面积共有23平方里,煤层最厚部分为437尺,最薄部分亦达60尺,平均约厚130尺,埋藏煤量约10亿吨,且煤层之上,并覆有褐色油母页岩,厚达300尺,所含油量,自2%—14%不等,实为制炼煤油最佳之原料。②东北铁矿推定储藏量不下27亿吨,其分布较为集中,主要在辽宁境内。鞍山、庙儿沟、弓长岭以及本溪湖境内的歪头山,是东北的四大铁矿中心,它们分布在方圆不到100公里的丘陵山地内。伪满时期,又在通化、辑安间发现新的大铁矿。此外,漠河、呼玛尔河、松花江流域和嫩江上游是有名的沙金产地。③

通常大经济区尤其是近代工业区生产综合体的形成,需要有来源稳定的、在数量和质量上尽可能满足需要的燃料,需要有供应充足的原材料,如果这些都能自给自足,那么这个经济区的发展自然十分可观。煤和铁是钢铁工业最基本的原料,钢铁工业又是现代一切工业的基础,近代东北拥有如此丰富的煤炭和铁矿石资源,并且煤、铁矿藏分布在距离上也极为相近,这些均为近代工业发展奠定了天然基础。

气温、气压、降雨、日光和风速风向等气候因素,对地域经济发展具有一定的影响力。由于纬度较高且毗连蒙古高原,所以东北地区大陆性气候特征显著。通常4月草木开始萌芽,5月中旬气温骤然上升,6、7月已至盛夏,8月秋风袭人,渐见霜华,10月之间,草木黄落,北部初雪霏霏,11月到3月,冰封大地,严寒凛冽,为蛰居时期。一年之中,寒暑之差甚大,并且夏季一日之内,昼夜温差也甚大,如黑龙江省有"早穿袄,午穿纱,守着火炉吃西瓜"的谚语,④这是东北气候的特色。

东北地区面积广大,南起北纬38度43分,北讫北纬53度30分,因而受纬度高度、距海远近、地形异同等因素影响,内部各区域的温度也不一致。全年等温线大概与纬度平行,自辽东半岛摄氏10度起,向北递减,纬度每高一度,温度下降一度,到黑龙江北部降为摄氏零下2度。温度和气压又直接影响风向和风力,风力较强也是东北气候的一大特征。夏季多东南风,为生长之风;冬季是西北风,为肃杀之风。夏季有东南海洋(日本海)季风吹来,因此雨水集中。根据到东南海面距离的远近,东北的等雨线自东南至西北递减。距海岸越远,雨量越少,越偏向西,减量更为显著。长白山地东南坡年降水量最多可达1 000毫米,小兴安岭东侧在600毫米以上,嫩江平原减为400—500毫米,大兴安岭西部的内蒙古草原降至400毫米以下。

---

① [日] 藤冈启著,吴自强译:《满蒙经济大观》,民智书局,1929年,第100页。
② 《营口关十年贸易报告(1922—1931)》,中国第二历史档案馆等编:《中国旧海关史料(1859—1948)》,第157册,京华出版社,2001年,第449页。
③ 伪满国务院总务厅情报处编印:《满洲帝国概览》,1936年,第186—187页。
④ 李曙东:《东北九省地理》,和昌印书馆,1947年,第43页。

对农业来说,东北气候虽有温差过大、少雨干燥、栽培期短等缺点,但也有不少优点可以弥补其缺陷,如"寒威凛冽,防虫害之发生;地上冰洁,自然为深耕之作用,最适于干燥地农业。栽培期虽短,以高温故,成长极速。农作物开花和成熟期,无暴雨之厄。秋冬少雨,便于农产物收获、搬运、储藏"①,等等。总之,"东北的气候还优良,并不是南方人平日所想象的那样寒冷可怕的地方"②。

二、自然分区二元张力的历史性冲破

地形、地质和气候是判断自然区划的主要因素。从严格意义上说,自然地理学界通常把辽东半岛和辽河平原划归为暖温带半湿润特征的"华北区",长白山地、辽西和西辽河丘陵平原、松嫩平原、兴安山地等地则为"东北区",呈现温带湿润森林和森林草原景观。③ 东北自然地理区和一般所习称的东北行政区(辽、吉、黑三省)以及本书所广义理解的包括呼伦贝尔、大兴安岭南段等地在内的东北区有不同的范围和含义(见下图2.2)。

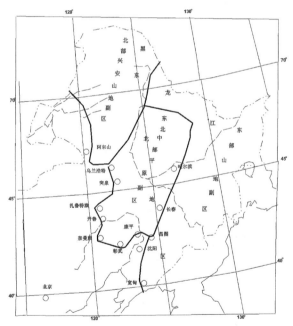

图 2.2 自然地理意义上的"东北"及其副区
(资料来源:李祯等编:《东北地区自然地理》,高等教育出版社,1993年,第3页。)

---

① [日]藤冈启著,汤尔和译:《东省刮目论》,商务印书馆,1933年,第33—34页。
② 詹自佑:《东北的资源》,东方书店,1946年,第27页。
③ 1954年罗开富将辽河平原和辽东半岛划归华北区,并已被大多数地理学家承认,改变了将辽东半岛和辽河下游划入东北地区的传统观念。拟定东北区和华北区之间的分界线的主导指标是≥10℃积温3 200℃等值线,并参照整个自然地理综合特征。界限大致从彰武向东北经康平、昌图,折向南经铁岭、抚顺、宽甸抵鸭绿江。

辽东半岛因接近海洋,夏季雨量集中。冬季风从蒙古和西伯利亚吹来,到此凝成少量降雪,年平均降水量为600—700毫米。冬季比较暖和,夏季无酷暑,终年气候条件较为优越。辽河平原同辽东半岛相比,干燥度相对较高,降水量变率较大,但全年积温较高,生长期超过150天,作物两年三熟,对热量要求较高的棉花、苹果和冬小麦都适合生长。辽东半岛、辽河平原的土壤和植被也与松花江流域不同,属暖温带落叶阔叶林褐土与棕色森林土带,在自然开发和土地利用方面与华北地区有共同之处。

长白山地区受高峻地势和接近海洋的影响,雨量充沛,年降水量自东部较高山地的1 000毫米到西部平原边缘的635毫米不等,冬季严寒并有相当降雪;同时因为地势高耸,夏季温度也不高。这是一个多山的区域,蕴藏着丰富的森林与矿产资源。该区西部宽阔的山谷和较低的山坡适合耕种,主要作物是黄豆、小米、小麦和高粱等,人参和其他珍贵药材也是本区的特产。松嫩平原属于典型的东北温带气候特征,寒暑变化剧烈。每年有5个月左右时间平均温度在摄氏零度以下,全年平均温度在摄氏10度以下,年降水量在400—600毫米之间。该区的土壤属于有名的黑土和灰土,富含植物生长所需要的营养物质。兴安山地即大兴安岭和小兴安岭,两个连在一起像一个倒转的"L",介于东北平原、蒙古高原和西伯利亚之间。因为该区毗连高原和距海较远,所以大陆性气候特征明显。气候干燥,年降水量少于300毫米,大部分时间天气严寒,无霜日不超过100天,真正的炎夏也不过数星期。冬季略见飞雪,但比东北其他山地为少。木材和金矿是本区最大的特产,因为气候不利,耕种受到很大的限制。内蒙古属草原气候区,全年降雨水量低于100毫米,平均温度在摄氏5度至10度之间。但在内蒙古东部辽西及西辽河地区的山地丘陵中,有许多局部的河谷平原、盆地。距海较近,地势平坦,雨量丰富,除了牧羊之外,也适合种植高粱、小麦和小米等农作物。

就东北地区来说,正因两大自然区地理环境的差异,辽河平原和辽东半岛乃在自然地理上属于华北区的亚区之一,古代历史上辽西、辽东地区也曾长时间归属于华北平原的大行政区。古代中国是典型的农业文明社会,恰如有学者指出的那样,"中国文明尽管具有相当大的扩张能力,但却总是限制在那个辽阔的领土之内……周围领土明显不同的自然和气候特点,事实上对那个精耕细作的灌溉农业的进一步发展,形成了一个不可逾越的障碍",并将这一外部环境称为"隔离机制"。[①] 由此可见,农业文明的扩张非常难以超越自然和气候等制约因素。清末以来随着东北地区崛起,才以山海关为界限,将辽西、辽东纳入东北行政和经济区。

自然地理环境,往往是决定区域内最初经济面貌特点的主要因素。随着生产力发展水平的提高,人地关系不断发生明显的变化,地理环境对于人类社会乃成为一种可变量。原本受制于地理环境特性的生产力的发展,由于人类控制自然的能力逐渐增强,从而使之与周围的地理环境产生了一种新的关系。植物、动物资源的

---

① 侯甬坚:《区域历史地理的空间发展过程》,陕西人民出版社,1995年,第56页。

利用是古代经济区域的决定条件,而近代以来,环境资源的丰富和综合性,尤其是近代工业需要的煤、铁、石油等物质基础,则是近代经济区形成的必要条件。笔者以为,近代的港口开放、贸易扩大、铁路和工矿生产技术的进步等,大大促进了东北地区南北两部分的交流。从沿海到内陆腹地一体化的农牧商贸工矿经济的发展,最终促进了东北内部农耕、游牧和渔猎经济分区的融合,近代以山海关为界限、内部流通和融合的东北近代经济大区乃逐渐形成。

第二节 近代经济区形成的历史基础

一、柳条边:清前中期东北的自然、经济和政治分界线

明末满族作为游牧渔猎民族兴起于辽东之外的长白山区,清初顺治时期开始在东北地区修筑柳条边,以保护清朝的"龙兴之地"不受侵扰,禁止边内居民越过此墙采伐、耕种、狩猎、放牧。所谓"柳条边",即一道起隔离作用的柳条篱栅,伴以壕沟。柳条边在交通要冲处设有20道边门,每门设置苏喇章京1人,笔帖式1人,披甲10人,其任务为执掌关门起闭,视察百姓商旅往来。[①]

柳条边南起自今辽宁凤城南,东北经新宾东折,复转西北至开原北,又折向西南,至山海关北接长城。康熙时期又接着修筑了自开原东北至今吉林市北的柳条新边。边内为盛京辖境,边外一侧为蒙古牧地,另一侧为皇室围场、牧场等禁地,汉、满和蒙古各族人民不得随意出入。可以说,柳条边正是大致沿着华北区和东北区的气候、植被、土壤等的分界而修筑,它是一条有形的自然区划分界线;在社会经济活动及人文因素下,它又是一条有形的经济区域、政治体制和文化传统界线。

至清乾隆时期,今天的东北地区基本上是以柳条边隔离开的三块特色分明的经济区,即盛京辖境的南部农耕区,东部的渔猎经济区和西部的游牧经济区。柳条边以南的辽沈地区实行与中原地区相类似的府县制度,柳条边以北的蒙古地区实行高度民族自治的盟旗制度,柳条边以东的吉林地区实行军事镇戍制度。柳条边以南的辽沈地区以与中原相一致的农耕文化为主,柳条边以北的蒙古地区以游牧文化为主,柳条边以东的吉、黑地区以农业和渔耕相结合的文化为主。修筑柳条边的起因特殊,其功能主要在于隔绝。老边东段隔绝中外即中朝联系,老边西段和新边隔绝不同生产方式、不同政治体制、不同文化区域之间的人流和物流,从而保证东北边疆地区社会结构和秩序的稳定。

清廷的严禁政策在一定程度上限制了内地人口向关外的流动,但却不能完全禁阻汉族人民进入东北地区。实际上从清乾隆时期开始,迫于日趋沉重的生活压力,越来越多的关内贫民以私越长城、偷渡海口等方式,涌向仍在"沉睡"的东北大地。至咸

---

① 杨树森:《清代柳条边》,辽宁人民出版社,1978年,第48页。

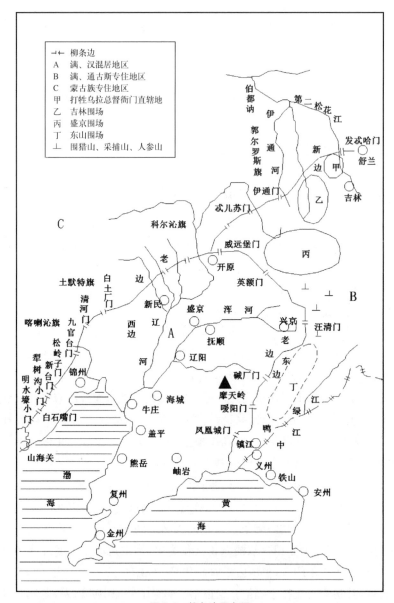

图 2.3 柳条边示意图

(资料来源：张其昀监修：《清代一统地图》,中华大典编印会,1966年,第103页。)

丰、同治年间,内地人民出关者,几有不可阻挡之势。大批汉民的出关,实际上使中原先进的农业技术传播到关外,使东、西部原本比较落后的经济状态有了很大的改观。

清末正式弛禁以后,柳条边随即被彻底废弃,这道有形的自然、政治、经济、文化界线随着东北一体化的农业开发而消失。后经日俄战争,柳条边又遭到两国士兵的破坏。民国年间,柳条边更成为盗匪掩护之所,地方公文载："伊通、驿马两河沿岸多属柳通,夏令树木葱茏,适足为盗匪渊薮,若不设法铲除,非惟无以清盗源,亦实无以施剿捕。"①因此,柳条边多被地方政府勒令民众除去。光绪三十三年(1907年),研究东北史的日本学者稻叶岩吉曾到开原的威远堡门查看柳条边,后数年,他又从长春至石碑岭,再次通过柳条边。他当时想:"在予心中之预期,以为必能偿予考察柳条边之夙愿矣。"但没有料到,"两处所见,只除多数之柳树断桩,余求所谓千里长林绝不可得……至于沟壕与土堆并行之痕迹,当时掘筑之工,虽十分显著,至于今日,竟有多数部分,并痕迹亦不可寻见"②。

二、南部的农业区

1. 农业经济

东北地区南部的辽河中下游平原,地处暖温带,农业环境条件较为优越,资源丰富。明末清初因满族大举内迁而土地荒芜。顺治十年(1653年),清廷因财政困难,一度颁发辽东招垦令,并设辽阳府,领辽阳、海城2县以管理当地的汉族民户。后因汉族移居渐多,康熙元年(1662年)于辽西设广宁府,领锦县、广宁2县和宁远州,至四年(1665年),罢广宁府,改设锦州府,移治锦县。同年还增加承德、盖平、开原和铁岭4县,升辽阳为州。康熙七年(1668年)罢辽东招垦令,实行封禁,但并不能阻止汉族民户移居东北南部。

雍正十二年(1734年),奉天府增设宁海县和复州,锦州府增设义州。乾隆二十八年(1763年),增设兴京厅,乾隆三十七年(1772年)设岫岩厅。嘉庆十一年(1806年)于辽北科左后期设昌图厅,嘉庆十八年(1813年)又因垦民日众,分奉天府承德县与锦州府广宁县地设新民厅。道光七年(1827年)分岫岩厅为岫岩和凤凰城厅。特别是道光二十年(1840年)后,为加强海防,于道光二十三年(1843年)升宁海县为金州厅。截至咸丰十年(1860年),盛京将军辖奉天、锦州2府,辽阳、复州、义州、宁远4州,兴京、岫岩、凤凰城、昌图、新民、金州6厅,承德、海城、盖平、铁岭、开原、锦县、广宁7县。

上述府、厅、州、县的汉族聚居区主要是辽河两岸和滨海平原地区,这里也是当时东北的主要农业地带。清前中期该地农业与华北地区的农业没有太大差别,美国汉学家拉铁摩尔曾如此评论:"东北南部的气候和黄河流域没有区别,作物和农业条件也都一样,环境有利于精耕、储粮和低价的水运,因此东北南部土地、社会和政治组织都与中国本部相同,为中国本部之延伸。"③另据日本学者加藤繁考证,清代东北南部的旗地和民地已广泛种植黄豆、黑豆等豆类作物。辽河上游经内蒙古东部的高山、丘陵而向东,下游再向南折之后,成为农业地区的交通大动脉。从辽

---

① 《吉林县公署为调查县境柳通并拟具铲除方法的训令》,马玉良选编:《吉林农业经济档卷》,吉林文史出版社,1990年,第54页。
② [日]稻叶岩吉著,杨成能、史训迁译:《满洲发达史》(又名《东北开发史》),辛未编印社,1935年,第294页。
③ [美]拉铁摩尔著,唐晓峰译:《中国的亚洲内陆边疆》,江苏人民出版社,2005年,第71页。

河口到山东半岛和天津一带,海程短且易行。乾隆三十七年(1772年)取消海运贸易的限制后,商船交纳税银可以自由贩运黄豆和豆饼。① 18世纪晚期,东北南部每年的大豆生产盈余在150万石以下,19世纪前半期上升到300万石。假定大豆收成的75%用于输出,那么年平均输出大豆量在18世纪晚期大约是在100万石至150万石之间,在19世纪前半期上升到了大约250万石。②

2. 清中期东北南部的海口分布、数量和发展规模

清代盛京是东北地区的政治中心,对外交往和联系主要是通过盛京和北京之间的御路,这条御路也是东北三省连接北京的官马大道。以盛京为中心,向南行经广宁、宁远、山海关至北京,向东北经铁岭、开原、威远堡至吉林,向西北经陶赖昭、伯都讷,过松花江,经大兴至齐齐哈尔。清中期以后,由于长距离、大吨位的海运粮食贸易兴旺,东北南部和关内地区之间的海路商业联系日渐重要,东北南部的海岸线曲折漫长,达2 000多公里,所以南部各地海港相应繁荣。西起宁远州的钓鱼台,经锦州南部的马蹄沟、天桥厂、牛庄、盖平、复州,到辽东半岛沿岸的金州,再至东部岫岩的大孤山等,大小海口凡30余处。据清代山海关税关记载,其所属的正式征税海口共有20个。③ 这些海口按地域分布,可分为渤海湾西岸、渤海湾内、辽东半岛顶部和黄海沿岸四大群体;从时间上看,黄海沿岸海口在清末贸易渐盛,兴盛时间晚于渤海沿岸的海口(见图2.4)。

图 2.4 清中期东北海口分布示意图
(资料来源:谭其骧主编:《中国历史地图集·第八册:清时期》,地图出版社,1987年,第10—11页。)

清中期渤海湾西岸的锦州是东北沿海贸易最重要的海口,它包括城东南35里小凌河入海处的马蹄沟和城西南70里的天桥厂两处海口。据《锦县志略》记载,马

---

① [日]加藤繁:《东北大豆、豆饼生产的由来》,《中国经济史考证》第三卷,商务印书馆,1973年,第212页。
② [美]Christopher M. Isett著,胡泽学、苏天旺译:《1700—1860年间中国东北谷物与大豆的贸易》,《古今农业》2007年第3期。
③ 参见许檀:《清代前期的山海关与东北沿海港口》,《中国经济史研究》2001年第4期。这二十海口分别是:(1)锦州属天桥厂、小马蹄沟二海口;(2)牛庄属没沟营、耿隆屯二海口;(3)盖州属连云岛海口;(4)复州属娘娘宫、五湖嘴二海口;(5)金州属魏子窝、青山台、金厂、石槽、红土崖、和尚岛六海口;(6)岫岩属鲍家码头、红旗沟、大孤山、青堆子、尖山子、英纳河、小沙河七海口。此外锦州、义州下属有松岭子、新台、梨树沟、清河、九关台五边关旱口。二十处海口与五处边关旱口共属于山海关税关。

蹄沟海口在乾隆、嘉庆年间贸易繁荣,道光、咸丰年间天桥厂取代马蹄沟而达到鼎盛。① 它们输入的是来自闽、粤、江、浙、鲁、直等省的土特产、绸缎、布匹、药材、红白糖以及外洋货物,输出瓜子、油料、黄豆和药材等大宗物品。天桥厂海口的商业腹地,包括奉天锦州府和直隶承德府的东北部地区,②相当于今天辽宁省的西部、内蒙古自治区和河北省的东部地区。

山东半岛与辽东半岛遥遥相望,成犄角之势,历史上两地经济联系紧密。明代辽东属山东布政司管辖,该地的粮食、布匹等军需物品均由山东供给。清中期辽东与山东、天津的贸易进一步发展,涌现出牛庄(今营口市牛庄镇)、盖平(今盖县)等著名海口。

牛庄,清代隶属奉天府海城县。它地处辽河下游,明代由海运向辽东输送的物品多经此地,因此是东北最早的海运码头之一。通过辽河水运,牛庄的腹地不仅包括辽河平原,而且可以向北延伸到整个东北平原。清末随着东北大开发和农耕向北部的推移,牛庄的贸易比其他海口更有优势。③ 据许檀考证,道光末年至咸丰初年(1835—1855年),牛庄的贸易税收额最高,在东北沿海各海口贸易中的地位已经超过锦州。④

盖州,清康熙三年(1664年)设县。境内有清河,其入海口正对连云岛,货物的出入都要经过该海口。民国《盖平县志》记载,清中期盖州与锦州、金州并为东北南部的商业中心。康熙至嘉庆年间,盖州城内的外地商人相继修建起三江、福建、山东和山西四大会馆。⑤ 道光以前,"南北贸易咸萃于此",盖州"虽系蕞尔偏邑,而名闻八闽,声达三江",世人"无不知有盖州者,皆因货物积散之传播也"。⑥

清代在辽东半岛南部设有复州(今属瓦房店市)和金州(今大连市金州区)。复州的最大海口为城西南50里复州河入海口的娘娘庙,它"北通牛口,西通浙津,西南通利津、莱州,南通烟台、登州","南满铁路未通以前……娘娘宫实为奉省南偏之紧要海港,往来山东登、莱二郡者皆假舟楫"。⑦

金州地处辽东半岛最南端,雍正时期置宁海县,道光二十三年(1843年)升为金州厅。貔子窝在金州城东北100余里,与岫岩交界处,濒临黄海。乾、嘉年间,貔子窝是东北与南方贸易的重要海口,粮食是貔子窝输出的大宗商品,同时输入棉花、砂糖、纸类和广东杂货、西洋杂品。此外,金、复、海、盖等处均产山茧,对岸山东半岛是山茧输入的重要口岸,"每岁入口以关东茧为一大宗"。

辽东半岛东侧,黄海沿岸的诸海口隶属于岫岩厅。清中期以降,南方各省与东北贸易日盛,乾隆三十三年(1768年)岫岩厅所属鲍家码头、尖山子、青堆子、英纳

---

① 王文藻等修,陆善格纂:民国《锦县志略》卷十三,交通志。
② [日]松浦章著,冯佐哲译:《清代盛京海港锦州及其腹地》,《锦州师范学院学报》1989年第2期。
③ 牛庄有狭义和广义之分。狭义牛庄仅指牛庄驻防城,广义牛庄指牛庄驻防城所辖之海口,即辽河海口码头的总称。因辽河下游善徙,海口码头的具体地点在乾嘉年间经历了从牛庄到田庄台再到没沟营的迁移过程。1858年《天津条约》所定通商口岸牛庄,其具体地点则是牛庄下游90里的没沟营(营口)。
④ 许檀:《清代前中期东北的沿海贸易与营口的兴起》,《福建师范大学学报》2004年第1期。
⑤ 张永夫:《清代盖州的四大会馆》,《盖县文史资料》第2辑,1985年,第63页。
⑥ 辛广瑞等修,王郁云纂:民国《盖平县志》卷八,交通志,海口。
⑦ 《创建天后宫碑文》,程廷恒修,张素纂:民国《复县志略》,艺文略,台湾成文出版社,1970年影印本。

河、小沙河、大孤山、红旗沟七海口开始征税。鲍家码头位于大庄河口入海处,清前期贸易量较大。清中期位于大洋河入海口的大孤山港贸易最盛。大孤山原为岫岩厅所辖,清末改属庄河县。民国《庄河县志》记载:"数十年前输入之货,江南杉船每年入口者不下数百余号,输出之品即大豆一宗可至四十万担。以故商业为东边冠,清咸同间几与营口齐名。"①

下表是嘉庆三年(1798年)山海关下辖税口的税银征收量和来往船只清单,有助于从数据上精确了解清中期东北沿海各海口的发展概貌。

表2.1　嘉庆三年(1798年)山海关所属海、旱各口征收税银及海口船只统计表

所属口岸	征收税银(两)	占总额	船只数	占总额
锦州二海口	25 606.996	30.98%	1 365	41.54%
牛庄二海口	21 899.588	26.49%	728	22.15%
盖州一海口	9 564.553	11.57%	147	4.47%
复州二海口	1 249.560	1.51%	114	3.47%
金州六海口	10 400.796	12.58%	362	11.02%
岫岩七海口	771.315	9.40%	570	17.35%
以上二十海口合计	69 492.800	92.53%	3 286	100.00%
陆路五旱口合计	6 175.489	7.47%		
总计	75 668.297	100.00%		

(资料来源:许檀:《清代前期山海关与东北沿海港口》,《中国经济史研究》2001年第4期,表2、表3。)

从上表可以看出,清中期山海关所辖的税口从地域分布上涵盖了奉天所设的各个行政区。各海口中以锦州和牛庄的税银征收额和船只数量最多,两海口合计占到山海关贸易总额的近60%。金州、盖州的征税额分别占到10%以上,亦属可观。岫岩较次,复州最少。各海口平均每年到达船只多者百余艘,少者几十艘,复州也是最少。

通过对清中期东北海口分布和发展规模的分析,可得出以下四点认识:

第一,根据各海口贸易税收的地位,依次是锦州、牛庄、金州、盖州、岫岩和复州,也就是说,渤海西岸海口贸易为最盛,较次为渤海湾内海口,再次为辽东半岛海口,最次为黄海沿岸海口。

第二,从这些海口的区位比较来看,不难发现,除了锦州、牛庄和大孤山位于大凌河、辽河、大洋河等几条较大的河流入海口外,其他的小海口也多位于较短的季节性河流入海口处。因此东北海口的产生以及数量增长,得益于自然河流运输条件的便利,但同时也意味着海口的发展空间受到各河流自然条件的制约。

---

① 廖彭、李绍阳修,宋抡元等纂:民国《庄河县志》卷七,交通志。

第三,各海口辐射腹地范围大小不一。辽河航运条件最为便利,由此牛庄海口辐射范围深入到辽河平原,但其他更多的海口只能容纳数量有限的船只,辐射腹地范围狭窄。

第四,从地理空间上看,咸丰十一年(1861年)营口开埠以前,东北南部地区市场结构是由一个个小海港和小流域范围的市场半径圈组成,辐射范围较大的中心市场并没有出现,这些零散分布的海口之间市场整合程度不高。

三、东部以渔猎经济为主的地区

就地理范围而言,东部地区包括东北东部的长白山地、松花江与黑龙江中下游广大平原,即所谓"白山黑水"地区。在自然条件方面,它同辽沈地区相比,除气候更加寒冷外,并没有太大的差异。境内沃野一望无垠,是理想的农业耕作地。

因这里是满族先祖的世居之地,所以入主中原后,该地被视为龙兴发祥的胜地,从清初就修筑柳条边予以特殊保护,到处为禁山和围场,森林密布。[①] 由于大片土地并未开垦,人烟稀少,天然动植物资源丰富,这里很适合人们在森林中狩猎,在河流中捕鱼。居民除满族外,主要为以部落形式散居的达斡尔人、鄂温克人、鄂伦春人、赫哲人等,汉族居民很少。他们均以渔猎生活为主,社会经济发展程度有限。在环境原始、社会经济不发达的吉黑地区,人参、貂皮、药材是最为名贵的特产。

政治的禁令,并不能完全阻止人们在经济利益驱动下形成的自然流动。自清初以来,吉林、黑龙江南部周围地区,已相继有农业开发,这多依赖流人、商贩、流民、"金匪"之力。[②] 流人是指被谪戍的罪人,自顺治至嘉庆,大批人犯向东北发遣,以伯都讷、船厂、宁古塔等处为多。康熙年间为抵抗俄国的侵略做军事准备,引入的水手、工匠等流人甚多。此外,还有累年流入的关内饥民、难民以及在长白山盗掘金矿、私挖人参者(前者即所谓"金匪")。随着居民增多,雍正四年(1726年)清廷置永吉州,并于伯都讷置长宁县(今扶余),于宁古塔置泰宁县,这是吉林自清建国以来第一次进行行政设置。不久,雍正七年(1729年)罢泰宁县,乾隆元年(1736年)罢长宁县并入永吉州,乾隆十三年(1748年)又罢永吉州,改设吉林厅,隶属吉林将军。嘉庆五年(1800年)因郭尔罗斯前旗长春堡地方移居汉民众多,又设长春厅。嘉庆十五年(1810年)设伯都讷厅。

---

① 东北的森林主要分布吉黑外环地区,即大、小兴安岭和伊勒呼里山以及长白山主、支脉的山岳地带,地图上看呈马蹄形,约占东北地区总面积的1/3。该处森林树木种类约300余种,它不仅是近代以前中国的宝库,也是当时世界上未开发的巨大宝库之一。通古斯语称北满(东北北部)为窝集(树海的意思),形容森林茂密。康熙六十年(1721年)流放者吴振臣著的《宁古塔纪略》对森林这样描述:"绵绵延延,横亘千里,不知纪极。车马从中穿过且六十里。初入乌稽(窝集)若有门焉,皆大树数抱,环列两旁,洞须然不见天日,唯秋冬树叶脱落明。第五站名拉法(蛟河县境),穿过小乌稽,经过三十里,情景亦相似。"又如"树木千里,一望无际。车马横过,不见天日者,三百余里。"杨宾于康熙六十一年(1722年)写的《柳边纪略》记载:"其中万木参天,排比联络,间不容尺。近有好事者,伐山通道,乃漏天一线。而树根盘错,乱石坟呀,秋冬则冰雪凝结,不受马蹄,春夏水涨,泥潭数尺,低处汇为波涛,或数十日不得达。"该书中也提到林区的动植物,说:"熊及野猪、貂鼠、黑白厌鼠等,皆资松子、橡实为食,又产人参及各种药材,人多不能识也。"

② 郭廷以:《近代中国的变局》,台湾联经出版事业公司,1987年,第415页。

至乾隆、嘉庆时期,八旗官兵屯垦、官庄以及流人、商贩、流民等逐渐将内地的耕种技术和衣食、居住、礼仪等风习一一传输过去,极大地改变了东北部地区的经济状况和生活方式,此时这里已出现三姓、阿勒楚喀、拉林、伯都讷、吉林乌拉、宁古塔等农业区,农作物的收获量和种植技术都比以前有了一定程度的提高。

此外,东部地区还和关内地区积极地进行商品和特产交换。"边外居住山海卫所属民、兵及盛京、直隶、山东沿海处所"的居民,他们利用地理交通条件上的方便,偷采人参并私买私卖。貂皮由东北边疆各民族捕猎而得,用于上贡和贸易,交货地点在宁古塔(今黑龙江宁安县)、三姓(今黑龙江依兰市)等城。宁古塔城在雍正六年(1728年)以前,是东北各族貂皮贸易的中心,每年春季前后,黑龙江下游各少数民族接踵而至,交纳贡貂,同时出售各种皮张,换取生产与生活用品。雍正七年(1729年),清廷决定黑龙江下游和乌苏里江流域各少数民族的贡貂归三姓管理,三姓遂取代宁古塔而成为最大的貂皮贸易中心。东北部地区所产的鹿茸、虎骨胶、牛黄、熊胆、海狗肾、五味子、细辛、黄精、赤芍、柴胡、防风等,也均为关内外各中药铺畅销的常用药材,而蕨菜、蘑菇、木耳等山菜、野生食用菌更是酒楼饮宴必备山珍。上述特产大多销往关内,换回东北所需物品,所以驿站沿途商旅繁兴。[①] 随着居民增多、商品交换和城镇交通的发达,森林采伐量和木材消耗量也越来越大,嘉庆十二年(1807年),经吉林将军奏准开采缸窑、田家屯、营盘沟、波泥河等地煤矿,这是有清以来吉林东部地区最早的矿业。

总之,在清代长达二百余年的封禁政策下,东部地区作为一个区域经济整体,除吉林、宁古塔等少数地方和交通沿线地方得到开发外,至清中期这里基本仍属未开发之地。这里的沃野,除少许星点分布的农业种植经济外,大部分区域仍是蛮荒之地,少数民族部落主要以传统的渔猎为谋生手段,八旗壮丁则采参、捕珠和猎貂取皮,以供给王府和公家,这种状况一直持续到近代弛禁和开埠通商前夕。

四、西部以游牧经济为主的地区

东北西部地区,包括松辽平原大部、大兴安岭间侧、西辽河上游科尔沁沙地等广大地区。该地区大部属中温带(仅大兴安岭北部属寒温带),是半湿润半干旱草原区和森林草原区,长期以来就是北方游牧民族的摇篮。其经济形式以游牧经济或半农半牧经济占主导,只在短时间内有过较发达的农业。

在松嫩平原北部,黑龙江中上游广大地区,为防沙俄入侵,清廷于康熙二十二年(1683年)设黑龙江将军。初驻瑷珲城,康熙二十九年(1690年)移治墨尔根。康熙三十八年(1699年)复因墨尔根地瘠不可容众,又移治齐齐哈尔。咸丰十年(1860年)前,领黑龙江、墨尔根、齐齐哈尔三副都统,呼伦贝尔一副都统衔总管,布

---

① 徐兆奎:《清代黑龙江流域的经济发展》,商务印书馆,1959年,第28页。

特哈索伦、打呼尔二总管。这一地区除以上黑龙江、墨尔根、齐齐哈尔三城及其驿站附近,以及呼兰河流域和结雅河流域(江东六十四屯)因军屯和流人开垦而有少许农业经济外,广大地域皆为游牧(平原草地)经济和游猎经济(山林地区)。

内蒙古邻接黑龙江地区,与黑龙江关系最紧密的是哲里木盟,向南为昭乌达盟和卓索图盟。哲里木盟分成四部落和十旗,在嫩江以东。齐齐哈尔以南为杜尔伯特旗;松花江以北,呼兰以西,嫩江以东为郭尔罗斯后旗;伯都讷以西,伊通门以北为郭尔罗斯前旗;齐齐哈尔以南,嫩江以西为扎赉特旗;长春及法库门以北,大兴安岭以东草原为科尔沁六旗。居民以蒙古族为主,游牧是主要经济方式,"蒙古人之生业,专事畜牧,其牧场固非有区域为限。仅部落与部落之间,用观星定界之古法,非斫然可稽者。而广袤千里之野,恣其放牧,其规模之大,亦可知也"①。

由于蒙古地区在日常生活和生产中必需粮食、布帛、烟、酒、糖、茶和各种金属制品以及部分铁制工具等,这些都是游牧经济自身所不能解决的,所以,他们必须用各种牲畜、畜产品和狩猎所得的野兽皮毛等与内地进行物品交换。对他们来说,牲畜就是财富和货币,用自己多余的牲畜、畜产品,来与内地定居民族进行物品交换,这是蒙古社会畜牧经济发展的主要动因,也是游牧民族自身存在和发展的前提。

清初,蒙古人约集商队,来归化城出售各种牲畜和畜产品者颇多。其后,旅蒙商贾逐渐深入到蒙古草原社会,根据蒙古人日常生活所需,"以车载杂货,周游蒙境",直接供应蒙古各阶层和广大牧民各方面的需要。在丰厚利润和强烈发财愿望的驱使下,越来越多的内地商人相继前往这一地区进行贸易,另一面也使得蒙古人对旅蒙商人的依赖逐渐增大。

旅蒙商贾多为山西商人,从明代中期开始,他们就以同乡或同业结成团体,在长城沿边地区经商,从事贸易。旅蒙商人根据畜牧业生产的特点,通常在春夏之交,用货车载送商品到蒙古牧民营地,经营和销售货物,这种经营方式又称为"出拨子"。一般是每年派遣几批人马,分头把商品装上牛车或驼队,三四人或十来人为一组,途中所需食品、炊具、帐篷、寝卧行李均置备齐全,沿途不做零售买卖,分组直接到达自己选定的目的地后,走屯串帐篷,先把商品赊销给蒙古人,当面议定以货物折合牲畜、皮毛的数量,先不收取。迨至秋后,牲畜膘肥体壮时,商人骑乘马、驼,带着帐篷,前来牧民的住地收取牲畜和畜产品,这种交易遂演化成为"信用贸易"。

旅蒙商人大多也在王府、寺庙、驿站等草原上人口较集中的地方设点贸易,有的还利用较大的寺庙举行庙会贸易。旅蒙商人的增多和商品贸易的繁荣,促进了蒙古地区商业城镇的迅速发展。自辽南盛京,北出法库门,经郑家屯趋齐齐哈尔的巴虎道,因多经草地,交通便捷,成为商旅所趋的重要商路。例如西拉木伦河(西辽河)下游地区的郑家屯,原为科尔沁部蒙古人的游牧地,自乾隆以后,已有商贩和民

---

① [日]小越平隆著,作新社编译:《白山黑水录》,作新社,1902年,第127页。

人搭棚建屋,开肆设铺,居住下来。道光间发展成为"民万余户"的大市镇,这里"旅寓之大,视内省数倍;冬季之夕,每停车数百乘,宿人千余辈,不觉其扰。其地产粮甚多,皆蒙古拥汉民而作"①。乌兰哈达(赤峰)属翁牛特部所辖,嘉庆时已形成商业贸易集镇,周围巴林、乌珠穆沁、阿鲁科尔沁等部的蒙古游牧民众皆来此贸易,常年蒙古人家畜"集合甚伙,贸易殊盛"。乌丹城位于乌兰哈达之北,嘉庆年间兴建城镇,蒙古人驱赶牛、马、羊群,携带毛皮等来交易酒、烟、茶、布、粮食、麦粉等杂货和日用商品,同时畜产品和牲畜等皆被输往锦州、天津等地。②呼伦贝尔草原上的蒙古族为得到日用的茶、米、布等货,往往不远千里赶往齐齐哈尔进行交易。后因往来艰难,乃勘得伊敏河左岸土地膏腴、形势利便、水草繁多的地方,筑土房数间,以招关内山西行商,建成蒙古族的会集之地,即今海拉尔市。其西南的寿宁寺又名赶集庙,也是当时重要的商业交易场所。每年夏历五月进行大祭,来此礼佛者达数千人,互市列帐百里,为一时贸易繁盛之地。当时交易无斗秤,常常以锅勺代斗,以目代秤,交易双方同看物之大小,彼此认可,即为定秤。

综上所述,清中期东北地区内部自然和经济分区泾渭分明。清统治者修建柳条边的目的,在一定程度上是为了避免农耕、游牧、渔猎等多种经济形态的冲突,但这一人文地理界线严重影响了边内外各族人民的商品经济往来,柳条边两侧的经济发展出现了畸形。辽河平原基本上是农业区,盛产粮食,经济发展相对较快;东部地区是以狩猎为主,农业为辅的混合型区域,农业虽有发展,但仅限于局部地区,从整体上讲,仍属未开发之地;西部是畜牧业区,为全东北经济最落后的区域。虽然各地生产力受到自然环境的明显制约而差异显著,但在政治的封禁之下,各地区相互间仍存在着必要的经济联系和交往需求,并在缓慢地进步和发展。

第三节 近代经济区形成的影响因素

经济区的形成,需要有经济开发主体——人的存在和活动,并且要有相似的开发历史过程。移民、日俄侵略和东北地方政权的边疆开发努力等,这些是东北近代经济区形成的最重要影响因素。

一、移民与东北经济开发

1. 移民与东北人口的飞速增长

嘉庆二十五年(1820年)东北三省仅有249.2万余人口,并且绝大多数分布于柳条边以外的辽中南和辽西地区。由于清政府禁止向东北移民,因此直至道光二十年(1840年)以前,东北地区一直是地广人稀。

---

① [清]徐宗亮:《黑龙江述略》卷六,台湾成文出版社,1968年影印本,第230页。
② 花愣:《内蒙古纪要》,共和书局,1916年,162—163页。

表 2.2　近代东北地区人口变化表　　　　　　　　单位：万

时间省份	1820	1851	1880	1911	1930	1949
辽宁	175.7	258.2	409.0	1 101.851 7	1 525.369 4	1 831.000 0
吉林	56.7	123.8	256.9	553.840 5	735.445 9	1 008.500 0
黑龙江	16.8	37.0	75.9	186.879 2	443.078 2	1 011.900 0
东三省总计	249.2	419.0	741.8	1 841.571 3	2 703.893 5	3 851.400 0
热河				316.597 0	218.472 3	654.816 1
东北四省总计				2 158.168 3	2 922.365 8	4 506.216 1

（资料来源：曹树基：《中国人口史·第五卷（清时期）》，侯杨方：《中国人口史·六卷：1910—1953年》，复旦大学出版社，2001年。）

据曹树基的估算，1851年东北三省人口为419万，1880年增长到741.8万。[①] 1820—1850年，辽东地区人口年平均增长率为12.5‰；1851—1879年，年平均增长率为15.99‰；1880—1909年，年平均增长率为32.56‰；同期各个阶段，吉林和黑龙江两省的年平均增长率均在25‰以上。[②] 另据侯杨方的计算，1911年调查东北三省的人口为1 841.5万余人，1930年东北人口的调查数据为2 703万余人，1949年公安部门统计东北三省总人口为3 851.4万人。自1911年初至1949年底的39年间，东北地区人口平均年增长率为18.92‰。[③] 1911年热河人口为316.5万余人，1946年初热河的总人数为610万左右。1911—1946年的35年间，热河人口平均年增长率为20.76‰。[④]

从1820—1910年，中国人口平均年最高增长率为7‰，从1911—1949年，中国人口平均年增长率为7.06‰。[⑤] 近代东北三省和热河有如此高的平均年增长率，最重要的原因在于它们始终是一个人口迁入区。

清咸丰年间，朝野上下开始有移民实边之议。咸丰十年（1860年）以后，移民禁令逐渐取消，东北地区成为中国的移民"新大陆"。光绪六年（1880年），清政府以放荒、免税、补助政策，奖励人口移民东北。这是东北开放后具体提倡移民的开始。19、20世纪之交，中东铁路修建需用大批工人，因高工资的吸引，山东、河北人民群趋而至。铁路建成后，因政府倡导，垦局时设，荒地屡放，地方开发迅速，内地移民赴东北者不绝于途。宣统三年（1911年）以后，因第一次世界大战爆发和东北经济的繁荣，再加关内多省连年战乱及天灾，移民相携出关者陡增。近代华北向东北移民的规模非常巨大，甚至堪称19世纪末、20世纪初中期人类历史上最大的移民潮。

---

① 曹树基：《中国人口史·第五卷（清时期）》，复旦大学出版社，2001年，第701页。
② 曹树基：《中国人口史·第五卷（清时期）》，复旦大学出版社，2001年，第707页。
③ 侯杨方：《中国人口史·第六卷（1910—1953年）》，复旦大学出版社，2001年，第150页。
④ 侯杨方：《中国人口史·第六卷（1910—1953年）》，复旦大学出版社，2001年，第156页。
⑤ 侯杨方：《中国人口史·第六卷（1910—1953年）》，复旦大学出版社，2001年，第575页。

近代东北大移民,从嘉庆二十五年(1820年)至宣统三年(1911年),移民总数量在1 200万以上。1912—1945年迁入东北并定居的关内移民达962万人。① 但辽宁、吉林、黑龙江三个省份的移民时期、规模和速度并不相同。

咸丰元年(1851年)辽宁人口达到258.2万,同治元年(1862年)至光绪二十三年(1897年)由284万增加到496万,年平均增长率为16‰,新移民人口并不算多。而光绪三十四年(1908年)人口猛增到1 100万,显然包括了500余万的新移民。嘉庆二十五年(1820年)吉林人口为56.7万,以10‰的年均增长率计算,至宣统三年(1911年),人口约当为132万,但实际人口却是553.8万,可知晚清土地放垦后迁入的移民应有422万左右。是年黑龙江的人口为322.1万,但移民迁入主要集中在南部的呼兰平原和肯通河流域,其他地方接纳移民仍有较大的潜力。②

宣统三年(1911年)以后,就整个东北三省而言,汉族农业移民实际上只进入黑龙江一省。辽宁和吉林两省的迁入和迁出基本相等。如1912—1930年,辽宁人口从1 213万增加到1 494万,年平均增长率为11.6‰,按年平均自然增长率10‰推算,外来移民仅43万人。1910—1930年,吉林人口从554万增加到570万,移民数量同样很少。黑龙江在1911年后,移民人口分为缓慢增长(1912—1917年)、加速增长(1918—1922年)、急剧增长(1923—1930年)三个阶段。在缓慢增长阶段,5年共计不超过30万移民。加速增长的5年中,合计迁入移民70.6万。在急剧增长的7年中,移民共有187.5万人,年均27万人。③

1931年九一八事变后,因战乱、治安不良及伪满政府的限制,关内向东北的移民大幅度减少。1937年七七事变后,尤其1941年太平洋战争爆发后,日本为增加后方的劳动力,放弃限制,鼓励华北移民进入东北,1936年迁入35.8万,1938年增加到49.2万,1941年高达100万,1942年更上升到120万,④ 形成东北移民史上又一次大潮。

2. 移民与近代经济地理格局的关系

人口是地区经济发展的关键因素之一,东北"开发之事,受赖大量劳力,东北劳力之供给,几全由内地移入之民。凡有一次广大之移民,则东北之开发必迈进一步,其经济生活亦必因此而活跃"。⑤ 近代从关内来到东北移民,无疑是开发和建设东北的生力军,他们的到来,传播了先进的农耕技术,带来了优良的农作物品种,加速了东北的土地开发与农业发展,使边疆的荒原丛莽变为世界瞩目的大粮仓。农业生产的发展,带动了手工业和商业的兴起和繁荣,近代商品市场普遍形成,城镇普遍兴起,内地与边疆地区的经济联系进一步加强。移民含辛茹苦、披荆斩棘的创业,促使东北地区原来颇为落后的社会经济面貌发生了历史性巨变,由此奠定了东

---

① 侯杨方:《中国人口史·第六卷(1910—1953年)》,复旦大学出版社,2001年,第490页。
② 曹树基:《中国移民史·第六卷(清、民国时期)》,福建人民出版社,1997年,第501页。
③ 曹树基:《中国移民史·第六卷(清、民国时期)》,福建人民出版社,1997年,第505页。
④ 王胜今:《伪满时期中国东北地区移民研究》,中国社会科学出版社,2005年,第169页。
⑤ 吴希庸:《近代东北移民史略》,《东北集刊》1941年第2期,第2页。

北地区工农业在全中国的重要地位,同时也对近代东北经济地理的格局产生了巨大而深远的影响。

第一,移民路径影响着东北经济开发的先后顺序。

清前中期,东北由奖励移民转为禁止移民。顺治年间,曾发布招民令。当时辽东、辽西地区是移民的乐园。但该时期的移民垦荒,基本上是受政府控制的。虽然山东移民从胶东渡海比绕道山海关便捷得多,但是政府指令由山海关官员造册报送,分地安置,迫使出关移民不得不从山海关出。相对而言,胶东海路则无人问津。康熙时期开始封禁东北,修建柳条边,明令禁止移民东北。①

嘉庆、道光时期,山东、河北灾荒饥民常常通过陆路闯关进入东北。另一些山东移民则通过水路,往鸭绿江一带发展。总之,在近代铁路兴起之前,"闯关东"移民赴东北的路线主要有两条:一条是水路,一条是陆路,即通常说的"泛海"和"闯关"两途。

水路,又称东路。通过水路到东北的路线主要有青岛至大连、烟台至营口、天津至营口、烟台至海参崴等4条航线。在铁路未建之前,进入东北的移民大多选择水路,如山东移民大都"泛海"而上,河北移民则先步行再沿辽河北上,然后进入松花江及其支流区域。这些移民乘坐的帆船抗风浪能力不强,且载量低,无法运送大量移民。至于步行,则更费时费力。陆路,又称西路。在光绪二十年(1894年)天津至山海关段铁路开通之前,山东移民多由渤海湾沿岸徒步而行,从柳条边威远堡门(今属辽宁开原市)、法库门(今辽宁法库县)、辽东边墙的各边口及喜峰口、古北口、冷口等处进入东北三省。

光绪二十年(1894年)之后,随着京奉线、中东铁路及南满支线的通车,山东、河北等地移民多由京奉路出关,然后沿南满、打通(打虎山——通辽)、四洮(四平——洮南)等路分散。而从河南入东北者,多先在郑州聚集,然后搭平汉线至丰台,而后再转北宁路出关,经打洮(打虎山——洮南)、洮昂(洮南——昂昂溪)两路,分散到各地。

至20世纪二三十年代移民高峰时期,随着东北地区及华北一带铁路的建成,且地区间的铁路已实现联运,选择铁路进入东北的移民乃迅速增加,并呈不断上升的趋势。过去移民选择路线以水路为主,从此则是水、陆并用,入关的行进方式也呈多样化的趋势。如山东移民又分为鲁东和鲁西两部,鲁东多由烟台、龙口、青岛出发,其中到大连的,再乘南满线列车北上,到安东的,选择安奉线再转南满线,到营口的,又转南满支线(营口支线)或北宁线北上;如由北宁路出关,则沿北宁、南满、打通、四洮等路分散。鲁西除陆路经津浦线出关外,也可从济南小清河坐小船航行至羊角沟(今山东寿光市北部小清河入渤海处),然后渡海北上。其中部分移

---

① 曹树基:《中国移民史·第六卷(清、民国时期)》,福建人民出版社,1997年,第478页。

民到哈尔滨后,又分两路继续前行,一为经中东铁路和呼海铁路前往黑龙江北部,一为乘江轮到松花江下游一带。另外也有移民在海参崴登陆,然后再折入东北。

近代移民的路径和终点,总体呈由南向北推进的趋势。晚清,移民大多分布在辽宁、吉林省南部。该时期移民的重点区域,辽宁是鸭绿江流域、辉发河流域、东西辽河流域,吉林省是松花江中上游及图们江区域,热河是东、北部赤峰、朝阳等地。同时黑龙江呼兰河、通肯河流域等部分地区积极放垦,加速开荒,吸引移民逐渐北移,区域发展也初具规模。进入民国以后,前往东北的移民不再停留于东北的南部或中部地区,而是大部分向东北北部地区迁移。随着东北铁路的日渐发达,移民分布地点也由原来的以河流附近为主(辽河和呼兰河流域),逐渐扩展到铁路沿线及工、矿、林业等地区。

第二,移民的空间分布制约着东北区域内部发展平衡。

近代以来东北移民分布的结果,是人口密集于交通沿线,尤以南满和京奉两条铁路线附近为人口稠密地带,人口重心则在开原附近。此人口稠密地带之四周可以地形区分:东南界为海拔400米等高线,西北界为600毫米等雨线,东北界为海拔200米等高线,西南界直抵渤海,此为人口稠密地带,即松辽平原的东部。[①] 呼海铁路沿线、吉林东部、热河南部人口仅次于稠密地带。而吉林东南海拔400—700米的丘陵,人口分布与热河南部相同,其中牡丹江河谷及延吉盆地人口略与稠密地区同。穆棱窝集岭及其东部的沼泽地和长白山区的人口极稀,松辽平原西部的人口亦稀。黑龙江北部、呼伦贝尔、小兴安岭山地人口最稀。

近代东北人口分布格局,固然和移民由南向北的路径有关,但同时也和东北的自然地理环境基础及移民分布的自然选择有很大关系。东北地形三面环山,南邻渤、黄海,中间为肥沃的松辽大平原。东北的气候,南部温暖,北部寒冷,降雨量自东南向西北递减。铁路沿线、江河流域和条件较好的已开发地区和城市,因有种种方便,当然成为移民的上佳选择。至于东、北部山区,重峦叠嶂;西部草原,土地盐碱,风沙大雨水少,且交通不便,自令移民望而却步。

伪满时期曾有详细的分省人口密度调查数据:伪辽宁省每平方公里157人,伪锦州和四平次之,其余皆在100人以下。当时人口密度与产业地域有相应函数关系:狩猎捕鱼地带,每平方公里0—3人;畜牧及林业地带,每平方公里3—10人;农业初期地区,每平方公里10—18人;农业地区,每平方公里18—74人;工业初期地区,每平方公里74—100人;农业与工业混杂地区,每平方公里100—146人;工业重点地区,每平方公里146—200人;工业区及郊外,每平方公里200—1 000人。[②] 据此函数关系对比,伪辽宁省每平方公里在157人之上,可列为工业重点地区;伪

[①] 金毓黻主编:《东北要览》,国立东北大学,1944年,第114页。
[②] 东北物资调节委员会研究组:《东北经济小丛书·人文地理》,京华印书局,1948年,第4页。

锦州和四平两省,可为工业初期地区;兴安各省及北边黑河省,为林业、狩猎、畜牧地区;其余各省,则为农业地区。

二、日俄侵略与东北经济开发

东北地区南邻日本,北接俄国,在近代中国国势衰落的情况下,遭到前狼后虎般的侵略。近代日本和俄国都是野心勃勃的国家,日本企图实现明治维新以来大陆政策的美梦,俄国意欲实现彼得大帝的东方出海计划,两者均对中国东北虎视眈眈。俄国南进,日本北进,东北遂成为两国争霸的逐鹿之场。而军事仅是暂时可采用的明火执仗的劫掠手段,经济侵略则能最终确保军事和政治目的实现。近人曾经这样评论:"帝国主义者经济侵略成功,必须依赖两个辅助的条件。一个是买办制度,一个是商埠系统。有了买办,自然生出推销的动力。有了有组织的商埠,然后销场有系统。由大商埠而侵及小市场,如臂使指,无孔不入。"[①]近代日俄两国对东北的经济侵略手段,即是首先以港口—铁路权的攫取为基础和主干,接着围绕交通运营而开发资源、操纵贸易流通、进行殖民投资,从而获取高额利润。日俄两国对东北"港口—铁路"的权利争夺,对东北近代经济地理格局造成了深远影响。

1. 俄国的远东政策与经济手段

俄国本为一大陆帝国,境内没有出海通道,彼得大帝时就想在东西两面寻找出海口。道光二十年(1840年)中英发生鸦片战争后,俄国趁机沿黑龙江东进。咸丰八年(1858年)第二次鸦片战争中,俄国又趁火打劫,掠取了中国黑龙江以北、外兴安岭以南的大片领土。咸丰十年(1860年)《北京条约》又进一步割占了乌苏里江以东之地。俄国把这大块土地划分为阿穆尔和东海滨两省,筑海参崴军港为其东方舰队据点,多年梦寐以求的东方出海计划终于如愿以偿。19世纪80年代以后,沙俄由于向欧洲、近东和中亚等地的扩张不断受挫,于是积极侵略远东。它的远东政策的主要目标是占据朝鲜和中国的东北及西北,以便进一步扩大对中国的侵略。为了同英、美、日等帝国主义列强争夺太平洋上的霸权,达到称霸远东的目的,沙俄必须在中国东北或朝鲜夺取一个不冻港。

(1)修筑中东铁路、南部支线及大连港

同治十一年(1872年),俄国开始修建海参崴港。海参崴原为中国领土,咸丰十年(1860年)被俄国割占,改名为符拉迪沃斯托克,意为"控制东方"。海参崴西面和西南面靠近中国、朝鲜,东面与日本隔海相望,南面濒临彼得大帝湾,具有重要的战略地位。港区三面为丘陵环绕,港外群岛散布,成天然之屏障,自然条件优越。海参崴对于俄国来说无疑是一良港,因而沙俄视其为金角。但令沙俄不能惬意的是,该港每年11月至翌年3月有长达5个月的冰冻期,这在很大程度上限制了舰

---

① 胡式:《日本侵略下之工商地志》,华风书店,1932年,第1页。

船活动。从贸易角度看,它的冰冻期又恰好是农作物上市的旺季。再者,俄国计划修建以海参崴港为终端的西伯利亚铁路,如不通过中国东北北部境内,也将绕行很远的距离才抵达日本海。因此,如能修建穿越中国东北通往海参崴的过境铁路(即后来的中东铁路)或者再能拥有一个完全适合冬季停泊、装备完善和给养充足的不冻港,对欲实现其远东政策的沙俄扩张者来说,这是孜孜以求的。

光绪二十一年(1895年)中日甲午战争后,俄国以干涉日本交换中国辽东半岛为功,于次年同清政府签订了《中俄密约》,获得在东北北部修建中东铁路的权利。俄国并不以此为满足,而是加快了在东北南部地区寻求不冻港的步伐。光绪二十四年(1898年)德国占领胶州湾,俄国乘机以履行密约,防范他国侵犯为借口,派舰队侵占旅顺。当年俄国向清政府提出强行租借的要求,经俄国工程人员勘察,大连湾西南岸不冻、不淤、港阔、水深、浪小,适宜建设商港。作为经营东北的基础,1899年8月沙皇下达关于建设大连自由港的敕令,俄国企图效法英国统治香港那样,把大连建成"俄国的香港"。

光绪二十七年(1901年)满洲里至绥芬河、再至海参崴的中东铁路干线,光绪二十九年(1903年)哈尔滨至旅顺、大连的中东铁路南部支线通车运营,东北局势为之大变,俄国内地到远东的速度大大加快,乘火车由彼得堡到旅顺只需要13天的时间,[①]极有利于俄国争夺东北的商业利益。俄国财政大臣维特评价道:"(这)不仅有利于俄国这个亚洲东方和西欧产品贸易交换的中间人,而且也有利于俄国这个最接近亚洲东方各民族的大生产者和消费者。"[②]虽然哈尔滨至海参崴较哈尔滨至大连为近,但在中东铁路开通到日俄战争结束这段时期,即俄国势力占据东北的全盛时期,它全力以赴发展大连,把东方不冻港经中东铁路与俄国内地连接一起,吸引各国商品集中于大连港进出口,使旅大租借地和俄国经济得到繁荣。

(2) 以中东铁路和海参崴港控制东北北部地区

光绪三十一年(1905年)日俄战争以后,俄国因战败失去了在东北南部的一切权益。为了确保在东北北部的利益,俄国转而重点建设远东的海参崴港口,利用乌苏里铁路接中东铁路与东北北部的广大区域进行商业运输联系,控制东北北部市场。

1914年第一次世界大战和1917年俄国十月革命后,海参崴港由于军事运输和政治动荡而受影响,哈尔滨贸易也备遭打击,衰落不堪。但"俄国自西伯利亚东来,若沿黑龙江、乌苏里江而至海参崴,则为程甚远且不又不便,有中东铁路可使距离缩短一半。故中东铁路为俄人由本国至日本海最短之距离。无论俄国国内政体如何,此种利害关系始终不变也"[③]。1920年苏联远东局势稳定以后,重新重视与东北的贸易关系。1920年,苏联在西伯利亚成立了远东对外贸易局,该局被授权以

---

① 中国社会科学院近代史所:《沙俄侵华史》第四卷,人民出版社,1990年,第420页。
② [苏] 罗曼诺夫著,民耿译:《帝俄侵略满洲史》,商务印书馆,1939年,第58页。
③ 朱契:《日本侵略满蒙之研究》,商务印书馆,1930年,第74页。

苏维埃政府的名义与中国进行贸易。1922年初,在哈尔滨设立了西伯利亚远东对外贸易局办事处,这是苏联在东北设立的第一个国家贸易机构。[①] 1924年中苏建交和《奉俄协定》签订后,苏联鉴于哈尔滨转运贸易有利可图,于1925年又在哈尔滨设立远东海外贸易代表支部及其他贸易机构。为在东北农产品转口日本或西欧国家的贸易中获利,苏联采取积极的东行货物吸收政策,组织东北北部货物东行至海参崴港,"哈埠货物,经由苏俄过境转运海参崴出口者,与时俱增,尤以豆类为最,至民国十七年(按:1928年),经由海参崴出口之豆类,曾达一千四百八十万三千三百四十三担之多焉"[②]。1929年中东路事件发生后,中苏边界交通受到影响。1931年九一八事变后,日本采取政治、经济等多种措施切断或干扰中东铁路运输,1935年苏联最终把中东铁路出售给日本。

2. 日本的大陆政策与经济侵略手段

日本自1868年明治政府建立后,在"终冀开拓万里波涛,布国威于四方"的方针指导下,制订了开拓殖民地的大陆政策,即用武力向近邻大陆侵略扩张。朝鲜及中国东北因和日本仅一衣带水之隔,并且地大物博,而成为其首要目标。1895年中日爆发甲午战争,日本割占辽东半岛,但因和当时俄国南下侵略旅大地区的目标相冲突而遭干涉。此后日本非但没有停止侵略,反以此为耻,更是积累武力,采取军事手段而步步深入东北。1905年日俄战争后,俄国在东北南部的特殊权益全部转让给日本。1927年日本明确提出"欲征服支那,必先征服满蒙"的侵略政策。1931年九一八事变后,日本彻底把东北变为其殖民地。在侵略和扩张的过程中,"无论政治、经济、军事方面,日本欲侵略满蒙,惟铁路是赖,故铁路问题实居满蒙问题首位……海港与铁路系统有不可分割之关系,故亦与铁路问题相提并论"[③]。

(1)成立国策性经济实体——南满洲铁道株式会社

1905年日俄签订《朴次茅斯条约》后,采取何种形式经营东北成为日本当局决策的重大问题。最终他们决定效仿英国东印度公司对印度殖民控制的方法,以国家和政府为强有力的后盾,用民间公司的形式进行管理经营。[④] 1906年6月7日,日本政府宣布成立南满洲铁道株式会社,8月14日通过"满铁章程"。

满铁章程规定,满铁将经营中国东北的铁路和附属事业,会社资本定为2亿元,其中由政府以实物出资1亿日元(占50%股份),设总裁1名,副总裁1名,理事4名以上,监事3至5人,其中总裁和副总裁由政府任命,会社的股东限于日本、中国政府和日本、中国国民。日本迫于当时中日条约的限制而不得不规定满铁是日清两国共同产业,但在实际运营过程中,中国政府没有认股,民间认股者也属寥寥,

---

[①] 张凤鸣:《中国东北与俄国(苏联)经济关系史》,中国社会科学出版社,2003年,第164页。
[②] 《哈尔滨关十年贸易报告(1922—1931)》,中国第二历史档案馆等编:《中国旧海关史料(1859—1948)》,第157册,京华出版社,2001年,第322页。
[③] 朱契:《日本侵略满蒙之研究》,商务印书馆,1930年,第53页。
[④] 胡赤军:《近代中国东北经济开发的国际背景》,商务印书馆,2011年,第194页。

因此满铁事实上只为日本的利益服务,它违反了南满铁路由中日商办的约定,其正副总裁、理事和干部全由日本政府任免,业务、经营方针也均由日本政府监督和决定,会社的资本总额的半数由日本政府占有,完全是一个在民间会社幌子掩盖下的国策性机关。满铁首任总裁后藤新平曾道出满铁的实质:"当初设立南满洲铁道株式会社并推举鄙人为总裁,盖出于不把满铁看成是一个营利的铁路事业,而拟使之成为帝国殖民政策或我帝国发展的先锋队,其本旨确实如此。"①满铁的一个理事冈松参太郎也承认满铁是政府借公司之名而行机关之实,是代替政府经营南满洲的殖民侵略机关。②

1912年末,满铁职员有4 253人,执事有16 236人(其中日人7 666人,华人8 570人),共计20 489人,1930年末发展到3万余人,1944年9月更发展至近40万人,其中日人约13.9万人,华人约25.9万人。满铁的设备十分先进:总公司设有600台打字机,都在一刻不停地工作;电话有自动拨号盘,不用接线即可立刻通话;大豆的收购数量、运输里程、运费等均以美国国际商用机器公司制造的计算机穿孔卡片系统来处理。满铁职员持有俄语二等合格证的有4 500人,至于不会说汉语和英语的则几乎没有。③任何日本人到满铁工作,必须参加汉语考试,考试分为一、二、三等,及格者发给奖励津贴5万日元,如果不及格,则永远是准职员待遇。当时在日本高等文官考试及格,进内务省工作的人工资75万日元,而他如能进满铁工作,工资可以有80万日元,外加50%的外地津贴,共120万日元,待遇可谓优厚。

1906年满铁仅以2亿日元资本建立,其后至1945年日本战败投降,40年间满铁建立了70个有关公司及旁系机构,1940年其投资总额增加到26亿日元。④借助日本国家的军事、政治强权,带有国策侵略性的满铁在中国东北形成了"特殊利益王国"。它既是东北各港口与其腹地经济互动发展的促进者,同时也是发展所带来利益的最大获得者。

(2) 不断攫取港口和铁路权,形成与日本联系最有利的"三港三线"布局

1906年后,日本以满铁控制下的大连港和长869公里的南满铁路作为侵略东北的基本"武器"。满铁为了控制长春以南的货物运销以及和东北北部的中东铁路竞争货物,采取了"大连港中心主义"的特殊运费政策。此外,日俄战争后、第一次世界大战期间和20世纪20年代后期,日本通过强迫贷款、包工承建、"合办"等多种方式,相继修建并控制了吉长、四洮、吉敦、洮昂4线铁路1 004公里,金福、溪碱、天图3线铁路228公里,使它们成为南满铁路支线,最终使直线型的南满铁路发展成具有众多分支、共长2 101公里的树权型铁路网络,由此大连港的货源范围不断

---

① 张福全:《辽宁近代经济史(1840—1949)》,中国财政经济出版社,1989年,第63页。
② 苏崇民:《"满铁"史概述》,《历史研究》,1982年第5期。
③ [日]草柳大藏著,刘耀武等译:《"满铁"调查部内幕》,黑龙江人民出版社,1982年,第3页。
④ [英]琼斯著,胡继瑗译:《1931年以后的中国东北》,商务印书馆,1959年,第143页。

地向东北中、北部地区拓展。

日俄战争期间,日本修筑了安东至奉天的长为261.1公里的铁路,战后强行租借。1910年日本侵吞朝鲜后,于1911年在鸭绿江上修建了铁桥,将东北与朝鲜的铁路联通。1913年开始,日本通过朝鲜半岛,实行"日满朝"三线货物联运,日本货物可从日本国铁山阳线至朝鲜的釜山转新义州线,再转东北的安奉线。

除大连港、南满铁路和安东港、安奉铁路即"南港南线"外,日本为扩大其在东北地区的特殊权益,还积极筹备满铁本线的辅助线,制定了与日本联系最有利的东、西"两港两线"计划。

西港西线。1913年,日本向袁世凯要求"满蒙五路"借款计划,其中有修筑洮南到承德的铁路。1918年,日本又向段祺瑞要求修筑洮南至热河的铁路以及洮南、热河其中一地点至某海港的铁路,这就是日本人所谓的西线。某个海港当时未曾说明,须俟将来测定。① 伪满成立以后,扩建葫芦岛港,1936年修通锦承铁路,1938年又从承德延伸至古北口。至此,东北西部地区有了完整的铁路交通网和最近出海口,达到了日本控制东北西部地区的目的。

东港东线。东港,即以朝鲜的清津港为第一港,罗津和雄基为辅助港;东线,计划以长会铁路(长春至会宁)为主,以长大(长春至大赉间)、延海(延吉至海林及依兰间)、吉五(吉林至五常)三路为营养线,囊括嫩江和牡丹江流域的物产。② 日本谋划和夺取吉会铁路有较长的历史,1923年,日本以开矿为名擅自修建天图(天宝山——图们)轻便铁路。1925年2月,日本又与张作霖签订了承包建设吉敦铁路(吉林——敦化)的合同,至此吉会全线所缺的只有敦化到老头沟一段,长仅两百多里。③ 1927年以后,日本多次向张作霖和张学良要求完成全线,时人感叹:"若吉会铁路一旦告成,则日人可渡海直由朝鲜入我东省腹地,路程最短,与南满铁路相联络,蔚成一大弧形,则日本在我东省之势力,无论其在军事政治及经济上,将益形巩固矣。"④

日本的侵略要求遭到东北各界人士的强烈反对,并且修筑一条独立且不从属于南满铁路的清津(或罗津)—吉林—洮南干线,在经济意义上对南满铁路和大连港也将是一个重大的打击,它有把南满铁路一部分变成大干线的专用线的危险。除大连港以外,修建这条干线也会给日本神户带来损失,从清津(或罗津)运出的货物可以经日本海直接运往敦贺。因此南满铁路和神户的有关资本家和垄断组织也设法阻止这条新干线的建设。⑤ 1933年10月,日本多年梦寐以求的敦化——图们,即"日满"最短线路建成,1935年11月罗津开港,使长春和日本之间距离可不绕道大连而大大缩短了。东港东线贯通,对日本掠夺吉林地区以及东北东北部地区

---

① 蓝孕欧:《满蒙问题讲话》,南京书店,1932年,第144页。
② 王同文:《东北铁路问题之研究》,交通大学管理学院,1933年,第92页。
③ 蓝孕欧:《满蒙问题讲话》,南京书店,1932年,第143页。
④ 张宗文:《东北地理大纲》,中华人地舆图学社,1933年,218页。
⑤ [苏]阿瓦林著,北京对外贸易学院俄语教研室译:《帝国主义在满洲》,商务印书馆,1980年,第307—308页。

的各种资源极为有利。

(3) 以交通运输垄断为基础的各种经济控制

在对港口—铁路交通硬件垄断的基础之上,东北特产输出和日本制造品输入构成了满铁运输业务的主要内容,因为对外贸易兴衰决定满铁利润大小。满铁不是消极地适应对外贸易,而是积极促成东北豆货向世界输出,用日货替代各国商品,在国策性的贸易经营中获取最大利润。1913年满铁对豆饼、大豆、豆油、小麦实行混合保管运输,将运输和货物保管业集于一身,以强化对东北农产品运销的操纵。1912年,日本在东北设立的大型商业公司有20余家,主要有三种类型:一是由日本财阀直接支配的海外支店,如三井物产由日本政府特许,垄断日本与东北的大豆贸易,大阪商船则垄断日本与大连间的海运业;二是大商社操纵下的代理商,形成庞大销售网,以推销日货;三是数量众多的中小商业资本。这些日本商业公司和满铁一起,垄断和控制了从港口城市、铁路再到腹地乡村的商品流通网络。

铁路、港口等基础设施是满铁投资的主导产业,创业初期占总投资额的近70%,但因满铁是日本的国策性公司,随着基础设施相继完善,满铁对港口和铁路投资比例下降,第一次世界大战前后开始利用交通运输的利润而不断加强对东北工矿业的投资。1931年前,日本在东北的工业投资以满铁为中心而展开,满铁在日本对中国东北的直接投资比例最少时占60%。[①] 1937年后,随着伪满重工业开发计划的实行,满铁一部分资产转交给满业,二者一起构成东北工业化的两大支柱。

满铁采取"综合经营"方针,逐步建立了一个以铁道矿山和港湾为中心,包括铁路、矿山、机械制造、电力电气、瓦斯焦炭、制钢炼铁等工业部门的工业体系。满铁于1918、1919年两个年度在鞍山制铁所共投资3 769万余日元,占这两个年度盈利总额的80%,可见满铁为掠夺东北工业资源是不惜血本的。

除直接投资建设社内多种辅助工业外,满铁还投资参与、扶持日本私人工业资本。一战期间,满铁直接参与了号称"奉西三大工业"的南满制糖、满蒙毛织、满蒙纤维三大会社的创立。满铁投资参与日本在东北的工业有两个重点:一是对日本国防有重要意义的钢铁、毛织、制麻等工业部门,以保证其军事供应;二是开拓新产业,特别是与化学研究相关的工业部门,如硬化油、脂肪酸、颜色染料、味素、肥皂等工业部门,以垄断东北的新兴工业。这些日资工业大都兴办在日人割据的"关东州"和南满铁路沿线附属地内。到1931年,满铁实际上已经形成了包括大大小小企业在内的庞大托拉斯,东北的重化工业几乎全被满铁和日商所控制和垄断。

概之,侵吞东北是日本自明治维新以后的重要战略目标。光绪三十一年(1905年)日俄战争后,双方形成的均势一定程度上改变了两国在东北明火执仗的争夺方式,双方积极利用各自控制的港口—铁路系统,展开了经济利益的争夺。日本效仿

---

① [美]雷麦著,蒋学楷等译:《外人在华投资》,商务印书馆,1959年,第353页。

英国的东印度公司,成立满铁这样的实体殖民经济机构,以交通运输经营为基础,在促进东北外向型经济发展过程中获取高额利润,以便再投资,由主导经济实体不断派生出一系列公司、产业,再加上其他日商对东北外贸、工矿、金融等行业的投资,形成了日本对东北经济的持续开发和逐步垄断。1931年以后,日本终于实现与东北联系最便利的"三港三线"经济地理布局,把东北彻底纳入日本所谓"日满一体"的宗主国和殖民地经济体系之中。东北近代经济开发和经济地理格局的形成,与日本对东北的政治目的和经济侵略手段有着密切关系。

三、清末、民国时期政府对东北的经济开发

道光二十年(1840年)之前,东北地区因是清廷的祖宗发祥之地,为防止满族被"同化"和独占东北地区的经济特产,清政府实行封禁政策,使得东北地区资源闲置和经济落后。鸦片战争以后,关内地区因政治动乱、自然灾害和人地关系紧张,形成移民东北的浪潮。甲午战争爆发,日俄势力又先后侵入东北。光绪二十六年(1900年),趁义和团运动兴起,俄国侵占了整个东北地区。在内政、外交双重交困的巨大压力的驱动之下,20世纪初年,晚清政府为避免东北被俄国独占,采取"以夷制夷"之策,将东北向各国全行开放。1931年前,民国中央政府和东北地方政权为抵制列强在东北的经济渗透,也努力建设不受日俄控制的、独立自主的港口—铁路交通和运输体系,开发工矿,对东北经济近代化的地理格局形成也产生了重要影响。

1. 全行开放和自开商埠

义和团运动爆发后,俄国以保护中东铁路为名,出动10余万俄兵占据了东北各地要津。当时晚清重臣湖广总督张之洞痛感"中国不亡于八国之环攻,而亡于一俄之作俑",认为东北与其为俄国所独占利益,受害无穷,不如对各国通商来牵制俄国。他奏告清廷:"中国无利益于各国,各国断不能以实力相助。今拟有一办法,于我及各国均有大益,莫如将东三省全行开放,另地球各国开门任便通商,所有工商矿务杂居各项利益,俱准各国人任便公享,我收其税,西语谓之开门通商。即密告英、日、美、德各国,如肯为我切实助力,我即以此酬之,各国必然欣允,力驳满洲不允他国均沾路矿工商利益之条。查东三省土地荒阔,物产最富,凡矿物工商诸利,若不招外国人开辟,中国资本人材断难兴办。国势贫困如此,而地利坐弃,安望富强?此条如开,于中国兴利亦大有益,而从此俄人独吞满洲之计永远禁绝矣。洞前奏所谓中国一线生机,惟恃'各国牵制'四字者即指此。"[①]

清廷采纳了张之洞的政策建议,以东北路矿、工商利益均沾为诱饵,斡旋英、日、美等国积极制约俄国,同时各国也促使中国东北加快了自开商埠。1903年9月中美《续议通商行船条约》议定盛京省之奉天府和安东县两处地方,由中国自行开

---

① 中国社科院近代史所近代史资料编辑组编:《杨儒庚辛存稿》,中国社会科学出版社,1980年,第251页。

埠通商。次年2月日俄战争爆发,后在美国调停下结束。为协调日俄两国及其他列强在华矛盾,1905年7月张之洞再次提出"遍地开放"的因应办法。清廷很快确定了开放东北的原则,该年12月中日签订《会议东三省事宜》条约及附约,《附约》规定:中国政府应允俟日俄两国军队撤退后,从速将奉天省内之凤凰城、辽阳、新民屯、铁岭、通江子、法库门;吉林省内之长春、吉林省城、哈尔滨、宁古塔、珲春、三姓;黑龙江省内之齐齐哈尔、海拉尔、瑷珲、满洲里等16个城市"自行开埠通商"。① 此后一段时期,西方列强对东北领土和主权明火执仗的军事、政治侵略减少,包括日俄在内的各国列强在中国东北的角逐开始出现经济化和商品化的趋向。

1897年之前东北仅营口一个约开口岸,1898年俄国宣布大连为自由贸易港,1903年依中美《续议通商行船条约》条约开放奉天、安东,依中日《通商行船条约》开放大东沟,1905年东北自开通商口岸16处,1909年依中日《图们江中朝界务条约》开放吉林4埠,至此东北地区的约开和自开通商口岸总数已多达25个。1914年及1916年,奉天的锦县、葫芦岛、洮南、辽源、开原、西安和热河的赤峰也自开商埠,一个遍及奉天、吉林两省及黑龙江、热河部分地区的外贸市场网络体系已经形成。据统计,中国近代共开埠110余处,东北地区开埠30处,占全国1/3。东北地区商埠数量多、分布广、密度大,这些特点是中国近代其他地区所不可比拟的。但在开埠时间上,东北商埠普遍较晚,20世纪初年以后才集中开埠,这与19世纪下半期西方列强忙于对近代中国沿海各地经济渗透而无力北顾有很大关系。

20世纪初年东北地区全面开放和口岸数量激增以后,东北的这些口岸在和全国其他地区的口岸相同的关税极低的情况之下,又在俄国、日本的进一步要求下,制订了一系列关税豁免和减让政策,形成东北地区商埠独具的特征。

第一,陆路关税制度。1862年3月《中俄陆路通商章程》中规定:两国边界贸易在百里内均不纳税。1907年7月俄国与清政府签订《北满州税关章程》,规定两国边界贸易凡在百里之内均不纳税,所有经由铁路运至交界处百里之内车站的货物,亦不征税,其他地区应缴之关税按减三分之一的原则及办法实施。位于东北北部包括哈尔滨、满洲里、海拉尔、齐齐哈尔等自开商埠在内的17个城镇均在其实施范围之内。② 1910年日本吞并朝鲜,为使满铁控制下的铁路与朝鲜、日本国有铁路运输连为一体,"满韩"之间陆路通商依"最惠国"待遇问题也被日本提上议程。后中日签约,自1913年6月2日起,经新义州出入东三省的货物减关税三分之一。如果上述货物转运到东北各地,也可减免子口税三分之一。③

第二,"关东州"进出口贸易免税。日本接收俄国在旅大租借地的权益后,1907年5月通过中日《会订大连海关试办章程》。其中规定,凡是由海路运入旅大租借

---

① 王铁崖编:《中外旧约章汇编》第二卷,生活·读书·新知三联书店,1957年,第340页。
② 满铁经济调查会编,中国海关学会大连海关学会小组译:《伪满洲国关税概论》,内部印本,1987年,第18页。
③ 中国边疆史地研究中心、辽宁省档案馆合编:《东北边疆档案选辑》第61册,广西师范大学出版社,2007年,第6—7页。

地内的进口货物不纳税;在当地向海外出口的货物不纳税。但经旅大租借地运到中国内地的货物须纳进口正税,经旅大租借地出口的中国土货也须纳出口正税。①这些规则的实施,完全是为了繁荣日本统治下的"关东州",在大连"自由港"原则的体现下,旅大租借地成为免税的自由贸易区。

第三,东北地区货物免重征制度。所谓免重征制度,关内地区本指已在某一处缴纳关税的货物,当再出入于其他通商口岸时,不再缴税,但东北地区的这一制度却有特殊的内涵。经总税务司赫德建议,1907年12月清廷颁布《东三省各埠免重征专照办法》,规定凡洋货在天津、牛庄、安东、大连等关已完进口正税,及土货已完复进口半税者,倘若改运东三省内新开各埠,无论如何载运,准即一律发给专照,俾免重征。次年4月,经英国驻华公使朱尔典建议,上列口岸又增加秦皇岛一处。②对于免重征制度的实施范围,中外颇有分歧。清政府坚持东北各自开商埠与约开商埠不同,认为自开商埠只是单纯的内地城市,洋货缴纳进口税之后,进入这些地区,再行运出,除非直接抵达外国或其他通商口岸,均须缴纳省内厘金。但各国依据《东三省各埠免重征专照办法》,拒绝接受这种意见。③在以后的中外贸易中,东北地区包括16处自开商埠在内的各口岸,均无一例外地实施了免重征办法,直到1926年以后,情况才有所改变。

在上述关税减让和优惠政策下,东北南部的旅大地区、中东铁路和中俄陆路边界地区、安东和朝鲜接壤的铁路边界地区乃至东北内地的这些自开商埠城市的对外贸易都得到了实际好处,但从中享受最大利益的是日本和俄国,因其活跃了日俄商品的流通和铁路运输。

2. 构筑独立自主的港口—铁路交通运输体系

日俄战争以后,在面临东北南、北部经济分别被日俄两国所操纵的形势下,晚清政府积极设法抵制和排斥日俄两国在东北利益的生命线——南满和中东铁路,借助提倡"门户开放"的美国来"以夷制夷",在东北经济开发和布局上,先后出现哈里曼铁路收购计划、新法(新民——法库)铁路计划、锦瑷(锦州——瑷珲)铁路计划、诺克斯铁路中立化等举措,由于国际关系和国际矛盾的纷纭多变、日本的坚决反对和中国当权者的软弱,这些计划不是很快夭折就是半途而废。④在晚清和民国政府筹划抵制日俄经济垄断的计划中,葫芦岛海港建设和以葫芦岛为尾闾的东、西、南三大独立自主干线计划,让日本有过切实的危机感并为之紧张。

葫芦岛位于渤海的连山湾内,群山环绕,形势天然状如葫芦,横亘海中,因以得名。它距京奉铁路连山站约12公里,为渤海湾内罕有的不冻良港。葫芦岛筑港最

---

① 满铁经济调查会编,中国海关学会大连海关学会小组译:《伪满洲国关税概论》,内部印本,1987年,第46页。
② 满铁经济调查会编,中国海关学会大连海关学会小组译:《伪满洲国关税概论》,内部印本,1987年,第104页。
③ 陈诗启:《中国近代海关史》,晚清部分,人民出版社,1993年,第510—511页。
④ 胡赤军:《近代中国东北开发的国际背景》,商务印书馆,2011年,第157页。

初酝酿于清末徐世昌任东三省总督之时(1908年),他认为良好的海港和完整的铁路网是维护民族权利的关键,因此聘请了英国工程师休斯勘查渤海海湾,最后选定了葫芦岛作港口。1910年8月正式开工建设,1911年该工程受辛亥革命影响而停止。1920年张作霖和北京政府商谈,拟由中央和地方各出500万元再次修筑,后因直皖战争、直奉战争等影响,工程又陷于停顿状态。1930年1月,鉴于葫芦岛地势的重要,东北交通委员会决心继续修建,把业务承包给荷兰筑港公司,计划5年半完工,修成年吞吐500万吨的大港。

事实上从1924年5月起,为对抗南满铁路和中东铁路,东北奉系政权成立了东北交通委员会并制定了东北铁路网建设计划,准备此后15年在东北各地建设长达1万公里的35条铁路,形成一个庞大铁路网,其中有东、西、南三大主要铁路干线:

(1)东大干线:从葫芦岛经锦州、沈阳、海龙、吉林、五常、依兰到黑龙江下游同江;

(2)西大干线:从葫芦岛到锦州、打虎山、通辽、洮南、昂昂溪、齐齐哈尔、嫩江到黑龙江黑河;

(3)南大干线:从葫芦岛经朝阳、赤峰到内蒙古多伦。

1921—1931年,东北奉系政权利用本国资本和技术,断断续续修筑虎壕、锦朝、鹤岗、打通、奉海、吉海、呼海、齐克、开丰、洮索共计10条铁路,营业里程总长1521.7公里,占当时东三省铁路总长的25%。[①]奉系自建铁路,打破了外资独占东北铁路的局面。把日、俄、英三大体系变为满铁独自经营、中俄共管、东北当局自建自营三大系统,其中两个系统奉系政权有监督管理权。1929年12月奉系当局为夺回被满铁借款控制的铁路,以京奉路为依托,制订了西四路(京奉、四洮、洮昂、齐克)货物联运方法,1931年1月又开始对东四路(京奉、奉海、吉海、吉敦)进行联运,由此与南满铁路展开了货物运价消减和货运业务争夺的斗争。

中国铁路采用银本位,当时恰遇银价低落,因此路线的银币运价低于南满铁路的金币运价。此外,张学良还通过各种行政手段来包围满铁,如在满铁附属地交界上派驻税卡,对包括满铁运输的货物在内的进出铁路附属地的货物一律征税,征税人员还对到日本商店购货的人征收"买卖日本货交易税",在日本企业工作的人纷纷起来罢工,使得满铁的铁路运输在往年的运输繁忙期竟"声息消沉,前途益现暗淡"。其他如煤铁诸业,也"已全陷入死境"。以1930年为例,南满铁路客货运输总收入为9130.7万余日元,由于中方各铁路与之进行联运竞争,其较上年收入减少了3079.6万日元。[②]满铁不得不采取紧缩政策并裁员减薪,实为东北铁路历史上破天荒的一页。在九一八事变以前的三四年,"实为北宁路的黄金时代,万端并举,

---

[①] 杨乃坤、曹延泗:《近代东北经济问题研究(1916—1945)》,辽宁大学出版社,2005年,第71页。
[②] 金士宣:《东北铁路问题汇论》,天津大公报馆,1932年,第64页。

百废待兴,营业盈余,年直达五千万元以上"①。大连港和南满铁路的垄断地位受到挑战后,日本最终发动九一八事变,用武力手段彻底解决"满蒙问题"。

上述内容主要分析了东北经济发展的政治层面的宏观背景,近代东北经济开发有着深刻的地缘政治关系烙印。在政治利益斗争的格局下,许多市场外的扭曲因素对经济地理的布局起着显著作用,例如东北各通商口岸及其市场圈就出现过激烈的无序竞争现象。总体来说,近代日俄争霸的政治格局决定了南北部两大港口—铁路对立系统,政治力量对比的变动直接影响着区域经济的盛衰,反之以港口—铁路系统为代表的经济区域的运作最终决定着政治势力的消长。国势衰落的中国中央政府和东北地方政权虽然有建设自己港口—铁路体系的愿望和规划,但在日俄强大侵略力量下未能如愿。

四、三元社会经济结构的消融与近代经济区的形成

自然环境和历史基础是港口城市与其腹地经济发展的起点,通过前后比较可得出区域的宏观变化趋势。1861年开埠和弛禁以前,今天区划意义上的"东北",长期以来,在自然地理意义上它是一个二元并存的区域,即华北和东北两大自然区。在二元自然环境并存的基础上,清中期它又分为农耕、狩猎、游牧三元并存的社会经济形态。三者之间的交流和融合遭到人为的柳条边限制,经济发展水平严重不均衡。

中国近代沿海港口开埠使得港口所连接的内陆腹地卷入整个世界生产体系之中,港口及其连接的内陆腹地形成新的地域生产体,对其原在的区域格局造成冲击和重组。1861年营口开埠,20世纪初年大连、安东、哈尔滨等相继开埠,加之东西、南北向贯穿东北中部的铁路修通,东北乃从封闭走向开放,同时也促进了二元并存的自然区基础之上的三元并存的经济区的发展和整合。开埠通商促进东北港口的自身发展,同时促使辽南农业区的孤立性和飞地性特征逐渐消逝,吉林、黑龙江以及内蒙古东部地区外向型农业、商业发展迅速,三个经济区的城镇和市场重新分化和组合成以港口为中心的"枢纽—网络"体系。这些情况表明,东北区域主体的塑造在发展壮大,至此东北渐成为近代中国一大重要经济区域。

从封闭隔离性的"人"字形向开放交融性的"丁"字形区域结构转变之后,必然会带来区域经济整合和政治文化认同。在此情况下,"东北"词语的含义发生了根本变化。通过词语的变化,也可厘清区域的变化。

"东北"这一名词最初只是方位名词,其自然、政治乃至经济区域名词的含义的演进有一个漫长的过程。考其名称,最早见于《周礼·职方》"东北曰幽州"一语,另《辽史》中有"东北招讨使"、"东北路统军司"、"东北路诸司"、"东北行军都统所",分

---

① 王余祀:《北宁路之黄金时代》,北平星云堂,1932年,第32页。

区域设官而治,实自此始。金元明以来,"东北"之名使用增加。元《一统志》中有"三京故国、五国旧城亦东北一都会"之语,明《辽东志》更有"辽在今为东北重镇"、"辽东为东北之雄藩"的记载。

清末学者鉴于俄国入侵蒙古和新疆,因此兴起关于西北地理的考证,如张穆、何秋涛等都是当时名家。他们在研究西北地理情况时也兼及东北,何秋涛在《朔方备乘》书内就有《艮维窝集考》一篇。该书绪言中说"东北方曰艮维,吉林、黑龙江实据艮维之地"。此后曹廷杰著《东北边防纪要》(又名《西比利东偏纪要》)和《东三省舆地图说》二书,这是专门研究东北地理的著作,但他对东北行政区域,仍没有明确的界定。由此可见,直到清末,"东北"作为地理名词仍流行不广,东北地域也不明确。

1922年,中央命令张作霖筹办东北屯垦边防,"东北"这一名词开始见于公牍,这也是明定东北区域范围之始。1924年,东三省陆军名曰东北军。1929年,国民政府复命张学良为东北边防军司令长官,同年张学良组织东北政务委员会于沈阳,指导并监督四省政务,[①]自此"东北"之名称已经普遍流行,东北所辖地域亦更加明确。此后关于东北的学术研究,开始依此而有固定范围和分类探讨。

综上所述,近代开埠通商导致东北区域结构发生了革命性的变化,由以柳条边为封闭障碍的"人"字形空间结构,转化成为以港口—铁路、陆路或水路—腹地为骨架的开放性"枢纽—网络"结构。与此同时,港埠开放也促进了区域整合,以山海关为界线的近代东北区域逐渐崛起,含有今天区域内涵的"东北"一词在政治、军事以及文化各方面上逐渐使用普遍。近代之前东北的"人"字形封闭空间结构是受到自然环境及人为社会经济活动的因素影响而形成,区域分离显著。近代营口、大连、安东和哈尔滨等开埠通商,逐步推进了"枢纽—网络"空间结构的形成,区域整合加速。当然这种西方商业外力自沿海向内陆腹地的推动,必然会产生新的地理分区和差异,不过区域发展的实质及演化动力已发生了根本性的变化,而且这种局面一直延续并影响到今天的东北经济现代化建设。

---

① 东北四省:在旧日的东北三省之外,再加热河省。热河本属直隶省的一部分,1914年始改为特别区,成为一个独立的行政区。往时热河与东三省本来没有行政关系,就地理形势来讲,热河是一片丘陵高地,是构成松辽平原和河北平原的墙壁。这个墙壁的自然形势与东三省的依存关系甚密切,与河北省的依存关系也极密切。就经济关系来讲,热河省东部所产的大豆多运至大连、营口等处销售和出口。热河省西部所产的皮毛多运至北平、天津等处销售和出口。因此热河省与两方面的关系密切。就政治关系来讲,1928年热河特别行政区改成行省后,国民政府任命张学良为东北四省的边防长官,于是辽宁、吉林、黑龙江、热河遂形成了一个行政区域。武尚权:《东北地理与民族生存之关系》,独立出版社,1943年,第15页。

第三章　港埠开放、对外贸易发展与辐射腹地

清前中期,东北地区已开始输出粮食和大豆等大宗农产品,成为接济华北地区粮荒、供给江南地区稻田肥料的基地。咸丰十一年(1861年)营口开埠以后,东北和华北、华南地区间的沿海长途贸易又进一步发展。光绪二十一年(1895年)中日甲午战争以及光绪三十一年(1905年)日俄战争之后,东北向全世界开放,广大移民辛勤开垦而创造出来的农产品自此卷入全球商品体系之中,如大豆、豆油、豆饼等特产出口一度垄断了亚洲和欧美市场,东北近代也因此享有"世界谷仓"的美誉。20世纪初至1931年,东北对外贸易增速位居全国各大区之首,在全国对外贸易中的地位大幅跃升。伪满成立以后,东北对外贸易纳入日本殖民地经济体系之中,出口大于进口的贸易趋势发生了根本性的逆转。

关于东北对外贸易最翔实的历史文献,就是近代海关统计资料。从同治三年(1864年)营口设立新式海关起,就开始有了连续和完整的统计数据。那么东北近代贸易的具体发展动向如何,有何特征和历史教训?1949年前,学界已开始利用海关统计资料而有了初步研究成果,如魏铭编《东北的贸易》(中华书局,1932年)和张念之著《东北的贸易》(上海东方书店,1946年)两书。20世纪80年代以来,东北对外贸易研究成果日渐增多,最新如胡赤军在《近代中国东北经济开发的国际背景》(商务印书馆,2011年)中有专章详述东北近代对外贸易。

可惜的是,在近代海关在长达数十年的对外贸易资料统计中,统计范围、方法和单位有不少变更,很多研究论著在没有彻底搞清海关统计项目和统计数据的含义情况下,有随意应用之现象,其结果难免出现错误。如1904年之前海关高估了进口商品的价值(CIF),低估了出口商品的价值(FOB),需要对此前的数据加以修正。此外,计算贸易增长率还要参考进出口贸易指数,消除银价波动的影响。作者系统地搜集和整理了营口、大连、安东、大东沟、珲春、延吉、瑷珲、满洲里、绥芬河、哈尔滨、三姓等东北各海关的年度统计关册,录入、修正各有关贸易数据,重建东北各港口从开埠到1931年间进出口贸易发展的完整数据库序列,从以年度为尺度的统计数据动态分析中,考察了东北近代对外发展趋势和各港口对外贸易发展特征。

第一节　口岸开放与对外贸易发展

一、口岸开放的时空格局

根据近代东北沿海、沿江港口或沿边口岸开放的政治背景和设关过程,作者将其分为1861—1906年、1907—1931年、1932—1945年(大致为晚清、民国前中期、

伪满时期)三个阶段。从空间上看,东北历经了从一个口岸到多个口岸,伪满时期又重点发展东北的东、西部口岸的地域格局变化。

1. 营口一埠开放时期

咸丰十年(1860年)以前,当时的东北还是被柳条边分隔的三块不同社会经济区域。东北对外贸易始于第二次鸦片战争之后。咸丰八年(1858年)中英《天津条约》约开营口(牛庄)为对外通商口岸。咸丰十一年(1861年)营口正式开埠,同治三年(1864年)外国人帮助设立新式海关,从该年开始也有了对外贸易统计记录。一直到光绪三十二年(1906年),营口都是东北地区最大的对外贸易口岸。东北货物进出,全部以营口为总汇。

2. 沿海、沿边、沿江的多个口岸全方位开放时期

20世纪之初尤其是日俄战争后,清政府又与美、日、俄等国协定开放更多口岸(见表3.1)。光绪三十三年至宣统元年(1907—1909年)短短两年时间,东北南部的大连、安东、大东沟,东部的珲春、龙井村(后改为延吉),北部的瑷珲、哈尔滨、满洲里、绥芬河、依兰、拉哈苏苏等沿海、沿江港口或沿边口岸相继开埠设关,空间上东、南、西、北四个方向全部覆盖,东北由此进入到全方位的开放和开发的新阶段。

表3.1　近代东北约开商埠、租借地表

通商口岸	约开条约	开关时间	关区
大连	1907年中日条约	1907年7月	大连
安东	1903年中美通商条约	1907年3月	安东
大东沟	1903年中日通商条约	1907年3月	安东
龙井村	1908年图们江中韩界务条约	1908年	珲春
珲春	1905年中日东三省善后条约	1909年11月	珲春
哈尔滨	1905年中日东三省善后条约	1909年7月	哈尔滨
瑷珲	1905年中日东三省善后条约	1909年7月	瑷珲
满洲里	1905年中日东三省善后条约	1907年2月	哈尔滨
绥芬河	1908年自行开放	1908年2月	哈尔滨
三姓	1905年中日东三省善后条约	1909年7月	哈尔滨
拉哈苏苏	1905年中日东三省善后条约	1909年7月	哈尔滨

(资料来源:严中平编:《中国近代经济史统计资料选辑》,科学出版社,1955年,第21—56页。)

从海关设立来看,划分大连、安东、吉林和哈尔滨四个关区,其中大东沟属于安东分关。哈尔滨设滨江关,其和瑷珲、满洲里、绥芬河、三姓(含拉哈苏苏)五个分关共属哈尔滨总关区,1922年以后瑷珲不再作为哈尔滨分关,而是独立统计。珲春是吉林关区总关所在,龙井村为珲春总关之下的分关。本书以下均以各关区为单元,做贸易统计数据分析。

3. 伪满时期东、西部口岸的增设

1932年7月,东北各商埠海关被伪满强迫性地接收,同年9月,日本和伪满签订同盟条约。伪满当局正式声明和中国断绝一切关系,自此东北与关内的商业交往,被作为一个外国来处理。1933年在山海关增设海关,日本侵占热河以后,又增设承德海关。此后,为加强日本与东北的海上联系,打通了图们至朝鲜罗津、雄基、清津三港铁路,增设图们海关。

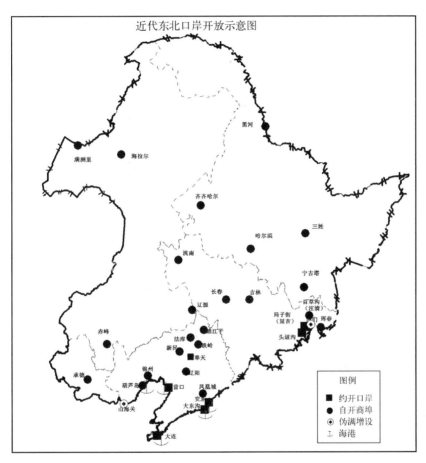

图 3.1 近代东北开放口岸示意图
(资料来源:金毓黻主编:《东北要览》,国立东北大学,1944年,第279页。)

二、对外贸易的快速增长

1. 咸丰十一年至光绪三十二年(1861—1906年)营口一埠对外开放时期的贸易

(1)贸易总趋势

根据对海关关册原始数据换算之后的结果,1867年东北对外贸易净额为1 095万余海关两,最高纪录为1905年7 020万余海关两,近40年的时间东北对外贸易增长了

5.9倍。根据1867—1906年的贸易统计序列数据,又可以把东北对外贸易的总体发展趋势划分成1867—1889年、1890—1898年、1899—1906年三个时段(详见图3.2)。除1895年、1900年受到甲午战争、义和团运动的影响而导致贸易总值偏低外,营口开埠后的最初二十多年,东北净贸易增长缓慢,长期在1 000万至2 000万海关两上下徘徊。其后十余年间东北净贸易增长加速,1891—1898年,东北净贸易额从2 000万上升到4 000万海关两。1899—1906年,东北净贸易额又从4 000万发展到7 000万余海关两。

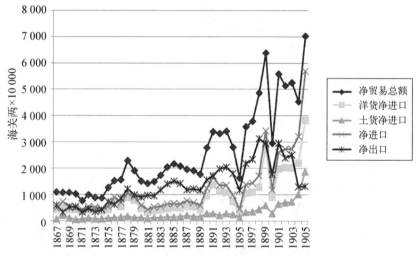

图3.2 营口净贸易长期发展趋势图(1867—1905年)

说明:据《中国旧海关史料(1859—1948)》(京华出版社,2001年)其中之牛庄关数据整理而得。其中(1)首先对1904年前的洋货进口货值按照原货值/1+7.5%的进口和子口税+7%杂费,土货出口货值按照原货值/1-2.5%的出口税-8%的杂费公式进行了数据修正;(2)再根据南开进出口物价指数,对洋货净进口和土货出口总值进行了换算。

同治六年至光绪十五年(1867—1889年),虽然营口开埠已有20余年的时间,但贸易增长缓慢,当时西方列强斗争和争夺的焦点还未涉及中国东北这个待开发的广大地域。西方产品输入不畅,本国商业资本在东北市场上比外国洋行有更大的控制力,腹地交通不完善以及购买力较低等,这些都是营口开港后东北对外贸易增长缓慢的主要原因。本时期营口的直接对外贸易并不发达,它基本上从属于香港、上海、天津等港口,洋货的进口和土货的出口多经它们转口而进出。光绪十六年(1890年)后日本在营口派驻商店采购大豆,甲午战争之后,日俄以及英、美、德、法诸国积极抢占东北市场,营口的直接进出口贸易开始增长,东北贸易总净额也增长急速。光绪二十五年至三十二年(1899—1906年)为营口贸易鼎盛期,每年贸易总值都在4 000万余海关两以上。光绪三十三年(1907年)受大连开埠影响,营口贸易发展中落,东北对外贸易中心由营口转移到大连。1919年后随着日本对大连港中心主义铁路运费政策的取消以及辽河河道及营口港口的淤沙治理,营口的对外贸易又开始恢复发展,但直到1931年都没有再突破光绪三十一年(1905年)的最高贸易数额纪录。

根据贸易关册的原始记录数据,光绪七年(1881年)之前的不少年份净进口明显大于净出口。光绪三十年(1904年)前出口商品值偏低,观察图3.3经过数据修正后的东北进出口贸易发展曲线可以看出:20世纪之前,东北的出口长期大于进口,光绪七年(1881年)之前出口大都在1 000万两以下水平,其后突破1 000万两,光绪十九年(1893年)又突破2 000万两,光绪二十四年(1898年)达到3 000余万海关两的最高出口纪录,长期处于贸易顺差状态。光绪二十八年(1902年)之后,营口贸易出口呈下降趋势,进口数额激增,此后直至1931年,营口港的进口长期大于出口。在净进口贸易之中,洋货净进口又长期大于土货净进口,光绪十六年(1890年)后营口港洋货净进口基本上都在1 000万海关两以上,直到光绪三十年(1904年)土货的净进口才突破1 000万海关两。

(2) 贸易国家和地区

咸丰十一年(1861年)开埠后,营口与国内沿海的贸易依然占据主导地位。根据海关统计数据,从同治十年到光绪三十二年(1871—1906年)间,营口港的对国内贸易远远大于直接对外贸易。光绪二十二年(1896年)之前,营口的直接对外贸易总额都在1 000万海关两以下。光绪二十二年(1896年)后直接对外贸易总额在1 000—2 000万海关两之间,光绪三十一年(1905年)直接对外贸易总额最高纪录为1 965万余海关两。而直接对国内贸易早在光绪四年(1878年)就达到2 493万余海关两,光绪三十年(1905年)更达到5 518万余海关两的峰值。

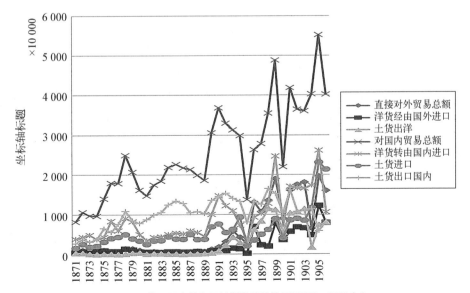

图3.3 营口国内外贸易长期发展趋势图(1871—1905年)

(资料来源:中国第二历史档案馆等编:《中国旧海关史料(1859—1958)》,京华出版社,2001年。据其中之牛庄关历年关册数据整理而得。)

营口的对国内贸易一直发达于直接对外贸易,它主要体现在洋货转由国内进口、土货出口国内以及洋货直接由国外进口、土货直接出口国外四组数据上面。同治十年至光绪四年(1861—1878年)开埠的最初17年,洋货转由国内进口发展迅速,光绪四年(1878年)达到900万海关两的水平,其后一度有所下降。光绪十六年(1890年)突破1 000万海关两,光绪二十五年(1899年)达到2 465万余海关两,光绪三十一年(1905年)达到2 615万余海关两的最高峰值。土货出口国内没有像洋货转由国内进口那样升降剧烈,光绪四年(1878年)超越1 000万余海关两,光绪二十四年(1898年)达到1 648万余海关两。光绪三十一年(1905年)后由国内口岸进口的洋货逐渐减少,土货进口显著增加,1921年土货进口突破1 000万海关两,1926年土货进口达到2 148万海关两。从同治十年到光绪十七年(1871—1891年),营口港的洋货经由国外进口和土货出口一直在较低的贸易水平,发展缓慢。光绪十七年(1891年)后洋货直接由国外进口和土货出口开始上升,光绪二十四年、二十五年(1898年、1899年)直接对外出口超过1 000万两,直接由国外进口光绪三十一年(1905年)时超过1 000万两,其余年份均在四五百万两的水平。

19世纪后半期,江南尤其华南是营口贸易往来的最重要地区。嘉庆、道光年间,上海因处于江海交汇、南北之中,且以全国最富裕的江南地区作为腹地,因此成为最大的大豆类商品输入地。碑刻资料记载:上海为"阜通货贿之区,其最饶衍者莫如豆。由沙船运诸辽左、山东,江南北之民,倚以生活。磨之为油,压之为饼,屑之为菽乳,用宏而利溥,率取给于上海"①。道光年间的包世臣这样记载:"沙船聚于上海约三千五六百号。其船大者载官斛三千石,小者千五六百石。自康熙二十四年开海禁,关东豆麦每年至上海者千余万石,而布茶各南货至山东、直隶、关东者,亦由沙船载而北行。"当时上海人往关东、天津,一岁三四至到四五至,"水线风信,熟如指掌。关东、天津之信,由海船寄者,至无虚日"。沙船贸易组织完备,"有会馆,立董事以总之","凡客商在关东立庄者,上海皆有店。上海有保载牙人,在上海店内写载……船中主事者名耆老,持行票店信,放至关东载货,并无客伙押载,从不闻有欺骗"。②

咸丰十一年(1861年)营口开埠后,尤其同治元年(1862年)外商轮船获得转运大豆、豆饼的权利,同治八年(1869年)允许大豆、豆饼出口国外以后,东北与上海之间的大豆类商品贸易发生了根本性的逆转趋势。就国内市场而言,19世纪后半期的东北豆饼,有7/9运往汕头,其余运往上海、厦门、福州。20世纪以后亦大致相同,华南地区占国内豆饼贸易的65%—80%,华东的上海占10%左右。③

就国际市场来说,光绪十八年(1892年)日本三井物产在营口开设支店收购大豆、豆饼,甲午战争后又有福富、松村、海仁等日本商人纷纷进入东北,光绪二十五

---

① 上海博物馆图书资料室编:《上海碑刻资料选辑》,上海人民出版社,1980年,第282页。
② 包世臣:《海运南漕议》,《安吴四种·中衢一勺》卷一。
③ 雷慧儿:《东北的豆货贸易(1907—1931)》,台湾师范大学历史研究所,1981年,第6页。

年(1899年)大豆和豆饼对日出口量已超过对华南的出口量,此后直到20世纪30年代,日本一直是东北豆饼的最大进口市场。光绪三十四年(1908年)日本三井物产还把东北的大豆推销到欧洲市场,从而使其真正成为世界性的商品,此后,日本、欧洲的大豆进口开始超过中国其他口岸。①

表3.2 光绪十年(1884年)营口与其他港埠间豆饼输出入状况表

		营口	烟台	上海	厦门	汕头
输出(1)	总量(担)	1 901 013	1 245 601	4 027	—	—
	总额(两)	1 325 871		3 625		
	价格(两)	0.70		0.90		
再输出(2)	总量(担)	—	—	47 771	5 472	
	总额(两)			42 995	5 054	
	价格(两)			0.90	0.92	
输入(3)	总量(担)			154 397	541 339	2 539 712
	总额(两)			138 957	513 524	
	价格(两)			0.90	0.95	
输入输出量相抵 (3)−(2)−(1)		−1 901 013	−1 245 601	102 599	535 867	2 539 712
		60.4%(−)	39.6%(−)	3.2%	16.9%	79.9%

(资料来源: Commercial Reports from Her Majesty's Consuls in China, 1884.)

根据表3.2光绪十年(1884年)的统计,从营口和烟台装运的豆饼大部分运往汕头和厦门,两港最终的输入量合计起来超过了95%,与此相反,背靠苏、常大农业地带,曾为大豆、豆饼接受大户的上海,其地位明显下降,其输入量占不到总流通额的5%,而且输入的豆饼,有相当多的部分是直接进行再输出。足立启二的研究指出,上海由豆饼的接收地变成单纯的流通中转站,或者说是囤积和投机买卖的经营场所。而且从总流通量来看,其作为中转站的作用也是微乎其微的。②

(3) 进出口大宗商品

据加藤繁考证,清初以来,东北南部沿海诸多海口如锦州、天桥厂、牛庄、复州、庄河等,与关内的帆船贸易繁盛,尤其是大豆、豆饼,作为华南和江南地区的蔗田和桑田的肥料而大量输入至该地区。③ 此外,清前中期东北的高粱、玉米、粟等粮食产品也曾大量输入到华北地区以及首都北京,在河北、山东、河南等地区遇到水旱灾害的年代,辽南地区的粮食供给发挥了至为关键的作用。④

---

① [日]满史会编著,东北沦陷十四年史辽宁编写组译:《满洲开发四十年史》,上册,内部印行,1988年,第548—555页。
② [日]足立启二:《豆饼流通与清代商品性农业》,刘俊文主编:《日本中青年学者论中国史·宋元明清卷》,上海古籍出版社,1995年,第466页。
③ [日]加藤繁著,吴杰译:《中国经济史考证·第三卷》,商务印书馆,1973年,第110页。
④ 许檀:《明清时期山东商品经济的发展》,中国社会科学出版社,1998年,第139页。

咸丰十一年（1861年）营口开埠后，东北的输出品主要是农产品和土特产品，如大豆、豆饼、豆油、柞蚕丝、中药材（人参、鹿茸等）和野兽毛皮等。外国商人多次要求清政府放开对大豆贸易运输及出口的限制，同治八年（1869年）清政府开始准许大豆等产品贩运至东南亚地区，同治九年（1870年）开始有了出口日本的记载。光绪二十一年（1895年）中日甲午战争以后，东北与日本的贸易才突飞猛进，光绪二十七年（1901年）大豆对日出口数额开始超过国内市场。① 光绪三十四年（1908年）大连海关记载，三井洋行装运第一批大豆出口到伦敦，从此东北开始成为全世界的大豆乃至谷物粮食的贸易市场。因东北是"龙兴之地"，清朝统治者对该地的粮食输出一直有戒备心理，直到宣统二年（1910年）才完全放开了该地杂粮出口国外的律令。②

根据海关关册的统计，从同治五年至光绪三十二年（1866—1906年），随着大豆、豆饼和豆油贸易的开放，东北这些商品的输出总体上呈上升趋势，并且它们是营口土货输出中数量最多和总价值最大的物品，每年平均占到营口土货输出的70%—80%以上，最高年份甚至高达输出贸易总值的93%以上。同治十一年（1872年）营口输出豆货共193.55万担，价值173.8万两，占出口贸易总额的86.7%，占进出口贸易总额的32%；光绪元年（1875年）输出豆货总计275.9万余担，光绪十一年（1885年）为437.66万余担，到光绪二十五年（1899年）增加到近1 000万担，价值高达1 668.6万两。在豆货贸易之中，大豆和豆饼的输出又占了绝大多数，其中光绪二十六年（1900年）后豆饼输出开始超过大豆，而豆油的数量直到宣统二年（1910年）后才开始大幅度上升。光绪三十三年（1907年）后，大连超过营口而成为东北豆货出口的最大港口，但营口港豆货出口仍常占到该口岸出口总值的50%以上。

光绪十年（1884年）后，柞蚕丝出口跃居第三位，仅次于大豆、豆饼，此前是人参出口占第三位。③ 光绪六年（1880年）前营口柞蚕丝出口从未超过100至200担，但在光绪六年（1880年）输出总数就已达到1 030担。光绪七年（1881年）出口额为73 779海关两，光绪十三年（1887年）底增长到647 845海关两，光绪十七年（1891年）又达到1 011 688海关两。④ 东北柞蚕饲养始于光绪六年（1800年）左右，由山东传入。随着柞蚕丝输出的不断增长，奉天南部和东南部一带的牛庄、盖平、岫岩、安东、凤凰城、宽甸、桓仁等地的柞蚕饲养和柞蚕丝生产迅速发展起来。光绪二十年（1894年）之前几年每年产茧20—25亿粒，经由营口港出口的大茧及生丝每年约有18—20亿粒（每百斤生丝包括挽手折成大茧17.7万余粒），占当时大茧生产量的80%—90%。⑤

在营口的出口货物中，人参、鹿茸、黄柏、防风、五味子等中药材也大量输往国内各

---

① ［日］满史会编著，东北沦陷十四年史辽宁编写组译：《满洲开发四十年史》，下册，内部印行，1988年，第303页。
② 冯柳堂：《中国历代民食政策史》，商务印书馆，1993年，第140页。
③ 《牛庄关十年贸易报告（1882—1891）》，中国第二历史档案馆等编：《中国旧海关史料（1859—1948）》，第152册，京华出版社，2001年，第15页。
④ 《牛庄关十年贸易报告（1882—1891）》，中国第二历史档案馆等编：《中国旧海关史料（1859—1948）》，第152册，京华出版社，2001年，第16页。
⑤ 张福全：《辽宁近代经济史》（1840—1949），中国财政经济出版社，1989年，第38页。

省及东南亚、印度等地。人参包括野山参、高丽参和人工种植参。同治六年(1867年)出口186担,同治九年(1870年)增加到539担,同治十一年(1872年)为763担,价值为12.7万余两,占当年出口总额的8%。光绪八年(1882年)人参出口总数是2 078担,价值75 784海关两,此后人参出口数量逐年下跌,价格却不断升高。光绪十一年(1885年)为1 700担,价值却上升到79 898海关两;光绪十四年(1888年)跌落至1 311担,价值更升到103 117海关两;光绪十七年(1891年)只有798担出口,价值达到136 633海关两。光绪八年至十七年(1882—1891年)间,每年约有1 500对鹿角出口,价值50 000海关两。此外,营口还有55种中草药出口,光绪十七年(1891年)价值达到55 726海关两。[1] 光绪二十七年(1901年)全国中药行业形成13个帮会,营口是关东帮之首。

营口的皮毛出口在欧美市场上颇有声望。这些皮毛包括虎皮、豹皮、狐皮、松鼠皮等,多是皮货商人到黑龙江、松花江和乌苏里江等地区收购而来。另外,也有一定数量的狗皮、狼皮、鼠皮、海獭皮、羚羊皮等集中到营口出口。光绪八年至光绪十七年(1882—1891年),包括皮衣在内的皮制品出口额,从122 091海关两增加至210 186海关两。[2] 烧酒、烟、麻等东北地区的特产,开埠后也是营口港对外输出的商品。其行销地点,除中国口岸外,还运往香港、菲律宾、朝鲜、日本及英美各国。

营口开埠初期就有鸦片输入,主要是英国鸦片,数量基本是每年2 000担左右。光绪六年(1880年)后迅速下降,光绪二十六年(1900年)以后,随着禁烟运动的开展,鸦片进口数量不再显著,宣统三年(1911年)后不再列入大宗货物的统计之中。从光绪八年(1882年)开始,进口的外国商品,主要有来自英国、美国、荷兰、印度、日本等国家的棉制品和丝织品(包括斜纹布、粗布、条布等)、棉纱、金属制品、钢板、铁条、洋铁以及点灯用的煤油、火柴等。

东北气候严寒,棉花种植和棉纺织技术传入较晚,因此清中期关东豆、麦每年运至上海者千余万石,同时上海及其附近地区所产土布即由沙船北运,"沙船之集上海,实缘布市"[3]。营口开埠后,洋布等西方工业品大量涌入,它们的输入打破了土布独占东北的市场格局。在洋土货的竞争过程之中,洋货的发展速度快于土货。同治五年(1866年)营口进口棉制品仅为42 297件,随后外商降价销售,使得销量上升。光绪八年(1882年)营口进口外国棉制品347 919件,输入南京棉布2 819担,到了光绪十七年(1891年),进口外国棉制品增为989 791件,输入南京棉布则下降到2 010担,前者增长了184%,后者却减少了28%。[4] 从外国棉制品进口的国别来看,同治十一年至光绪八年(1872—1882年)间,英国棉织品来港最多,从光绪

---

[1]《牛庄关十年贸易报告(1882—1891)》,中国第二历史档案馆等编:《中国旧海关史料(1859—1948)》,第152册,京华出版社,2001年,第15页。
[2]《牛庄关十年贸易报告(1882—1891)》,中国第二历史档案馆等编:《中国旧海关史料(1859—1948)》,第152册,京华出版社,2001年,第16页。
[3]《上海县新建黄婆专祠碑》,上海博物馆图书资料室编:《上海碑刻资料选辑》,上海人民出版社,1980年,第45页。
[4]《牛庄关十年贸易报告(1882—1891)》,中国第二历史档案馆等编:《中国旧海关史料(1859—1948)》,第152册,京华出版社,2001年,第18页。

八年(1882年)开始被美国棉织品所取代,来自美国的粗布和斜纹布数量激增。此外,还有来自荷兰、印度、日本的纺织品,但数量较少。

牛庄棉纱进口,第一次纪录出现在光绪八年(1882年),当时数量极少,只有120担的输入,并且其中24担后来还被重复出口,当时没有人注意到它的意义,也没有人会想到直接进口国外货物总值在10年内会被这一项物品的货值所超过。光绪十四年(1888年)之前英国棉纱还占优势地位,如该年进口英国产品数量为48 725担,但是此后印度棉纱进口持续上涨并占据了绝大部分的市场份额,光绪十七年(1891年)时进口印度棉纱为128 782担,价值2 055 265海关两,英国棉纱只有285担,价值6 631海关两。①

棉纺织品和棉纱以外,煤油也是营口进口的大宗货物之一。煤油主要来自美国和俄国,因进口的煤油以当地豆油一半的价格进行倾销,故而煤油改变了民间照明使用植物油的习惯,市场逐渐扩大。光绪八年(1882年)的输入量为9 812加仑,光绪十四年(1888年)为89 018加仑,光绪十七年(1891年)增加到400 700加仑。而外国火柴的输入,也完全取代了原先打火石和铁片的地位。②

同治九年(1870年)营口进口金属制品7 843担,价值83 589海关两,多数是用于马车、牲畜、铁壶制作以及建筑等日用品的原料铁。从国外输入的薄铁,俗称"洋铁"。清中期,辽南如本溪一带的土法炼铁比较发达,而洋铁的输入,使土铁与其竞争不利,逐渐衰落和停产。③从事薄铁加工的匠人称洋铁匠,其生产作坊称洋铁铺。薄铁加工工艺自营口开埠传入后,其加工技术很快被营口的工匠掌握,成为当时营口著名的手工业之一。像当时民用薄铁业中比较著名的洋铁铺有天利成、西来发、进盛长等。每家都有拿手产品,如天利成制造的大水壶最为著名,远近茶馆都来购买。从事建筑薄铁加工的洋铁匠更称能工巧匠,其制品在窗户、穹顶等生产中广泛应用。

2. 1907—1931年的对外贸易

(1) 贸易总趋势

根据近代海关关册记录的原始数据,光绪三十三年(1907年)东北各海关净贸易总额为5 095万余海关两,1929年最高纪录为707 402万余海关两,22年间贸易增长13.8倍。参照南开进出口贸易指数,为消除物价变动的影响而把海关的原始数据经过换算之后,光绪三十三年(1907年)东北各海关净贸易总额为5 643万余海关两,1929年为45 603万余海关两,22年间东北贸易增长了7倍。在快速贸易增长中,出口长期大于进口,尤其1919年之后,贸易顺差额度不断增大。如1922年的贸易顺差额高达7 025万余海关两,1927年为8 117万余海关两(详见图3.4)。

---

① 《牛庄关十年贸易报告(1882—1891)》,中国第二历史档案馆等编:《中国旧海关史料(1859—1948)》,第152册,京华出版社,2001年,第19—20页。
② 彭泽益编:《中国近代手工业史资料》第2卷,中华书局,1984年,第171页。
③ 彭泽益编:《中国近代手工业史资料》第2卷,中华书局,1984年,第146页。

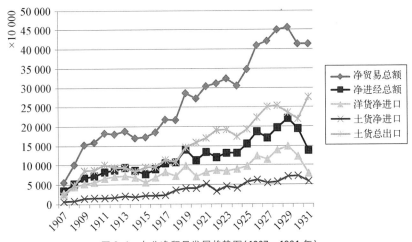

图 3.4 东北净贸易发展趋势图(1907—1931 年)

(资料来源:中国第二历史档案馆等编:《中国旧海关史料(1859—1948)》,京华出版社,2001 年。据其中之安东、大连、牛庄、珲春、延吉和哈尔滨属各口岸海关历年数据进行综合统计,再参照南开进出口物价指数修正而得。)

虽然东北对外贸易总的发展方向是一路飙升,但其增长波动的曲线耐人寻味。在 1907—1931 年的 25 年间,东北对外贸易发展又可分为三个阶段,1907—1909 年,东北净贸易总额从 5 643 万余海关两增长至 15 274 万余海关两,3 年间增长了 1.7 倍,其原因在于大连、安东、瑷珲、满洲里、绥芬河、三姓、哈尔滨等口岸这 3 年间密集开放,并且东北大豆等特产品首次出口到欧洲市场,销路良好,因此这 3 年间东北对外贸易增长迅速;1910—1921 年,东北净贸易总额从 15 908 万余海关两增长至 30 414 万余海关两,11 年间增长了 1 倍,主要是第一次世界大战爆发后,一方面日本以及欧美等国家对东北大豆等农产品需求增加,另一方面日本加大对东北的商品出口,该时期进口和出口发展几乎同步;1922—1931 年,东北净贸易总额从 31 133 万余海关两增长至 1929 年最高纪录的 45 603 万余海关两,1930 年、1931 年受世界经济危机影响,贸易有所下降,但依然在 41 339 万余海关两的高位。由于贸易基数已经达到较高值,所以这 10 年间增长了 1.3 倍,不如第一阶段的增长速度,但 1919 年欧美各国战后忙于经济恢复,对东北农产品需求增加,东北出口市场遂迎来了一个良好机遇,1920 年东北土货出口值达到 15 954 万余海关两的新起点,1928 年更是达到了 25 395 万余海关两的高额出口纪录,其后受世界经济危机影响出口下降,东北净贸易总额也止升而下跌。

(2)进出口大宗商品与结构

从海关进出口货物详细统计来看,支撑 1907—1931 年间东北地区对外贸易快速增长的大宗出口货物,主要是大豆、豆饼、豆油、煤炭、柞蚕丝、木材、铁矿石、药材、皮革、皮毛等粮食、原料及半成品,其中植物性原料及其加工品(大豆、豆油、豆饼)占决定性地位,形成了单一性商品出口的市场结构。

以19世纪末向日本市场出口和光绪三十四年(1908年)后向欧洲市场出口的扩大为契机,东北大豆及豆饼、豆油的出口飞速发展。宣统二年(1910年)为4 900万海关两,占出口总额的62%,1920年为9 300万海关两,占出口总额的52%,1928年为2.44亿海关两,占出口总额的60.8%。[①] 主要出口国家和地区是日本、中国关内、美国和德国等。大豆特产品之外的高粱、谷子、玉米、小麦等农产品出口也在不断增长,谷子对朝鲜和西伯利亚输出,高粱向朝鲜和中国关内输出。煤炭出口占第三位,大多数对日本出口。此外,铁矿石和柞蚕丝也大半出口到日本,皮革等则出口到日本、俄国和美国等。

与出口形成鲜明对照,进口商品大多数是工业制成品。1907—1931年,东北地区进口的商品以棉织品为主,其他有麻袋、砂糖、烟草、机械金属、工具、煤油、化学药品、油漆染料、陶瓷玻璃、纸张、酒等。这些进口工业制成品中,各种商品所占比例都不大,其中棉纺织品数量较多,在进口贸易中占到20%,并以日本棉纺织品输入最多。砂糖从日本、朝鲜、香港和俄国等地进口,卷烟主要从美国和中国关内进口,1918年后面粉变出口为进口,主要来自日本、加拿大、美国和中国关内,石油大部分依赖美国进口,生产资料如机械金属类产品从日本进口最多,其余从英国、德国、比利时和美国进口。

无论是出口的原料性商品还是进口的制成商品,东北地区与国外进行贸易的主要是生活资料。20世纪初期,东北地区出口的生活资料占85%,进口的生活资料约70%,出口和进口的生产资料仅占15%和30%左右。[②] 由此看出该时期东北地区的对外贸易,主要目的是满足现有生活所需,还没有大规模地服务于工业化的产业开发。

(3) 贸易国家和地区

营口开埠后的40余年时间中,东北与关内的贸易一直高于直接对国外的贸易。但在光绪三十三年(1907年)后,随着南部大连、安东,北部哈尔滨等口岸增多和日俄势力的扩张,东北与国外贸易所占比例逐渐增加。日本的势力在东北地区深深扎根,1931年前,东北地区出口产品中,35%—60%输往日本。日本千方百计设法扩大对东北出口,从1913年起采取从陆路安东过境减关税1/3的政策,以及设置日本商品陈列馆、日本输入组合等组织。1931年前,东北地区的进口商品中,55%—65%来自日本。若将该地区同朝鲜之间的贸易往来也包括在日本帝国的份额内,那么日本在进口总额中的比重即增至60%—70%,在出口总额中的比重即增至50%—70%。[③] 该时期日本对东北贸易替代了以往关内与东北的贸易地位,东北地区的对外贸易已受到日本操控,形成了初级产品出口和制成品进口的殖民地特征。

由于地理上的接近和历史上的原因,俄国在与东北的贸易中居第二位。俄国

---

① [日]满史会编著,东北沦陷十四年史辽宁编写组译:《满洲开发四十年史》,下册,内部印行,1988年,第308页。
② 胡赤军:《近代中国东北经济开发的国际背景》,商务印书馆,2011年,第261页。
③ 郑友揆著,程麟荪译:《中国的对外贸易和工业发展(1840—1948)》,上海社会科学院出版社,1984年,第59页。

与东北贸易主要通过中东铁路,它在东北北部地区占有优势地位。受俄国国内政治变动影响,在1914年第一次世界大战、1917年十月革命和1929年中苏冲突等时期贸易出现明显衰退。东北地区输往俄国的主要有大豆、豆饼、豆油、谷物等,输入的有麻袋、矿产品、煤油、砂糖、钢铁制品等。总的来说,1931年前,俄国占东北地区进口总额的10%,出口总额的10%—23%。

从咸丰十一年(1861年)营口开埠起,东北与欧美国家就开始了贸易交往。20世纪初年,随着东北铁路建设和耕地开发,大豆等农产品受到欧洲市场青睐,但在日本和俄国产品大举进入东北以后,欧美对东北的贸易被日本和俄国超过,英、美、法等国在东北地区进出口商品总额中所占比重均下降。如最初英国在东北倾销棉纺织品,光绪六年(1880年)后结实、廉价的美国粗布等棉纺织品打入东北市场,在和英国产品的竞争中占了上风。但在20世纪20年代,英、美在东北的棉纺织品市场又被日本人抢去。除煤油等少数日本缺乏优势的产品外,欧美许多产品都被日本同类商品所取代。

3. 伪满时期东北的对外贸易

(1) 贸易总趋势

伪满初期,随着1929年以来的世界性经济危机,农产品价格下跌再加上东北北部的自然灾害,历来以大豆为主体的农产品出口贸易异常不振。与此同时,在进口方面,生产资料进口增加显著。因此伪满成立以后,东北多年来连续贸易出超的局面,一变为贸易入超。

伪满1937年进行产业开发和1939年实施农产品统制以后,东北贸易入超现象愈发严重。从1937年到1940年的4年间,东北的进口总值由8.87亿元增加到17.45亿元,指数几乎增长1倍(详见表3.3)。同期出口数值增加甚微,这是伪满开发东北资源,扩大重工业建设,以及向军需工业投下庞大资本以后,东北地区被迫向日本或其他国家购买必须设备或原料所导致的必然结果。

表3.3 伪满时期东北历年进出口贸易总值比较表 单位:千元

项目 年份	出口总值				进口总值				入超数额	
	出口	指数	复出口	计	进口	指数	复进口	计	金额	指数
1937	562 672	100	83 625	646 297	887 287	100	125	887 412	324 615	100
1940	588 607	105	73 724	662 331	1 745 667	197	142	1 745 809	1 157 060	356
1943	878 500	156	36 593	915 093	1 401 902	158	271	1 402 173	523 402	161
1934—1943年 10年平均	614 148	109	53 878	668 026	1 180 292	133	246	1 180 538	566 144	174

(资料来源:东北财经委员会调查统计处编:《伪满时期东北经济统计》(1931—1945),东北财经委,1949年,(10)—9,第1表。)

1940年第一阶段的产业开发完成以后,东北地区的货物进口值有所降低,指数由197降到158。相反,出口方面,由于日本急需东北各种工矿资源,因此出口指数由105增加到156,但是进口大于出口的局面依然没有根本改变。1934—1943年的10年间,东北年平均入超额超过5.66亿元。

(2) 进出口大宗商品与结构

从海关进出口货物详细统计来看,伪满时期大宗出口货物主要是大豆、豆饼、豆油、谷子、苞米、高粱、木材、盐以及生铁、煤炭、硫酸铔等,进口大宗货物主要是金属品、电气材料、棉纺织品、染料、纸张、棉花、砂糖等。如把这些货物再按照生产或消费资料进行归类,从表3.4可以看出统计结果。

表3.4 伪满时期进出口货物中生产资料与消费资料的百分比表

单位:%

类别	年份	出　　口			进　　口		
		1937	1940	1943	1937	1940	1943
生产资料	农产品	57.4	21.7	21.7	1.9	1.5	3.1
	矿产品	6.4	7.1	7.0	0.5	1.1	8.8
	工业品	11.9	32.1	40.9	48.5	43.1	29.4
	畜产品	3.6	3.6	0.4	1.4	0.7	1.2
	其他	0.6	2.1	4.8	—	3.3	0.7
	小计	79.9	66.6	74.8	52.3	49.7	43.2
消费资料	农产品	11.8	22.9	10.9	4.8	6	6.2
	工业品	6.3	7.3	7.5	38.9	38.3	42.4
	畜产品	—	0.3	—	—	0.3	0.7
	水产品	0.2	0.2	—	2.3	3.2	3.6
	其他	1.6	2.2	4.2	0.2	1.7	1.9
	小计	19.9	32.9	22.6	46.2	49.5	54.8
杂项	小计	0.2	0.5	2.6	1.5	0.8	2.0

(资料来源:据东北财经委员会调查统计处编:《伪满时期东北经济统计(1931—1945)》,东北财经委,1949年,(10)—9,第2表改编而成。)

在伪满时期东北所有出口货物中,生产资料占有较高比重,1937年时甚至接近80%,1940年最低也达到66.6%。消费资料的出口,1940年最高时仅为32.9%,其余年份在20%左右。此外,在伪满时期东北所有进口货物中,生产资料和消费资料的进口百分比相差不大,如1940年二者的数据几乎相当,由此反映出伪满时期东北地区生产的不发达,因工业品占进口大宗和农产品占出口大宗,所以它是一个依附于日本的生产原料出口和工业产品进口的被殖民地区。

在所有出口的生产资料货物中,农产品的比重有下降趋势,如1937年农产品在东北所有出口总值中所占比例为 57.4%,1943 年下降到 21.7%,实际上 1940 年后东北大豆出口贸易陷于停滞,这是伪满经济体系破产的重要原因之一,而同期矿业产品尤其工业产品的百分比不断上升,如从 1937 年的 11.9% 上升到 1943 年的 40.9%。在所有进口生产资料货物中,工业品的比重从 48.5% 下降到 29.4%,这说明该时期东北工业生产力有了一定发展。

(3) 贸易国家和地区

伪满时期东北的贸易地区,在 1937 年对外贸易还未被严格统制之前,其对外贸易已大部分为日本所独占,如东北伪满傀儡政权成立后,苏联预见已无法与日本进一步争夺在东北的经济利益,因而于 1935 年将中东铁路出售给"满洲国",从而完全退出角逐。1936 年东北的进口商品中,来自苏联的仅 25 万元,输往苏联的土产品约值 150 万元。日本在东北地区的贸易势力越来越具有排他性。到 1940 年后,包括日本占领下的汪伪地区在内,日本独占了东北出口总值的 95%—98%,进口总值的 93%—97%。

第二节 各口岸贸易发展特征分析

一、1907—1931 年各口岸在东北对外贸易中的比重

作者整理了近代海关所记载的东北各港埠贸易数据,从下表 3.5 中可以看出,宣统元年(1909 年)营口仍是东北第一大港,但其后大连逐渐取代营口成为东北地区最大进出口贸易港口。1914 年大连进出口贸易额占到全东北的 43% 以上,1924 年占到 56% 以上,1929 年更占到东北全区的 66% 以上,这反映出东北近代港口对外贸易集中度有不断增长的趋势。与此同时,营口在东北全区中的地位不断下降,由 1909 年的 34% 下降到 1924 年和 1929 年的 12% 左右,安东港的贸易地位呈现出上升的趋势,由 1909 年占全东北贸易总额的 5% 上升到 1924 年的 15% 左右,甚至略超营口,成为东北地区对外贸易的第二大港口。

表 3.5 1909—1929 年东北各口岸海关进出口货物值比较表

单位:千海关两

关别		年份	1909		1914		1919		1924		1929	
			货值	百分比	货值	百分比	货值	百分比	货值	百分比	货值	百分比
大连	出口		26 744	34.2	45 106	51.0	105 011	63.7	141 305	57.3	282 922	70.7
	进口		16 818	25.7	33 612	36.4	105 737	55.6	99 368	56.0	190 743	62.0
安东	出口		4 867	6.2	5 911	6.7	25 475	15.4	38 454	15.6	42 048	10.5
	进口		3 859	5.9	14 403	15.6	35 965	18.9	27 195	15.3	49 265	16.0
营口	出口		26 082	33.4	16 218	18.3	18 225	11.1	17 335	7.0	30 535	7.6
	进口		28 936	44.3	21 178	23.0	23 116	12.2	37 943	21.4	47 592	15.5

续 表

关别		1909 货值	1909 百分比	1914 货值	1914 百分比	1919 货值	1919 百分比	1924 货值	1924 百分比	1929 货值	1929 百分比
珲春延吉	出口	161	0.2	313	0.3	1 459	0.9	1 505	0.6	4 172	1.0
	进口	1 281	20	969	1.1	2 821	1.5	4 146	2.3	4 927	1.6
哈尔滨属各口岸	出口	20 233	25.9	20 844	23.6	14 726	8.9	48 052	19.5	40 645	10.2
	进口	14 483	22.1	22 035	23.9	22 461	11.8	8 756	4.9	15 013	4.9
总计	出口	78 087		88 392		164 896		246 651		400 322	
	进口	65 377		92 197		190 100		177 408		307 540	

说明：1. 安东、三姓的两关分别包括了大东沟和拉哈苏苏分关的数据；2. 珲春、延吉自1910年始有统计，因此表中1909年实为该两关1910年的数据；3. 哈尔滨属各口岸分别包括了瑷珲、满洲里、绥芬河、三姓等海关的数据。

（资料来源：中国第二历史档案馆等编：《中国旧海关史料（1859—1948）》，京华出版社，2001年。据其中之相关年份海关数据统计整理而得。）

再从东北南部的三港贸易总额来看，南部三港的出口和进口额较北部和东部均占绝对优势。如1909年南部三港的出口总额占到全东北出口总额的73.8%，1919年为最高年份，甚至达到90.2%。东部的珲春、延吉两埠的出口额1929年时，仅仅占到东北全区出口总额的1%。北部的哈尔滨属各关，1909年时占到东北全区出口总额的25%以上，另外在1914年和1924年时，也分别占到全区出口总额的20%左右，1919年和1929年因时局变动，出口额所占比重的波动较大。再从进口的情况来看，大连港在东北全区的货物进口集中度在不断增加，个别年份安东和营口两港的进口额度也各占东北全区的20%左右。1920年之后，东北南部三港的进口额占到东北全区总额的90%以上，而东北北部哈尔滨属各关的进口额在1919年前还占到全区总额的20%以上，1920年后却剧烈下降，只占东北全区货物进口总额的5%以下。

二、1907—1931年各口岸贸易发展特征

1. 进口大于出口、国内重于国外贸易的营口港

自光绪三十一年（1905年）营口港净贸易额创下7 020万余海关两的历史纪录以后，由于大连、安东以及东北北部其他口岸的开放，营口失去了东北唯一对外贸易港口的地位。与此同时，满铁控制下的大连港为了争夺东北腹地的货源，实行了自由港以及大连中心主义的铁路运费等一系列政策。在大连港的刻意竞争和追赶以及辽河淤积、营口港入口有揽沙等自身不利条件之下，营口的净贸易额不断下降。1918年的净贸易额仅为2 583万余海关两，创下历史低点，只和近30年前即光绪十六年（1890年）左右的水平相当。

1919年满铁修改了大连中心主义运费政策,沈阳以北地区发到大连和营口的货物运费不再相同,同时营口港的自然条件略有改善。在此背景下,营口对外贸易额又开始增长,1926年增长到6 274万余海关两,1931年达到7 902万余海关两的历史新高点。

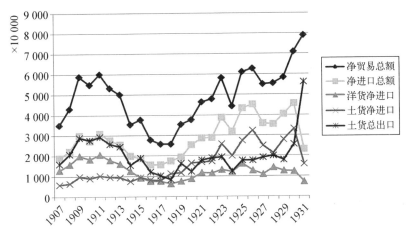

图3.5　1907—1931年营口净贸易发展趋势图

(资料来源:中国第二历史档案馆等编:《中国旧海关史料(1859—1948)》,京华出版社,2001年。据其中之牛庄关历年数据进行综合统计,再参照南开进出口物价指数修正而得。)

1906—1931年,营口港货物进口长期大于土货出口,其中1914年后土货净进口开始超过洋货净进口并处于上升增加趋势,洋货的净进口长期在1 000万余海关两左右徘徊,而且在洋货净进口总额中,还有相当部分洋货是从其他口岸转口而来。

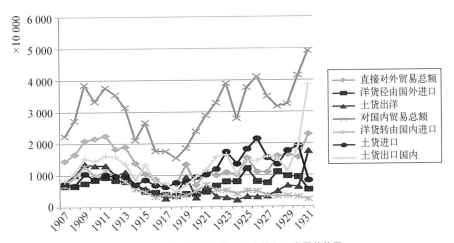

图3.6　1907—1931年营口国内外贸易发展趋势图

(资料来源:中国第二历史档案馆等编:《中国旧海关史料(1859—1948)》,京华出版社,2001年。据其中之牛庄关历年数据整理而得。)

土货净进口、洋货转由其他口岸进口、土货出口国内,是衡量港口国内外贸易比重的重要指标。在1906—1931年间,营口港对国内贸易远远大于直接对国外贸易。除1909年、1910年、1911年3个年份营口港的直接对国外贸易额超过2 000万两以外,其他年份均在2 000万两以下的水平,而直接对国内贸易额在1905年时曾达到过5 518万余海关两的峰值,此后1909—1914年、1921—1931年,营口港的国内贸易额长期处在3 000万海关两以上的水平。1906—1931年,营口港的洋货经由国外进口和土货出洋一直在较低的贸易水平,发展缓慢。除1909年、1910年、1911年、1931年等少数年份土货对外出口超过1 000万两,1905年、1925年、1926年3个年份的直接由国外进口洋货超过1 000万两外,其余年份两者平均在400—500万两的贸易水平。

2. 出口大于进口、以对外贸易为主导的大连港

(1) 大连港贸易的综合统计

从1907年7月大连正式设立海关,至1931年9月九一八事变,短短25年间,大连港的对外贸易额增长迅速。设立海关的当年,大连进出口贸易总额即有1 383万余海关两,1931年增长为约404 283万余海关两,贸易增长幅度高达数百倍以上。消除这时期银价变动的影响,经过南开物价指数换算,从1907年的1 620万余海关两至1931年的23 200万余海关两,增长高达14倍以上。25年间,大连港的贸易额基本上是一路飙升,贸易年平均增长率为13.69%,其中出口年平均增长率为25.67%,进口年平均增长率为9.67%,出口增长远大于进口增长。除了最初两年有贸易逆差外,大连港的贸易顺差额不断增大,1931年高达9 327万余海关两,为近代中国其他各口岸贸易所罕见。

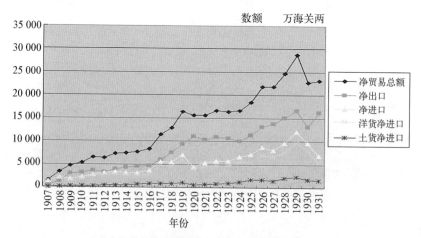

图3.7 1907—1931年大连港净贸易长期发展趋势图

(资料来源:中国第二历史档案馆等编:《中国旧海关史料(1859—1948)》,京华出版社,2001年。据其中之大连关历年数据整理而得。)

虽然大连港对外贸易总的发展方向是一路飙升，但其增长波动的曲线耐人寻味。大连对外贸易情形可以1919年为界，分为前、后两个阶段。从1907—1919年的10余年，贸易一直呈现正增长的良好态势，其中1908—1913年的年增长率都在10余倍以上。1914年达到增长的临界点。第一次世界大战开始后，1914—1919年几个年份贸易增长又开始缓慢上升，1919年达到前所未有的高值。1920—1931年可视为大连贸易发展的第二个时期。由于1919年贸易基数到达较高的峰端，这期间增长幅度逊于第一时期的增长。1920年的进出口贸易值比较1919年出现第一次跌落，增长率为负5.23%。1920—1924年的5个年份，对外贸易徘徊上升，至1924年才超越1919年的水准。1925年后增值迅猛，1929年又重新达到贸易高潮。

在大连对外贸易发展的各个阶段中，出口与进口的发展趋势对贸易总额的变动影响程度并不相同。1908—1919年，1925—1930年间，贸易的巨额上升归功于出口的发展，该时段主要是东北大豆等特产品出口的国内外市场机遇较佳。1920—1924年贸易的缓慢增长受进口变化的影响而波动较大。从总体上看，大连贸易的长期增长，最终应该归功于出口的持续发展。

从1907年开港起，大连就被定位为国际自由贸易港，1908年、1909年大连港逐渐把东北特产大豆、豆油推销到欧美市场，此后大连港的国际贸易增长远快于它与国内各通商口岸的贸易。但20余年间大连港与日本之间的贸易增长最为迅速，日本将大连当作海外的殖民地"关东州"，视之为吸纳东北农矿物产等原料和推销本国轻重工业产品的重要基地。大连港贸易的高速增长，只是使东北融为日本乃至世界现代化进程中的一个功能产区加速。

(2) 大连港对国、内外贸易的长期趋势

大连港直接对外贸易发展迅速，明显超过其对国内其他地区的贸易。光绪三十三年(1907年)大连港的直接对外贸易额为1 458万余海关两，1912年突破5 000万海关两，1919年又达到15 000万海关两，1919年最高峰值达到22 690万余海关两，除1920—1923年呈下降趋向外，其他时段都在快速增长。光绪三十三年(1907年)大连港对国内贸易总额为192万余海关两，其后一直在缓慢上升，直到1925年后才突破5 000万海关两。

大连港的直接对外贸易分为洋货由国外进口和土货出洋两部分。1907—1930年间，除1907年、1908年、1912年3个年份以外，大连港的出洋土货一直多于由国外进口的洋货，1917年后两者的差距进一步拉大。1920年出口国外的土货为9 956万余海关两，同年由国外进口的洋货为4 043万余海关两，前者是后者的两倍多。1929年土货出口达到最高峰值13 119万余海关两，洋货由国外进口也高达9 571万余海关两，顺差额仍高达3 548万余海关两。

大连港对国内的贸易，除1919年外，土货输往国内各地一直大于土货进口。1917—1919年，从国内进口土货年平均超过1 000万余海关两；1925—1929年，国

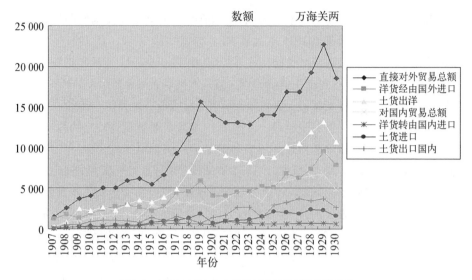

图 3.8　1907—1930 年大连港国内外贸易发展趋势图
(资料来源：中国第二历史档案馆等编：《中国旧海关史料(1859—1948)》，京华出版社，2001年。据其中之大连关历年数据整理而得。)

内土货进口年均达到 2 000 万余海关两。1922 年后土货出口年均在 2 500 万海关两以上的水平。1907—1930 年，大连港转由国内进口洋货一直发展缓慢，数额相对较小，1914 年前每年在 500 万海关两以下，1915 年后平均在 500—800 余万海关两之间的水平。

(3) 从大连港的中转贸易看其在环渤海诸港中的地位转折

本书所述的中转贸易，主要指港际间的转口贸易，具体内容是口岸进口的洋货或者土货再转运复出口到其他国家或者其他口岸。1907 年大连开埠以后，因其良好的基础设施和快速便捷的铁路运输，迅速崛起为东北地区对外贸易的最大港口。同时，因其优越的地理位置和自由港宽松的政策，大连也逐渐成为中国北方诸港口对外国尤其是与日本贸易的中转港。以往学者的研究成果集中在大连港的对外贸易，[①]而对其中转贸易的研究却长期被人忽略。对中转贸易的探讨，一方面有助于从多角度透视大连港的发展历程，另一方面也有利于了解大连港崛起后所促成的北方诸港口间相互关系的调适。

自 1907 年 7 月大连设立海关后，根据年度复出口贸易统计数字，其中转贸易的发展历程可归纳为三个时期。受国内外贸易环境的影响，每个时期都有着不同的显著特征，并且每一时期的中转贸易与大连港的发展也有着至为重要的关系。

第一阶段　1907—1911 年：中转贸易的发轫

---

① 有关研究成果，主要有：顾明义主编：《日本侵占旅大四十年史》，辽宁人民出版社，1991 年；周永刚主编：《大连港史》，古、近代部分，大连人民出版社，1995 年；沈毅：《近代大连城市经济史》，辽宁古籍出版社，1996 年。以上著作对大连港的对外贸易都有相关论述，但对大连港的中转贸易均未涉及。

此时为开港初期,转口贸易只占贸易总额比重的10%以下。由于大连与本国各口岸之间的商业航路网络正在建设之中,这时期大连土货中转的作用还不明显,仅是进口洋货的中转。洋货复出口到外国的数额(其中日本、朝鲜两国占到90%)最初达到复出口总数的60%以上,但该比例逐年下降,洋货复出口到通商口岸的数额逐年增长(见表3.6)。原因主要是初期日本、朝鲜需要的一部分货物通过大连中转进口,后期日本通过大连港倾销到中国各口岸的商品增势迅猛。

以宣统元年(1909年)为例,大连复出口的洋货总价值为549 048海关两,运往国外337 616海关两,其中运往日本231 668海关两,货物主要是旧黄铜、铜线、衣服、面粉、家具、橡皮器具、机器及附属品、家用杂物等物品;运往朝鲜105 676海关两,主要是纸烟和原布两种货物。洋货复出口到通商口岸总值211 432海关两。到了宣统二年(1910年),洋货复出口运往通商口岸的货物总值突增到877 746海关两,货物主要是日本原色布、棉剪绒、绸缎、铁管、纸烟、气锅用具、铁路材料等物品,地点是安东、烟台、上海、天津等口岸。同年复出口到外国的总值却下降到240 384海关两,货物仍是旧黄铜、纸烟和机器等物品,日本和朝鲜两国又几乎占近全数。宣统三年(1911年)洋货复出口运往外国的总值为191 654海关两,比前一年又减少了48 730海关。运往通商口岸总值为1 064 925海关两,比前一年更增加了187 179海关两。其中运往安东451 384海关两,烟台313 679海关两,上海114 720海关两,天津110 450海关两,仅转运到烟台的日本洋布一项物品就高达141 812海关两[①]。

第二阶段　1912—1920年:中转贸易的凸显

这时期大连港的对外贸易额飞速跃升,原先一个不显眼的小港湾,到1918年在规模上成为中国对外贸易的第二大港。[②] 1912年大连港的净贸易总额为6 050万海关两,1919年达到21 070万海关两,增长了2.5倍。其中,1912年复出口数额为323万海关两,1919年达到2 164万海关两,增长了5.7倍,可见大连港中转贸易的增长,比净贸易总额的增长要快得多,中转贸易的发展对大连港口地位的提升有着重要的贡献。该时期中转贸易占总贸易额的比重上升到10%以上,洋货复出口最高的年份占洋货进口总额的比重接近17%,土货复出口最高的年份占土货进口总额的比重达到44%。

同前一时期相反,洋货复出口到外国的数额呈逐年递增趋势,洋货复出口到国内各口岸的数额却逐年下降,两者的比重对比明显(见表3.6)。盖因第一次世界大战爆发后,日本和朝鲜货物需求量增多,开始由大连转口分运本国;而同期中国的民族工业逐渐发达,中国各地抵制日货的运动声势浩大,导致日本货物由大连转运

---

① 分别参见宣统元年、二年、三年《大连湾口华洋贸易情形论略》,中国第二历史档案馆等编:《中国旧海关史料(1859—1948)》,第51、54、57册,京华出版社,2001年,第212、227、196页。
② [苏] 阿瓦林著,北京对外贸易学院俄语教研室译:《帝国主义在满洲》,商务印书馆,1980年,第173页。

国内各口岸的数额有减少趋势。例如1915年,洋货复出口的总数,"自开关迄今为最巨,内以运往外洋者为畅盛可观,往通商口岸者反见减少,如英国白布、精细布、五金类、新绒麻袋、煤油、圆桶等类,分运日本、朝鲜者日臻繁茂,均系由本口转运,或以凑运本口素所储积之货,以补他处。惟运往烟台、龙口之日本白布、粗斜纹充土各布,悉形退步"①。

同前一时期相比,1912—1920年大连港的土货转口作用格外明显。大连港土货复出口的数额平均占到进口土货总额的30%以上,其中90%以上的土货又复出口到国外,极少部分在通商口岸间流转(见表3.6)。1913—1919年海关贸易报告中,连篇累牍记载了大连土货复出口迅猛增长的现象,贸易额由1913年的28.9万海关两增加到1917年的460万海关两,1919年更增为1 170万海关两,增长幅度高达40余倍。大宗土货主要有烟台运来的野蚕茧丝,天津运来的棉花,营口运来的豆油等,都经过大连转运出口到日本。同时还有上海运来的茶叶,由大连经过东北陆路运往俄国;绸缎、棉布、夏布等物品则由大连转运到朝鲜;龙口运来的粉条,经过大连转运到香港,但这些物品的价额只占少数。通过大连转口的国内口岸之间的货物,仅有从上海运来的纸烟转运到烟台等口岸。潘君祥等人认为,大连与国内各口岸间不发达的土货物品转输,土货转运出口的初级产品结构,一者反映出大连只上升到一个区域中心城市地位,大连港最盛时期的中转贸易影响仅限于北方诸港;二者也反映了20世纪初年以大连为代表的各通商口岸市场条块外向化的加深。②

第三阶段 1921—1931年:中转贸易的回落

1921年后大连港的对外贸易额开始出现缓慢上升趋势,同时中转贸易呈下降回落之势,复出口占进口总额的比重逐渐跌落到10%以下。其中,洋货复出口到中国通商口岸者逐渐增加,而经大连复出口到外国的进口洋货,以及经此中转的土货的数额,却都在逐年减少,从而导致大连港中转数额逐年减少。减少的原因,一方面是20世纪20年代以后,日本、朝鲜同第一次世界大战期间相比,从大连港中转进口的货物减少。另一方面中国北方各港口的基础设施条件逐年改善,与日本的直接贸易交往加强,大连港的贸易中转作用因此减弱。

综上所述,大连港中转贸易的主要特征是加深了日本与中国北方各港口间的商业贸易,主要体现在日本货物通过大连中转倾销到北方各口岸,以及北方各口岸土货经过大连转口到日本两个方面。大连港中转贸易的发展,显然受到国内外贸易环境的制约,而中转贸易又对大连港自身的发展起到了重要的促进作用。

---

① 《中华民国四年大连湾口华洋贸易情形论略》,中国第二历史档案馆等编:《中国旧海关史料(1859—1948)》,第68册,京华出版社,2001年,267页。
② 潘君祥等主编:《近代中国国情透视》,上海社会科学院出版社,1992年,第210页。

表 3.6 1907—1930 年大连海关历年轮船复出口货物数额表 单位：海关两

项目 年代	总进口货物(A)			总复出口货物(B)					B占A比重(%)
	进口洋货	进口土货	总计	复出口洋货		复出口土货		总计	
				复往国外	复往口岸	复往国外	复往口岸		
1907	10 677 244		10 677 244	193 214	61 027			254 241	2.38
1908	18 902 267		18 902 267	300 364	129 359			429 723	2.27
1909	14 769 413	2 771 662	17 541 075	337 616	211 432	9 700	163 872	722 620	4.12
1910	20 438 874	3 352 960	23 791 834	240 384	941 896	33 039	4 247	1 219 566	5.13
1911	27 328 443	2 457 957	29 786 400	191 654	1 064 925	177 573	21 128	1 455 280	4.89
1912	30 361 866	4 511 317	34 873 183	424 951	1 969 363	754 303	86 207	3 234 824	9.28
1913	32 535 956	4 514 589	37 050 545	507 201	2 955 414	263 565	25 217	3 751 397	10.13
1914	33 181 962	4 712 121	37 894 083	625 224	3 040 096	576 802	39 977	4 282 099	11.30
1915	32 177 969	9 268 833	41 446 802	2 246 863	2 315 830	1 908 256	27 331	6 498 280	15.68
1916	40 679 620	11 751 746	52 431 366	2 429 887	2 294 991	2 579 111	58 834	7 326 823	13.97
1917	67 772 093	14 193 247	81 965 340	2 003 638	2 568 825	4 551 800	65 107	9 189 370	11.21
1918	75 794 360	19 807 558	95 601 918	3 935 740	3 138 273	8 568 830	129 601	15 772 444	16.50
1919	99 331 546	28 045 630	127 377 176	7 028 656	2 872 264	11 325 767	413 320	21 640 007	16.99
1920	80 110 143	12 959 342	93 069 485	7 168 483	2 720 945	3 098 932	1 373 789	14 362 149	15.43
1921	84 236 618	15 855 073	100 091 691	5 485 865	1 626 461	4 018 079	133 433	11 263 838	11.25
1922	77 010 177	15 989 996	93 000 173	3 455 298	1 998 254	4 254 954	202 751	9 911 257	10.66
1923	78 902 610	17 085 983	95 988 593	5 537 013	2 701 663	2 455 554	151 324	10 845 554	11.30
1925	87 122 094	31 574 661	118 696 755	1 428 850	3 295 950	5 963 657	11 995	10 700 452	9.01
1926	111 871 708	30 020 425	141 892 133	1 736 485	3 390 279	4 708 008	80 757	9 915 529	6.99
1927	113 803 953	30 243 917	144 047 870	1 759 793	5 058 144	6 294 615	87 579	13 200 131	9.16
1928	128 113 538	37 317 116	165 430 654	1 582 077	5 222 639	4 870 613	96 197	11 771 526	7.12
1929	162 499 928	43 583 886	206 083 814	1 530 099	8 280 737	2 958 852	29 903	12 799 591	6.21
1930	147 956 962	34 885 612	182 842 574	2 559 771	6 846 548	2 209 516	33 523	11 649 358	6.37

（资料来源：1907—1919 年，据中国第二历史档案馆等编：《中国旧海关史料》，京华出版社，2001年，其中之大连关数据；1920—1923 年，据满铁庶务部调查课：《南满洲三港の中继贸易（1921—1923）》，满铁庶务部 1923，第 2—3 页数据；1925—1930 年，据满铁庶务部调查课：《满洲贸易详细统计》满铁庶务部，1930 年，第 751 页数据。）

目前缺乏大连港货物复出口地区的长时段准确数据。1923 年满铁庶务部调查课出版的《南满洲三港の中继贸易（1921—1923）》一书中的资料较有价值，该书统计了三年时间大连港复出口到各国家和地区的货物具体种类和详细数额。1921—1923 年大连港复出口的货物占总进口货物的比重在 10% 左右，这 3 年的数据大致反映出大连与各国家以及中国诸通商口岸的关系。据其统计，大连转口到日本和朝鲜两个国家的货物占到外国总数的 50% 以上。从国内口岸来说，山东各口岸与大连经济关系最为紧密，所占比例平均在 40% 左右，其次是天津在 20% 左右,安东和营口两者合计比例稍低于20%。①

20世纪初年日本与华北和东北地区间的商业贸易呈扩展之势,从大连港中转贸易的长期发展历程可看出,1912年后中国北部的大宗土货产品经大连港转口到日本,同时日本的加工业品经大连输往北方诸港。时人评论,大连港"沿岸贸易逐年增加,最近山东及华北方面,以及上海、天津等市场活力,均逊于前,遂致大连市乘虚发展,其发展最速之货物,以山东沿岸所用之集货,如棉丝、棉布、麦粉、白糖、酒精等最多。此数种货,向有上海市供给,此后大势观之,大连沿岸贸易未可量也"②。事实可见,20世纪初期的大连作为日本与中国东北以及华北地区贸易的一个重要货运中转港,对北方各港口间的相互关系产生了重要影响。

自咸丰十一年(1861年)以来,营口一直是东北唯一且最大的对外贸易港口。20世纪初年由于辽河河道泥沙淤积,帆船运输条件恶化,再加南满铁路运输的竞争,营口港的地位不断下降,大连最终取代了营口而成为东北对外贸易的第一大港,营口中落为专司沿海贸易的二流口岸。安东港位于辽宁东南部,隔鸭绿江与朝鲜相望。但是港口自然条件较差,冬季结冰,并且"进口水道泥沙纵横,浅深莫定,航行困难,运输维艰。另外安东密迩大连,大连港口设备周密,起卸便利,航商趋之,安东贸易乃受影响"③,因此海轮运输到大连的货物经常再转运到安东,销往东北的东南部。东北南部大连、营口和安东三港此时开始形成以大连港为主导的组合港的关系。

烟台是山东最早对外开放的贸易港口,光绪三十一年(1905年)以后,烟台的国内贸易市场同前期相比,发生了较大的变化。东北诸港航运贸易的发展,使早先烟台与南方的豆货贸易完全被辽东取代,丝茧贸易也面临着辽东半岛丝业生产的竞争,过去南货、洋货输往辽东及辽东商货输往南方大都要经过烟台转口,但此时南方与辽东间的贸易变得越来越直接,烟台港的中继作用因之减弱。④ 在光绪二十二年(1896年)之前,欧美势力在烟台的外洋贸易占有绝对的优势,此后东亚地区一反前期的劣势而转变为烟台的主要国外市场,光绪三十年(1904年)后东亚地区所占的比重更是愈来愈高,其中日本又逐渐压倒了俄国,烟台进口货物中日本的棉纱、棉织品、糖及自来火占据了绝对优势。支配烟台贸易的外国势力的转变,对于烟台乃至整个中国都有深远的影响。⑤ 而在这场转变中大连的中转作用尤显重要,大连港的崛起,彻底转换和对调了辽东半岛与山东半岛间长期以来的中转位置。

光绪二十五年(1899年)胶州湾被德国强行占领,德国货物于是充斥青岛港,但是日本凭借商品价格的低廉也开始打入青岛市场,1914年前日本输入青岛的商品渐

---

① 满铁庶务部调查课:《南满三港の中继贸易(1921—1923)》,1925年,第52—53、第80—81页。
② 王树枏、吴廷燮、金毓黻纂:《奉天通志》卷一百十五,实业三,商业。
③《安东海关十年报告(1921—1930)》,中国第二历史档案馆等编:《中国旧海关史料(1859—1948)》,第157册,京华出版社,2001年,第381页。
④ 庄维民:《近代山东市场经济的变迁》,中华书局,2000年,第36页。
⑤ 刘素芬:《烟台贸易研究(1867—1919)》,台湾商务印书馆,1990年,第28—30页。

有超过德国之势。第一次世界大战期间青岛被日军占领,青岛与日本商业联系趋于紧密,青岛与东北地区间的贸易也发生变化。"青岛与营口贸易兴盛,第一次世界大战以后,贸易重心转向大连,大批土产由大连转运到日本,1919年转口值达750万海关两"①。同年青岛向山东腹地运出的洋货,遭到抵制。"在本口寸积之货,皆别寻出路,转运抵制风潮较为平静的口岸,连运总数,计值关平银一百六十万两,其中一百万两去大连"②,由此看出日本统治时期的青岛与大连之间双向联系紧密。

天津也是华北地区最早对外开放的口岸之一,但在20世纪以前,天津直接对外贸易并不发达,主要原因在于大沽河河口的淤浅和外洋航运的不发达,进出口货物相当多的部分依赖于上海中转,外贸的对象主要是欧美等西方国家。③ 20世纪初天津与日本的贸易来往逐渐发达,尤其是华北的棉花出口量有巨额增长,除了直接贸易外,大连同时成了天津与日本之间棉货贸易的中转港口。

从上文的论述,可以清晰地看出大连港转口贸易发展的轨迹。近代大连作为日本殖民地下的自由港,首先沟通了与日本诸港间的航路和贸易网络,随后逐渐加强了与北方诸港的贸易联系,确立了日本与北方诸港之间贸易中转港的地位。大连港的货物中转一方面加速大连港口本身发展,另一方面也加深了日本与中国北方诸港间的贸易联系。通过对大连港中转贸易网络构建的历史地理考察,既有助于认识大连与北方诸港之间相互关系的调适,更有助于深刻认识20世纪初年整个

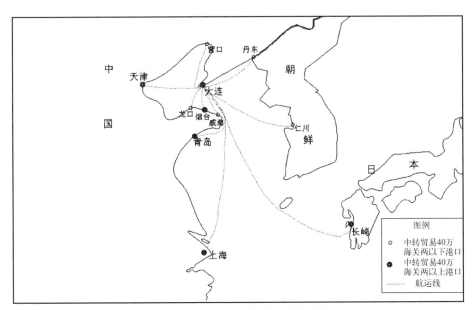

图 3.9 1922 年前后大连港中转贸易关系示意图

---

① 青岛市档案馆编:《帝国主义与胶海关》,档案出版社,1986年,第294—295页。
② 青岛市档案馆编:《帝国主义与胶海关》,档案出版社,1986年,第294—295页。
③ 罗澍伟主编:《近代天津城市史》,天津人民出版社,1990年,第265页。

中国北方对外贸易市场的转变,它为1931年后日本构建所谓的囊括中国东北与华北地区在内的"东北亚经济圈"埋下了伏笔。

3. 出口增长快于进口增长、国外贸易重于国内贸易的安东口岸

(1) 安东港贸易的综合统计

从1907年7月安东开埠设立海关,到1931年9月九一八事变,安东港的净贸易总额总体上升速度较快,从1907年的537 134海关两增长到1927年峰值的68 647 113海关两,增长幅度达12倍以上。

按照各年度净贸易额来划分,安东港贸易的长期发展趋势可分为三个时期:1907—1917年为第一个快速发展时期,该时期安东港的对外贸易直线上升,从1907年的537 134余海关两增长到1917年的34 996 391海关两,年平均增长率为21.25%;1918—1927年是安东港贸易达到鼎盛的时期,净贸易总额从1918年的30 333 643海关两增长到1927年的68 647 113海关两,达到安东港历史发展的最高峰值,但该时段增长速度放缓,年平均增长率为12.64%;1928—1931年是第三个时期,受世界经济危机的影响,安东港的贸易也出现了跌落,总值从1927年的接近7 000万海关两下跌到1931年的38 770 823海关两,贸易总额下跌44.7%,几乎重新回到第一发展时期末的水平,平均年负增长率为8.94%,可见当时贸易倒退剧烈(见图3.10)。

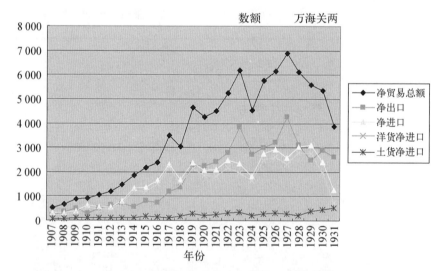

图3.10 1907—1931年安东贸易长期发展趋势图

(资料来源:中国第二历史档案馆等编:《中国旧海关史料(1859—1948)》,京华出版社,2001年。据其中之安东关历年数据整理而得。)

查看安东港贸易发展、鼎盛、跌落的过程,1907—1917年这段时期的净进口总值大于净出口总值,进口年平均增长率为24.73%,出口年平均增长率为24.64%。其中又以洋货进口增长迅速较快,年平均增长率为28.36%,可以说是洋货的急剧进口促进了安东港贸易的快速发展;1918—1927年的10年间,安东港净贸易总值

曲折上升,该时期出口超过了进口总值,出口年平均增长率为16.12%,进口年平均增长率为3.98%,出口发展速度加快,这是导致第二时期贸易鼎盛的主要因素;1928—1931年,进出口贸易都出现了严重下滑,尤以进口贸易和洋货进口贸易下跌最大;三个时期中土货进口一直都在缓慢发展,但增长速度较慢。

(2)安东港国内外贸易的长期趋势

从图3.12可以看出,安东港的对国外直接贸易远大于与国内地区间的贸易。1907年安东港的对外贸易额只有2 376 432海关两,1914年增加到14 682 252海关两,1927年达到最高峰值58 830 922海关两,增长约近25倍。1907年安东港对国内贸易为3 199 305海关两,1909年增长到5 993 287海关两,其后对国内贸易总额增长缓慢,直到1927年才突破1 000万海关两,1930年时最高值仅达到12 829 169海关两,20余年仅增加了3倍。

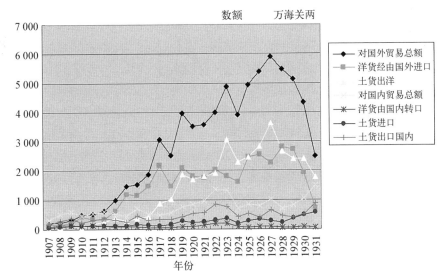

图3.11 1907—1931年安东国内外贸易发展趋势图

(资料来源:中国第二历史档案馆等编:《中国旧海关史料(1859—1948)》,京华出版社,2001年。据其中之安东关历年数据整理而得。)

安东港对国外贸易的发展,又可以细分成1907—1917年、1918—1927年、1928—1931年三个时期。1907—1917年,直接由国外进口的洋货增加迅速,1917年达到21 771 068海关两。1918—1927年,直接对外出口的土货增长迅速,1927年最高值为36 140 051海关两,该时期洋货进口在2 000万海关两上下波动。1928—1931年,对国外的洋土货贸易都出现倒退,但洋货直接进口下降最大。

就安东港对国内贸易来说,土货出口一直大于土货进口,1915年后土货出口年平均在400万海关两左右,土货进口平均在300万海关两左右。值得关注的现象是,1928—1931年受国际经济危机影响,安东对国外贸易急剧倒退的时候,对国内贸易却仍在缓慢增长。1930年出口国内土货为670万余海关两,由国内进口土货为539万余海关两,两者相加约为1 200万海关两,达到与国内贸易的历史最高水平。20余年来安东洋货由国内转口一直处于较低水平,最高时期不超过200万海关两(1923年为195万余海关两)。

4. 出口大于进口的哈尔滨属各口岸

自光绪三十四年(1908年)满洲里和绥芬河,宣统元年(1909年)瑷珲、三姓和哈尔滨口岸开放及海关设立以后,东北北部的对外贸易发展迅速。据海关关册原始数据记录,光绪三十四年(1908年)哈尔滨属各口岸净贸易额为1 581万余海关两,1928年增长到10 475万余海关两。参照南开进出口物价指数换算之后,光绪三十四年(1908年)哈尔滨关属各口岸净贸易额为1 671万余海关两,1928年最高数额为6 626万余海关两,20余年间东北北部的对外贸易额增长了2.96倍。

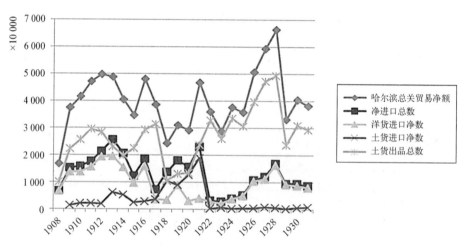

图3.12 1908—1930年哈尔滨属各口岸贸易发展趋势图

(资料来源:中国第二历史档案馆等编:《中国旧海关史料(1859—1948)》,京华出版社,2001年。据中之瑷珲、满洲里、绥芬河、三姓、滨江关年度数据,再按进出口物价指数换算而得。)

观察图3.12哈尔滨属各口岸贸易净额的发展曲线,1908—1912年东北北部对外贸易增长快速,从1 671万余海关两增长到4 975万余海关两;1913—1922年的10年间,东北北部对外贸易受到沙俄(苏联)时局变动的影响,贸易在3 000—4 000万海关两之间起伏不定,1918年贸易最低潮时仅有2 435万余海关两;1923—1928年间,东北北部的对外贸易又迎来了一个快速增长期,从2 880万余海关两激增到6 626万余海关两,创下了东北北部对外贸易的最高纪录;1929—1931年,受世界经济危机影响,东北北部的对外贸易额又急剧下跌至3 000万余海关两的水平。

从进出口情况来看,哈尔滨属各口岸的土货出口长期大于净进口货物总额,而在净进口之中,除1920—1922年的个别年份外,洋货净进口又长期大于土货净进口。原因在于随着东北北部的土地开发,东北农特产品比如大豆的种植重心有从南向北转移的趋势,20世纪20年代东北北部大豆种植面积和出口额已超过东北南部,因此1920年以后东北北部的出口曲线与净贸易总额愈发相关。但1920年后土货出口和货物进口顺差极大,1922—1924年,进口额仅有一二百万海关两,再如1928年土货出口额为4 937万余海关两,进口额为1 688万余海关两,贸易顺差高达3 249万余海关两。二者如此悬殊,这与当时海关统计范围有一定关系。东北北部的进口货物有相当部分从南部的长春等地转口而来,而海关当时无法作出准确统计。

5. 进口大于出口的珲、延口岸

宣统二年(1910年)珲春、延吉口岸开放和海关设立以后,与东北其他口岸相比,对外净贸易总额不高。根据海关关册的原始数据,仅1927年、1928两年突破过1 100余万海关两,但珲春、延吉两口岸对外贸易净额起点较低,所以在1910—1927年间,总的发展趋势是不断增长,1928年后受世界经济危机影响而转折下跌。参照南开进出口物价指数,对珲、延两海关的关册原始数据修正以后,1910年两关贸易净额为43万余海关两,1927年最高纪录为757万余海关两,贸易增长了16.6倍,东北东部的对外贸易也可谓发展迅速。

从图3.13珲、延两关的贸易发展曲线来看,1910—1919年为第一阶段,贸易净额增长到317万余海关两;1920—1927年为第二阶段,贸易净额又增长到757万余海关两。在贸易总额中,货物进口长期大于土货出口,其中洋货净进口又占了进口总额的绝大部分以上,1928年以后土货进口才略有起色。

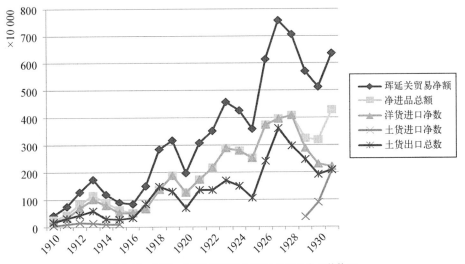

图3.13　1910—1930年珲春、延吉口岸贸易发展趋势图

(资料来源:中国第二历史档案馆等编:《中国旧海关史料(1859—1948)》,京华出版社,2001年。综合其中之珲春、延吉关年度数据,再经过南开进出口物价指数换算而得。)

三、伪满时期各口岸在东北对外贸易中的地位

从表3.7伪满时期各口岸海关进出口货物值的统计数据可以看出,1931年后东北南部三港的进出口数额仍占到全东北对外贸易总额的75%以上,其中大连一港又占到东北全部对外贸易总额的65%以上。但在1937—1943年间,大连港进出口额所占东北全区的总额比例呈逐渐下降趋势。营口港在东北全区的进出口地位,较1931年前继续呈跌落的趋势。安东港在出口方面的地位上升较快,进口地位较1931年前略有下降。

表3.7　伪满时期东北各海关进出口货物值比较表　　单位:千元

关别		年份	1937年		1940年		1943年		10年平均 1934—1943	
			金额	百分数	金额	百分数	金额	百分数	金额	百分数
大　连	出口		484 850	75.2	494 028	74.6	426 497	46.6	457 063	68.4
	进口		640 996	72.2	1 074 551	61.6	703 216	50.2	745 783	63.1
安　东	出口		38 296	5.9	54 252	8.2	256 961	28.1	68 669	10.3
	进口		53 885	6.1	104 524	6.0	91 031	6.5	87 287	7.4
营　口	出口		36 371	5.6	26 467	4.0	3 047	0.3	29 753	4.5
	进口		49 666	5.6	27 885	1.6	20 155	1.4	31 698	2.7
图　们	出口		66 945	10.4	51 493	7.8	110 140	12.0	61 185	9.2
	进口		47 978	5.4	143 483	8.2	78 970	5.6	72 888	6.2
山海关	出口		18 254	2.8	31 841	4.8	113 079	12.4	44 142	6.6
	进口		13 902	1.6	37 231	2.1	147 566	10.5	45 455	3.9
其　他	出口		581	0.1	4 250	0.6	5 369	0.6	7 214	1.0
	进口		30 985	9.1	358 135	20.5	361 235	25.8	197 427	16.7
总　计	出口		645 297		662 331		915 093		668 026	
	进口		887 412		1 745 809		1 402 173		1 180 538	

说明:其他是指哈尔滨、沈阳、长春海关所办理的进出口保税仓库货物数值,因不明了为哪一个海关所进出口,故均列入其他项内。

(资料来源:《伪满时期东北经济统计(1931—1945)》,东北财经委员会调查统计处,1949年,10—(6)。)

与1931年以前相比,东北东部的图们口岸和西部的山海关等口岸贸易发展迅速。1931年前延吉、珲春两关的进出口总额仅占东北全区的1%左右。1934—1943年,图们口岸出口约占全区总额的9.2%,进口占到全区总额的6.2%。山海关进出口总额也占到东北全区总额的5%以上。图们口岸和山海关口岸两者出口的总值相加,占到东北全区出口总额的15%以上,两者的进口总值相加,也占到全区进口总额的10%以上。

第三节　各口岸辐射腹地

从区域经济发展角度来看,一个地区的协调和快速发展,离不开口、腹、心这三者中的任何一方。顾名思义,口就是口岸,进行进出口活动;腹,就是腹地,幅员宜广阔,物质宜丰富;心就是中心城市,对腹地起着辐射、扩散、带动作用。港口、中心城市、腹地三者都十分重要,缺一不可。本节旨在通过分析相关资料,复原各口岸腹地边界空间,考察口、心、腹三者互动的历史变迁。

一、营口港腹地的盈缩

从营口港的贸易发展历程来看,它在光绪三十一年(1905年)时达到鼎盛高峰,其后大连港的开放影响了营口的贸易地位,使之由盛转衰。腹地空间变化与港口贸易的盛衰密切相关,19世纪末期,营口港腹地空间不断扩展,20世纪初期以后,则因大连港的竞争而急剧萎缩。关于港口—腹地的划分方法,通常有圈层或点轴两种方法。本书在圈层法的基础之上,重点采用点轴法来分析营口港腹地的空间过程和经济变迁。

1. 19世纪末期营口港腹地空间的扩展

咸丰十一年至光绪二十二年(1861—1906年),营口是东北地区唯一对外开放的口岸,以往的研究大多笼统指出,该时期营口港的腹地范围覆盖整个东北地区。[①]事实上,营口港的洋货对东北腹地的输入以及腹地土货向营口港的输出却是一个逐渐扩大的过程。就东北内部区域发展而言,咸丰十一年(1861年)时柳条边刚刚解禁,昌图、郑家屯以北即辽河上游源头上的内蒙古东部地区仍没有完全开禁,辽宁东南部的鸭绿江和浑江流域仍处在以伐木为主的经济阶段。因此,最初辽河两岸开发较早的农耕区是营口港的核心腹地,同治九年(1870年)后逐渐开放的辽河东流源头如西安、海龙等盛京围场之地也成为营口港的腹地之一,更远的松花江和嫩江流域少数开垦的地区,则在19世纪末期成为营口港的边缘腹地。

(1) 辽河航运向中上游的逐段延伸

咸丰十一年(1861年)开埠以后,营口港成为东北货物进出口中心,自营口通向东北北部的辽河成为港口联系腹地的主要通道。辽河有两个源头,一是发源于内蒙古东部的西辽河,一是发源于吉林省中部的东辽河,东、西辽河在今吉林省双辽市郑家屯附近汇合后进入中游,始称辽河,于营口入海,总长近1 340公里。其中,适于航行的河段,上以郑家屯为起点,下至入海口,加支流共有航程1 548华里。

从康熙到嘉庆初年,东北移民被限制在柳条边以南的盛京地区,因此辽河航运也只限于南部地区,以牛庄为中心,分别通过浑河、太子河、沙河连接盛京、辽阳和

---

① 邓景福:《营口港史》,人民交通出版社,1995年。

海城等城镇。道光以前辽河航运并不发达,政府禁止在辽河上进行商业营运,但浑河、太子河、巨流河等经常有私船偷运粮食之事。1843年经将军公傅奏准,开始对辽河上从事商业的运粮船进行征税。解除商业运营限制政策,对辽河航运的繁荣有促进作用。

咸丰初年,移民开始私自进入盛京围场开垦土地,肥沃的千里围场成为一个重要的粮食生产区。这时辽河主要通航地段也延伸到沈阳以北的铁岭,位处辽河东岸的铁岭遂成为东北中北部农副产品输出和外来商品输入的集散地。《铁岭乡土志》记载,咸丰三年(1853年)马蓬沟码头正式开设,"时本境贸易渐盛,乃会旗署防御双成禀开河运。自此而后,南达营口,利赖无穷"。光绪初年,营口开埠和盛京东西围场正式招垦以后,铁岭的河运进入繁盛时期。县志记载:"海龙、成山子、朝阳镇又放围荒,每值冬令,该镇及吉林南境粮车麇集于此,商业愈形发展。光绪甲午后,东丰、西丰、西安又先后出荒,粮车益多。凡出口之粮咸萃于此,铁岭商务蒸蒸日上,大有一日千里之势。"到了光绪二十年(1894年)时,铁岭"大小粮栈达七八十家之多。至春季开河,再有城内运至河口,装载船只,直达营口"①。

光绪初年,随着内蒙古东部科尔沁左翼、右翼各旗的开放,辽河航运码头进一步北移到开原的通江子,靠近科尔沁新的农垦区。科尔沁左翼各旗的开垦始于嘉庆初年,70多年后即光绪元年(1875年),盛京将军崇实"复经遴派妥员,采访舆论并复堪河道……该厅由南同江直达营口,顺流而下,一水可通,载运货物,较之陆路自必省便。前此虑议开河,论者以蒙古地方,未便令其富庶,所见甚小"。通江口码头因插入开垦区内部,迅速兴旺发达起来。《富之满洲》一书如此记载:"辽河航运在十数年前,仅至铁岭。自此地以北,多以车马相送。然自营口贸易繁盛,以辽河水运因之扩张,遂逾铁岭而达于通江子。夫原来之江岸之一渔村耳,及水运四通,估舟云集,几历星霜,而寂喧迥别,俨有都会气象。"②光绪二十年(1894年),通江口航行的船只达到千余艘。每逢秋冬,各粮栈大批收粮。春季则装满货船,待辽河解冻就扬帆南下,到营口通过海运分散到关内和国外。初秋商船返回,满载年货及布匹、纸张、盐、苇席、面粉、煤油等货物,批发到东北各地。商业辐射范围进而包括昌图、农安、怀德、长春以及伯都讷、齐齐哈尔等地。③

光绪二十六年(1900年)后,辽河码头再向北延伸到小塔子,分别进入东辽河的三江口、西辽河的郑家屯,这样吉林、黑龙江新开垦区的粮食可以直接运到三江口和郑家屯,然后再顺流而下直达营口。

总而言之,19世纪末期营口港贸易额的快速提升,得益于货物集散空间范围的逐渐增大。辽河在交通运输方面有着较大的优势,同时,辽河沿岸码头因其区位

---

① 黄世芳、陈德懿纂修:民国《铁岭县志》卷八,交通志,航运,台湾成文出版社,1974年影印本。
② [日]松本敬之著,马为珑译:《富之满洲》,上海普及书局,1907年,第40—41页。
③ 冯德本:《东北抗日义勇军在通江口活动片断》,《昌图文史资料》第1辑,1987年,第22页。

优势,也成为一定地理范围内的商品集散中心。随着大量商人和劳动力汇聚于此,码头所在的城镇的交通、贸易和经济的辐射力亦随之增强。据1904年调查统计,辽河干流沿岸的停船码头共有187处,其中40余个是大码头。比较著名的码头,由北向南有郑家屯、三江口、通江口、英守屯、马蓬沟、三面船、巨流河城、马厂、老达房、三岔河、田庄台等。① 在这些码头所在地,都形成了一定规模的市镇。有的学者还认为,辽河一线兴起的专业商品集散市镇,就是东北近代带状市镇群的萌芽。②

(2) 柳条边内外陆路交通网络的形成

咸丰十一年(1861年)东北地区未开放之前,从盛京通往黑龙江的大道即陆路交通驿道,东出威远堡边门到吉林城,从吉林城西北行到伯都讷,然后到齐齐哈尔。营口开埠和柳条边外地区陆续放垦以后,陆路交通更加繁忙。该时期陆路交通与清中期相比,道路已不完全遵循旧时的驿站,而是移民走到哪里,土地开垦到哪里,道路就在哪里形成。从嘉庆初年开始,东北移民主要迁入地是科尔沁草原和吉林西部地区,这一地区是当时东北经济最活跃地区。从咸丰末年开始,黑龙江南部呼兰放垦,该地区又成为东北经济发展的活跃区域。总的来说,科尔沁蒙地放垦以后,经济重心西移,东北内部原有的驿站交通线路不再重要,新的道路是从原来的出威远堡东北行改为出法库门正北行,经科尔沁蒙地昌图、长春到伯都讷,然后北上呼兰,把几个主要的农业区联成一体。

清末时期,内蒙古东部科尔沁蒙地和吉林省西部地区得到移民的开垦,日本人松本敬之在调查中把此区域称为东辽河区域,辽河沿岸地区为大辽河区域。他这样描述东辽河区域的开发、生产和市镇情况:"东辽河平野,其位置当吉林省西部连蒙古之平原,此一带平野,在辽河上流,灌溉之利,所在优渥,面积约四千万方里。地味肥沃,谷产丰熟。大都会之外,与村落相连,至于道路宽阔,满洲之大车轮并能驰骋。又有大转输店,牛马甚多,其规模亦极宏大……山东人乘车移住此者甚多,因能从原野开拓饶肥之故。其他又有几多大都市互相发生,谓满洲中之富实,达诸极点,此语洵然。"③

东辽河流域的大中城镇,主要包括长春、昌图、农安、奉化、怀德、康平以及金家屯、八面城等。这些城镇因区域农业开发和商品的输出入而与营口联络紧密。当时长春宽城子至通江口的道路为主要商业通道,松本敬之又记:"自通江子至宽城子道路,此道路与政治外则有关系。自商业发达,此为最要。自然作成道路,沿道市邑,为农安、奉化、康平、怀德诸市,皆随辽河发达,自然发生之新都府也。道路延

---

① 《辽河ノ水运》(明治38年10月20日调查),日本外务省:《南满洲ニ於ケル商业》,东京金港堂书籍株式会社,1908年,附录,第553—597页。
② 侯峻:《近代辽河航运与沿岸城镇的兴起》,《社会科学战线》1998年第6期。董玉瑛:《清代辽河航运码头》,《史学集刊》1987年第1期。
③ [日]松本敬之著,马为珑译:《富之满洲》,上海普及书局,1907年,第13页。

长五百清里,无一丘陵,至河川亦不过二三之小溪流。故此道路为商界中所必要。"可是,"自奉天至吉林首府道路,此道路者于满洲二省之首府连接为官道,其大姑勿论。然比通江子至宽城子之间之通商路,大有逊色。且沿道村落近况,亦不及通江宽城子之间繁盛。延长至七百清里,其间可称大市邑者,不过铁岭、开原、伊通州二三处而已"①。

光绪三十三年(1907年)时的长春,商业最繁盛地方是南门至北门大街,大商巨贾连室,人口10万,客商往来者,络绎不绝。输出商品为大豆、豆饼、豆油、烟草、粟、大小麦、高粱、酒类、玉米、蓝靛、酥油、毛皮、人参等,输入商品主要为棉布、石油、砂糖、陶瓷、火柴、卷烟、海产物及其他杂货等。但当时的长春商业总体上还不如省城吉林,"商业上其可见者,特吉林与营口之贸易,最有密接关系。吉林营口所输送货物,非不经本市商贾之手。故两地巨商大贾,多籍本市为出张所或置代理店,以相联络。实则以吉林营口两处,为中继场也"②。

光绪三十三年(1907年)时的昌图城(又称榆城子),人口约2万左右,附近盛产烟草和麻,西40华里到达通江口,为吉林和奉天省之间来往的要地。农安城人口约15 000人,西门通怀德,160华里又可到达法库。奉化街(买卖街)人口约25 000人,可经昌图到铁岭,也可经八面城、金家屯到通江口或法库。县志记载:"本邑辟土聚民不过百年,在昔交通机关多未完备地方,产粮石悉用马车由旱路运往通江口、新民、营口各埠,兑换银两或购回布帛、盐、铁一切日常需用货物,贩卖于当地。"③

法库原是柳条边的一个普通边口,最初仅为驻守边军20余人的小村落。科尔沁放垦和营口对外贸易兴起以后,法库发展成为2万人的商业城镇。在其北方的辽源未开辟成商埠以前,它是奉天与内蒙古东部地区之间交易的第一大市场。20世纪初年,法库每年输往营口大宗货物,如牲畜、粮食、豆油、豆饼、高粱酒、烟草及药草、兽皮等土特产,价值130—140万缗,而从营口等地输入的布匹、茶叶、洋杂货等,价值70—80万缗。由于法库全系陆地,无巨河大江以通舟航,所以百货皆用三套、五套至八九套大车陆运,之间有用车运至三面船,从辽河水运至营口者。④

据上可见,清末时期内蒙古东部和吉林省西部地区已成为新的移民农垦区,以营口为中心,形成了与清中期时官方驿站交通所不同的马车商业运输线路。沿陆路交通路线形成的商业市镇,改变了东北原有的军事和政治城镇分布格局。这些城镇商品多用马车通过长春至通江口的商道输送,再经辽河沿岸城镇码头的船运中转至营口,冬季辽河封冬时也有的直接用马车与营口联络。相较于辽河沿岸的码头城镇,此区域即属于营口的中间圈层腹地范围。

---

① [日]松本敬之著,马为珑译:《富之满洲》,上海普及书局,1907年,第139—140页。
② [日]松本敬之著,马为珑译:《富之满洲》,上海普及书局,1907年,第15页。
③ 包文俊修,李溶等纂:伪满《梨树县志》卷四,实业·金融,沈阳文化兴印书局,1934年。
④ 刘鸣复修:光绪《法库厅乡土志》,商务卷,引自辽宁图书馆编:《东北乡土志丛编》,1985年,第509页。

吉林在松花江河左岸,20世纪初年人口约20余万。伯都讷在松花江右岸,齐齐哈尔、三姓、呼兰、哈尔滨等往来船舶,多辐辏于此。1907年时黑龙江省城齐齐哈尔,人口约五万四五千人,出产烟管、马鞍、兽皮等,而米、粟、豆、高粱等,都有水路向南600华里输送到伯都讷。① 概之,当时黑龙江省城的齐齐哈尔、吉林省城吉林等城镇及它们所在地区,均属于营口的边缘圈层腹地范围(详见图3.14)。

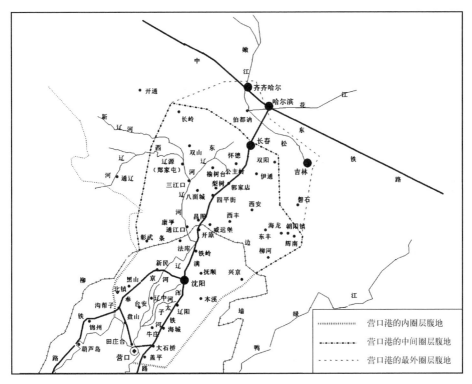

图 3.14　1905年营口港腹地范围示意图
(资料来源:[日]守田利远:《满洲地志》,丸善株式会社,1906年。)

2. 20世纪初期营口港腹地空间的萎缩

光绪二十五年(1899年)中东铁路南满支线修建到营口,光绪二十六年(1900年)京奉线的沟帮子站至营口通车。营口居辽河下游,此时又有京奉、南满两条铁路交通,与腹地间的水陆运输均属便利。但是光绪三十一年(1905年)后营口港的对外贸易却起伏不定,徘徊不前。例如1912年营口对外贸易额为1 700万两,1917年却跌落到780万两,1923年贸易额在1 400万两上下,1925年激增到2 290万两,但1926年又突然跌落到1 600万两。

营口贸易起伏的外因在于新兴大连港的竞争,内因在于辽河水路运输条件的

① [日]松本敬之著,马为珑译:《富之满洲》,上海普及书局,1907年,第32页。

恶化。1906年日本接管南满铁路和大连港以后，营口港的腹地范围受到大连港的蚕食而日益缩小，腹地重心偏缩至辽河以西的地区。1907年日本制订了大连中心主义政策，即自沈阳到长春的350公里的交通距离内，不分远近，满铁一律实行长春至大连、营口和沈阳至大连、营口同价运费。由于运价低廉，原经营口港通过辽河帆船和陆路马车输送的物资，纷纷转经南满铁路由大连港集散。例如，"沿铁路一带如开原、铁岭、四平街、公主岭等处向产粮豆，运营口较运大连近六百里，乃南满路局规定收取运费价格相等而不加，且该处向站要车装货运，大连则车辆立至，营口要车运营则托词无车可拨，种种计划，无非使运营出口之货引向大连出口，致营出口商业渐为所侵夺殆尽，货物之输出渐少"[①]。表3.8记载了1912—1927年东北腹地豆货特产向营口、大连和安东三港的输送流向，根据表3.8百分比重的统计可见，大多数年份大连港到货平均占到南满铁路沿线地区货物运输的80%以上，营口和安东两港相加，年平均只占南满铁路运输的20%。

表3.8　1912—1927年东北腹地豆货流向表　　　单位：万吨

年份	沿南满路由大连输出者		满铁沿线以外转向大连输出		满铁沿线以外运向营口输出		满铁沿线以外运向安东输出		总　　计	
	数量	百分比	数量	百分比	数量	百分比	数量	百分比	数量	百分比
1912	700	68	25	2	280	27	31	3	1 036	100
1913	835	78	7	1	191	18	37	3	1 070	100
1914	1 155	74	—		343	22	55	4	1 553	100
1915	689	72	13	1	202	21	53	6	957	100
1916	1 040	73	55	4	227	16	106	7	1 428	100
1917	1 240	86	22	1	118	8	69	5	1 449	100
1918	1 409	76	53	3	260	14	122	7	1 844	100
1919	1 529	84	9	1	172	9	111	6	1 821	100
1920	1 679	87	10	1	102	5	130	7	1 921	100
1921	1 498	81	25	1	182	10	146	8	1 851	100
1922	1 668	80	13	1	238	11	165	8	2 084	100
1923	1 491	83	17	1	185	10	105	6	1 798	100
1924	1 219	81	14	1	169	11	111	7	1 513	100
1925	1 507	80	26	1	197	11	159	8	1 889	100
1926	1 403	82	27	2	83	5	193	11	1 706	100
1927	1 770	85	20	1	157	7	132	7	2 079	100

（资料来源：《东北大豆实况》，《工商半月刊》卷3，1931年12月，第40—41页。）

[①] 中国银行总管理处：《东三省经济调查录》，台湾文海出版社，1987年影印本，第55页。

20世纪初年,辽河中上游原作为围场和游牧之地得到大面积的开垦后,辽河河水中携带的泥沙量逐渐加大,河床淤积加快,河道移动加速。辽河河道之中沙滩横陈,经常导致船只搁浅。其中辽河入海口就有两道大的浅滩,潮落之时大的轮船难以到达营口港码头,因此辽河疏浚工程成为决定营口港盛衰的关键问题之一。1913年时曾有人评论:"本口实占辽河水道天然之利,由来已久,惟有失于修浚,致本埠大豆生业甚为减色,不但重载船只不能通过各处之淤浅,即轻载者亦有搁浅之虞。按前清光绪三十年(按:1904年),上河船只约有八千艘,今则恐其不及二千艘。倘辽河上游若不从速修浚,此项船只再经两载,将变作柴薪之用,岂不惜哉。"①

辽河沿岸新兴市镇的崛起,是随着辽河航运的兴盛而发展起来的,辽河航运的衰落,又导致这些市镇停止发展甚至衰落。如光绪二十五年(1899年),铁岭马蓬沟码头有大小粮栈70多家,另有占据土地十几亩的造船厂、修船厂、油坊等工厂20余家,工商业占有8条街道。但至宣统元年(1909年),马蓬沟的粮栈已不到10家,而造船厂、修船厂早已陆续歇业和迁移,此时马蓬沟商工业合起来所占街面不足1条街道。光绪三十一年(1905年),通江口的21家商号栈房曾占街面3华里以上,到光绪三十四年(1908年),该镇仅剩5家商号,所占空间已不足1华里街面。②

20世纪初期,营口除了铁路、水运优势逐渐丧失之外,仅有辽西地区到营口的短途马车陆路运输略有一定地位。据营口商会的调查统计,1912年到1924年间,由马车运至营口的大豆数量由10 767美吨减少到2 707美吨。虽然马车承运的数量逐年减少,但在1927年新立屯至通辽火车通车前,每临冬季辽河结冰停航后,来自新立屯以北和辽西一带的大车,跨越辽河向营口运送农副土特产品,货值每日400—500两,7—10天就走完该段350—400公里的运程。待卸车之后,又满载着工业品和日用杂货由原路返回。③

二、南满铁路干支线延伸与大连港腹地空间的拓展

20世纪初年大连港贸易之所以能够快速增长,根本原因在于物产富饶、面积辽阔的腹地和快速便捷的现代化铁路交通运输。大连港的腹地,主要通过南满铁路干线以及一系列铁路运输支线的修建,从铁道两侧的地域逐层向外延伸和扩展。日本经营南满铁路的主要动机是不言而喻的,自光绪三十一年(1905年)日本从俄国手中接管了大连港和南满铁路以后,殖民统治机构满铁时刻殚精竭虑地谋求大连港的最佳发展,以为日本的全球战略服务。1907—1931年,日本政府通过经济、政治甚至军事威胁等一系列手段,最终稳固了南满铁路的最大运输利益,客观上促

---

① 《税务处转报税务司条议振兴营口油坊生业及铁路辽河运输利益节略咨》,中国第二历史档案馆编:《中华民国档案资料汇编》,第3辑,农商(2),江苏古籍出版社,1991年,第829页。
② 曲晓范:《近代营口航运经济的建立和发展与东北地区社会经济的早期现代化》,《港口、腹地与中国现代化的空间进程》,齐鲁书社,2005年,第350页。
③ 《在满蒙的载货马车》,引自辽宁省交通厅交通史志编委会:《辽宁公路交通史》,第一册,人民交通出版社,1988年,第122页。

进了大连港的繁荣。大连港腹地空间地域的显著变化,作者将其分为1907—1913年、1914—1921年、1922—1931年三个时期。

1907—1913年,大连港的腹地范围大致在南满铁路干线两侧地带。该阶段日本制定了大连中心主义的物资吸纳政策,大连港以压倒性的优势超越了营口港。日本排斥中国政府向英美贷款修筑锦瑷铁路的计划,并进一步强迫中国政府向满铁贷款修建吉长铁路,同俄国达成了与中东铁路联合运输的商议协定。

1914—1921年,大连港腹地地域范围急剧扩展。第一次世界大战爆发以后,中东铁路的商业运输大受影响。1917年俄国发生十月革命,协约国联合出兵俄国远东,占领海参崴港,东北北部的出海口陷于封闭停滞状态,东北北部哈尔滨一带的农民用马车运输货物向南到长春与南满铁路联系,出现了现代化铁路停顿、传统马车重又兴盛的局面。大连由于腹地的扩展从而超越东北其他港口,牢固树立起东北第一大港的地位,同时短短数年内在整个中国通商口岸中成为一颗冉冉升起的新星,以致上海港的海关人员在十年贸易报告总结中,也开始嫉妒这个令人刮目相看的"新兴口岸"。①

这一阶段满铁没有放弃铁路运输支线扩张的要求。1916年修建了四洮线,大连港的腹地扩展到内蒙古东部地区。但该阶段中,日本内部财团之间发生矛盾,满铁之外的势力促成了安东港与朝鲜铁路联合运输,日本大量棉布制品从安东陆路进口运销至东北内地,大连港的贸易受到明显的利益损害,从而激起了在大连的日本商人的不满。不过1919年海路轮船运输费用降低,大连港便迅速摆脱了安东港的挑战。

1922—1931年,大连港腹地发展进入第三个时期。这时期东北北部开始趋于稳定,日本和新成立的苏联远东政府又重新开始了港口腹地的竞争。20年代后期中国铁路利权民族运动高涨,1928年东北地方政权归附南京政府以后颁布了东北三大铁路网计划,1930年大规模修建从晚清以来中国人一直梦想独立拥有的港口——葫芦岛港,南满铁路和大连港货物垄断性的运输受到极大挑战和威胁。

1. 南满铁路干线与东北中南部核心腹地的连接

南满铁路干线自大连经辽东半岛西海岸内侧的平地,经过辽沈中央大平原与东部山地交接的东侧地带,笔直地深入到东北内陆长春。南满铁路的开通,导致了长春以南地域货物运输路径的重大改变。根据地形,南满铁路干线所辐射的地域可以沈阳为界分为沈阳以南和沈阳以北两大地域。沈阳以南的地方主要是丘陵地带,沈阳以北主要指铁道西侧的平原和铁道东侧的山地两部分。以下选择铁路经过的若干地方,简述南满铁路修通以后沈阳以南和沈阳以北两大区域的交通和商业的变化。

---

① 徐雪筠等译编:《上海近代社会经济发展概况(1882—1931)——〈海关十年报告〉译编》,上海社会科学院出版社,1985年,第176页。

（1）沈阳以南区域

在营口为唯一口岸的时期，该区域货物主要通过陆路或者辽河沿岸的田家台、海城、辽阳等航运码头向营口集聚。1908年日本外务省编《南满洲ニ於ヶル商业》，记载了当时东北南部包括沈阳以南区域内各县市的商业情况。在直达大连港的南满铁路开通以后，这一区域交通局面大变，1922年的《满蒙全书》"都邑全志"记载了铁道修通后这一区域的货物流通路径。这两种资料，为我们进行前后两个时期的比较提供了方便。

盖平　在营口开港以前，盖平与金州、锦州并称东北南部的三大商业中心，附近盛产柞蚕丝与其他农产物品。盖平西约20里有西河口码头，人们可以利用帆船出入往来。营口开埠以后，盖平在商业特别是柞蚕丝茧交易上仍是一个较大的中心市场。1908年盖平城内有大小商店600余户，一年经过营口输出柞蚕丝大约200万元左右。杂货如面粉、火柴、石油、砂糖、棉布等由营口输入，供给附近村落消费。铁路通车以后，西河口的水上运输日趋衰落，1922年河口已严重淤塞，船舶入港甚少，仅运送少量杂谷到山东沿岸。到营口的马车日渐稀少，反映出营口随着其港口地位的下降而对周围地区的商业吸引力也显著下降。货物进出主要通过铁路，每年铁路运输约600—700吨，通常是输入面粉、烟酒等杂类货物。

海城　光绪三十四年（1908年）海城经由营口输入石油5 000箱、面粉8 000—10 000袋、砂糖2 000余包、刻昆布100余箱、棉布类20余万匹，供给区域为海城及附近四方各村落，同时杂货多经由营口陆运。而据《满蒙全书》载，海城在辽河河口现状未形成前作为临江要地，地位隆盛，后因远离海岸，偏居辽河平原东隅，失去往时价值。每年经铁路发送货物有约15 000吨粟，少量大豆和蚕茧、面粉、食盐以及其他杂物。商业范围在铁路以东地方，偶尔远及岫岩及盖平。

辽阳　辽阳陆路距离营口240里，马车往来频繁，城东10里另有黄家林子码头，距离营口65里，通常有小型船只往来。通过调查光绪三十三年（1907年）辽阳的商业及其集散区域情况，可以得出结论：总体而言辽阳城只是小商业中心而不是大的货物集散地，影响区域东至180里的连山关，西至120里的阿什牛录，南至30里的沙河，北至70里外的佟二堡。辽阳的进口货物均由营口输入然后再分散到上述各地，区域内物产集中到辽阳再输出营口。① 此后，因铁路运费比水运低，乃通过铁路发送大宗货物，每年计有粟15 000吨，豆饼10 000吨，大豆、高粱大约10 000吨，其他还有木材和酒等。经大连、营口输入面粉、盐、砂糖、棉布、丝织品等货物，再分散于太子河上游。②

除了南满铁路沿线车站所在地方在铁路修通后发生巨大变化外，辽东半岛南

---

① 日本外务省：《南满洲ニ於ヶル商业》，东京金港堂书籍株式会社，1908年，第208、216页。
② 满铁庶务部调查科：《满蒙全书》第七卷，都市，满蒙文化协会发行所，1923年，第33—41页。

部沿海众多的小港口受大连港崛起的影响,也发生了重大的变化。

辽东半岛南部属于岩质海岸,迂回曲折,在众多小河流与大海交汇的地方形成一批天然港湾,由西向东依次有娘娘庙、金州红崖子、貔子窝、庄河、青堆子等小海口。由于辽东半岛上的河流比较短,加之又是丘陵地形,因此这些诸多海口辐射的地域范围有限,根据清末的调查,半径大多在七八十公里之内。大连开埠以后,这些小海口的贸易受到较大影响。除了与山东等地还有少量的谷物贸易往来外,它们开始通过与大连港定期往来的快速汽船进出口大部分货物,逐渐演化成了大连港的内港。

娘娘庙　在复州西南50里。铁路未开通前当地航运业发达,商业繁盛,为辽东半岛西南端复县(指旧复县,在今瓦房店市境)的主要对外通道。从事漕运的帆船约百余艘,至烟台以100—200石小船较多,至天津为500—800石的船舶。一般运来杂货,运出谷类。铁路未开通前,复县城与娘娘庙之间货物往来频繁。铁路开通以后,复县以位于铁路东面的瓦房店为主要对外通道,县城与瓦房店之间交通往来频繁,通过铁路与大连保持密切联系,谷物、豆油、豆饼、山茧等当地货物多经瓦房店向大连运出。①

金州　铁路未通前货物输出入主要经金州湾畔的西海口、红崖子或柳树屯等小海口。铁路开通以后,南满铁路和金州湾海运成为两种主要交通路径。金州湾船舶输出货物主要是鱼类产品,经铁路发送的货物则包括野菜、水果和玉米等,输入以面粉等食物价值最大,日用杂货次之。

貔子窝　顺治年间船舶出入即很繁忙,营口开港以后逐年衰退。船舶以二三百石居多,四五百至七八百石的沙船一年通过10余艘。供给区域最远至其北150里,东西六七十里。输入品视附近村落需要。20世纪初年貔子窝与大连之间有定期汽船(200吨),每个月往返4次。②

庄河河口　200—300石的帆船出入自由,通常向烟台输出大豆、玉米、山茧等,由烟台、上海输入面粉和尺布等物品。1926年庄河直达大连的铁路修通,庄河遂纳入大连港辐射中心,小港自身的对外贸易渐趋衰落。

据上所述,由于海运方便,上述小海口在铁路修通以前大多是当地对外经济联系的主要通道,有着一定规模的航运业和商业,只有貔子窝在营口开埠以后趋于衰落,但其他海口的航运业仍有一定的规模,且是附近村落的货物集散地。铁路开通以后,由于铁路有运力大、速度快、安全性高等特点,原来在小海口集散的物资纷纷改经铁路运输。铁路的兴起导致原先的小海口趋于衰落,铁路车站所经的城镇成为新的交通和商业中心。尽管这样,并非所有的小海口都弃而不用,有的仍作为小

---

① 满铁庶务部调查科:《满蒙全书》第七卷,都市,满蒙文化协会发行所,1923年,第125页。
② 满铁庶务部调查科:《满蒙全书》第七卷,都市,满蒙文化协会发行所,1923年,第188页。

区域内的主要交通方式之一继续存在下去,有的通过加强与大连港的联系来获得发展,从而演化成了大连港的内港。这些小海口与大连港关系的整合,自然是大连港地位提高的一种反映。

(2) 沈阳以北区域

沈阳以北、长春以南的区域是东北中部平原和农业区,大连港腹地货物的吸纳和分散关键在于此地区货物的流向。沈阳以北的南满铁路主要有铁岭、开原、公主岭等大的车站,此外还有昌图、郭家店、范家屯等中小车站。营口为东北唯一开埠港时期,货物大多运输到辽河沿线的码头集散,铁岭、开原、昌图、三江口等都是清末著名的集散市场。铁路开通以后,由于沈阳以北的铁路线与辽河水运平行,辽河水运的优势尽失,辽河沿岸码头城镇日见萧条,各铁路车站渐次成为货物集散中心。

沈阳　清末至民国时期一直称作奉天,由于它是东北地区政治中心所在地,20世纪初年人口有近20万的规模,是全东北最大的商业城市和消费中心。营口为唯一埠口时期,奉天以营口为门户,"自商业上观之,奉营两地实有密切之关系也。故凡营口货物,悉必经过奉天而后分布吉林、长春、黑龙江一带地方。即生产于满洲中部之物,亦必经奉天商人之手,而后由营口输出"①。

奉天夏季通过帆船水运,冬季通过马车陆运的方式输出入货物。城西50里的埃金铺码头,夏季水量增大,50石的小牛船可以溯行出来,另外城西90里长滩码头货物装卸最多。省城奉天的商业影响范围包括东部兴京、通化、临江、长白各县,北部山城子、开原、铁岭,西部新民屯、彰武县,南部辽阳、十里河等地。从东部地方运入药材、麻、蓝靛等货物,从北部地方运入大豆、杂谷等物品,然后向各地贩回杂货。

铁路开通以后,南满、北宁和安奉等多条铁路交汇于奉天,奉天的商业更加繁盛,水路仅剩一些载货50石以下的小牛船。南满铁路本线发送的货物主要有大豆、豆饼、建筑材料及粟等杂谷,到达货物有面粉、砂糖、木材、烟草等物品。②

铁岭　辽河从上游平原到铁岭附近河道变窄,铁岭遂成为南北交通的咽喉。清末以来铁岭以河运交通闻名,与西辽河一带的民船往来繁忙。城西5里的码头马蓬沟,与营口水路860里,5昼夜可以到达。铁路开通后,铁岭输出的货物70%经由铁路,30%经由河运。铁路开通后,水陆运输都大受影响,铁岭的市场地位遭到大连、营口、开原等地的蚕食,再难有昔日的繁盛景象。其商业辐射范围,为360里外的北山城子,470里外的海龙城,200里外的掏鹿,90里外的法库门,80里外的开原,从这些地方运来谷物等货物,运去布匹等杂货。③

开原　最初只是县城东南18里的孙家台村,后因铁路车站设于此处,逐渐成

---

① 明志阁编纂:《满洲实业案》,奉天游艺社,1908年,第84页。
② 满铁庶务部调查科:《满蒙全书》第七卷,都市,满蒙文化协会发行所,1923年,第11—13页。
③ 满铁庶务部调查科:《满蒙全书》第七卷,都市,满蒙文化协会发行所,1923年,第18—19页。

为沈阳以北、长春以南最大的货物集散中心。1908年时该地仅有226人,1918年增加到12 027人。当孙家台因位于铁路线上而获得迅速发展时,开原老县城却日渐衰落,在县境内的地位远不如孙家台,以后不得不将县城迁到铁路车站附近。开原附近地方是东北商品粮的重要产区,当地的集散物资以粮食和大豆居多。由于粮豆出口甚多,进口规模亦很大。20世纪20年代,开原出口货年平均额约大洋1 500万元,入口货年平均额约大洋400万元。① 据当时人调查,以开原为商业集散中心的地域,主要包括西丰、西安、东丰、海龙县城等。各县主要输出粮食和大豆,输入布匹、棉丝、麦粉、砂糖、煤油等杂货。

长春　18世纪末叶以前,长春尚为人烟稀少的荒原,为蒙古郭尔罗斯前旗游牧之地。以后因垦荒的发展和人口的集聚,出现了聚落。1874年升为长春府,逐渐成为附近地区的政治中心与农副产品集散中心。1905年后长春处于南满铁路最北端,同时还是中东铁路南部线路的终点,1912年后更有吉长铁路在此交汇。由于交通位置的显要并且地处东北平原的中部,周围农产丰富,长春发展成为东北中部最大的中心市场。1907年长春开埠时,外运的大豆及其他农产品总额不过30万石。随着铁路的修成和商业的繁荣,外运的农产品数量不断增长,1909年达40万石,1912年达75万石,1913年达85万石,到1914年因第一次世界大战中东铁路运输不便,东北北部豆粮大部分南运,竟达185万石之巨。② 交通和贸易带动了城市商业的发展,1919年时有人这样评论长春:"吉省商业中心点,输出入货物均集中于此,故市场至为宏阔,总计大小商铺一千二百余家,规模较大者计有粮栈三十余家,其资本较巨,十万乃至二三十万元。""每年九月至翌年四月为粮食买卖最盛时期,各种商业所受影响极大。"③ 长春商业在东北中部有较大的辐射力,仅粮价一项,便直接影响到周边的伯都讷、怀德、伊通、农安、德惠、扶余、榆树乃至黑龙江肇州等周边县市。④

长春的迅速发展,逐渐取代了吉林省原省城吉林市的地位。明、清以来吉林就是东北中部的政治、商业和交通中心。在南满铁路修成以前,吉林是东北南、北联络的中心枢纽。以吉林为中心的道路,东北通宁古塔,东南通延吉、珲春,西北经扶余通齐齐哈尔,西南经伊通、开原通沈阳。20世纪初铁路的陆续修建,塑造了新的交通系统,长春成为这一系统的枢纽,地位日益重要,而吉林反成附庸,其贸易和生产相形发展缓慢,在东北全区中的地位下降。人们对此评论道:"(吉林)原为粮食汇集之区,商业本甚发达,嗣因俄人在东省筑路,以交通关系,粮食遂改集长春,从兹省城商业一蹶不振。"⑤

---

① 中国银行总管理处:《东三省经济调查录》,台湾文海出版社,1987年影印本,第114页。
② 中国银行总管理处:《东三省经济调查录》,台湾文海出版社,1987年影印本,第193页。
③ 中国银行总管理处:《东三省经济调查录》,台湾文海出版社,1987年影印本,第193页。
④ 满铁庶务部调查科:《满蒙全书》第四卷,满蒙文化协会发行所,1923年,第321页。
⑤ 中国银行总管理处:《东三省经济调查录》,台湾文海出版社,1987年影印本,第193页。

表 3.9 1912—1921 年南满铁路干线各车站平均年集散货物量及辐射地域表

车站	年平均输出入货物吨数	各车站货物集散范围
金州	输出 69 692 吨 输入 70 897 吨	金州城及附近村落
瓦房店		复州县内东二十里、西十五里
普兰店	输出 82 341 吨 输入 78 013 吨	普兰店辖内、貔子窝辖内、复州中国侧辖内
辽阳	输出 81 416 吨 输入 129 661 吨	辽阳县内、本溪县(100 里)、凤城县(130 里)、岫岩县(120 里)、海城县(80 里)、辽中县(80 里)、沈阳县(70 里)
沙河		车站附近西南 40 里、东北 30 里,沈阳南方、辽阳县北一小部分
抚顺	输出 254 797 吨 输入 20 752 吨	抚顺、兴京、通化(100 里)、柳河(133 里)、桓仁(73 里)
奉天	输出 196 000 吨 输入 699 000 吨	
新台子		法库、铁岭东、南一小部分地区
铁岭	输出 124 157 吨 输入 162 559 吨	铁岭、开原(40 里)、昌图(60 里)、海龙(100 里)、西丰(200 里)、法库(200 里)、柳河(100 里)、山城子(360 里)
开原	输出 364 282 吨 输入 122 606 吨	开原县(18 里)、掏鹿(140 里)、大疙瘩(230 里)、大肚川(320 里)、海龙城(385 里)、朝阳镇(425 里)、北山城子(280 里)、柳河镇(350 里)
昌图	输出 44 673 吨 输入 14 963 吨	梨树(140 里)、辽源县(380 里)、康平(140 里)、法库(140 里),随着开原站发展和四洮路开通,集散范围日益缩小,仅剩昌图境内地方
四平	输出 171 947 吨 输入 97 855 吨	梨树县、伊通县(20 里)、西安县(160 里)、通辽县(202 里)、东丰县(250 里)、海龙县(310 里)、昌图(56 里)、辽源县(88 里)
郭家店		四台子、郝而苏、二道河子、夹心子、志虎咀子、辽河县
公主岭	输出 176 785 吨 输入 102 053 吨	怀德县(90 里)、伊通县(96 里)、长岭县(280 里)、磐石县(360 里)、梨树县(210 里)、海龙县(360 里)、朝阳县(420 里)、双山县(210 里)
范家屯	输出 107 587 吨 输入 24 888 吨	怀德县(70 里)、伊通县(90 里)、双阳县(120 里)、烟筒山(180 里)、磐石县(300 里)、桦甸(400 里)、黑石镇(243 里)、长岭(330 里)、伏龙泉(261 里)、农安县(170 里)
长春	输出 993 231 吨 输入 669 581 吨	五常县山河屯(480 里)、榆树县土桥子(400 里)、新立屯(350 里)、德惠县老少沟(220 里)、张家湾(180 里)、双城堡(450 里)、五棵树(200 里)、扶余石头城子(300 里)、陶赖昭(260 里)、吉林桦皮厂(160 里)、下九台(120 里)、长春卡伦(40 里)、农安(140 里)、万宝山(160 里)

(资料来源:满铁庶务部调查课:《大连港背后地的研究》,1923 年。)

2. 吉长、吉敦支线和大连港的边缘腹地的拓展

除南满铁路干线外,还有吉长铁路支线,自吉林至长春,全长240里。20世纪初俄国将吉长铁路作为中东铁路的支线修建,光绪三十二年(1906年)日本代替俄国继承了合办权,一半的修路费用来自日本贷款,1912年修成通车。贷款规定:在30年的借款期限内,由满铁掌管该路的管理和监督权。因此时人分析吉长铁路管理和营运状况说:"吉长路虽属中国国有铁路之一,然日本投有巨资,并派有人员充任重要职务,路轨宽度与南满铁路同。自该路开通以后,即与东省铁路(中东铁路,引者注)竞争,攘取东铁所运之出入口货载。"①

吉长线路主要有长春、夹道沟、兴隆山、卡伦、龙家堡、饮马河、下九台、营城子、图门岭等车站,其影响地域远至哈尔滨以南的地方。从吉林到长春,铁路"未设以前,其行程途中有两水泊,道路不良,极难行走,乘坐马车寒暑与共,旅客实不堪其苦。现今铁路,往昔走数日者,今则数点钟即可到达,沿线各站日见发展,货客亦日益增加"②。吉林原为吉林省的省会和东北部商业中心,其地农产物、木材在吉长铁路未修通以前,通过松花江水运到达陶赖昭,转输到中东铁路南部支线或直接船运到哈尔滨。铁道敷设以后,吉林向长春方向输出入货物居多。

吉敦铁路,自吉林至敦化,由满铁提供资金并修筑,1928年建成通车,该线的运输权和管理权也被满铁掌握。由于吉林到敦化多是山地丘陵,开发较晚,吉敦铁路的经济价值不大,但该路为1931年后日本修通的吉会铁路(吉林至会宁)做了重要铺垫。

3. 四洮支线与大连港沟通内蒙古东部边缘腹地

内蒙古东部地区,主要指今天的内蒙古自治区的哲里木盟以及吉林省西北部洮南市等地方,清中期属于科尔沁旗以及前、后郭尔罗斯旗等蒙古王爷的领地,居民以蒙古人为主,他们通常以游牧和打猎为生。晚清时期,随着大量汉人迁移定居该地区,与汉人风俗相应的农耕生活开始传播,但畜产资源仍非常丰富。清末民初,该地区县市等行政机构渐次设置,商业开始发达。

四洮铁路未开通以前,该区有辽源和洮南两个著名的牲畜市场。辽源县城(郑家屯)是著名的牛马市场,洮南位于洮儿河南岸,是内蒙古东部的一个商业中心,影响范围甚广,包括哲里木盟北部一带,南到开通,北至嫩江,西北远达兴安岭,西到突泉一带。从齐齐哈尔、哈尔滨方向输入的杂货品较多。四洮铁路,自南满铁路四平车站,经过郑家屯(今吉林省双辽市)到达洮南,支线从郑家屯到通辽。1915年向横滨正金银行借款修筑,1917年11月竣工通车,1922年支线通车。此前,内蒙古东部地区的农产品由郑家屯通过辽河运到营口,铁路开通后货物多经四洮铁路

---

① 东省铁路经济调查局:《北满与东省铁路》,哈尔滨中国印刷局,1927年,第431页。
② [日]大岛川吉著,汤尔和译:《满蒙铁路网》,商务印书馆,1932年,第47页。

与南满铁路联运,输送到大连。① 该区的畜产资源向来丰富,皮毛和牲畜是大宗出口货物,过去由旅蒙的山西商人收购后,南经张家口运天津出口,少量北运中东铁路出口。四洮铁路开通后,输出情况大变,向东可经南满线路运抵大连,经过大连港出口的皮毛和畜产占到该区出口总量的1/3以上。②

四平 原是梨树县的一个普通乡村,因为是南满铁路和四洮铁路的交汇点,地理位置十分重要,故而它迅速成为著名的粮食集散中心。县志记载:"民国九年(按:1920年)冬尹令寿松任内,呈准在满铁道东收买民地二千二百四十亩,分等丈放,建为市场。县境及伊通、西安、西丰、东丰各县出产之粮石、石炭、山货均可集市于此。"③梨树县城及小城子、榆树台等镇,在四郭两驿铁轨未通以前,均为商务繁盛之区。自铁轨过境后,梨树境内商业中心逐渐转移到铁路附近的四平街和郭家店。从前县城买卖街的繁盛难以再现,仅成为一个向附近四周村落输出入商品的小市场。④

通辽 西距开鲁180里,东至郑家屯240里,是内蒙古东部一个较大的商品贸易市场,1912年开放。集散物品以高粱、豆类为主,另有粟、玉米、瓜子等,年数额约43万余石。货物来源地区中,通辽县占40%,辽源县占25%,洮南占20%,双山县占10%,蒙古未开放地占5%。输出路径,1914年水运5万吨,四平马车运6 000吨,其他马车运14 000吨;1918年水运23 500吨,铁路运输21 000吨;1919年水运3 360吨,铁路运输88 200吨。除了以上农产物品外,畜产如牛、马、羊、牛皮、马皮、羊皮等,大部分由铁路输出到东北南部各市场。输入路径依然铁路第一,水陆运次之,1914年总输入17 100吨,其中水运9 600吨,四平马车运4 500吨,其他马车运3 000吨;1918年总输入24 000吨,其中水运1 900吨,铁路22 000吨,可见铁路运输逐渐上升并占压倒性的优势地位。

洮南 原先多从齐齐哈尔、哈尔滨方向输入杂货,铁路通达后反向齐齐哈尔方向输出杂货,而从齐齐哈尔方向输入农产品。当地谷类以高粱为主,年输出额约25万石,其中20%经郑家屯输出。畜产如东西扎鲁特的牛、乌珠穆沁的马和羊等都来此地集散,一般马向东北南部,牛向齐齐哈尔输出。输入几乎全部来自郑家屯。麻和烟草来自长春、吉林、伯都讷等地。输出入总额450万元,70%为输入品。

为了从洮南进一步向东北北部延伸铁路,1924年满铁假借中日合办公司的名义贷款给东北地方政府修建洮昂铁路。洮昂铁路从洮南到昂昂溪,横穿中东铁路哈尔滨以西的地段,于1926年建成通车,1927年把包工契约改为借款契约,这是自日俄战后日本第一次向俄国势力范围的公开挑战。该线沿路"无岭丘河川,实为一望千里,所谓平原之一大铁路"⑤。哈尔滨以西的部分地区是东北北部粮仓的精华

---

① 王树枏、吴廷燮、金毓黻纂:《奉天通志》卷一百六十四,交通。
② 满铁庶务部调查科:《东部内外蒙古调查报告书》(第二班)别册,1927年,第13页。
③ 包文俊修,李溶等纂:伪满《梨树县志》,丁编人事,沈阳文化兴印书局,1934年。
④ 包文俊修,李溶等纂:伪满《梨树县志》卷四,实业,商会,沈阳文化兴印书局,1934年。
⑤ [日]大岛川吉著,汤尔和译:《满蒙铁路网》,商务印书馆,1932年,第60页。

所在,黑龙江省西部的货物可以从昂昂溪运到四平,转南满铁路抵大连。时人评论:"该线之敷设,殊予东铁西线区域以莫大之威胁。良以经由昂昂溪、洮南、四平迄大连,路线途程共仅一千九百七十九华里,若取道昂昂溪经哈尔滨以达大连,约为二千一百十八华里,远近不无相差也。"①据满铁计算,该路通车后"中东路输出货物中每年至少失去一百七十万圆日金,即同时为满铁所得"②。

4. 中东铁路联运与东北北部边缘腹地进取

日俄战争对东北地理空间的划分产生了至为重要的影响,它导致南满、北满两个新空间地理名词的出现。虽然南满、北满并不是两个截然分开的地理实体单元,只是政治和军事意义上的势力控制范围,但它对经济地理产生诸多阻隔不便的影响。具体体现在交通分裂上面,以长春北面的宽城子站为界,中东铁路宽城子站以南铁路线的权利由俄国全部转交给日本,只保留宽城子站以北的部分,此后哈尔滨至宽城子站的线路称为中东铁路南部支线,长春至大连的该段铁路称为南满铁路。光绪三十二年(1906年)日本进行了南满铁路的复线建设,铺轨4.8英尺以区别于中东铁路5英尺的宽轨,货物在此必须倒车交换。从光绪三十二年(1906年)起,南满铁路和中东铁路围绕货源问题而不断发生摩擦和争斗,到1935年满铁最后并购中东铁路,其间为了争得各自最大的货物运输利益,中东和南满铁路货物运费进行多次调整和修改,也曾进行过多次联运交涉谈判。

由于自然气候的差别和移民由南向北渐次推进等原因,东北北部的开发落后于东北南部,但是东北北部的物产丰饶程度并不亚于东北南部,双方的经营者深知铁路运营的成败关键在于如何控制东北中、北部的粮食运输,所以自日俄战争后双方竭力争夺东北中、北部货运,焦点是以哈尔滨为中心的东北北部货物由大连运出,还是由海参崴运出。

1906—1913年,为了阻止向大连港的货物输出,发展海参崴港的贸易,并与日本实行的大连中心主义相对抗,中东铁路实行由其西线、南线至海参崴运出货物的运费与东线哈尔滨至海参崴之运费相等的政策。此外,光绪三十三年(1907年)中俄双方签订《北满洲税关章程》,清政府同意中东铁路各车站根据大小,划出一个半径为3至10华里的减1/3关税区,这些举措都促进了中东铁路货运量的快速增长及经绥芬河到海参崴运货量的加大。

后藤新平上任满铁总裁之前便认为南满铁路如果不和中东铁路联运,就只不过是一条地方性铁路,而不是欧亚交通要道。而中东铁路对南线制定的双重运费标准,③也导致南线出现运输萎缩问题,中东铁路不得不改变抵制南满铁路的政策

---

① 东省铁路经济调查局:《北满与东省铁路》,哈尔滨中国印刷局,1927年,第435页。
② 章敩:《日本帝国主义对华交通之侵略》,商务印书馆,1931年,第27页。
③ 为了争取长春到哈尔滨间的货物东运海参崴,来自南线铁路的货物运费极低。同时为了阻止东北南部的商品经大连港和南满铁路输入东北北部,经南线铁路自长春运往哈尔滨的货物运费极高。例如棉布,南线240公里的运费却是东线550公里的4倍。哈尔滨满铁事务所编,汤尔和译:《北满概观》,商务印书馆,1937年,第75页。

而与之联运。1908年4月,后藤新平访问俄国,与中东铁路公司达成临时联络运输协议,1909年3月达成正式协议。1912年5月,两路开始实施联合运输。此后南线运输尤其运入量呈缓升趋势,但至第一次世界大战爆发,满铁打入东北北部的努力,仍未获得成功。

1914年至1923年间,中东铁路变故迭起,极不稳定,给满铁的攻势提供了机会。1916年3月双方在东京召开第五次联运会议。1921年9月和1922年6月,日本利用苏联无暇外顾之时,先后迫使其在长春召开第六次和第七次联运会议,双方签订协调合同,要旨是中东铁路南线大豆、豆饼、豆油、小麦、面粉5种货物,运往海参崴、大连、安东、营口南北口岸的运费一致。此外,满铁出资或通融资金,在北部设立各种搜货机构,鼓励大车将货物拉到长春再南下,给予货主回扣,距离满铁势力中心越远回扣越高,吸引货主从东北北部向长春运货。这些措施促进了东北北部货物南下大连港,据当时调查,"中东铁路数年来缺乏运转速度,哈长间马车输送业盛行。即如集合长春之北满豆子,由东来者为阿什河一带,由北来者为呼兰、绥化一带,由西来者为安达一带"[①]。1918年《大连关贸易情形论略》中记载:"北满豆子,运至本埠者本年又增,因中国政府禁止输入俄境,并西伯利亚扰乱阻止绥芬河海参崴出口,自欧战以来,南满铁路由东清铁路接运南下之豆子杂粮增加数目,列表如下:民国元年五十万担,二年五十三万担,三年九十二万担,四年二百三十六万担,五年二百十二万担,六年三百七十九万担,七年六百四十八万担。既有此货又加南满同样出产,致南满铁路不敷运送,当事者虽极力设法通运,然至年底,长春及该路沿线各商埠,仍堆积至巨,向所未见。"[②]

1924年《中苏协定》确定中东铁路为中苏两国共管体制并为纯商业性质,以增进干线营运、繁荣海参崴港为目的,兼顾促进沿线的方针。这样,满铁和中东铁路又处于抗衡状态。满铁与苏联乌苏里铁路为协调大连与海参崴两港利益,于1925年签订《北满货物东行南行数量分配协定》,规定大豆、豆饼、豆油、小麦、面粉、麦麸6种货物往东占45%,往南占55%。但此项合同实际并无效力,1926—1929年间,中东铁路出绥芬河方向货运量接近南线甚至有超过趋势。

1931年九一八事变后,日本修通了吉会铁路,东北北部货物经朝鲜的清津港和朝鲜海峡,与日本国内港口铁路运输相连接的距离进一步缩短。该时日本依靠拉滨(拉法至哈尔滨)、平齐(四平至齐齐哈尔)等铁路从东西两侧吸走东北北部货源,钳制中东铁路,使其客货运量大幅下降。1935年苏联被迫把"虚名无实"的中东铁路出售给日本,获得全东北铁路交通垄断经营权的满铁,于同年12月宣布全东北实行铁路运费改革,统一货物运输规则和货物等级,实行远距离运费递减制

[①] 黎援:《满蒙农业经营之研究》,《东北新建设》1929年第1卷第9期。
[②] 《中华民国七年大连关口贸易情形论略》,中国第二历史档案馆等编:《旧中国海关史料(1859—1958)》,第80册,京华出版社,2001年,第270页。

度,并设立内地开发特定运费,从而为日本商品经大连、安东、图们输入和东北农矿特产资源的运出扫清了道路。

总之,从上述四个部分考证看出,1907—1931年间,大连港核心腹地范围大致在南满铁路两侧的地方,即通过金州、瓦房店、普兰店、辽阳、沙河、抚顺、奉天、新台子、铁岭、开原、昌图、四平、郭家店、公主岭、范家屯、长春等沿线车站所辐射影响的带状形区域。四洮铁路支线经过的内蒙古东部地域和哈尔滨到长春即中东铁路南线运输掌控不稳的地域,是大连港的边缘扩展腹地(见图3.15)。

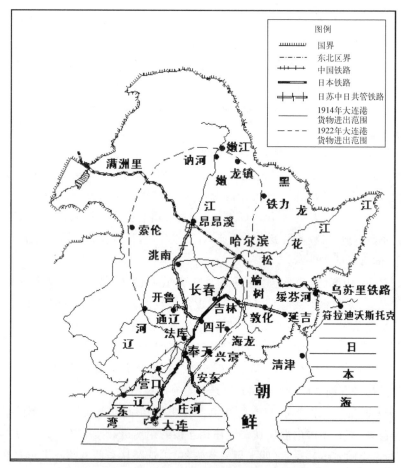

图3.15　1907—1931年大连港腹地范围扩展示意图
(资料来源:满铁庶务部调查课:《大连港背后地の研究》,1923年,第34—35页。)

根据大连港货物进出地区数据分析,1907—1931年间,大连港的核心腹地基本在南满铁路干线两侧的(大连—沈阳—长春)周围地域,这一区域占到大连港进出货物总值的70%以上。其中进口货物运销范围,沈阳以南的地区比重高于沈阳以北。出口货基本是大豆等粮食产品,受产地市场因素的影响,东北中部松辽平原的产出明显高于辽南丘陵山地,沈阳以北运到大连港的货物比重与沈阳以南基本持平。同时,随着吉长、四洮、洮昂、吉敦等南满铁路运输支线的修建,大连港的腹地逐渐向东北北部和内蒙古东部延伸,1922年经大连港进出货物的边缘腹地边界圈最远扩展到内蒙古的索伦和黑龙江省的讷河、嫩江、龙镇、铁力、巴彦、阿城等地(见图3.15)。① 来自大连港边缘腹地的货物比例最高接近30%,平均货物运销量占到25%左右(见表3.10)。

表3.10 大连港进出货物地方统计表　　　　　　　　　单位:吨

年代	总计	直接地区			百分比	扩展地区				百分比
		沈阳南	沈阳北	长春		安奉线	四洮线	吉长线	中东线	
1912	1 337 786	652 227	430 881	235 998	98.60	5 285			13 395	1.40
1913	1 893 851	1 061 114	493 894	284 716	97.14	8 806			45 321	2.86
1914	1 876 545	1 113 210	439 571	256 181	96.40	12 927			54 656	3.60
1915	2 073 154	926 161	644 178	347 256	92.50	18 848			136 711	7.50
1916	2 163 104	1 069 435	611 822	320 768	92.55	62 616			98 463	7.45
1917	2 462 128	1 108 296	592 911	462 898	87.90	98 239			199 784	12.1
1918	2 795 289	1 124 293	622 233	635 042	85.20	79 090	5 188	10 171	319 272	14.8
1919	3 090 670	1 131 044	801 085	575 465	81.13	142 688	76 425	118 360	245 603	18.87
1920	3 534 138	1 026 133	754 073	834 389	73.98	84 920	47 650	140 839	646 134	26.02
1921	3 977 349	1 540 983	865 889	576 856	75.02	74 584	49 404	284 146	585 487	24.98
1922	5 092 638	2 266 050	1 145 627	483 343	76.48	88 140	89 773	326 188	693 517	23.52
1923	5 010 531	2 649 383	750 059	281 442	73.46	65 927	112 967	349 824	800 929	26.54
1924	5 556 908	3 089 323	929 887	274 001	77.26	87 615	138 068	268 089	769 925	22.74

(资料来源:[日]神足笃太郎:《大连港》,大连港编纂所,1925年,第89—91页。)

三、安东港的腹地空间

1. 安东开埠初期的腹地

1907—1911年,这是安东开埠初期,贸易虽有增长,但增速缓慢,年净贸易总额都在1 000万海关两以下的水平。贸易增速缓慢的原因,主要在于安东港的腹地受山地丘陵交通不利条件的限制,空间有限,进出口货物所来源于与供给的鸭绿江下游安东县、宽甸县、桓仁县、辑安县、朝鲜新义州的部分地区以及陆路马车所达的岫岩县和凤凰厅等。

海关贸易报告如此分析:"本埠之进口货物并无速涨速退之象、或多或少之数,因在本埠后部之地段乃为天然障屏所界限,非甚大之中心点,致有非常之兴衰,可以掉弄市价。安东埠进口货乃供给一厅六县之地。该七厅县约居鸭绿江山谷平原

---

① [日]神足笃太郎编:《大连港》,大连港编纂所发行,1925年,第73页。

斜西方之地,况进口货亦供给高丽北部各县所需用,考核从前地段,似为新义州所围,然必须多年方可将旧新义州至安东之踏平旧路,直抵高丽岸上全变路径,查其另外方向,乃料大孤山将吞入西部边界贸易之半。"①

2. 三线联运与安东港腹地的扩展

日俄战争期间,日本为了运输物资,未征求清政府同意,擅自修筑了从安东到奉天的轻便铁路。光绪三十一年(1905年)根据中日《满洲善后条约》,安奉铁路改为商用铁路。但是,日本曲解约文,1908年强迫清政府签订了《安奉铁路条约》,租借安奉铁路25年,1915年通过"二十一条"又把安奉铁路的租借期延长至99年。宣统二年(1910年)日本完全吞并了朝鲜,其后为了加强东北和日本控制下的朝鲜半岛之间的交通联系,1911年日本在鸭绿江上修建了铁桥,将东北与朝鲜的铁路连接。铁路修建促进了交通便捷。从前安东到沈阳的路程需2天时间,安奉铁路建成后仅需6个小时。鸭绿江铁桥竣工后,"自奉天至韩国釜山,虽按韩国现时行车速率,仅用三十二点钟足矣;所以若抵日本东京,亦用八十点钟亦可到达。火车之便如此,即一切货物输入奉天者皆便矣。在吉林以南之土产现由南满铁路运出大连者,亦可转移输出"②。

日本货物输入东北的路线,其一由日本装轮船运至大连,再由大连经南满铁路干线运至东北北部;其二由日本装火车运至下关,改由摆渡轮船运往釜山,经朝鲜铁道,越鸭绿江铁桥,至安东再改装南满铁路安奉支路,输入东北北部。日俄战后《满洲善后条约》规定东北与朝鲜交界处陆路通商,中国按最惠国的待遇减去经朝鲜进入的货物正税的1/3。由于陆路通商享有减去1/3正税的优惠,从1913年开始,日本通过朝鲜半岛,实行"日满朝"三线货物联运,日本货物从日本转朝鲜的釜山至新义州线,再转东北的安奉线。铁路的通车促进了安东港腹地的扩大和进口贸易的急剧增长。

1913年的海关贸易报告写道:"鸭绿江铁桥联络朝鲜铁路一事,于本埠商业如名角登场,可演出一番活跃。迨至六月二日实行特别减税约章,火车运转货物自必增加活动。溯去年同斯时也,共运货估值关平银一百四十余万两,本年七个月间共运货,估值五百余万两之谱,增加二十五成六矣,本年本关贸易净数共估值一千四百八十余万两,较上年贸易共估值一千一百余万两,其增加皆因铁路运输货物之故也。"③1914年的海关贸易报告记载:"经过本口直入内地之货,更见源远招徕,闻日本业棉布者,组织一棉布出口公会,该会员运棉布类输入本口,直往满洲一带,凡过日本及朝鲜铁路,该公司等均授以特别减轻运费作为奖励,以致棉布类及特定

---

① 《光绪三十三年安东口华洋贸易情形论略》,中国第二历史档案馆等编:《中国旧海关史料(1859—1948)》,第46册,京华出版社,2001年,第185页。
② 《宣统元年安东口华洋贸易情形论略》,中国第二历史档案馆等编:《中国旧海关史料(1859—1948)》,第51册,京华出版社,2001年,第199页。
③ 《民国二年安东口华洋贸易情形论略》,中国第二历史档案馆等编:《中国旧海关史料(1859—1948)》,第61册,京华出版社,2001年,第227页。

品,由安入口,较连营两口成本为廉。"①

概之,安东的贸易可分为两种情况,一是安东的本地贸易,二是与日本、朝鲜、东北中北部以及俄国之间的通过贸易。1913年日本三线联运和1914年第一次世界大战爆发后,日本输入东北的货物急剧增长,因此安东成为影响东北的重要口岸,其腹地空间沿安奉铁路扩展到长春等铁路沿线地方。

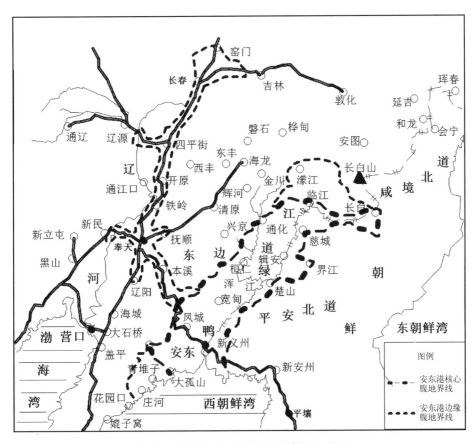

图 3.16　20 世纪 20 年代安东港腹地范围示意图
(资料来源:满铁兴业部商工课:《南满洲主要都市と其背后地》第一辑第二卷,1927年,第1页。)

3. 鸭绿江中上游腹地的扩展与安东出口贸易的繁盛

20世纪20年代以后,东边区域随着移民大规模的开发,各县伐木业、采矿业以及以柞蚕、大豆等出口为导向的产业兴旺。该时期安东的出口贸易发展加速,其增长速度和总值均超过了进口。安东是东北东南部中心市场,其腹地扩展到鸭绿江中上游地区,逐渐形成南边以通化为中心,东北以临江为中心的货物中转集散市

---

① 《民国三年安东口华洋贸易情形论略》,中国第二历史档案馆等编:《中国旧海关史料(1859—1948)》,第64册,京华出版社,2001年,第226页。

场,它们上连安东中心市场,下则辐射到周围区域的基层市场。

安东中心市场对外输出以木材、柞蚕丝和大豆三大特产为主。木材来自鸭绿江上游流域,每年夏季顺鸭绿江漂流而下。① 道光时期,辽东地区的柞蚕市场集中在牛庄和盖平两地。宣统二年(1910年)后,辽宁全省产茧的60%在安东制丝,东三省所产柞茧的30%—40%也都运到安东销售,其余虽在产地制丝,但除小部分柞丝就地消费外,大部分柞丝也运集安东市场出售。安东既是东北柞丝生产的中心,又是唯一的柞茧集散地,也是柞丝贸易的重要商埠。② 产豆地方以中东铁路沿线为最多,辽宁省北部次之,安东出口者为鸭绿江沿岸所产之物。豆饼出口以大连为最多,哈尔滨次之,安东居第三位,东三省出口总额为3 000余万担,安东出口占全额的九分之一。③

综上所述,安东港的腹地空间变迁可以分成三个时期:宣统三年(1911年)前主要集中于鸭绿江下游地区,腹地空间有限且贸易增长缓慢;1912年后,由于三线联运,通过安东进口的日本货物激增,安东腹地随安奉支线和南满铁路本线扩展到长春等地;1920年后,随着东边地区各县的伐木、柞蚕饲养和大豆种植等外向型商品经济活动的普遍开展,安东的腹地扩展到鸭绿江中上游地区,最远辐射到长白、安图、抚松等县,而通化和临江等成为受安东中心市场支配的货物中转集散市场(见图3.16)。

四、俄国(苏联)海参崴港对东北北部地区的影响

光绪三十一年(1905年)日俄战争以后,俄国失去了在东北南部的一切权益。为了确保在东北北部的利益,俄国转而重点建设远东的海参崴港口,利用中东铁路运输,控制东北北部市场。

海参崴港通过乌苏里铁路接中东铁路与东北北部的广大区域进行商业联系。中东铁路所经西部呼伦贝尔区域,属高原地带,经济活动以畜牧业为主;其东为兴安山地,沿线森林茂密;自雅鲁直过阿城,行经松嫩平原,是东北谷仓之地,大豆、高粱、小米等农产品以及松花江渔业产品均称丰盛;阿城以东,行经东部丘陵地带,除一部分河谷为农业地带外,大部均系森林区域,所以在此地段内,有苇河、横道河子、鲁克土窝三条森林支线。此外,中东铁路东西两端还有穆棱及扎赍诺尔煤矿。故全线所经地区,从地势而言,高原、山地、平原、丘陵全部具备,就经济而言,森林、农产、水产、矿业等样样俱全。

从具体运营来看,中东铁路以哈尔滨为中点,分为西线(满洲里至哈尔滨)、南线(哈尔滨至长春)、东线(哈尔滨至绥芬河)三部分。中东铁路西线,横亘黑龙江省胪滨、呼伦、布西、龙江、安达、肇州、呼兰七县,但经济势力范围远在各该县范围之外。以货物运输论,黑龙江全省货物经此运输者,居三分之二。④ 西线所经过的地

---

① 萧惺伯:《鸭绿江采木之沿革与安东商业之关系》,安东总商会编:《商工月刊》1930年1卷1期,第17页。
② 洪家奇:《安东柞蚕业发展简史》,《安东文史资料》第1辑,1984年,第87页。
③ 束煜光:《安东三大特产》,安东总商会编:《商工月刊》1930年1卷2期,第34页。
④ 东省铁路经济调查局:《北满与东省铁路》,哈尔滨中国印刷局,1927年,第351页。

域,以发运量论,碾子山至哈尔滨段为发达的农产区,占西线货物运输总量的80%以上,甚至较中东铁路南、东两线各车站收运粮约多30%。每年由碾子山至哈尔滨段附近各区域发到铁路各站的货载,计13亿至18亿斤左右,其中以粮食为大宗。譬如黑龙江省的拜泉、海伦、呼兰、青冈、兰西、肇东和肇州等县,每年仅青山一个车站输出的粮食便达1亿至2亿斤。① 中东铁路东线长950华里,穿过东部群山,以林业输出为大宗。随着蚂蚁河、牡丹江、穆棱河各流域山间平地的逐渐开垦,农产品输出渐多。中东铁路南线长414华里,所经为人烟稠密之区,所运货载,皆以沿线所产粮食为大宗。此外,清末松花江下游各县的土地逐渐得到开发,中东铁路与松花江内河船只建立了联运,松花江沿岸的粮食产区,凡是火车不能到达的地方,货物先由船队运输,再从哈尔滨火车东运至海参崴。例如"新甸、三姓(今黑龙江依兰)、佳木斯、富锦等地方为粮食荟萃之区,各地农产品除了当地自用外,余皆船运至哈尔滨"②,再转铁路。

为了发展海参崴港的贸易,并与日本实行的大连中心主义相对抗,中东铁路局特意对南线铁路制定了双重运费标准。为了争取长春与哈尔滨间的货物东运海参崴,来自南线铁路的货物运费极低。同时为了阻止东北北部的商品经大连港和南满铁路输入东北北部,经南线铁路自长春运往哈尔滨的货物运费极高。例如棉布,南线240公里的运费竟是东线550公里的4倍。③ 由于这一原因,1914年前东北北部的特产货物有九成经过中东、乌苏里铁路流入海参崴,仅仅有不过一成货物南下。例如1914年北满出口大豆41万吨,由绥芬河经海参崴者37.7万吨,而由长春运至南满者仅3万吨。④ 俄国依靠中东铁路和海参崴港有效垄断了东北北部市场,每年仅海参崴港输出的大豆便在2 000万普特以上,港口规模迅速扩大。有人回忆道:"1906年前,海参崴只是向萨哈林、鄂霍次克海沿岸、勘察加地区输出商品的微不足道的小港,1907年东北大豆在这里大宗出口后,一跃成为远东地区最大输出港。"⑤

第一次世界大战是东北北部货运的转折点,俄国依靠海参崴港和乌苏里铁路、中东铁路进行军事物资输送,粮食等商业运输受到严重影响。1917年俄国十月革命后,海参崴港被协约国占领,港口设施遭到极大破坏,乌苏里铁路、中东铁路几乎完全停运,东北北部货物只好用马车与南满铁路各车站相联系。据当时调查,运到长春的东北北部大豆,"由东来为阿什河(今黑龙江阿城)一带,由北来为呼兰、绥化一带,由西来为安达一带"⑥。农民用马车把粮食运到南满铁路或吉长铁路各车站,

---

① 东省铁路经济调查局:《北满与东省铁路》,哈尔滨中国印刷局,1927年,第353、374页。
② 云凌久:《东三省内河航运今昔观》,《新亚细亚》第10卷第1期,1935年7月,第42页。
③ 哈尔滨满铁事物所编,汤尔和译:《北满概观》,商务印书馆,1937年,第75页。
④ 《中华民国三年哈尔滨暨所属各分口华洋贸易情形论略》,中国第二历史档案馆等编:《中国旧海关史料(1859—1948)》,第64册,京华出版社,2001年,第119页。
⑤ 施坦菲德:《俄国在满洲的事业》,哈尔滨,1910年,第98页,转引自东三省中国经济史学会:《东北经济史论文集》(下),哈尔滨东方商标彩印厂,1984年,第146页。
⑥ 黎援:《满蒙农业经营之研究》,《东北新建设》第1卷10期,1929年10月,第6页。

返程再装运回各种日常用品,①大连港对东北北部的影响因之大大加强。

1921年苏联国内形势稳定以后,乌苏里铁路、中东铁路恢复营业,海参崴港对外贸易也逐渐繁盛。1925年后中东铁路向东运往海参崴港出口货物的数量逐渐与南满铁路持平,但由于海参崴港主要是出口港,加之苏联商品生产的不发达,故而经该港输送到东北北部的商品并不多。

表3.11　1909—1928年中东铁路货物运输方向统计表　　单位:千吨

年代	平均年输出	乌苏里铁路	百分比	南满铁路	百分比	平均年输入	乌苏里铁路	百分比	南满铁路	百分比
1909—1913	5 410	4 556	84.21	603	11.15	1 972	665	33.72	1 127	57.15
1914—1918	7 230	4 289	59.32	2 608	36.07	2 671	576	21.56	1 916	71.73
1919—1923	13 486	4 255	31.55	9 231	68.45	3 083	232	7.53	2 851	92.47
1924—1928	24 517	11 566	47.18	12 951	52.82	5 164	674	13.05	4 490	86.95

(资料来源:雷殷:《中东路问题》,国际协报馆,1929年,第161—163页。)

从表3.11可以看出,1914年以前东北北部80%以上的货物经中东铁路向东与乌苏里铁路联运经海参崴输出。但由于俄国商品生产不如日本发达,东北北部所需要的商品主要经过东北南部的南满铁路运入,并且年代越后,经南满铁路运入货物所占的百分比就越大,导致经乌苏里铁路、中东铁路输入东北北部的货物所占百分比呈递减的趋势。该时期东北北部货物输出入的总吨数,乌苏里铁路还是远远超过南满铁路。1919—1923年间,东北北部60%以上的货物向南经南满铁路输出,90%左右的货物从南满铁路输入。到了20世纪20年代后期,东北北部经过乌苏里铁路输出的吨数接近于经南满铁路输出的货物的吨数,但经南满铁路输入的货物的吨数仍是经乌苏里铁路输入的货物吨数的数倍以上。

20年代后期中东铁路局的调查记载了当时东北北部货物进出方向:"北满出口营业兴衰,当视北满与大连有关区域隆替以为衡。因南、西两线地方向与大连有密切关系,以大连为出口商埠,而东线则否也。由大连输进北满之货,当以哈尔滨为总汇之区,再由哈尔滨分运各县销售,其容纳力亦以南、西两线为最盛,而东线异常薄弱。"②这就表明,此时海参崴港在东北北部的货物吞吐范围仅剩下哈尔滨以东的中东铁路东线两侧的地方。

1931年后日本修通了吉会铁路,经朝鲜的清津港和朝鲜海峡与日本国内港口铁路运输相联接的距离进一步缩短,中东铁路东线的货物也被日本夺取。日本利用"三港三线"系统(大连港,南满铁路;安东港,安奉铁路;清津港,吉会铁路),使整

---

① 东省铁路经济调查局:《北满农业》,哈尔滨中国印刷局,1928年,第202页。
② 东省铁路经济调查局:《北满与东省铁路》,哈尔滨中国印刷局,1927年,第221页。

个东北的货物全部南下,1935年苏联被迫把"虚名无实"的中东铁路出售给日本。

五、朝鲜北部港口对东北东部地区的影响

珲春位于图们江左岸,珲春河右岸,西及西南通朝鲜庆源和雄基港,东南通俄国波谢特湾和海参崴港,东北与俄国陆路相接,西北通吉林内地。1880年后随着东边地区的开发、移民的增加和商人来往的频繁,珲春逐渐形成中、俄、朝三国贸易和交通中枢。

因当时陆路交通落后,海上贸易兴盛,清末珲春开埠后最初对外联系的商路主要是东南通俄国海参崴。珲春与俄国海峡沿岸的毛口崴港距离仅120里,再由毛口崴到海参崴航行时间约为8—10小时。它从俄国海参崴港进口布匹、煤油等洋货以及国货,转销于汪清、宁古塔、延吉、和龙、敦化、额穆等处,同时向海参崴出口大豆、豆饼、木材、野味等土货。不少身居珲春的商人在上海设有本店,在海参崴设有分店,把上海等地出产的日用品和轻工业品通过水路运往海参崴港和波谢特湾,然后再以珲春为据点运往吉林东部地区。据1908年调查,珲春城内有1 322人,附城有2 610人。[①] 民国初年,珲春人口发展至7 000余人,商户增至400户以上。[②]

1914年第一次世界大战爆发和1917年俄国十月革命兴起以后,因海参崴改为军港,珲春与之联系日少。此后朝鲜北部的雄基开港,并且雄基为了与海参崴港竞争,对所经货物实行免税,自此珲春与雄基的商业联系日益密切,日本和朝鲜商人接踵而至,从该港输入日本的棉纺织品等洋货日渐增多。但是该路陆路运费较重,货价随之涨高,贸易受到一定影响。珲春与俄国毛口崴及朝鲜的雄津港之间路程虽然不远,但是缺乏国家层面的沟通,无人投资建设近代化的铁路,因此货物输出入完全依赖自然条件和畜力驮运,这是令珲春对外贸易长期处于较低水平的重要制约原因之一。1919年海关贸易报告曾如此哀叹珲春至毛口崴及雄津之间的铁路工程:"俄国方面缺乏资金,诚为碍及进行之首因,其次则为地处边陲,且路线半在纷乱无序之俄国境内,此时若望外国实行投资于该路,亦甚难集合,故本埠之前途,……只得仍抱悲观也。至朝鲜方面,有关本埠诸铁路计划,或尚在讨论。……第往毛口崴或达罕歧,为本口天然之出路,所计划之铁路本能早观厥成,只缘俄国方面缺乏原动力,迄未着手进行,殊堪引为憾事也。"[③]1923年3月,中俄两国互锁边境后,中俄贸易通道顿生梗阻。长岭子海关分卡门可罗雀,无所事事。[④] 1924年8月以后,珲春关税额不及延吉分关,遂由总关降为分关,延吉则由分关上升为总关。

---

① 中国边疆史地研究中心、吉林省档案馆合编:《东北边疆档案资料选辑》,第121册,广西师范大学出版社,2007年,第481页。
②《珲春县志》卷十,实业,商业,李澍田主编:《珲春史志》四集,吉林文史出版社,1990年,第348页。
③《中华民国八年珲春口贸易情形论略》,中国第二历史档案馆等编:《中国旧海关史料(1859—1948)》,第84册,京华出版社,2001年,第187—188页。
④《珲春关十年贸易报告(1922—1931)》,中国第二历史档案馆等编:《中国旧海关史料(1859—1948)》,第157册,京华出版社,2001年,第345页。

1909年10月龙井村据《中朝界务条款》开为商埠,它原称六道沟,隶属吉林延吉治地,据朝鲜边界约78里。龙井村对外联系商路,主要从龙井村到中朝边界的火狐狸沟,过图们江到朝鲜会宁,然后再至朝鲜清津海港进出口货物。1917年清津至会宁的铁路修通以前,因畜力运费昂贵等因素制约,龙井村对外贸易发展迟滞。1917年日本修通清津至会宁铁路以后,该段路程运费锐减,龙井对外贸易乃有所发展,但是由于龙井至朝鲜边界会宁段道路一直没有修缮,龙井对外贸易很大障碍,海关贸易报告记载:"本埠与会宁相距仅四十英里,而运粮百斤之车费,乃与同重量之货物,由清津运至日本大阪计程一千六十九英里之轮船舶运费相等。"①自1923年开山屯、龙井村与延吉间的天图轻便铁路通车之后,所有往来珲春与汪清、延吉间的内地城镇的货物,率多经由龙井村进出,珲春之繁荣亦受影响。②其时龙井村因中韩边境铁路修筑,交通便利,商业蓬勃发展,在1926、1927两年贸易达到鼎盛。龙井村商埠仅为一农村,在昔居民不过6 000,此时人口增至18 500余人。③敦化至会宁正式铁路的修通与否是近代中日交涉的重大政治问题,直至1931年九一八事变之后,日本才在在武力掩护下修通了吉会铁路中敦化至老头沟一段长约80里的铁路,龙井的对外贸易发展才较少受到交通落后的制约。

　　自1907—1931年,珲春和龙井村等东北东部口岸因其出海口必须借助俄国海参崴港或朝鲜北部港口,同时又受政治等因素影响,导致这些对外商路缺乏现代化铁路投资和建设,这是东北东部口岸与南部或北部口岸相比发展落后的重要原因。在此情况之下,珲春和龙井口岸辐射的内陆腹地空间也极为有限,1931年之前主要是延吉、珲春、龙井村、和龙、安图等县,最远范围曾涉及西部敦化等地,如1918年龙井村海关贸易报告曾记载:"敦化方面出产,前本经由宁安、吉林两处出口,近来亦首由本埠输出,重以宁安附近之东清铁路肇乱,吉林南满铁路货多,一时均难运输,亦半因清会铁路开通也。"④

　　伪满成立以后,东北东部地区农林工矿等自然资源丰富,地理位置上它横跨日本海,与日本海路联系便利,此外还是对苏联战略前沿的国境地带,所以日本对该地区格外重视,大力建设朝鲜北部罗津、雄基、清津三个港口,从图们使该地区和朝鲜北部三个港口的铁路相连通,并以牡丹江、佳木斯两城市为中心,陆续修通了京图(长春—图们)、图佳(图们—佳木斯)以及虎林(林口—虎头)、绥佳(绥化—佳木斯)等多条铁路干、支线,从而使东北东部地区从东北中部地区分割出来,构成一个

---

① 《中华民国六年龙井村口贸易情形论略》,中国第二历史档案馆等编:《中国旧海关史料(1859—1948)》,第76册,京华出版社,2001年,第185页。
② 《珲春关十年贸易报告(1922—1931)》,中国第二历史档案馆等编:《中国旧海关史料(1859—1948)》,第157册,京华出版社,2001年,第345页。
③ 《龙井关十年贸易报告(1922—1931)》,中国第二历史档案馆等编:《中国旧海关史料(1859—1948)》,第157册,京华出版社,2001年,第351页。
④ 《中华民国七年龙井村口华洋贸易情形论略》,中国第二历史档案馆等编:《中国旧海关史料(1859—1948)》,第80册,京华出版社,2001年,第198页。

所谓独立地域单元的"东满经济区"①，在作者看来即是以朝鲜三港为龙头，各条铁路线为骨干的"港埠经济区"，它和朝鲜、日本连接一起，构成一个环日本海的经济带。日本对该外向型经济结构地域构建的最终目的，一是建成军需供应基地，使之成为日本反对苏联的前哨阵地；二是将该地区经济纳入日本经济体系之中，使其成为日本的原料供应基地和商品倾销市场。

1937年之后，随着朝鲜北部三港基础设施的不断完善，②它们对东北东部和北部地区的辐射日益加强。朝鲜北部三港的腹地范围囊括了京图线、奉吉线、拉滨线、滨北线、哈尔滨部分管区、北满铁路东部线及松花江下游的广大地域。③在与吉会铁路相连接的东北东、北部数条新建铁路线中，图佳铁路线的功用最大。此路由图们北上经牡丹江到佳木斯，佳木斯对岸的莲江口又有铁路通到鹤岗煤矿和绥化等地。从地形上来看，它是穿过长白山地区到松花江平原，并进而深入到小兴安岭的南段，其功用是席卷东北的东北部地区资源，如长白山地和兴安山地的木材、鹤岗的煤炭、松花江平原的小麦等，均可利用此路运到吉会路再转罗津港。拉法通哈尔滨的拉滨路，哈尔滨以北的滨北路和北黑路，直接通到黑龙江边境的黑河，在经济价值上仅次于图佳铁路线，东北北部的粮食大部分亦被此路所吸收。

根据1936—1938年间朝鲜三港主要货物输出入货物地区分布的数据分析（详见表3.12），图佳和拉滨两铁路线也最为重要。如其主要输出货物来源地，排在前列的是宁佳、林密线、拉滨线和朝鲜北部地区，而输入货物的接受地，以朝鲜地区、朝开线、哈尔滨管区、拉滨线等地为多。由此可见，吉林东南部延边地区和松花江中下游地区是朝鲜三港的核心腹地。如从伪满行政区划上来看，它主要是伪间岛、牡丹江、东安、三江四省地区，包括伪牡丹江、间岛、东安、佳木斯4市及绥阳、东宁、穆棱、宁安、延吉、汪清、和龙、珲春、安图、密山、鸡宁、虎林、林口、宝清、饶河、勃利、桦川、富锦、依兰、方正、通河、汤原、鹤立、萝北、绥化、同江、抚远等县。至于哈尔滨以西、哈尔滨到北安以及齐齐哈尔到北安等铁路沿线广大地区，则是朝鲜北部三港的边缘腹地。

表3.12　1936—1938年朝鲜北部三港输出入货物分布表　　单位：吨

地域 年度	吉敦线		拉滨线		敦图线		朝开线		图宁线	
	输出	输入	输出	输入	输出	输入	输出	输入	输出	输入
1936	162 000	14 000	34 000	27 000	180 000	25 000	45 000	30 000	105 000	8 000
1937	79 000	14 000	350 000	31 000	186 000	20 000	47 000	40 000	102 000	10 000
1938	195 000	8 000	267 000	32 000	216 000	12 000	48 000	40 000	114 000	11 000

---

① 李健才，衣保中：《东疆史略》，吉林文史出版社，1990年，第185页。
② 罗津港的建设规模预计年吞吐量为300万吨，清津港扩大至90万吨，雄基港扩大至60万吨。
③ 铁路总局编印：《京图线及背后地经济事情—北鲜三港を含む》，1935年，第411页。

续 表

地域\年度	宁佳、林密线		哈尔滨管区		朝鲜地区		北满西部线	滨北线	合计	
	输出	输入	输出	输入	输出	输入	输入	输入	输出	输入
1936				40 000	274 000	42 000	30 000	10 000	800 000	226 000
1937	329 000	24 000		37 000	289 000	43 000	25 000	10 000	1 382 000	254 000
1938	538 000	34 000	56 000	14 000	314 000	44 000	12 000	12 000	1 748 000	209 000

说明：1936、1937年货物输入中包括齐北线1 000吨。

（资料来源：铁路总局编印：《京图线及背后地经济事情—北鲜三港を含む》，1935年，第419页。）

第四章　交通运输与通信体系近代化的空间进程与格局

东北近代化的交通和运输,以 19 世纪末年、20 世纪初年铁路修建和海港轮运的兴起为转折点。在此之前,东北地区的交通仍是传统的水陆道路,人货均依靠传统的车船运输。近代东北地区因富饶的资源而成为国际势力冲突的焦点,同时现代化的铁路和轮船运输成为开发的先锋。短短 40 余年的时间,东北形成独立于关内的自成体系的港口和铁路交通网络,并因其设计之密、建设之快、管理之备,而成为当时中国交通最先进的地区之一,甚至达到了世界近代化的水准。此外,伴随着东北地区资源和产业的近代化开发进程,传统的内河及道路运输并没有随着现代化铁路和轮船发展而立刻衰退。相反,由于东北优越的地理环境、特殊的历史背景及传统车船工具自身的某些运输优势,它们在近代东北交通中也发挥了重要辅助作用。新的交通方式和工具从长期来看会必然取代旧式交通,但新旧并存、互补发展却是东北交通近代化转型时期中的一个重要特征。

第一节　南部沿海港口的修筑与海运发展

1860 年第二次鸦片战争之后,黑龙江以北和乌苏里江以东大片国土割让给俄国,从此东北东、北部地区失去了重要出海口。东北南部面向黄、渤二海,海岸线长达 2 000 余公里,海湾众多,清中期即涌现出不少自然海港,如钓鱼台(兴城)、厂子沟(绥中)、牛庄、盖平、娘娘宫、金州、貔子窝、庄河、大孤山等,都曾与河北、山东及南方沿海各地有海运往来。但近代化的码头和海港修筑,却是在 1861 年开埠之后。它既是对外贸易发展的先决条件,也是在对外贸易增长的推动下逐步完善的。近代化的海港、上千吨位的轮船与近海及远洋海运时代的开启,促进了东北与世界市场的接轨与融合。

一、新式港口的修筑及其运营

东北地区近代化的港口建设是与各口岸开埠通商同步进行的,从 1861 年营口开为通商口岸起,到 1945 年日本战败投降,东北近代港口的发展可以分为三个时期。第一个时期是 1861 至 1898 年,营口为东北地区唯一对外通商口岸时期,此时由于接纳外国轮船进出,港口航道通航设施及码头有了专业化的修缮和进步,但近代化港口的大规模计划和修筑工程尚未展开。第二个时期是 1898 至 1931 年,为东北地区近代化港口的快速发展时期,东北南部的大连、安东两港对外开放,从此进入东北南部三港并存的竞争时代。此外,1930 年东北地方政府还动工修筑葫芦岛港,该时期俄国(苏联)远东地区的海参崴港也对东北北部地区发挥了重要影响。

第三个时期是1932年及以后,东北与朝鲜北部的罗津、清津、雄基三港都被纳入满铁的一元化领导体制之下,满铁继续刻意修建和扩建东北各海港,不断提高各港口的吞吐能力,以促进东北和日本之间的殖民地贸易的新发展。

1. 营口—口通商时期

营口港在1861年开埠之前是自然港,它位于距辽河口13里的辽河南岸地方。由于营口开放是不平等条约促成的缘故,并非出于清政府自愿,所以开埠之初,清政府并未投资修建像样的码头,港口的自然状态并没有多少改善,进出港船只一律停靠在辽河沿岸陡坎上装卸货。

1864年山海新关(海关)设立后,在港外它为保证船舶进出的安全,出资设置了专业化的木质灯船和铁质浮筒灯标,在港内它与山海钞关(常关)共同划定出各段河岸,以供商家自建码头。① 辽河河岸极长,约17 000余尺,19世纪后半期陆续由英、法、美、俄、日等国的洋行、公司建筑自用码头共计近30座。因辽河水有时较浅,有时泛滥,营口码头即辽河一带河岸易于变形,所以该时期辽河岸边新建的码头都不是永久固定式的,而是浮码头式,即用浮桥将木质或钢制趸船与岸边相连。当然最初浮码头与陆地相连的栈桥也极为简单,仅在堤岸上设立木桩,架跳板往来。

开埠初年,营口港也没有现代化的机械装卸设备,完全依靠人力装卸货物。大件货物一人扛,散装货物装筐后二人抬。如大豆,装成麻袋,每袋二百斤,码头工人称之为豆包。二人发肩,一人肩扛,通过跳板,跑步装到货船。由于是人力装卸,所以每年开河后山东、河北以及其他各地有大批码头工人涌入营口,营口码头随之形成了几大帮派,如海南帮(即山东人)、此地帮(当地帮)、天津帮(河北人)等。各帮扛豆饼的方式也不尽相同,像海南帮扛,天津帮滚等。豆饼每块40斤,有力气的人扛6—8块,滚豆饼的也是6—8块。② 由于营口港没有统一规划和建设,各码头业务管理混乱。码头与内河帆船、马车以及外轮等之间的运输联络,均属于分散的市场个体交易模式,各码头之间相互竞争压价,经常为了货物装卸发生争斗,整体交易信息不能规范透明,成本昂贵。③

总之,在19世纪后半期,营口港虽有外国轮船出没,但数量有限,海运仍以帆船为主,吨位不大,所以营口没有计划大规模修筑近代化港口。营口港内水位虽不低,辽河河面亦较宽,但辽河河口有较大沙洲,水深仅在7—8英尺左右,故出入该港船舶吨数,以美国"克劳斯基"(Crosskcy)轮船装载5 275吨木材进港为最高纪录,其余通常在2 000—3 000吨之间。此外,营口港冬季有结冰,每年11月下旬至

---

① 《牛庄关十年贸易报告(1882—1891)》,中国第二历史档案馆等编:《中国旧海关史料(1859—1948)》,第152册,京华出版社,2001年,第29—30页。
② 于卓民、阎海、段速敏著:《营口史话》,黑龙江人民出版社,2003年,第59—60页。
③ 孙福海:《记营口港码头》,《营口文史资料》第10辑,1994年,第63页。

翌年3月下旬,船舶不能通行,这些都是营口港对外贸易发展的不利之处。开埠后的40年间,营口港的船舶进出和货物吞吐能力在缓慢增长。据海关统计,1872年,营口港年进出船只为258艘,年吞吐货物量为9万吨;1882年营口港年进出船只为316艘,年吞吐货物量为17万吨;1898年,营口港年进出船只为486艘,年吞吐货物量为41万吨。[1] 20世纪初年营口港码头最大船舶容量是60艘左右,在1904年时,一度有56艘船舶同时停靠过,创下总计装卸56 240吨货物的纪录。[2]

因辽河入海口有大的浅滩,潮落之时大的轮船难以到达营口码头,20世纪以后,辽河疏浚工程成为决定营口港盛衰的重要问题。1907年海关贸易报告记载:"营口最大缺憾乃恒年结冰三个半月,且有沙滩横亘河口,长至六里,以致船舶进出不便。它处河水虽常具深度二十五至三十五尺,顾沙滩之处则只七尺。倘不从事浚渫,恐船务日见衰落,贸易将亦为之不振。"[3]疏浚辽河入口沙洲是一项重要工程,需要有较大资金投入。1914年海关开始向出入货船收浚河捐,1918年起工程局开始修浚辽河河口。1929年冬,海关又运到疏浚船一艘,计划1930年春用于河底挖泥。海关贸易报告曾评论:"现在虽有五千吨大轮泊锭之所,然常有赖于潮涨,为操舟者所不满耳。最近辽河河务局拟购置排冰船数艘,以为冬令对封港时之补救。俾全年船舶得以航行不息,此计划如果实行,则营口商务受赐不尠矣。顾所虑者,仍在财政之窘。"[4]营口港外的拦河沙洲以及破冰等港口治理事宜不力,长期制约着营口港的发展。

2. 东北南部三港及海参崴港并存时期

1898年俄国强租旅大地区以后,开始在大连大规模投资并修建近代化的海港,其吞吐能力迅速增强,发展速度居全国各港口之首。

辽东半岛东南顶端有诸多曲折海湾,最大一处称为大连湾。早在1860年英国海军舰队就曾在此抛锚并仔细勘测,他们当时如此描述大连湾的天然地势:"它面向东南,估计南北长9英里,东西长13英里。它的入口大概有12英里宽,点缀着三个小岛,在偶尔刮起东南大风时会阻挡翻滚的怒浪。这个海湾的海岸大多呈锯齿形,形成一系列较小或附属的海湾,其中最重要的是在它东南面的维多利亚湾。这片土地使海岸从西面到东北角落形成一个平缓的斜坡,其他地方的海岸大部分非常险峻并多礁岩。"[5]此外,大连海湾沿岸没有大的河流注入,泥沙淤积较轻,湾内最大水深15米,因此它作为港口建设基地的自然条件极为优越,在整个东北亚地区罕有如此形胜之地。而且,大连湾拥有在东北地区最优越的对外交通位置。辽东半岛与山东半岛隔海相望,而大连湾是距山东半岛最近的地方。从与国外的联

---

[1] 东北物资调节委员会研究组:《东北经济小丛书·运输》,中国文化服务社,1948年,第77—79页。
[2] 《营口关十年贸易报告(1912—1921)》,中国第二历史档案馆等编:《中国旧海关史料(1859—1948)》,第156册,京华出版社,2001年,第112页。
[3] 连濬:《东三省经济实况览要》,吴相湘、刘绍唐:《民国史料丛刊》第10种,台湾传记文学出版社,1971年影印本,第271页。
[4] 连濬:《东三省经济实况览要》,吴相湘、刘绍唐:《民国史料丛刊》第10种,台湾传记文学出版社,1971年影印本,第271页。
[5] 《大连关十年贸易报告(1907—1911)》,中国第二历史档案馆等编:《中国旧海关史料(1859—1948)》,第155册,京华出版社,2001年,第118页。

系看,大连与朝鲜、日本隔黄海相望。它与仁川港约有288海里的距离,与日本南端的长崎港相距约577海里,来往极其方便。

光绪十三年至十八年(1887—1892年)间,李鸿章采纳德国人的建议,在大连湾对岸柳树屯修建炮台及军营。光绪二十四年(1898年),俄国因干涉"日本还辽"而"租借"旅大地区,次年俄国人开始勘探并在青泥洼修筑商港,其目的是要把它建成全东北货物的出海口,进而成为西伯利亚,最低限度是西伯利亚东部货物的出海口。此外,俄国殖民者在管理上,也企图效法英国统治香港那样,将大连作为自由港对外开放。俄国人先后筑成8 000多尺长,水深达15尺至18尺的堤岸,以及北防波堤的基础工程和货栈、仓库等,此外,还铺设了两条连接大连站的港区铁路及进出码头的运输道路,商港初具规模。沙俄当时计划大连港年吞吐量达到500万吨,正当它野心勃勃开展第二期筑港工程的时候,日俄战争爆发。

光绪三十二年(1906年)日本继承了俄国的"租借"权,成立了殖民统治机构满铁接管和经营大连港。日本从掠夺东北原料的战略目的出发,继续开展大规模的修港工程。通过完成基础设施建设,使大连港具有发展成为东北亚地区大港的先进条件,是满铁经营大连港的重要使命。

经过连年投资建设,至1930年,大连湾的防波堤共长3 981米,港口面积约985万平方米,深度7米至10.5米,轮船码头岸壁长约4 941米,可以同时容纳37艘海轮并泊。民船码头同样非常宽阔,可备100艘同时停泊。大连码头的货物堆栈有75处,可容50万吨货物。① 该年日本还在甘井子建成了煤船专用码头,在码头上设有装煤机。在第二码头,建有号称"远东第一"的候船所,规模宏大,可容纳旅客万人。总之,经过短短20余年持续性的投资和建设,大连港的基础设施达到国内一流水平,其货物年吞吐量从光绪三十三年(1907年)的83.4万吨,提高到1931年的735.4万吨。②

满铁除投巨资修建起大连港一流的基础设施以外,为了殖民侵略的便利,它对大连港口的运营和管理也颇费心思。满铁下辖总务、运输、矿业等独立公司分部,但港口分部的业务最为复杂,其中码头的货物装卸又是港口经营和管理的最关键环节,为此满铁不断地调整有关港口管理的机构,完善各种规章制度。

光绪三十三年(1907年)满铁从日本陆军运输部手中接管大连港以后,在运输部港务课下专门设立了大连埠头事务所。此后满铁为提高港口事务的地位,于1908年12月9日公布了新修订的《分课章程》,明确规定大连埠头事务所由运输部港务课领导改为满铁总裁直属。同时规定了埠头事务所管理的业务范围:埠头事务所必须在满铁的统一领导下,掌管码头、栈桥和船舶进出港利用岸壁的有关事务,对在港船舶

---

① 《大连海关十年报告(1921—1930)》,中国第二历史档案馆等编:《中国旧海关史料(1859—1948)》,第157册,京华出版社,2001年,第431页。
② 刘连岗:《大连港口纪事》,大连海运学院出版社,1988年,第79、111页。

要进行统一的安排和管理,统一管理码头装卸、库场堆积和仓库保管业务,并制定出各项经营和管理的规章制度。宣统二年(1910年),大连埠头事务所进一步建立系制,设总务、货物、统计、船舶、煤炭、上海航路等16个系,码头业务管理趋于规范化。1919年,又改系制为课系结合制,集中设总务、船舶、货物、车务4个课,下辖22个系。

大连埠头事务所在管理上的最大成就,就是光绪三十三年(1907年)将从事码头装卸作业的十几家运输代理店全部购买下来直接经营,统一负责经营港口码头栈桥的货物装卸、进出船舶等事务。光绪三十三年(1907年)前,在日本陆军运输部出张所管理下的大连港码头混乱繁杂,如仅有的第一、第二和甲三个码头分别由陆军运输部、三井物产、大阪商船、邮船等公司所经营的船舶分割占据,进出口货物的装卸和堆场也由邮船组、神户组、大阪组、泰正公司等十几家运输代理店分包。因为缺乏一个统一的监督管理机构,码头上经常发生货物丢失的事件和拉绳争夺场地的纠纷,港口总体货物流通效率不高,货主对此状况更是颇为不满。日本人认为:"这种状况在兵荒马乱的战后(按:日俄战后)进一步恶化了,无须置疑这种状况要予以改善,如何经营作为满蒙开发大门的大连港,对整个全局有着重大的影响。"[①]满铁反复权衡后,决定委任相生由太郎对大连码头情况进行调查研究,[②]并寻找解决方法。

相生由太郎担任大连埠头事务所所长后,全面考察了当时东北地区其他重要城市和港口的状况,极力主张"码头的统一和装卸作业的直接经营",他认为"为了码头的百年繁盛,除了直营统一,别无他径"。[③] 实际上,在当时的情况下,实现码头的"直营统一"是非常困难的。因为一旦实现满铁的直营,原先那些装卸公司的运输代理店无疑面临倒闭。相生由太郎在其个人的生命安危受到极大威胁的情况下,聪明地采取了收买、笼络和分化的办法。他首先取得邮船组和商船组两个规模最大的运输代理店头目的支持,然后又逐渐平息了其他运输代理店的反对。1907年10月,满铁制订的《大连埠头船舶管理规定》和《大连埠头货物办理规定》条例开始实施,与此相应,满铁将担负码头装卸作业的17家运输代理店全部买断,归满铁直接经营。至此满铁关于大连港码头的直营方案逐步得到实现,码头业务和货物流通效率开始蒸蒸日上。可以说,近代大连港在满铁会社内部属于垂直管理,横向又与会社下的铁路运输、航路运输等部门联系紧密,货物运销都在垄断殖民公司满铁会社内部一体化完成。港口和铁路一体化的管理体制,是近代大连港最重要的管理特色之一,它从制度上促进了大连港发展的绩效。因此,大连港的对外贸易总额占全国比重迅速从原来的第七位上升到仅次于上海的第二位。[④]

[①] 筱崎嘉郎:《满洲と相生由太郎》,大连福昌公司互敬会印行,1932年,第146页。
[②] 相生由太郎,生于1867年,1896年毕业于东京商业高等学校。1904年在三井物产门司支店工作的时候,深得支店长犬冢信太郎的赏识。1907年跟随被任命为满铁理事的犬冢信太郎前往大连。在犬冢信太郎的推荐下,他又获得满铁总裁后藤新平的信任,被委以重任,负责整治大连码头的混乱状况。
[③] [日]筱崎嘉郎:《满洲と相生由太郎》,大连福昌公司互敬会印行,1932年,第152页。
[④] 严中平编:《中国近代经济史统计资料选辑》,科学出版社,1955年,第69页。

安东依据光绪二十九年(1903年)《中美通商行船续约》开为商埠,光绪三十二年(1906年)正式开埠,光绪三十三年(1907年)设立海关。该年海关布告规定了安东港域界限,上至沙河口,下至五道沟。后经日本要求,将安东内港延长至三道浪头,外港延长至鸭绿江。

安东港附近的鸭绿江段有涨潮与落潮之差,江水深度以铁桥下为最深,潮涨时平均20尺,潮落时平均12尺,五道沟附近潮落时不过2—3尺,五道沟以下水深亦不过10尺左右。因此安东港在退潮之时,距堤岸数公尺的江中即显出河底,只能停泊帆船和小舟,潮涨时仅能停泊七八百吨轮船。下游五道沟附近又多浅滩,大船不能前进。再下游的三道浪头,水势平稳,两千吨轮船可以停泊。在中国江岸装运木材之船,就多停泊于三道浪头附近,另用小舟或小火轮与安东港往来。载重3 000吨以上的大轮船,仅能在薪岛、大东港、多狮岛等处抛锚,转而用小船驳运货物至安东港。此外,安东也和营口港一样,冬季江水结冰封港,冰期约在四个月左右,这些不利因素均制约着安东港的发展。据海关统计,光绪三十三年(1907年)安东港吞吐货物345 647吨,宣统三年(1911年)提高到548 094吨。① 但在此后的20年间,由于进港航道水位浅、泥沙淤积、冰冻期长等因素的影响,安东港进出船只吨数没有显著的增长,1922—1931年的10年间,年平均进出货物吨数为430 264吨。②

海参崴原属中国的领土,咸丰八年(1858年)割让俄国,俄文名称"符拉迪沃斯托克",即"控制东方"之意。该海湾群山环绕,修筑港口的自然条件优越。同治十一年(1872年)俄国在此建设军港,光绪元年(1875年)设镇,光绪十四年(1888年)成为俄国滨海省行政中心。光绪二十九年(1903年)横贯东北北部的中东铁路接乌苏里铁路建成后,它成为俄国在远东地区的重要军事和商业港口。哈尔滨至海参崴1 378华里,货物火车运输仅需48小时,连同办理越境报关、纳税等手续,也只需60个小时。哈尔滨至大连1 639华里,货物火车运输需64小时,其中哈尔滨至宽城子需要15个小时,在此由中东铁路换装南满铁路需要5个小时,再由长春抵达大连需44个小时。③ 由于距离东北北部腹地市场较近,因此俄国在光绪三十一年(1905年)日俄战争战败,失去了在东北南部的一切权益以后,为了确保在东北北部的利益,并与日本在大连港所实施的货物集散中心主义政策相对抗,沙皇遂于1906年8月下令把乌苏里铁路暂交中东铁路经营,使两路连为一体。同时加大远东海参崴港的建设,如在该港水深处修筑石壁,计长408.62丈,最大可容轮船13艘,水浅港岸设有浮船,码头总计长710.09丈,可容轮船20艘。1916年时该港货物吞吐量曾达

---

① 《安东关十年贸易报告(1907—1911)》,中国第二历史档案馆等编:《中国旧海关史料(1859—1948)》,第155册,京华出版社,2001年,第103页。
② 《安东关十年贸易报告(1922—1931)》,中国第二历史档案馆等编:《中国旧海关史料(1859—1948)》,第157册,京华出版社,2001年,第382页。
③ 东省铁路经济调查局:《北满与中东铁路》,哈尔滨中国印刷局,1927年,第219、223页。

262.3万吨。① 此外,俄国政府特意批准中东铁路公司取得海参崴金角湾码头的使用权,并在该码头建造专为装运东北北部出口大豆等特产所用的仓库和货物转运站。十月革命期间,海参崴港被协约国占领,港埠设备多遭破坏。1925年底起,苏联又对海参崴港口码头、货栈、油库等设施加以修缮或扩建,利用乌苏里铁路接中东铁路与东北北部的广大区域进行商业运输联系,控制东北北部市场。

葫芦岛位于渤海的连山湾内,群山环绕,因其形如葫芦横亘海中,故此得名。它距北宁铁路连山站约12公里,为渤海湾内罕有的不冻良港。葫芦岛筑港最初酝酿于光绪三十四年(1908年)徐世昌任东三省总督之时,他认为良好的海港和完整的铁路网络是维护民族利权的关键,因此聘请了英国工程师休斯勘查渤海海湾,最后选定了葫芦岛作港口。1910年8月正式开工建设,宣统三年(1911年)该工程受辛亥革命影响而停止。1920年奉系军阀首领张作霖和北洋政府商谈,拟由中央和地方各出500万元再次修筑,后因直皖战争、直奉战争等影响,工程又陷于停顿状态。1930年,鉴于葫芦岛地势的重要,东北交通委员会决心继续修建,把业务承包于荷兰筑港公司,计划5年半完工,修成年吞吐500万吨的大港。至1931年九一八事变时尚未完工。

3. 满铁统一领导下的各港口时期

1931年后,随着全东北铁路委托给满铁经营,大连、安东、营口、葫芦岛等所有港口也均被满铁接管。此外,因日本海是东北和日本之间最短的海路交通,所以满铁又特意将朝鲜的罗津、清津、雄基三港与朝鲜铁路一起置于它的统辖之下,进一步实现了铁路和港口联络最有效的一元化管理。

1931年前大连港主要作为出口港,出口货物量通常是进口货物量的5倍,因此港口一切设备都是围绕出口中心任务而定的。1931年后,大连港的进口急剧增加,因此满铁不断建设和完善大连港的进口设施。到1939年,大连港大港区的4座突堤码头之间的3座顺岸码头及长门町码头全部建成,形成了一个完整的港区,码头岸壁延长5 990.2米,货场及仓库70栋,露天堆场155处,储煤场62处,储油罐21座,各种装卸机械、牵引大船离靠岸的拖船、破冰、供水、供煤、消毒船等设备完善,年货物吞吐量达到1 070.4万吨,为伪满时期的最高纪录。② 此外,从1939年开始,满铁还在大连港西部香炉礁半岛东端填海造地,启动大连西港的扩建工程,直到1945年抗日战争结束前还没有完成。

1931年后,尤其1937年伪满号召开发东边道地区经济以后,满铁又制订了在安东下游和鸭绿江右岸附近大东港的筑港计划,计划建设水深8米以上的码头5 000米,但至1945年仅完成码头后面一部分护岸的修建。

1928年后,满铁收买了营口仓库轮船会社的码头及小寺油坊的土地,建造了

---
① 东省铁路经济调查局:《北满与中东铁路》,哈尔滨中国印刷局,1927年,第218—219页。
② 刘连岗:《大连港口纪事》,大连海运学院出版社,1988年,第122页。

运输煤炭和生铁专用的栈桥,以及系船码头、浮栈桥和船坞等,1938年营口拥有160万吨的装卸能力,成为大连港的重要辅助港之一。

随着热河新铁路的建设及阜新、北票煤矿的开发,满铁计划从1936年起通过5年的建设,使葫芦岛具有年吞吐350万吨煤和50万吨货物的能力;从1937年起用4年的时间,完成奉山线连山(锦西)站至葫芦岛段铁路的改建,但至1945年抗战结束仍未完工。

罗津港位于朝鲜半岛东海岸北端,东、西、北三面环山,港湾面积1 500万平方米,面对日本西部各港口,地理位置和港口自然条件优越。1931年前日本多次交涉,想修通吉会(吉林—会宁)铁路并以此港作为东北货物进出终点港。1931年后,日本决定延长吉长、吉敦铁路,并决定以罗津为终点港。此前该处还是朝鲜的一个偏僻渔村,1933年8月开始筑港,1935年11月铁路通车,1937年第一期完工,完成了年吞吐量300万吨的港口设施。此外,清津港于1908年4月开港,到1936年码头长915米,能同时停泊3 000吨级轮船4艘,6 000吨级轮船3艘,年货物吞吐量90万吨。雄基港于1921年6月开港,有受理煤炭和木材出口货物的码头455米,能同时停泊4艘3 000吨级的轮船,年货物吞吐量60万吨。

表4.1　1944年东北及朝鲜北部三港年吞吐能力及主要设施表

港　名	吞吐能力/ 万吨	码头长 度/米	码头水 深/米	仓库面积/ 平方米	堆场面积/ 平方米	港区铁路/ 公里
大　连	2 740	8 146	7—12	383 414	8 399 990	199.3
旅　顺	80	255	8		31 681	1.4
营　口	160	1 721	6—8	24 004	155 255	29.5
安　东	40	300	8	5 426	21 601	3.5
葫芦岛	200	1 264	6—9	17 321	194 717	13.2
罗　津	500	2 451	8—9.5	39 566	161 228	24.1
雄　基	60	455				
清　津	90	915				

(资料来源:[日]满史会编著,东北沦陷十四年史辽宁编写组译:《满洲开发四十年史》,上册,内部进行,1988年,第383—410页。)

即便近代日本国内各港口的建设、管理和经营,也都是由各个部门来进行的。而伪满时期的满铁却对整个东北地区的港口和铁路实施了一体化的管理,投巨资完善码头设施,对港口实行赔本性的低收费经营。总之,满铁采取了甚至比管理本国港口还要先进的技术和手段,来刻意建设和经营东北地区的港口,其意图是显而易见的,即通过交通运输的完善,最终使得东北与日本之间不平等的殖民地贸易有新的发展。

二、海洋航路的开辟和轮船运输的发展

开埠之前东北海上运输是以帆船为主的沿海运输,开埠之后西方洋行和轮船的

到来,改变了传统海运格局,不过东北近代以外国轮船为主的对外海运格局的确立却是一个缓慢的过程。咸丰十一年(1861年)营口开埠后,虽有外国现代化的轮船前来贸易,但最初20年间,营口主要与国内各口岸贸易,直接对外贸易较少,来往船只仍以传统帆船为多,中国帆船运输业顽强地抗击着西方现代轮船运输的冲击。如光绪七年(1881年)时营口到港轮船为238艘,载运货物165 856吨,帆船为436艘,载运货物152 346吨,该时营口港的轮船和帆船运输还难分伯仲,"当看到矗立在这里的大量桅杆,又想到有人声称在经费上蒸汽船比帆船更有优势,就像一个讽刺"[1]。不过在其后10年间,西方现代化轮船凭借速度快、安全性高、运费低等优势,使中国传统帆船的生存越来越艰难,并逐渐退出沿海运输领域。光绪十七年(1891年)时,营口轮船进出数量为744艘,载运货物614 884吨,帆船为122艘,载运货物54 534吨,轮船较帆船运输已显出绝对优势。在所有进出轮船中,又以英国怡和、太古洋行的轮船及德国轮船最多,所占比例分别为57.81%和28.81%,其他还有丹麦、美国、法国、荷兰等西方国家轮船,中国仅占7.35%。[2] 由此可见,当时西方国家的洋行和轮船公司最终垄断了营口与中国沿海各口岸及远洋地区之间的轮船航运业。光绪三十三年(1907年)大连开港以后,营口港的海运和对外贸易发展受到影响。在1931年之前,营口港的对外航路仍主要是联络中国沿海各港,大多以天津、龙口、上海、福州各港为目的地。[3]

  20世纪以后,随着大连近代化海港建设的日益完善,东北口岸的沿海、近海及远洋航线和外国尤其是日本的船只不断增加,东北对外航运发展进入新阶段。光绪三十二年(1906年)刚通过日俄战争扬名于国际社会的日本,在西方列强的压力下被迫宣布大连港为自由港,对进出该港的货物概不征税,港口之间中转的货物亦不征税。在成为自由港的机遇下,大连港发展迅猛,从事国内外贸易运输的航线不断开辟和增加。光绪三十四年(1908年)大连只有12条航线,进出港轮船2 796艘。到1930年,以大连港为基点的近海定期航线达到14个,挂港大连的定期航线达到20个以上,月平均配船吨位数在30万吨以上。远洋定期航线有20个,不定期航线在13个以上,月平均配船吨数在50万吨以上。"西至营口、天津,东北至安东、朝鲜,南至龙口、青岛、上海、台湾、香港、新加坡、澳洲,渡印度洋至欧洲,东至日本各港,放太平洋而达美洲,以上各地,皆有定期航路和不定期航路"[4]。

  在大连港众多航线中,日本轮船公司占绝对优势。实际上自光绪二十一年(1895年)中日甲午战争以后,由于营口港和日本地理上接近及大豆出口日本不断增长的原因,日本邮船株式会社、大阪商船株式会社、日本汽船会社等先后在营口建立

---

[1] 《营口关十年贸易报告(1882—1891)》,中国第二历史档案馆等编:《中国旧海关史料(1859—1948)》,第152册,京华出版社,2001年,第21—22页。
[2] 《营口关十年贸易报告(1882—1891)》,中国第二历史档案馆等编:《中国旧海关史料(1859—1948)》,第152册,京华出版社,2001年,第22页。
[3] 王树柟、吴廷燮、金毓黻纂:《奉天通志》,卷一百六十二,交通,航路上。
[4] 曾问吾:《大连旅顺之考察》,《新亚细亚》第2卷第3期,1931年,第73页。

和发展海运业务,并超过英国轮船公司而居首位。① 1905年日本占领旅大地区以后,日本政府又大力鼓励该国航运界开设由本国至大连的航线,规定前往大连的日本商船和货物一律免税。在这一措施的刺激下,短时间内日本诸港与大连间的航运线路纷纷开辟。大连自1905年初由大阪商船会社开辟第一条到日本的定期航线后,到1908年有12条到中国沿海和日本的航线,主要由日本船运公司经营,其在入港船舶总吨位中占77.9%,到1924年大连港的日本船只占总吨位的67.4%,仍居第一位。

在外国势力进入并操控东北近海和远洋航运的同时,20世纪后中国近代航运业也有所发展。特别是在第一次世界大战爆发后,欧美船只纷纷回国参与军事运输的情况下,华商抓住沿海航运业发展的有利时机,开始成立船行,购置轮船,经营沿海及近海货运业务。例如旅顺人张本政在光绪二十七年(1901年)租借两艘日本轮船,进行烟台——大连——大东沟一线的海上运输。光绪三十一年(1905年)创办的政记轮船公司,最初只有资本4万银圆。② 一战期间政记轮船公司迅速扩张,至战争结束时已成为华北第一大航运公司。1920年,政记公司有轮船15艘,总吨位1.5万吨左右。除在中国沿海经营外,航线还达东北亚和东南亚各国家和地区的港口。1924年前后,政记公司达到鼎盛时期,共有轮船23艘,总吨位63 700吨,当时是仅次于轮船招商局和三北轮船公司的中国第三大轮船公司。③ 营口的航运界,1920年后华商也逐渐兴起,并有超越日商、英商之势。如1922—1931年间,肇兴轮船公司备有4艘轮船,往来营口与上海之间,其他华商轮船公司也多派轮船来营口载运大豆、豆饼前往福建、广东等省,因此华轮占到营口进出船只总数的36%,日轮已由1912—1921年间的首席退为第二,占总数的34%,英国轮船势力大减,仅占22%,主要原因是太古轮船公司受到罢工风潮影响。④ 光绪三十三年(1907年)开埠的安东港,其对外航线主要往来于渤、黄二海沿岸及上海、香港,远则抵达日本下关、大阪、神户。安东航运界最初多为日本的公司,如大连汽船、朝鲜邮船、大阪商船、鸭绿江运输、鸭绿江轮船等,它们在安东均设有定期航线。而在1922—1931年间,日本及英国轮船货运吨位渐趋衰减,华轮则有逐步增多之势,以安东为例,该期间中外船只年平均进出吨数为430 254吨,其中华轮为169 666吨,日轮为154 060吨,英轮为102 249吨。⑤

现代化港口和轮船运输业的发展及其重要性,体现在客货运输数量的增长上。1931年前后,东北年进出货物约1 000万吨左右,其中利用港口输出者,占到90%

---

① 《营口关十年贸易报告(1912—1921)》,中国第二历史档案馆等编:《中国旧海关史料(1859—1948)》,第156册,京华出版社,2001年,第108页。
② 左域封:《张本政与政记轮船公司》,《辽宁文史资料选辑》第6辑,1983年,第178页。
③ 《大连华商代理店之一斑》,《中外经济周刊》1924年9月,第79期。
④ 《营口关十年贸易报告(1922—1931)》,中国第二历史档案馆等编:《中国旧海关史料(1859—1948)》,第157册,京华出版社,2001年,第445页。
⑤ 《安东关十年贸易报告(1922—1931)》,中国第二历史档案馆等编:《中国旧海关史料(1859—1948)》,第157册,京华出版社,2001年,第382页。

以上。此外,东北近代港口还值得一提的是,它们在东北移民运输中,也发挥了重要作用,占到旅客运输量的 65% 以上,其余移民则经过安东、山海关等铁路运输。①

第二节 铁路、公路和航空交通的兴起

19 世纪末,东北地区禁令完全消除,移民开始大规模迁入,进行农、林、畜产开发。同时由于大豆、柞蚕茧丝等特色农产品输出海外,东北渐为国际所瞩目。在清末国势衰落的情况之下,东北成为列强染指和竞逐的焦点,而控制海港和铁路成为殖民者侵略东北的关键手段。东北最早修建铁路,以光绪二十年(1894 年)英国资本将京奉铁路延伸至关外段为嚆矢。此后,俄、日、美等多国参与东北各条铁路线的规划、敷设和运营。多元竞争客观上促进了东北铁路交通的飞跃式发展。从光绪二十年(1894 年)起到 1945 年,半个世纪的时间东北铁路建设长度突破 10 000 公里,近代东北成为当时全国线路网络发达,每平方公里内铁路密度最高的地区。为弥补铁路运输不足,20 世纪 20 年代以后东北各地还积极修建公路和开拓汽车运输,30 年代前后又开始发展航空交通。近代化铁路、公路乃至航空交通的兴起和发展,标志着数千年来东北依赖畜力和人力的传统运输方式发生了革命性的转折,它不仅有力促进了外国商品和东北农、林、工、矿等产品的贸易交换和运输流通,而且在一定程度上带动了地域经济格局和城镇布局等区域结构的历史性巨变。

一、以港口为指向的铁路交通网络的形成

1. 铁路网络布局的演化

从东北铁路发展历史来看,大体可以分为光绪三十年(1904 年)日俄战争前英俄对立、日俄战争后中日俄(苏)对立和伪满三个时期。

第一个时期,光绪二十年至三十年(1894—1904 年),日俄战争前英俄对立时期,主要是京奉和中东两大铁路的创设时期。光绪十六年(1890 年)清廷已有筹措经费建设关东铁路之议,②光绪二十年(1894 年)英国为谋求其在东北地区的经济利益,制订从东北西南端的山海关一直延伸到东北端珲春的铁路修筑计划。光绪二十年(1894 年)北京至山海关铁路开始向关外展筑,光绪二十二年(1896 年)修至绥中县,其后渐向东北内地延长,光绪二十九年(1903 年)该线自山海关延至新民,支线自沟帮子修到营口,日俄战后的光绪三十三年(1907 年)修至奉天,至此京奉铁路全线贯通,全程 849.39 公里。光绪二十二年(1896 年)俄国诱迫李鸿章签订《中俄密约》,中方同意沙俄以华俄道胜银行的名义另组公司,建筑一条从西伯利亚穿过中国领土到达海参崴的铁路,即中东铁路。光绪二十四年(1898 年)沙俄强租了旅大地区并再次获得修筑中东铁路南满支线

---

① 东北物资调节委员会研究组:《东北经济小丛书·运输》,中国文化服务社,1948 年,第 85 页。
② 中国边疆史地研究中心、吉林省档案馆编:《东北边疆档案资料选辑》,第 119 册,广西师范大学出版社,2007 年,第 84 页。

的权利。光绪二十九年(1903年)从满洲里到绥芬河横贯东西、再从哈尔滨到达大连纵贯南北的"丁"字形铁路大动脉全线营业,其中干线长达1 700公里,支线长约1 100公里。日俄战争中日本为了运送军队,擅自修建奉天到安东的安奉和新民到奉天的新奉两条轻轨铁路。至此,东北已经形成近代铁路的基本干线。

第二个时期,1905—1931年,日俄战后中、日、俄(苏)对立时期。该时期东北铁路有以下几个特点:首先,拥有南满、中东两大铁路的日俄两国,其对立关系趋于尖锐,日本以南满铁路为主干线,不断扩建铁路支线;其次,美国有分割东北铁路权利的企图;再者,20世纪20年代起东北地方政权发起收回权益运动,制订包围南满铁路的计划,不断建设和完善自己的港口和铁路交通线。1931年九一八事变前,东北铁路总长度达到6 225.9公里,形成了独立于关内且自成体系的交通网络。根据当时的交通、运输情形,它实际上分成三大系统:以大连港为中心的日本南满铁路系统,以海参崴港为中心的俄国中东铁路系统,以葫芦岛港为中心的中国东、西干线铁路系统。

光绪三十一年(1905年)日俄战争之后,俄国保留长春以北的原中东铁路部分,不断调整和修改铁路运费政策,着力把哈尔滨——长春、哈尔滨——满洲里、哈尔滨——绥芬河三区段的铁路运输向东与俄国远东地区的乌苏里铁路相连接,最终争取东北中北部的货物以海参崴为进出海口。

光绪三十一年(1905年)日俄战争之后,日本接管原中东铁路长春以南干线及到旅顺、营口、烟台、抚顺等地的支线铁路,合计854.3公里。光绪三十二年(1906年)日本成立满铁,负责该铁路和大连海港的运营,并制定了大连港中心主义的铁路运费政策。从光绪三十三年到宣统元年(1907—1909年),满铁花费近2 000万余日元把长春——大连间铁路改为标准路轨,花费2 220万余日元改建了安奉铁路。宣统三年(1911年)起,满铁又通过中日合办、借款等方式修建了吉长、四洮、洮昂、吉敦等数条支线铁路,以此吸纳东北中北部的客货运输。日俄战争刚结束时,美国看到东北铁路开发的巨大利益,曾有哈里曼收购满铁和修筑锦瑷铁路的计划,后因日本反对而未能实现。

1924年前,除宣统元年(1909年)通车的29公里的齐昂铁路外,东北所有铁路都为外国人所承办或借外资所修筑。1925年起,东北地方政权决心依靠中国资本和技术,敷设包围南满铁路的竞争线,以期收回利权。此后相继以官办或官商合办的方式,修建了打通(打虎山至通辽,1927年)、沈海(沈阳至海龙,1928年)、吉海(吉林至海龙,1929年)、齐北(齐齐哈尔至北安间,1930年)、呼海等国有线路。1929年东北成立交通委员会,制订了东、西、南三大干线逾万公里的铁路修筑计划,并于1930年7月动工修筑葫芦岛港。① 截至1931年九一八事变前,东北已建成的中外铁路总里程数为6 225.9公里,其中日本直接经营和通过借款方式控制的铁路为2 360.8公里,占东北铁路总里程

---

① 东大干线:奉天—海龙—吉林—依兰—同江—绥远;西大干线:葫芦岛—通辽—洮南—齐齐哈尔—嫩江—黑河;南大干线:葫芦岛—朝阳—赤峰—多伦。

的37.9%；中俄关系铁路全长1 788.8公里,占28.7%；中国自营铁路为1 186.4公里,占19.1%；英国投资并参加经营的铁路为889.9公里,占14.3%。①

第三,1932—1945年,伪满时期。1931年日本发动九一八事变,翌年3月扶植成立了伪满傀儡政权。除南满和中东铁路外,伪满宣布东北境内所有的各条铁路线统归伪交通部管理,称为伪满国有铁路。1933年2月伪满又与满铁签订协议,将伪满国有铁路经营及新铁路的建设等事宜,全部委托于满铁。同年10月,朝鲜总督府也把北鲜铁路委托满铁经营。1935年3月,日苏交涉取得成功,中东铁路也转交给了满铁。至此,东北所有铁路交通,均归满铁控制。

满铁对东北铁路及北朝鲜所有铁路一元化经营以后,首先落实的即是多年阴谋而未得逞的"两港两线"计划,1933—1934年间,修筑了拉滨、京图铁路。它将吉敦线延伸到图们,再与朝鲜铁路相接,以朝鲜北部三港为出海口,形成东北与日本之间交通最近的线路。其次,修筑进一步向华北进攻的铁路。虽然东北西南部山地连亘,日本势力由南及北,还是逐渐加强了在热河、内蒙古东部及东北东南部地区的铁路建设,1934—1935年间,修建了锦承、叶峰铁路,1938年又把锦承线从承德延伸至古北口。再者,修筑针对苏联的铁路。东北北部齐齐哈尔到北安、哈尔滨到北安、北安到边境黑河的铁路线,因其政治和经济上的重要性,1931年前各国间对该地铁路敷设权争夺激烈,1935年满铁完成了北黑线建设,隔黑龙江与苏联的海兰泡相对峙。1935年10月,又把原洮索线延伸至阿尔山,以控制内蒙古东部地区林牧业资源,并兼有反苏任务。1936—1937年,又修建以图们为起点向北通达佳木斯的铁路,以及林口至虎头的虎林线,这既是纵贯东北东北部的重要干线,也可逼视苏联的伊曼和伯力。最后,修筑掠夺资源的铁路。为掠夺阜新煤炭资源,1935—1937年完成了新义线。为开发东边地区煤、铁资源,1939年完成了从梅河口经通化至辑安的梅辑线。1940年,绥化至佳木斯的绥佳线也投入运营,它基本上由西向东横穿松花江北部和小兴安岭山脉的森林地区,是掠夺东北北部资源的一条主要产业干线。

总的来说,伪满时期是东北铁路建设的又一高峰时期,建设新铁路达6 421.3公里,到1945年日本战败投降时,东北铁路营业总里程达到了11 270公里,基本上形成了"东、中、西三纵,北、中、南三横"形态的6大干线铁路布局。东纵干线,北起佳木斯,南下经牡丹江而至图们；中纵干线,北起黑河,南下经北安、海伦、哈尔滨、长春、沈阳而至大连、旅顺；西纵干线,北起霍龙门,南经嫩江、齐齐哈尔、昂昂溪、洮南、郑家屯、通辽、彰武、黑山、锦县而至临榆；北横干线即中东铁路东西段,西起满洲里,东至绥芬河；中横干线,西起温泉,东经洮安、大赉、长春、吉林、敦化而至图们；南横干线,西起通辽,东经辽源、四平、梅河口、通化而至辑安(见图4.1)。长春居"三纵三横"6大干线的中心交点,所以它在东北的地位异常重要。

---

① 东北物资调节委员会研究组：《东北经济小丛书·运输》,中国文化服务社,1948年,第10—14页。

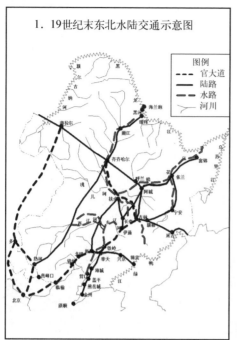

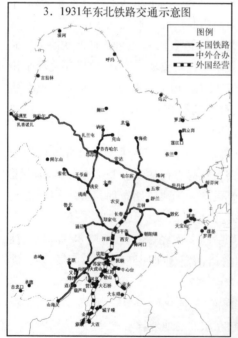
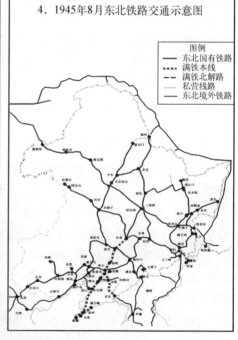

图 4.1 近代东北铁路交通变迁示意图

(资料来源：金毓黻主编：《东北要览》，国立东北大学编印，1944 年，第 279 页。)

2. 铁路运输的发展

铁路因为具有速度快、吨位大、长距离、安全性强等特点,所以对传统水陆运输造成了较大冲击。例如吉长铁路,"全线通行,仅三小时半,每日吉林长春间开行客车,往返各三次"①。吉敦铁路修建前,本区的交通工具一般是夏季使用马车和木船,冬季使用马车和爬犁。因这里森林和沼泽地多,路况极差,使用马车运输,夏季从吉林到蛟河单程需要2天,从蛟河到敦化需要10天,冬季道路封冻后,从吉林到敦化的单程为6天半,最快的爬犁也需要5天左右。② 吉敦铁路通车后,单程仅需要7个小时。以前安东到奉天的路程需用2天时间,安奉铁路建成后仅需要6个小时。宣统三年(1911年)鸭绿江铁桥竣工后,时人如此评论:"自奉天至韩国釜山,虽按韩国现时行车速率,仅用三十二点钟足矣;所以若抵日本东京,亦用八十点钟亦可到达。火车之便如此,即一切货物输入奉天者皆便矣。在吉林以南之土产现由南满铁路运出大连者,亦可转移输出。"③再如地方志记载,开原县以前通过帆船与营口进行商业往来,铁路修通后,货物的运输乃舍河就陆。④ 铁岭县"昔因辽河水运,铁岭与营口关系最深……其后铁道开通与大连联络,铁岭与营口商务颇受影响"⑤。

正因铁路交通的便捷与高效,所以东北近代铁路运输取得不凡实绩。1907—1931年间,满铁旅客输送总里程从22 600万公里增加到58 700万公里,货物输送总里程从39 600万公里增加到537 400万公里。其中1931年时满铁本线货物输送达1 545万吨,占东北货物输送总量的65.1%。随着营运量的不断增加,满铁拥有的机车、客车和货车车辆从光绪三十三年(1907年)的205、95、290辆,分别增加到1928年的441、486、7 260辆。⑥ 由于东北还处于开发初期阶段,货运车辆及货物输送里程的增长大于客运车辆及旅客输送里程的增长。大豆和煤炭是近代东北铁路的主要运输货物,其次是木材、高粱、小麦、面粉、鲜果、鲜菜、盐、豆饼等。

由于东北近代铁路运输以农产品为主,所以运输业务的轻重随着农产品生产和交易季节而波动。东北农产品在10月收获期后,就开始逐渐上市,12月和翌年1月是每年铁路货运最繁忙期,由于2月赶上中国春节而停业,上市减少,过了春节进入3月,再次呈现运输盛况。从3月下旬开始,随着气温上升,乡村运输越来越困难,铁路运输随之逐月减少。

1931年前中资铁路运输设施不完备,在运输繁忙时期,有的线路甚至在托运后数十日才能配上车辆,因而严重影响商品流通。铁路运输期集中,对设施相对先进的南满铁路也构成较大压力。为了攫取更大利益,满铁着手革新了东北的货物

---

① 李珍甫:《东三省旅行指南》,上海银行旅行部,1926年,第27页。
② 石荣璋:《吉敦铁路沿线调查录》,吉敦铁路局,1927年,第7页。
③ 《宣统元年安东口华洋贸易情形论略》,《中国旧海关史料》,第51册,第199页。
④ 李毅修、王毓琪等纂:民国《开原县志》卷九,实业志,台湾成文出版社,1965年影印本。
⑤ 中国银行总管理处:《东三省经济调查录》,台湾文海出版社,1987年影印本,第100页。
⑥ 王同文:《东北铁路问题之研究》,交通大学管理学院,1933年,第117页。

运输制度，对东北农产品的出口贸易有深远影响。

最初满铁仓库业保管货物的方法是，在码头和主要车站保管轮船和铁路运输的货物，发给存货证。后来鉴于大豆上市时间集中，且大豆装选技术不良，混杂沙土，麻袋常有未装满等情况，因此为改善品质，乃统一容量包装，以使交易安全有效。除用一般仓库常见的分类保管外，满铁铁道运输部还针对大豆、豆饼和小麦等主要农产品出口的实际情况，专门提出了混合保管制度，即对商人的货物进行严格检验，区分成各种等类，对种类和质量同等的货物在各车站仓库全部混合起来保管，不再按单个寄存户分存，出库时从某类某等货物中分出退还。这种混合保管制度是1912年4月首先从大连码头混合保管豆油开始的，1913年又开始混合保管豆饼，1919年开始混合保管大豆。

大豆等出口特产的混合保管是提高东北商业流通效率的一大重要变革，分等保存和发给保存证票，对大豆等特色农产品的顺利交易有巨大作用。原因如下：

第一，满铁实施货物混合保管制度，可以减轻铁路运输压力。满铁在南满铁路沿线车站和大连港码头广建仓库，然后协调货车统一运输，商人可凭货物引换证在大连港及其他车站仓库接收和提取各等类货物。随着近代东北经济的发展，大豆贸易出口突飞猛进。如果以宣统三年（1911年）大豆运抵港口的数量基数为100（数量50万吨），则1918年为220，1919年增加为305，因此每年从11月大豆上市的旺季开始，南满铁路沿线的各车站麻袋都堆积如山。因上市高峰货车运输供不应求，当时发生了这样的情况："譬如在长春车站托运，然后一个月的时间还到不了大连港口。由此大连和长春两地的大豆差价就一天比一天大。在长春的经纪人急得不知所措，而在大连负责装船的商人也要为价格的高昂而叫苦连天。但受害最甚的还是种植大豆的农民，每年都要为价格的不稳定而苦恼。"①实施混合保管制度的结果是，大豆价格稳定了，满铁也不用勉强安排货车。

第二，混合保管加强了货主的资金周转，提高了商品交易效率。货主不必等大豆运到大连卖出后将款汇回再购买货物，而可以凭引换证直接向银行贷款，这就大大缩短了资金周转时间，对东北内地资金较少的中小粮商极为有利。②

第三，混合保管促进了东北标准货物计量单位的形成，客观上有利于铁路沿线各地市场的公平、公正交易。

宣统二年（1910年）以前，东北向来是按旧习惯计量货物的，因地区差异而大有出入，甚至同一地区也采用多种计量，混乱和复杂的程度无以复加，严重阻碍着产业经济的发展和市场统一。譬如以营口的量——容积制度和习惯为例，过量大豆等粮谷都是用容器——斗进行的，于是"斗行"作为市场交易的配套行业也随即产生。商家

---

① ［日］草柳大藏著，刘耀武等译：《"满铁"调查部内幕》，黑龙江人民出版社，1982年，第197—198页。
② 郭守昌：《日本帝国主义是怎样掠夺东北大豆和吞并民族工商业的》，《黑龙江文史资料》第6辑，1982年，第9页。

进行大宗交易需要请"斗纪"(也称斗牙)作中间人。营口开埠以后,商业繁荣,大宗交易很多,"斗行"也随之相当兴旺。营口市场上通用的斗有三种,船载粮食用"河斗",车载粮食用"陆斗",零星交易用"官斗"。"官斗"又有"户部斗"和"关东斗"之别。3 种斗的容积大小各不相同,重量也因此相差很大。营口的"斗纪"分成若干帮派,各帮派为了争夺地盘和生意,不断进行械斗。①"斗纪"的陋规很多,用杂乱的斗量从事交易而获得不正当的利益,这是多数中间商的公开所为。营口制定的斗,比生产粮食的乡村斗量小。相反,营口向乡村出售棉布等货物,规定的尺度却比较长。采取混合保管后,满铁仓库以斤两为单位,把以往不同的斗量单位换算成统一的斤量单位,客观上促进了粮食等大宗出口货物的公正交易。总之,满铁混保物品的声价有如老店商标,保有东北大豆交易数量上的绝对信用,对大豆类商品贸易的发达裨益甚大。

1931 年前,由于铁路主导力量多元,中、日、俄(苏)等铁路系统的运费政策经常有针锋相对的调整和变动,整个货运市场处于激烈的无序竞争状态。由于面临俄国的铁路竞争,光绪三十三年(1907 年)满铁制定了海港特定运费政策,努力把东北中北部的货物吸收到南满铁路线上向南运输。对此,俄国(苏联)努力将东北北部的货物集中到中东铁路上,运往海参崴。尤其为了阻止货物运往大连,俄国人对中东铁路南部支线采取了高价运费。例如棉布物品,南线 240 公里的运费竟是东线 550 公里的 4 倍。②

从东北各铁路的货运实绩来看,南满铁路和大连港在东北南部货物运输中占有绝对垄断地位,而东北北部货物运输路径情况前后变化较大。中东铁路光绪二十九年(1903 年)全线通车时货运量为 33 万吨,日俄战争期间货运量剧减,光绪三十一年(1905 年)为 23 万吨。光绪三十二年(1906 年)起开始回升,宣统三年(1911 年)达到 123 万吨。1914 年前东北北部的特产货物有九成经过中东、乌苏里铁路流入海参崴,仅仅不过有一成货物南下。例如 1914 年,北满出口大豆 41 万吨,由绥芬河经海参崴者 37.7 万吨,而由长春运至南满者仅 3 万吨。③ 俄国依靠中东铁路和海参崴港有效垄断着东北北部市场。第一次世界大战是东北北部货运的转折点,俄国依靠海参崴港和乌苏里铁路、中东铁路进行军事物资输送,粮食等商业货物的运输受到影响。1917 年俄国革命后,海参崴港被协约国占领,港口设施遭到极大破坏,乌苏里铁路、中东铁路几乎完全停运,南满铁路和大连港对东北北部的影响因之大大加强。1914—1921 年间,中东铁路的货运量起伏不定,1918 年只有 127 万吨。

1921 年苏联国内形势稳定以后,乌苏里铁路、中东铁路恢复营业,海参崴港贸易也逐渐繁盛。1925 年后中东铁路向东运往海参崴港出口货物的数量逐渐与南

---

① 于阜民、阎海、段速敏著:《营口史话》,黑龙江人民出版社,2003 年,第 90 页。
② 哈尔滨满铁事务所编,汤尔和译:《北满概观》,商务印书馆,1937 年,第 75 页。
③ 《中华民国三年哈尔滨暨所属各分口华洋贸易情形论略》,中国第二历史档案馆等编:《中国旧海关史料(1859—1948)》,第 64 册,京华出版社,2001 年,第 119 页。

满铁路持平,但由于海参崴港主要是出口港,加之苏联商品生产的不发达,经该港输送到东北北部的商品并不多。

表 4.2　1909—1928 年中东铁路货物运输方向统计表　单位：千吨

年　代	平均年输出	乌苏里铁路	百分比	南满铁路	百分比	平均年输入	乌苏里铁路	百分比	南满铁路	百分比
1909—1913	5 410	4 556	84.21	603	11.15	1 972	665	33.72	1 127	57.15
1914—1918	7 230	4 289	59.32	2 608	36.07	2 671	576	21.56	1 916	71.73
1919—1923	13 486	4 255	31.55	9 231	68.45	3 083	232	7.53	2 851	92.47
1924—1928	24 517	11 566	47.18	12 951	52.82	5 164	674	13.05	4 490	86.95

（资料来源：雷殷:《中东路问题》,国际协报馆,1929 年,第 161—163 页。）

从表 4.2 可以看出,1914 年以前东北北部 80% 以上的货物经中东铁路向东与乌苏里铁路联运经海参崴输出。但由于俄国商品生产不如日本发达,东北北部所需要的商品主要经过东北南部的南满铁路运入,并且年代越后,经南满铁路运入货物所占百分比就越大,而经乌苏里铁路、中东铁路输入东北北部的货物所占百分比则呈递减的趋势。该时期东北北部货物输出入的总吨数,乌苏里铁路还是远远超过南满铁路。1919—1923 年间东北北部 60% 以上的货物向南经南满铁路输出,90% 以上的货物从南满铁路输入。到了 20 世纪年代后期,东北北部经过乌苏里铁路平均输出的数量接近于经南满铁路输出货物的吨数,但经南满铁路输入货物的吨数仍是经乌苏里铁路输入货物吨数的数倍。

1925 年后,东北奉系政权积极扩充本国自办的铁路网,实行各段铁路联运和运费折扣政策,来努力吸收货物运到营口或葫芦岛,再加上银价暴跌造成运费低廉,所以对南满铁路的货物运输造成一定冲击。以 1930 年为例,南满铁路客货运输总收入为 9 130.7 万余日元,由于中方各铁路的联运竞争,其较上年收入减少了 3 079.6 万日元。[①] 为此满铁不得不采取紧缩政策并裁员减薪,这是东北铁路历史上破天荒的一页。有人认为,九一八事变发生前的"近三四年实为北宁路的黄金时代,万端并举,百废待兴,营业盈余,年直达五千万元以上"[②]。

相比于激烈的货运竞争,1931 年前东北铁路客运相对落后。如当时中国资本所有的各条铁路,其客运设施较为简陋,运输速度低,运行次数少,设备不齐全,经常不能正点运行。当然,中方铁路沿线居民的文化水平也较低,一般中国人只想少花车费,因此不大关注旅行的迅速、准时和舒适,客车也不敷使用,甚至常以货车运客。值得特别提及的是用货车运送移民,内地到东北的移民希望票价越低越好,铁路方面因此可利用内陆地区向海港运货返回的空车运送他们,这种办法对双方都

---

① 金士宣:《东北铁路问题汇论》,天津大公报馆,1932 年,第 64 页。
② 王余祀:《北宁路之黄金时代》,北平星云堂,1932 年,第 32 页。

有利。例如北宁铁路就在奉天、新民、营口到天津及天津到奉天、营口间实行这种办法,前者票价 7 元,后者票价 5 元。此外,由于华北移民或劳工不同季节的流动性强,长途运输和运输时间集中也就成了近代东北铁路客运的一个重要特点。拿华北移民流动来说,1 月至 4 月间的客流量最大,3 月和 4 月从华北方面离乡来东北谋生的民工成为北行旅客。1 月和 2 月由于冬季结冰不能做工,且春节临近回归故里,南行的民工特别多。

  伪满时期,随着东北经济发展水平的提高,客运人数不断增多,铁路客运设施也在不断地完善。如 1931 年后,大连—长春间的双轨工程竣工,为高速客运提供了条件。从 1934 年 3 月 1 日起,大连—长春间的特别快车"亚细亚号"开始运行,全程约 700 公里,最高时速 130 公里,平均时速 81 公里,中途仅停大石桥、沈阳、四平街 3 站。当时世界上标准轨距的柏林—汉堡间铁路快车平均时速也不足 130 公里,可以说"亚细亚号"已经达到了世界水平。[①] "亚细亚号"列车的牵引机车采用流线型的"太平洋"型机车,由行李车 1 辆、三等车 2 辆、餐车 1 辆、二等车 1 辆、一等瞭望车 1 辆共 6 辆组成。暖气、冷气设备俱全,运行时间准确,乘坐舒适,赢得旅客的普遍称赞。1935 年 1 月长春—哈尔滨间即旧中东铁路南部支线缩小轨距工程竣工,"亚细亚号"的运行从长春延长到哈尔滨。

  1937 年伪满铁路运输旅客 3 842.8 万人,1944 年增加到 17 005 万人。[②] 客运业务的快速发展和客运票价的提高,令东北铁路客运收入不断增长。与此同时,伪满时期铁路对货物运费仍保持较低价格,到 1945 年抗日战争结束之时,东北铁路客运收入已在货运收入之上。据统计,1937 年东北铁路客货总收入为 29 598 万元,其中货车收入 22 664 万元,占总收入的 76.6%,而客车收入为 6 934 万元,仅占总收入的 23.4%;到了 1944 年,东北铁路客货总收入为 105 695 万元,其中客车收入 60 133 万元,占总收入的 56.9%,货车收入为 45 561 万元,占总收入的 43.1%。[③]

  1943 年东北各铁路线一日每公里平均旅客人数为 4 096 人,座位效率为 82%。从东北各铁路的客运量对比来看,长大(长春—大连)、沈榆(沈阳—山海关)、长哈(长春—哈尔滨)、安沈(安东—沈阳)线为客运主干线。长大线一日每公里平均旅客人数为 17 389 人,座位效率为 80%;沈榆线一日每公里平均旅客人数为 14 910 人,座位效率为 134%;长哈线一日每公里平均旅客人数为 11 675 人,座位效率为 85%;安沈线一日每公里平均旅客人数为 11 044 人,座位效率为 95%,而由主干线延伸出的铁路线则为次要线及末端线等。[④] 再从主要车站的乘车人次来看,1943 年沈阳站上车人次 1 113 万,下车人次 1 665 万;长春站上车人次 456 万,下车人次 455 万;大连站上车人次

---

① 东北物资调节委员会研究组:《东北经济小丛书・运输》,中国文化服务社,1948 年,第 139 页。
② 东北财经委员调查统计处:《伪满时期东北经济统计(1931—1945 年)》,1949 年,9—(14),第 24 表。
③ 东北物资调节委员会研究组:《东北经济小丛书・运输》,中国文化服务社,1948 年,第 215 页。
④ 东北物资调节委员会研究组:《东北经济小丛书・运输》,中国文化服务社,1948 年,第 216 页。

375万,下车人次335万;哈尔滨站上车人次321万,下车人次403万。①

1934年满铁将原运往大连货物的混合保管制度推广到全东北铁路沿线。1938年10月,东北各铁路线运费统一,废除原满铁社线、朝鲜线及伪满国有线的特定运则,均采取远距离递减制度,对主要物资如粮食、木材、煤炭、矿石、牲畜等,另设有减价运送制度。伪满铁路运费政策和货物运输制度对铁路货运的发展也起到了促进作用。据统计,1934年伪满铁路输送货物3 466万吨,输送里程为9 469百万公里,货运收入15 450万元。1943年铁路输送货物8 462万吨,输送里程为28 090百万公里,货运收入43 332万元,达到伪满时期货运量和输送里程的最高纪录。②

从铁路输送的货物类型上看,伪满时期也有较大变化。1937年时铁路货运收入中,商品占85%,铁路用品及官用物品占15%。而商品中,农产品又占全部的34%。其后几年,农产品尤其大豆的运输收入异常下降,煤炭及其他商品的运输则有增加,低运费的官用物品占到20%以上。③究其原因,主要是随着伪满产业开发,机械等输入物品激增,对外农产品出口贸易下降,并陷入逆差所致。

从各铁路货物运输量的比较来看,据1944年的调查,一等铁路线如长大、抚顺、长图、滨江等,年运输吨数在1 400万吨以上,线路共长1 008公里,占运营总线路的9.1%;二等铁路线如沈榆、安沈、锦古等,年运输吨数在700—1 400万吨之间,线路共长1 712公里,占运营总线路的15.5%;三等铁路线如图佳、平梅、平齐、滨北、滨绥等线,年运输吨数在400—700万吨之间,线路共长1 559公里,占运营总线路的14.1%;四等铁路线如沈吉、拉滨、齐北、北黑、滨州、旅顺等线,年运输吨数在150—400万吨之间,线路共长4 612公里,占运营总线路的41.8%;五等铁路线如长白、白杜、河北、金城等线,年运输吨数在150万吨以下,线路共长2 161公里,占运营总线路的19.5%。④

如果再从各铁路运输量的历史发展来看,1937—1944年的7年间,除抚顺线外,东北各条线路均有增长,其中长大线增65%,长哈线增46%,比较看来,这两条铁路线运输量增加的幅度最小,其他线路均数倍于这两路的增长。如安沈线增长3.1倍,沈榆线增长4.4倍,长图线增长3倍,图佳线增长4.1倍。⑤长大、长哈两线本是东北中央铁路干线,该时期增长缓慢,除了其原运输吨数基数较大的原因之外,还反映出该时期伪满经济开发及政治关注重心的转移。如滨绥线和图佳线运量增加,原因在于当时伪满计划振兴东边地区及对苏战备。长图、安沈两线运量增加,系受战争时局的影响,日本与大连间的海路运输梗塞,经济联络偏向日本海及朝鲜陆路运输转移。

① 东北物资调节委员会研究组:《东北经济小丛书·运输》,中国文化服务社,1948年,第216页。
② 东北物资调节委员会研究组:《东北经济小丛书·运输》,中国文化服务社,1948年,第224页。
③ 东北物资调节委员会研究组:《东北经济小丛书·运输》,中国文化服务社,1948年,第223页。
④ 东北财经委员会调查统计处:《伪满时期东北经济统计(1931—1945年)》,1949年,9—(3),第3表。
⑤ 东北物资调节委员会研究组:《东北经济小丛书·运输》,中国文化服务社,1948年,第249页。

二、公路的修筑和汽车运输

随着东北近代经济开发和商品市场的扩大,传统畜力、人力运输已满足不了社会的需求。19世纪末,汽车是继火车、轮船之后出现的又一种新型的、以机械为动力的运输工具,20世纪初年它作为商品和侵略工具传入东北。因日本将其直接统治的大连地区(即所谓的"关东州")作为侵略东北的基地,极力发展近代交通运输业,所以以汽车运输为主要的标志的近代公路交通首先在"关东州"出现。1913年满铁在大连买进一辆由美国生产的15个客座的汽车,行驶于大连市内。其后10年间,大连有11户,奉天、抚顺的日本铁路附属地内各有3户市内汽车运输公司开业。① 1924年10月,"关东州"内修成大连至旅顺的汽车公路。该公路沿海岸线修筑,总长28公里,宽9米,每天都有长途汽车往来。1928年又修筑了旅顺与水师营之间的汽车公路,途经金州、周水子及普兰店等处。该公路总宽13米,专门划分了汽车道和大车道,大车道宽5.6米,汽车道宽7.4米。② 至1931年九一八事变前,"关东州"干支线道路基本建成,其路况远超过其他地区,并且出现了沥青路面的公路。汽车经营者69户,汽车611辆,大多从事旅客运输。③

为满足以铁路为骨干,以港口为门户而发展起来的商品运输的需要,1922年起辽宁省政府在王永江的主持下,提倡实业,注重路政,颁布《修治道路考成规则》,督促辽宁省各县在三年时间内完成县、乡、里三级道路的修治任务。到1925年时已整修县道229条近2万公里,主要乡道100条3 000余公里。1929年辽宁省为振兴实业、繁荣经济,又增设建设厅,鼓励商民修路建桥,经营汽车运输,辽宁省的公路又有一定发展。到1931年九一八事变前,辽宁省共有公路干线7条,支线19条,总长3 700余公里。以沈阳为中心、连接铁路和港口、遍及各个城镇的公路运输网初具雏形。

随着公路交通的发展,1922—1931年的10年间,汽车运输渐与铁路并驾齐驱,业已普及全省。沈阳城市汽车运输业突飞猛进,1930年乘客汽车、长途汽车及运货汽车增至1 500辆,其中600辆系营业性质。辽宁省内其他各地长途汽车,亦甚普遍,裨益交通,诚非浅显。④ 不过该时这些公路仍大多是在传统的御道、州县大道或过去的大车道上修整的,道路标准较低。各县公路,仅有少数城市已铺路面,余皆深厚土辙,每逢雨天,泥泞异常,交通梗阻。一入冬季,则各处均可往来,载运旅

---

① 辽宁省交通厅交通史志编委会编:《辽宁公路交通史》,人民交通出版社,1988年,第102—103页。
② 《大连关十年贸易报告(1922—1931)》,中国第二历史档案馆等编:《中国旧海关史料(1859—1948)》,第157册,京华出版社,2001年,第428页。
③ 顾明义:《日本侵占旅大四十年史》,辽宁人民出版社,1991年,第437—438页。
④ 《沈阳关十年贸易报告(1922—1931)》,中国第二历史档案馆等编:《中国旧海关史料(1859—1948)》,第157册,京华出版社,2001年,第367页。

客,不啻铁路的培养线,汽车行驶总体上受季节制约明显。① 如1926年安东和大连之间,始有长途汽车,但仅在严寒冬季(每年10月至翌年2月)道路结冻时才行驶。试行之初,安东仅有1家汽车行,2辆汽车,后增加到8家汽车行,16辆长途汽车。② 该时营口至田庄台、盖平、牛庄等处,虽也筑了汽车道,路面却不平坦。③ 东北南部其他地方,如辽阳、岫岩、抚顺、开原、铁岭、鞍山、熊岳、本溪、庄河等地也先后出现了汽车运输。由于东北气候和路况较差,汽车行驶困难,相比之下,东北地区还有大量的货运马车,农家维持成本较低。冬季东北到处冻结,道路四通八达,这些都为马车货运提供了方便,再加当时东北运输的主要货物是大豆产品,量重且不易腐烂,适于马车和火车运输,因此这些都是东北汽车运营发展的重要阻碍。截至1931年,辽宁省内汽车公司共计60余家,汽车254辆,营业资本370万元以上,行驶路线5 000余里。营业线路主要在省内中心,贯通各大城市及富庶区域与铁路之间,如辽河一带,人烟稠密,汽车路线纵横如织。至于边界地方,如辽吉交界之抚松县,也有汽车可通,西则可以直达蒙古。当时辽宁省边界汽车路线,重要者有以下几条:安东临江线,沿鸭绿江而行,长370里;洮安索伦线,全线迂曲,约长370里;瓦房店复州湾线,距"关东州"租借地甚近,长170里;山城镇通化线,长300里。④

至于东北东部和北部,随着经济产业的发展,20世纪20年代后,各重要城镇与铁路各站之间也开始有汽车往来。如龙井村商埠,此时已设有华商长途汽车公司两家,购置福特牌等旧车,往来于敦化、延吉、龙井村以及其他大村镇间。⑤ 1925年珲春商人投资开设大同汽车公司,购备汽车6辆,经营珲春至朝鲜边界的长途汽车事业,并于1931年起每至冬令辄乘图们江结冰之便,复行驶延吉一带。⑥ 再如齐齐哈尔到大黑河一路,最为重要,每年冬季有汽车通行。其他如安达车站与安达城,海伦、克山等处,傅家店及哈尔滨以南各地,如老少沟与扶余之间,均有汽车交通,乌苏里江畔的虎林与中东铁路穆棱站之间,冬季也有汽车行驶。⑦ 但和东北南部一样,劣质道路严重制约着东北东、北部地区汽车运输业的发展。龙井村商埠附近道路,"每值夏季,泥泞不堪,而各处河流,泰半又无桥梁以资通行,故非至冬季结冰时期,汽车不能行驶,此项交通事业,未得发展,职是故也";珲春一带公路,"无异大车

---

① 《沈阳关十年贸易报告(1922—1931)》,中国第二历史档案馆等编:《中国旧海关史料(1859—1948)》,第157册,京华出版社,2001年,第372页。
② 《安东关十年贸易报告(1922—1931)》,中国第二历史档案馆等编:《中国旧海关史料(1859—1948)》,第157册,京华出版社,2001年,第393页。
③ 《牛庄关十年贸易报告(1922—1931)》,中国第二历史档案馆等编:《中国旧海关史料(1859—1948)》,第157册,京华出版社,2001年,第451页。
④ 《沈阳关十年贸易报告(1922—1931)》,中国第二历史档案馆等编:《中国旧海关史料(1859—1948)》,第157册,京华出版社,2001年,第372页。
⑤ 《龙井村关十年贸易报告(1922—1931)》,中国第二历史档案馆等编:《中国旧海关史料(1859—1948)》,第157册,京华出版社,2001年,第359页。
⑥ 《珲春关十年贸易报告(1922—1931)》,中国第二历史档案馆等编:《中国旧海关史料(1859—1948)》,第157册,京华出版社,2001年,第348页。
⑦ 《哈尔滨关十年贸易报告(1922—1931)》,中国第二历史档案馆等编:《中国旧海关史料(1859—1948)》,第157册,京华出版社,2001年,第333页。

辙轨,虽云迭经改良,第亦不过皮相之谈,实则窳败如故也"。①

1931年后,为了政治、军事和经济目的,伪满设立国道局,规划公路体系,制订标准,尤其是努力增筑东北山地及高原地区的公路线。1939年后更加偏重东北北部与苏联接壤的边境区域公路的修筑。此外,筑路速度也相当惊人,例如1933年因热河战事,4个月内筑通北票经朝阳、凌源、平泉至承德的公路,长达2 800公里。伪满期间筑成的重要公路干线分别如下:东北西北部的阿尔山至奈如穆图、阿尔山至阿巴该图干线,东北东北部的奇克至呼玛、瑷珲至嫩江干线,东北东部的依兰至同江、牡丹江至敦化、穆棱至虎林干线,东北东南部的庄河至安东、庄河至海城干线,东北西南部的朝阳至承德、赤峰至平泉、通辽至经棚干线以及古北口至多伦、凌源至绥中、凌源至冷口干线。

1942年东北公路总里程达到21 551公里,南至海岸,北至边境,皆有公路可达。在公路管理上,伪满时期把公路分为一、二、三等。第一等公路是所谓"国"道,平坦宽阔,四季可行。1933年6月,伪满国道局动工修筑长春——吉林国道。该路全长109公里,耗资93万日元,动用劳力60万人次,1935年全路竣工。在修筑过程中进行了沥青、混凝土、砂土、碎石多种路面试验。② 1941年伪满学习德国,规划了从哈尔滨到大连的专用公路。在此之前据伪满交通部调查,哈大公路一年四季皆可通行的路段只不过占全程40%,而这一段路途若以卡车行驶的话,需要一个星期的时间,途中遇雨,多数河流没有桥,渡河相当困难,或者有的地方根本过不了河。③ 1942年起该路分段动工,按计划用混凝土铺设。路宽25米,路线笔直,有4条行车线,可容8辆卡车并驾齐驱。若时速160公里,约5至8小时间汽车即可从哈尔滨抵达大连。至1945年抗战胜利,该路仅完成土方422公里。④ 除一等"国"道线外,二等、三等公路为省道和县、乡道,近代基本上都还是土路,不过是用传统夯筑技术铺平路面的道路而已。

1933年伪满指定汽车营业的重要线路为国营,随着国有铁路委托满铁经营,运输业也作为附属事业置于满铁的经营之下。民营汽车业务包括长途公共汽车、市内公共汽车和出租汽车等,主要是作为地方交通机构来经营的。

汽车运输量随着公路路线的开辟而逐年增加。因汽车和火车重要干线同属满铁经营,为在体制内避免汽车长途货运和火车货运的竞争,汽车货运规模增加较慢,而旅客人数和客运收入增加明显。1938年东北公路的旅客为4 548 109人次,货运量为213 942吨。1942年东北公路的旅客人次为19 601 144人次,货运量为

---

① 《珲春关十年贸易报告(1922—1931)》,中国第二历史档案馆等编:《中国旧海关史料(1859—1948)》,第157册,京华出版社,2001年,第348页。
② [日]满史会编著,东北沦陷十四年史辽宁编写组译:《满洲开发四十年史》,上册,内部印行,1988年,第423页。
③ [日]满史会编著,东北沦陷十四年史辽宁编写组译:《满洲开发四十年史》,上册,内部印行,1988年,第427页。
④ 金毓黻主编:《东北要览》,国立东北大学,1944年,第324页。

729 934 吨。① 近代公路建设和汽车运输与地区经济发展相互依存,相互促进,增强了城市之间及城乡之间的联系。

三、航空交通的兴起

1914年第一次世界大战爆发以后,西方国家航空运输发展迅速,十余年后此种新型交通方式传入东北。1929年4月,日本航空公司在大连开始营业。所定航线,系由大连飞往釜山,途经平壤、汉城(今首尔),该年9月又将航线延至东京。最初每逢星期一、三、五单日,由大连飞往东京;二、四、六双日,则由东京飞往大连。后因营业增长,于1930年10月增加航行次数,除星期日外,每天东京和大连对飞一次,所用飞机系福克式,可载旅客8人。② 1922年直奉战争后,奉系当局努力购置军用飞机,但直到1931年前,除"关东州"已开始有商务飞行外,中国其他地方和中资航空公司尚未实施商务飞行。如当时哈尔滨跑马场旁空旷之地,虽已计划作修建飞机场之用,但一切设备,尚付缺如。1931年,曾经成立中日航空公司,拟于哈尔滨、沈阳间定期飞行载运旅客,但实际上并未进行。③

1931年九一八事变后,日本和伪满加强联系,除东北地区各大城市有航线相通外,东北与朝鲜清津、汉城及日本东京等地也有航线可达。伪满的航空运营,主要有满洲航空株式会社、大日本航空株式会社、中华航空株式会社三大系统,航空线路有日满联络急行线、日满直行线和普通航线三种。日满联络急行线有长春至沈阳、沈阳至汉城、东京至长春三线;日满直行线有长春至清津、长春至东京两线;满洲航空株式会社经营的东北境内各普通航线最为重要,大连、长春、沈阳、哈尔滨、佳木斯、牡丹江是东北空运的六大中心,④计有大连至佳木斯、大连至沈阳、长春至赤峰、长春至哈尔滨、哈尔滨至黑河、富锦至抚远、宝清至饶河、牡丹江至东宁、牡丹江至富锦、佳木斯至东安、佳木斯至漠河11条线路。1933年伪满航空定期营业线路为2 300千米,飞行总里程为2 618 533千米,输送旅客16 509人;1939年定期营业线路增至7 570千米,飞行总里程为5 131 048千米,输送旅客增至32 657人。⑤

第三节 传统大车与内河帆船运输的延续

19世纪末期,随着移民的迁入和产业的开发,东北改变了人烟荒芜、经济落后的面貌。在此过程中,通向通商口岸营口的陆路大车和辽河帆船运输繁盛,商业通道的重要性超过了传统时期的政治、军事驿道。20世纪初年现代化铁路和公路交

---

① 宋家泰:《东北九省》,中华书局,1948年,第121页。
② 《大连关十年贸易报告(1922—1931)》,中国第二历史档案馆等编:《中国旧海关史料(1859—1948)》,第157册,京华出版社,2001年,第428页。
③ 《哈尔滨关十年贸易报告(1922—1931)》,中国第二历史档案馆等编:《中国旧海关史料(1859—1948)》,第157册,京华出版社,2001年,第335页。
④ 宋家泰:《东北九省》,中华书局,1948年,第137页。
⑤ 大连商工会议所编印:《满洲国经济图说》,1940年,第80页。

通兴起以后,并没有使传统的风力船只、畜力大车等交通工具完全失去作用。东北内部各区域经济发展和交通条件有很大的差异,在远离港口、车站、交通枢纽城镇的广大农村,因地理环境、农民的经济观念以及政治时局动荡等多种因素的影响,传统大车和帆船的运输继续延续并发挥着重要作用。传统陆、河运输与现代铁路、公路、海运互相配合,在东北交通近代化的过程中,呈现出多层次和多样化特征。

一、大车运输的普遍

1. 商业通衢取代政治、军事驿道

清中期东北的陆路交通驿站,以盛京、吉林、黑龙江三将军的驻地为中心通往各地,把柳条边内外的东北各地及东北与关内地区联系起来。东北南部的盛京将军辖境内,以盛京为中心,有盛京到山海关、盛京到开原、盛京到凤凰城、盛京到法库、盛京到开原、盛京到金州6条驿道。在东北北部的柳条边外,建立有吉林乌拉、宁古塔、新城、依兰、卜魁、墨尔根、瑷珲7个军事城镇。这边外7镇的联系,主要靠松花江、嫩江和黑龙江的水路运输,同时清政府以边外7镇为中心,沿河两岸开辟了陆路政治、军事交通线路,也建有比较完备的台站制度。吉林将军辖区内驿站以吉林为中心,主要有吉林到盛京、吉林到宁古塔、吉林到三姓、吉林到伯都讷4条干线;黑龙江将军辖境内驿站以齐齐哈尔为中心,分齐齐哈尔到瑷珲、齐齐哈尔到茂兴、齐齐哈尔到呼伦贝尔北、南、西三路。

在清中期全盛之时,这些道路中最重要、规模最大者,是从北京出发,过山海关,经盛京、吉林而北达瑷珲的干线。它是东北陆路交通的大动脉,负有重要的军事、政治使命。吉林经盛京过山海关再到北京的所谓"大路",也被称为进贡路。清政府常投巨资维修,因此规模宏大,最宽处过30间门面。辽河以东,亦30间门面左右。左右穿沟渠,外侧筑堤植柳。① 其他如齐齐哈尔往北"通黑龙江者,终岁无一人……深山密薮,寂无人踪"②。

19世纪初年,随着内蒙古东部草原地区农垦的出现和发展,有两条东北北部通往关内的新修道路值得关注。一条由齐齐哈尔跨越蒙古草原南达喜峰口,这是嫩江流域直达关内最便捷的道路,又称递折路;另一条是由茂兴站(黑龙江省肇源西茂兴)跨越蒙古草地南达法库,又称八虎道。咸丰十年(1860年)后,随着东北东部和北部移民弛禁和农业区的扩展,该区域新驿道的开辟和增加较为明显。如吉林地区宁古塔和三姓之间向无站道,光绪七年(1881年)吴大澂派军筑成自宁古塔至三姓道路600里,至东宁道路400里。此外,宁古塔南往珲春一线,山路险峻,光绪七年(1881年)也设10个驿站。③ 同期在黑龙江地区,齐齐哈尔到呼伦贝尔一

---

① 日本参谋本部编纂课:《满洲地志》,东京博文社,1894年,第222页。
② [清]西清:《黑龙江外纪》卷一,台湾成文出版社,1969年影印本,第17页。
③ 王季平:《吉林省编年纪事》,吉林人民出版社,1989年,第200页。

线,也增加了不少新站。

总的来说,到 19 世纪末期,东北和关内地区联络路线已没有新的增加或大的改变,大体还是进贡路、八虎道和递折路,又分别称为东道、中道和北道。① 但它们却因官府乏资而荒废不修,日益衰退。而在同时期,东北内部各地以营口商埠为中心指向的商业道路网却日渐开拓和扩展,地位愈发重要。甲午战争之后日本记者小越平隆曾在东北各地游历并撰写《白山黑水录》一书,书中所记载的吉林至珲春、珲春至宁古塔、宁古塔至三姓、三姓至阿勒楚喀及呼兰、呼兰至齐齐哈尔、伯都讷至长春、齐齐哈尔至伯都讷、长春至通江子及法库门、法库门至新民屯及辽阳、山海关至奉天、奉天至吉林、奉天至兴京及吉林、奉天至营口等 13 条道路,可以分成新兴的商路、新商路超越旧驿道、商路延续旧驿道和旧驿道彻底衰落四种情况。

奉天至营口的道路属于逐渐兴起的新商路。它又分成两路,夏季往往经辽阳、海城后,直达营口,约 350 里;冬季由辽阳之南沙河镇,经牛庄城而达营口,约 340 里。

通江子至长春的道路,因商业发达而超越奉天到吉林的旧官道。此道长 500 里,虽无政事关系,但因商业发达而日益重要。沿途府县有农安、康平、奉化、怀德等,皆随东辽河开发,而趋于繁盛。而沈阳到吉林的道路,原为联络盛京与吉林两省省会的官道,其道虽大,但较通江子与长春之间道路为狭。沿途 700 里,除铁岭、开原、伊通州等少数城镇外,其他城镇、村落亦甚寂寥。

商路延续旧驿道者,有伯都讷至长春,长 350 里,马车牲畜往来甚便。长春至吉林道路平坦,旅人如织。吉林至珲春,道路险峻,货物只能马驮。珲春至宁古塔,其道尽通车马,无高山峻岭之阻。

山海关至奉天的道路,因水路和铁路逐渐便利,旧官道乃趋衰落。20 世纪初年,小越平隆看到该道路"或为邻田侵蚀,或自崩坏,细石磊磊如河滩,使过者空怀激烈"②。此外,由吉林、伯都讷至齐齐哈尔官道,长 1 200 里,伯都讷至齐齐哈尔之间多沮如沼泽。雨期道路没水,全不通行。每 60—70 里,逆旅之外,无一村落。再如宁古塔至三姓间道路,长 550 里。在小越平隆写书时,已不可复寻。车马全不能行,只能徒步而行。

光绪三十三年(1907 年)后,随着开放港口和商埠城市的增多,以大连、安东、长春、郑家屯、哈尔滨、三姓、延吉、锦州、承德为中心的商业大道逐渐形成和大量增多。据《满蒙全书》的记载,20 世纪 20 年代以港口、商埠和省会城市为基点的重要道路干线有如下数条③:

1. 以安东为基点,有自安东到延吉的道路,经辑安、通化、临江、长白抵延吉;

---

① [清]徐宗亮:《黑龙江述略》卷一,台湾成文出版社,1969 年影印本,第 26 页。
② [日]小越平隆著,作新社编译:《白山黑水录》,作新社,1902 年,第 38 页。
③ 满铁庶务部调查科:《满蒙全书》第五卷,商业,满蒙文化协会发行所,1923 年,第 763—784 页。

有自安东到吉林的道路,经凤凰、海龙、磐石抵吉林,或经凤凰、宽甸、桓仁、通化、濛江、桦甸抵吉林。

2. 以大连为基点,有自大连经金州、庄河、大东沟到安东,以及自庄河经岫岩到凤凰城,自岫岩到海城,自岫岩到盖平4条道路。

3. 以营口为基点,有自营口到奉天、营口到锦州、营口到海城、营口到新民4条道路。

4. 以奉天为基点,有自奉天经法库、怀德到长春,有自奉天经开原、四平街到长春,自奉天到新民,自奉天到兴京、开原至海龙,自公主岭至吉林等道路。

5. 以吉林为基点,有自吉林经宁古塔到密山,自吉林经榆树到巴彦,自吉林经舒兰到山河屯,自吉林到方正,自宾州到巴彦,自宾州到哈尔滨,自阿城到哈尔滨,自吉林到新城等8条道路。

6. 以长春为基点,有自长春到哈尔滨,自长春到肇州,自长春到郑家屯,自长春经新城到齐齐哈尔4条道路。

7. 以郑家屯为基点,有自郑家屯经洮南到东乌珠穆沁,自郑家屯经白音太来到开鲁,自郑家屯经法库到新民,自郑家屯经博王府到彰武等道路。

8. 以哈尔滨为基点,有自哈尔滨到依兰,自哈尔滨经海伦到黑河,自哈尔滨到齐齐哈尔的3条道路。

9. 以依兰为基点,有自依兰到同江,自同江到萝北,自依兰到萝北,自依兰到密山,自依兰到宁古塔5条道路。

10. 以齐齐哈尔为基点,有自齐齐哈尔到海拉尔,自海拉尔到室韦,自齐齐哈尔到洮南,自齐齐哈尔到黑河4条道路。

11. 以延吉为基点,有自延吉到吉林,自延吉到宁古塔,自延吉经珲春、东宁到穆棱3条道路。

12. 以锦州为基点,有自锦州到赤峰,自锦州到新民,自锦州经小库伦、郑家屯到哈尔滨,自锦州经奈曼府、达尔罕王府到齐齐哈尔,自奈曼府到赤峰,自朝阳到彰武台边门,自锦州到山海关7条道路。

13. 以热河为中心,有自热河到北京,自热河到朝阳,自热河经赤峰、开鲁到洮南,自赤峰到林西,自热河经乌丹、阿鲁科尔沁到齐齐哈尔,自乌丹到西乌珠穆沁王府6条道路。

概言之,清前中期东北陆路大道是出于军事和政治上的需要发展起来的,近代则以商港和商埠为中心的陆路交通逐渐发展,这些新的商路构成了东北开发的交通动脉。不过从空间上看,东北中央平原地区的地形平坦,地面起伏较小,道路稠密,四周山地及草原地区的道路相对稀少。如东北西南部的卓索图盟各旗及热河都统管辖地方,山间道路险峻,车辆通行困难,货物依赖马驮,草原及沙漠地带有时也靠驼队运输。直到现代化公路大规模修筑之前,东北道路质量并没有大的改善,自然条件对道路通行的制约较大。土质路面由于大车碾压,车辙凹凸不平,有的甚至达到七八寸深,夏季降雨多时,变成沼泽一片,使得通行非常困难。

2. 广大乡村冬季大车运输的繁盛

东北春夏秋三季,是农家播种和收获的时期,特别7、8两月雨水较多,道路泥泞,通行不便。冬季是农闲时期,再加道路结冰,驰骋自由,因此每年自11月至翌年3月,是东北陆路交通最为旺盛的时期。在此时间,农民利用马车把大豆等农产品运至市场,同时再从市场购置衣物等日用品回家春节。

这种专司货运的马车,东北当地又称之为"大车"。乡村农家多半置备,驾牲畜多少视货物轻重而定。多者12头,中者七八头,少者四五头,载重量由0.5吨至2.5吨不等。19世纪中后期,辽河流域以外的广大内陆,所产大豆如欲运销至营口,均先用大车装运至辽河沿岸码头城镇散置,待来春辽河解冻时再水运到营口出口。此外,冬季时也有成千的大车从齐齐哈尔、吉林直接长途赶赴营口。1890年冬季海关贸易报告记载:"长途大车自宽城子、船厂,运到本口计程一千里至一千四百里等。运豆到营口,一般用六七套马车,每车约载五十担即三吨又四分之一(每吨一千六百八十斤)。每日可行五十里至八十里,以路途优劣而别也。行程十日以上。至大车最远到口者,约系由卜魁装油而来,距本口有两千六百里,须行三四十日始能抵口。每车用二人,一在车旁随行,一在货上稳坐。手持巨鞭,不时吆喝,以警骡马远行。阅其牲口体质,极其坚固肥壮。因歇于客店,夜置院中不但无所遮蔽并能耐受风霜用是。共六七百辆,马计四万三千五百五十匹。中途地方一般用四五套大车,每车大豆或高粱载重三十三担(两吨),行程四五日。共一万一百辆,骡马计四万五千四百五十匹。三套牲口大车,载大豆或柴薪秸秆约十六担(一吨),行程一二日。共一万三千三百辆,骡马计三万九千九百匹。"①又据1900年海关贸易报告记载,营口城"查自九月二十五日立冬起至十一月二十日,此五十五日内,各门入境货车共进车三万一百辆,骡马计十二万八千九百匹。平均每日可进车五百四十七辆,骡马计两千三百四十匹。一进一出每日共车一千九百十四辆,计骡马四千六百八十匹。百日之中进货约十万吨,收车捐银一千两"②。

另据20世纪初年调查,东北中北部吉林的大车有7 000辆,长春4 000辆,哈尔滨5 000辆,齐齐哈尔1 800辆,其他州、厅、县的大车有100到1 000辆不等,如阿什河1 000辆,海拉尔800辆,瑷珲300辆,呼兰300辆,三姓100辆,奉化300辆,四平100辆等,县城以下的各重要商业城镇大车各有数十辆不等。③ 20世纪铁路逐渐发达以后,每到当年10月至次年3月粮食出口时期,东北各处大都以大车

---

① 《光绪六年牛庄口华洋贸易情形论略》,中国第二历史档案馆等编:《中国旧海关史料(1859—1948)》,第8册,京华出版社,2001年,第92页。
② 《光绪十六年牛庄口华洋贸易情形论略》,中国第二历史档案馆等编:《中国旧海关史料(1859—1948)》,第16册,京华出版社,2001年,第90页。
③ [日]守田利远:《满洲地志》,东京丸善株式会社,1906年,第141页。

运粮食至铁路各车站,再转运至港口。盖因冬季乡民及马匹均不从事农作,此外,所有河渠亦已冰冻,道路甚觉平坦。①东北南部的开原、昌图,东北北部的安达、长春、下九台等地均为著名的大车汇集之地。

因第一次世界大战和俄国十月革命的影响,东北北部中东铁路制订的民用货物运输规则极不合理,铁路运费昂贵,运转不畅,相反大车运输则十分繁盛,甚至还出现了现代铁路竞争不过大车运输的不正常现象。1920年东北北部的大车运输达到极盛,向外输送总量为8190千吨,输入货物为2326千吨,输出量约占东北北部对外输出货物总量的一半。②此外,在20世纪20年代,东北北部的大车甚至也比汽车运输重要。哈尔滨的海关十年贸易报告曾如此评论:"哈尔滨、长春间的长途汽车,虽有日商出资经营,但营业不佳,最终失败。原因在于,哈、长之间的往来货物,多借助旧式大车运输,较之火车和汽车,运费低廉。每值冬季,哈尔滨西南各路大车往来如织。不但大豆、黍谷、麦粉等物由其转运,其余进口货物,如布匹、糖、铁器等,亦无不是赖焉。"③

当然,马车运输也有受自然气候限制的短处,夏季道路泥泞时,马车短途运输较多。此外,因东北近代还是开发初期,治安不良,盗匪甚多,这也是大车运输的不利因素之一。如营口开港之初,周围大小匪帮达数十股。同治八年(1869年),由官兵押运的山海关上缴户部的关税银20万两在锦西就被"海砂子"劫走,盗匪猖獗程度可见一斑。农户运输,长途货运马车往往结队而行,十辆或以上结成一队,雇佣镖局的武装人员负责商队安全。光绪年间,营口有大小镖局23家,镖师、趟子手和脚夫共400余人。商家起运货物都找镖局押运,按脚程远近、货物所值取不同镖利。20世纪初100两银的货物保险费要4吊钱。④直到1930年,营口还有大小镖局40余家。⑤当时记者调查记述:"土匪常来袭击这些土特产商人,所以粮栈雇佣保镖。这些保镖身穿军裤,脚蹬马靴,腰间和臀部各带有两把手枪,即每人身上都带有四把手枪,这是他们的特征。"⑥土匪抢劫给大车长距离的货物流通带来了严重的外部环境威胁,增加了商业成本。不过在近代东北地区,农民牲畜较多,又有较长的农闲期,冬季大车能在任何道路或河道上行走,这些独特的优势使畜力大车有一定的竞争力,在商品运输渠道中始终占有一席之地。

二、河运的变迁

东北的河流,有辽河、鸭绿江、黑龙江、松花江、乌苏里江等水系。从地理条件

---

① 东省铁路经济调查局:《北满与东省铁路》,哈尔滨中国印刷局,1927年,第412页。
② 傅恩龄:《南开中学东北地理教本》,上册,南开中学自印,1931年,第61页。
③ 《哈尔滨关十年贸易报告(1922—1931)》,中国第二历史档案馆等编:《中国旧海关史料(1859—1948)》,第157册,京华出版社,2001年,第333页。
④ [日]守田利远:《满洲地志》第3卷,东京丸善株式会社,1906年,第140页。
⑤ 于阜民、阎海、段速敏:《营口史话》,黑龙江人民出版社,2003年,第149—150页。
⑥ [日]草柳大藏著,刘耀武等译:《"满铁"调查部内幕》,黑龙江人民出版社,1982年,第209页。

上看,东北南部的河流河道曲折多淤,水浅量小,大多仅可容小型传统帆船行驶,相比之下北部河流的运输能力较大。不过因冬季严寒,冰期太长,此外受夏季雨期和雨量影响,北部河流的航行时间受到限制,通航期不如南部河流的长。如黑龙江通航期一年约150—160日,嫩江为220日,乌苏里江为200日,松花江为220—240日,辽河约230日。总的来说,近代东北南部辽河流域的帆船航运率先繁盛,其后北部的松花江、黑龙江、乌苏里江也行驶轮船,河运发展最快。

1. 东北南部河流帆船运输的兴衰

辽河发源于内蒙古高原,南北贯流东北平原,经营口注入渤海,长达1 430余公里。两岸土地肥沃,农产富饶,人口稠密。嘉庆年间,辽河航运开始兴起。咸丰十一年(1861年)营口开埠后,至东北铁路建设之前,东北交通以辽河水运为中心。辽河干流(自营口至郑家屯间)及其支流浑河、太子河等,均可通行,沿岸大小码头有50余处。不过各河段的承载能力不同,"自河口至营口三十九里,通大汽船。自河口至双岔二百八十八里,通小汽船。自河口至通江子千四百十九里,可行民船"[1]。

日俄战争之前,辽河帆船航运达到极盛。当时船只不下10 000余艘,每年输送货物数量,下航货物米谷1 300石内外,上航货物杂货3万余件。[2] 帆船种类主要有牛船、槽船两种。载货的牛船前后呈尖角的形状,槽船比牛船形状稍大,前后呈方形,但两种船的船底都是扁平的,便于在浅水和沙滩间航行。牛船大者造价250两银,载重量70石,小者造价140量银,载重30石;槽船大者造价320两银,载重80石,小者造价200两,载重50石。一件杂货的重量100斤上下,比如砂糖一包130斤,若按件数计算,载重50石的槽船通常载有100余件杂货。

一个船主通常拥有两三艘到七八艘牛槽船。若船主有五六艘牛槽船,通常会把这些船编成一队,船主在最前的船只操控支配,或者船主专门聘用船把头(掌舵者)一人,统领整个船队。除承揽商人货物并收取一定费用外,船主有时也自营商业。如某次船运从营口到铁岭上行,承揽到的货物较少,船主会自己购买一定数量的砂糖、盐等杂货,然后沿途寻找时机销售获利。临机应变是船主或船把头的责任。除船把头外,一只牛槽船上同时也雇佣两到三位掌蒿者(水夫)和一位厨师(水夫往往兼任)。

据光绪三十一年(1905年)的调查,营口到辽阳(黄家岭子)的航运水路为620里,到奉天(长滩)670里,到通江口1 380里。营口到通江口上航最快十四五日,慢则二十四五;下航最快八九日,慢则十二三日。夜间因防马贼盗匪抢掠或者不知河流深浅,所以一般都停泊休息。辽河每年3月下旬解冰,4月开始航行,至11月结冰,航运期为七八个月。在此期间,航行船只上下往返7次的少,大多是6次。[3]

---

[1] 华企云:《满蒙问题》,大东书局,1931年,第73页。
[2] 王树枏、吴廷燮、金毓黻纂:《奉天通志》,卷一百六十三,交通三,航路下。
[3] 日本外务省:《南满洲ニ於ケル商业》,东京金港堂书籍株式会社,1908年,第558—569页。

北宁、南满、四郑、郑通、沈海等铁路发达以后,因运输时间长、装载量小、河道未疏浚而航行困难等原因,辽河上的船只逐年减少,水运重要性大为降低。如宣统元年(1909年)海关发给牌照的辽河航行船只有 4 580 艘,到 1923 年仅有 1 330 艘。① 不过直到 1931 年前后,在沿河各地、铁路沿线以及辽西一带,每年仍大约有 1 000 艘以上的大小船只往来于辽河中下游之间。② 帆船水运在和铁路运输的竞争中顽强地延续,是因为它也有以下的优点:一是水路运费及其他杂费较铁路可省两到三成;二是铁路托运手续繁多,而水运船店对装运的一切负完全责任,许多烦琐手续可以省去;三是货物损坏程度较小,比如大豆,铁路运输常变干燥,重量减少,而水路输送可以吸收适当水分,除重量可以增加外,含水分较多的大豆也易压榨豆饼;四是货币不同,东北币制特别复杂,在南满铁路运输须换日币,在京奉铁路须换现大洋,既费手续,又受损失。但民船输送,可以用其地所用货币支付。③

鸭绿江发源于长白山脉,跨中朝国境,与支流浑江同经安东而注入黄海,全长约800公里,"自江口至安东三十七里,当满潮时,可通航载重五百吨以下的轮船。由江口至外察沟百二十海里,可航小轮。惟上溯至帽尔山,则以水多滩峭之故,仅有民船可航"。④ 因上游地方森林资源丰富,中游浑江、瑷河等流域地方自 19 世纪初就有山东移民来垦,农业发达,所以促成了近代鸭绿江水路运输的发达。

鸭绿江上航货物,多为杂货、盐、面粉、石油等日用品,下航货物,以大豆最多,杂谷、豆饼次之,常由临江、楫安、通化、宽甸、桓仁起运,下至安东。而通航船只,多为槽子,通常载运量为 40—130 石,数量约有 700 余艘。临江与安东间上行需 40—50 日,下行约 15—20 日。另有平底船,底部平,吃水浅,专为适应鸭绿江上游航行,可抵至长白县惠山镇,大者载货 140 石,小者 40 石,数量约有 500 余艘。1920 年后还有安装马达的木船,由十三道沟到安东 602 公里的水程,下行 2 日即可抵达。⑤ 1930 年下航货物 32 万吨,上航货物 1.5 万吨。⑥

此外,近代鸭绿江上游森林地带所采伐的木材,都由二十四道沟向下游漂放至安东。木排形制分为本地与日本式两种,后者的漂放速度较前者快。由惠山镇至安东,本地木排需 60—80 日,日本木排只需 15—20 日。20 世纪 20 年代是安东木材出口最繁盛时期,每年的木排数目有 13 000 多张,每一张木排银价在 3 500—4 000 两左右,总值 4 000—5 000 万两,约合 7 000 万现银圆。⑦

图们江全长 502 公里,因上游出自山地,河谷狭窄,不利航运。自河口上溯 300 公里一段,较宜通航。但因铁路与江平行,故而近代水运不发达,主要以木筏漂运

---

① 东北物资调节委员会研究组:《东北经济小丛书·运输》,中国文化服务社,1948年,第 49 页。
② 东北文化社编印处:民国二十年《东北年鉴》,东北文化社,1931年,第 562 页。
③ 傅恩龄:《南开中学东北地理教本》,上册,南开中学自印,1931年,第 132 页。
④ 华企云:《满蒙问题》,大东书局,1931年,第 73 页。
⑤ 傅恩龄:《南开中学东北地理教本》,上册,南开中学自印,1931年,第 132 页。
⑥ 东北物资调节委员会研究组:《东北经济小丛书·运输》,中国文化服务社,1948年,第 71 页。
⑦ 武堉干:《中国国际贸易概论》,商务印书馆,1930年,第 423 页。

为主。

2. 东北北部河流运输的变迁

松花江发源于长白山,经西北平原与嫩江合流,通过哈尔滨向东北畅流,全长1 900余公里。近代为了满足货物尤其是秋粮运输之需,松花江干流的航运得到开发,其航程分吉林至嫩江合流处、嫩江合流处至哈尔滨、哈尔滨至同江上、中、下三段。松花江可以长年行船的水域,系由嫩江口起,至黑龙江合流处止。在水势浩大之年,能沿嫩江口以上之松花江而达吉林。① 嫩江,发源于伊勒呼里山南麓,经甘河转向西南至齐齐哈尔,然后再转东南与松花江主流汇合,全长1 300余公里。嫩江上游河段水流湍急,不便通行。自嫩江城至齐齐哈尔一段水域,则较宜通航。自齐齐哈尔至与第二松花江合流处,水量最适于航行。嫩江航段与平齐、齐北等铁路线相衔接,对于各条铁路的运输,具有重要辅助作用。第二次鸦片战争期间中俄《瑷珲条约》及光绪七年(1881年)的《中俄改订条约》签订后,原来属于中国内河的黑龙江和乌苏里江变成了中俄两国船只航行的国际河流。但直至1917年俄国十月革命前,沙俄政府一直漠视条约,视黑龙江为其禁脔,阻挠华轮行驶,且不准海关在瑷珲及大黑河两口登船检查。②

同治十年(1871年),俄国成立黑龙江汽船公司,汽船航行于黑龙江与乌苏里江,每年获利几十万卢布。此后,该公司又擅自在松花江开辟航线,清政府未加制止。光绪二十二年(1896年)中东铁路公司以运送铁路器材为名,到英国、比利时订购汽船和驳船。光绪二十四年(1898年)中东铁路公司有汽船18艘、小汽艇14艘、钢制驳船40艘、木制驳船40艘和挖泥船1艘。以哈尔滨为中枢,西北可沿嫩江抵达嫩江城,南下可抵达吉林省会,沿江而下,可经伯力、庙街而出鞑靼海峡,南则集中于海参崴,可控制黑龙江、松花江交通运输。

光绪三十三年(1907年)后,吉林、黑龙江两省自办航运业。光绪三十四年(1908年)起,中俄开始商谈松花江航运事宜。次年,中方松黑两江航运公司成立,购置了9艘轮船和驳船。1910年8月,中俄双方签订《松花江行船章程》,宣布松花江主权在中国,由中国设关征税,但中国承认俄轮船有权在松花江行驶。据阿穆尔水利局统计,1915年,在黑龙江、松花江和乌苏里江三江航行的船只,属于中东铁路公司和其他俄国船主的有汽船262艘、货船289艘、汽艇80只,属于中国船主的仅有汽艇18艘。③ 直至1917年十月革命前,俄国在东北北部河流水运占优势的局面没有根本改变。十月革命后,俄国船只成批出卖,1918年中国设立戊通商船公司,中国在松花江及黑龙江上的航运业自此开始壮大。1924年东北地方政府再次

---

① 东省铁路经济调查局:《北满与东省铁路》,哈尔滨印刷局,1927年,第419页。
② 《瑷珲关十年贸易报告(1922—1931)》,中国第二历史档案馆等编:《中国旧海关史料(1859—1948)》,第157册,京华出版社,2001年,第308页。
③ 程维荣:《近代东北铁路附属地》,上海社会科学院出版社,2008年,第221页。

声明松花江为中国内河,严禁中东铁路公司船只航行。1926年9月,东北海军江运部成立,中国开始自主管理航运,松花江内河航运权终被收回。1918—1923年间,中苏两国船只得以在黑龙江、乌苏里江及额尔古纳河两岸自由贸易,但1924年苏联封锁边境之后,中苏船舶仅能往来于本国沿岸而已。1926年官商合办企业戊通公司改组成东北联合航务局,黑龙江上、中两段航行船只,均归其管理。此后该局联络所有北满轮船公司,企图组织哈尔滨官商航业总联合局,最终因众多航商反对而未成功。①

1931年九一八事变后,日本攫取了东北北部航运权益,1937年设北满江航运局统制航线。据统计,1930年松花江水运旅客17.2万人,1935年水运旅客50万人;1933年松花江共载运农、煤、木材、矿产、杂货等货物61万吨,同期东北北部铁路东、西、南三线运输货物251万吨。② 再从运输路径上看,农产品多由松花江下游地方输送至哈尔滨,除小部分在当地消费外,其余均利用铁路向南输送;煤炭、其他矿产物及木材,均在哈尔滨消费,仅一小部分木材南运;杂货则相反,多由哈尔滨向松花江下游或更远的黑龙江、乌苏里江流域输送。由此可知,水运货物除杂货外,80%均系自上、下游地方向哈尔滨集中。③ 黑龙江航运,以黑河为中心,有室韦至漠河、漠河至黑河、黑河至金山镇、黑河至奇克、黑河至佳木斯5条航线,船只687艘,其中523艘为货船,其余为伪满航运局所管旅汽船。黑河为货物集散中心,上运以面粉、米谷、豆类、豆油及日用品为主,下运以毛类、皮革、木耳及沿江所产金砂为主。哈尔滨至黑河铁路通车后,陆路交通更刺激水运,两者相依互利。乌苏里江,以虎林为枢纽,有虎林—龙王庙和当壁镇、虎林—密山、虎林—富锦、虎林—饶河、虎林—佳木斯、虎林—哈尔滨等数条定期航线。

第四节 邮政与电讯的发展

一、从通商口岸开始的邮政

清中期,东北陆路大道设有驿站,专门传递政府公文,而民间和商业信件传递唯一依靠的是以信用为基础的民间信局。信局数量颇多,通常不以外观上吸引人,常在陋巷或者小街一角设置铺面,高悬招牌,大书某某轮信局或某某信局,投送地点详列于下方。店内设有账房,店员人数根据店面的大小和营业区域的广狭而定。业务以寄递信件或物品为主,东北地区的信局,也有兼营镖局的,收取货物运输安全保险费。

---

① 《瑷珲关十年贸易报告(1922—1931)》,中国第二历史档案馆等编:《中国旧海关史料(1859—1948)》,第157册,京华出版社,2001年,第309页。
② 东北物资调节委员会研究组:《东北经济小丛书·运输》,中国文化服务社,1948年,第65页。
③ 东北物资调节委员会研究组:《东北经济小丛书·运输》,中国文化服务社,1948年,第64页。

19世纪中后期,东北各信局总局设于营口,内地城镇各设分局。规模大的,有管账1—2人,管信2人,上街4人,脚夫20—30人等。收信由上街者每日往各商号或住户收集,由管信人分拣,交脚夫肩挑背负,或者用车马装载运往各地分局。普通信件日行50里,急信日行80里。急信信资每封80里130—140文,送偏僻地方,可能加资到400或500文。① 据调查,当时奉天以义合信局最大,它在长春、铁岭、开原、通江子、吉林、阿什河、哈尔滨、双城堡、奉化县、怀德县设有支局。该信局送信可到的尚未设支局的地方,还有宁古塔、珲春、三姓、宾州、巴彦苏苏、蚂蜒河、敦化县、延吉县、伯都讷、天津、北京等地。11个本支局员工共计230—240人。从业务量上来看,奉天每日向北发送到长春、吉林一带约300余信件,吉林寄到南方各埠之信每日100余件。此外,吉林还有德盛信局,在珲春、宁古塔、伯都讷、齐齐哈尔四处设有支局;齐齐哈尔有义和信局,在北团林子设有支局;磨盘山有三合信局;哈尔滨有义和信局,在齐齐哈尔、长春、北团林子三处设有支局等。②

鉴于清朝传统邮政制度的缺陷和不便,清末海关积极在通商口岸包揽新式邮政。东北近代邮务与内地各省一样,也是由当时的海关率先创办的。光绪四年(1878年)天津试办到牛庄的邮递业务,与轮船招商局签订合同带运,或冬季结冰时由邮差递送。冬季天津与牛庄间的邮件,由6名骑差递送,每星期一次,需要八天半时间。③ 光绪二十二年(1896年)海关正式兼办邮政,在营口设立了东北地区的邮政总局,除通商口岸互相往来或与外国间寄递外,也办理通商口岸与内地的寄递业务。④

光绪二十六年(1900年)后因庚子事变影响,营口邮政业务暂停,光绪二十八年(1902年)再次开通。到1903年7月,东北各地以营口邮政总局为中心,设有32个邮政分局,盛京辖境有牛庄城、海城、辽阳、奉天、铁岭、开原、奉化、盖平、熊岳、锦州、田庄台、大路烟台、通江子、新民屯、广远州、沟帮子、广宁、昌图、公主岭、八面城、法库门;吉林辖境有吉林、双城堡、阿什河、长春、宁古塔、伯都讷;黑龙江省有齐齐哈尔、呼兰城、绥化厅。⑤

现代邮政对传统驿站和民信局均造成巨大冲击。宣统元年(1909年)东北各地相继设文报局,接收公文后再转交邮政局寄递,延续上百年的旧驿站被裁撤。同时,在现代邮政创办之始,即允许民信局在通商口岸海关邮局挂号,允许其代递信报,也有意把民信局吸纳到邮政之中。自光绪二十二年(1896年)营口邮政正式开通之后,传统信局先后向营口邮局挂号。后随着邮政业务的扩张,传统民信局的运营日益窘迫。宣统二年(1910年)东北民信局所发信件由38 000减至

---

① 王树枏、吴廷燮、金毓黻纂:《奉天通志》,卷一百六十六,交通六,邮政。
② [日]守田利远:《满洲地志》第3卷,东京丸善株式会社,1906年,第122—123页。
③ 王树枏、吴廷燮、金毓黻纂:《奉天通志》卷一百六十六,交通六,邮政。
④ 王树枏、吴廷燮、金毓黻纂:《奉天通志》,卷一百六十六,交通六,邮政。
⑤ [日]守田利远:《满洲地志》第3卷,东京丸善株式会社,1906年,第110—111页。

20 000。①此时吉林、黑龙江两省因地域辽阔和邮政分所不足,传统信局尚保持一定的势力。②

宣统二年(1910年)以营口为中心的邮区改为东三省邮区,管理总局移至奉天,在吉林、哈尔滨、长春、安东、锦州、营口设立6处副总局。1913年后,辽宁、吉林、黑龙江各主要城市如营口、长春、吉林、哈尔滨、安东设一等邮局,其余县市或重要城镇设二等、三等邮局、代办所及信柜等。③1921年,东北邮区又分成南北两部分,北部以哈尔滨为管理总局,管理吉黑两省邮务;南部以奉天为管理总局,管理奉天省邮务。④1922—1931年的10年间,东北北部的邮政事业突飞猛进,邮局、邮寄代办处及邮路均大量增加。截至1931年,东北北部城镇可直通邮件者共有974处,邮局兼办汇款业者342处。⑤

光绪三十年(1904年)前,东北邮政主要是以营口通商口岸为中心,开辟通往各省城及稍偏府县的邮路。光绪三十二年(1906年),邮差线路开拓最长者,是从北京到承德,再到朝阳的邮路,再往南即与营口邮局相连。光绪三十四年(1908年),新增奉天至通化、四平街至辽源州、开原至海龙、安东至通化等邮差路线,总路线已增加至5 000里。1916年东北邮差路线延长至8 046里。1920年全国邮差总路线为475 000里,而东北地区占有45 855里。⑥

入民国后,除陆路和水路邮路外,东北邮政开始借助现代轮船、铁路交通,开辟快件业务。以1907年开埠的安东为例,它于开埠当年设立邮局,1912—1921年的十年间,安东的邮政事业取得了巨大进步。当时开通了四条急件邮路,其中两条沿安奉铁路,一条沿鸭绿江而上,一条顺流而下。因为是急件邮路,每天都要从信箱中收取邮件一到五次。这时期从安东到上海邮寄邮件大概时间是4天,到天津是2.5天,到北京是2.75天,到东京是4天,到纽约需要29天,到伦敦需用39天。⑦1922—1931年间,安东邮局邮路大体为三:其一是凡寄往中国关内各省的邮件,全由安东运至沈阳,再由沈阳邮局转经北宁铁路分寄各地;其二是凡寄往鸭绿江上游各处的邮件,在夏秋季节时,全利用电船溯江而上,可达临江,路程计960里,三日可达,返程则仅需两日。至于沿江附近各处邮件,则以小轮船传递;其三是凡安东附近区域及冬季时鸭绿江上游各地的邮件,均由邮差陆路传递。⑧1920年后,东北还曾尝试办理航空邮件。如1924年时,营口曾在五台子的地方,筑有一处

---

① 王树枬、吴廷燮、金毓黻纂:《奉天通志》,卷一百六十六,交通六,邮政。
② [日]守田利远:《满洲地志》第3卷,东京丸善株式会社,1906年,第124页。
③ 满铁庶务部调查科:《满蒙全书》第五卷,商业,满蒙文化协会发行所,1923年,第694页。
④ 王树枬、吴廷燮、金毓黻纂:民国《奉天通志》卷一百六十六,交通六,邮政。
⑤ 《哈尔滨关十年贸易报告(1922—1931)》,中国第二历史档案馆等编:《中国旧海关史料(1859—1948)》,第157册,京华出版社,2001年,第334页。
⑥ 王树枬、吴廷燮、金毓黻纂:《奉天通志》卷一百六十六,交通六,邮政。
⑦ 《安东关十年贸易报告(1912—1921)》,中国第二历史档案馆等编:《中国旧海关史料(1859—1948)》,第156册,京华出版社,2001年,第76页。
⑧ 《安东关十年贸易报告(1922—1931)》,中国第二历史档案馆等编:《中国旧海关史料(1859—1948)》,第157册,京华出版社,2001年,第394页。

飞机场,原设想为办理营口与沈阳之间航空邮政所用,后因成本昂贵而未实现。①为传递迅速起见,1924年成立北满—欧洲间夏季航空邮递,"惟飞机仅以西伯利亚的伊尔库茨克为起讫地点,并不直达北满。现在欧亚航空公司业已成立,一俟满洲里与伊尔库茨克间航路开通,上海所发信件,便可航空直达伦敦也"②。

随着现代邮政邮路的不断延长,并借助轮船和铁路甚至航空交通,再加制度规范严密,收费合理,因此邮件和包裹递送业务增长迅猛。1907年营口邮区总邮件达到500万件以上,1917年东北邮政收发邮件已增长至9 569万余件,其中包括信函和小件包裹。③相比之下,传统民信局却逐渐被邮政所取代。1914年东北民信局由前四年的每年20 000件以上的信件,减少到仅有2 100件。1920年东北仅有挂号民信局两家,但该年并无交寄包封,次年均行歇业。④

1932年后,伪满交通部在长春设立邮政总局,同时在长春、沈阳、哈尔滨、锦州、牡丹江设5所邮政管理局。该时期进一步增辟或改善邮路,力求送递迅速和普遍。邮路有以下四大类别:铁路邮路,尽量利用已成铁路,以求运递迅速;道路邮路,1932年约长62 000公里,1933年底扩增至102 000公里,穷乡僻壤亦可送达;航空邮路,1932年底总长约24 000余公里;水路邮路,主要在夏季利用河道,尤其在铁路未通之处,此种邮路颇显重要。到1942年,东北各地有邮政局584个,邮政办事处1 741个。该年共收发32 258万余普通邮件,322万余小包邮件。⑤

二、电讯的兴起和发展

东北电报,始创于光绪十年(1884年),以上海、天津、山海关延长至营口、旅顺的电线为嚆矢。其后为了在边防建设中信息传递灵通,光绪十一年(1885年)将此线延至奉天,次年又由奉天延至吉林、宁古塔、珲春,⑥光绪十三年(1887年)由吉林架设到黑河。截至清末,东北共有6条重要电报线路:第一线,从北京过山海关,经锦州府、营口到金州厅及旅顺;第二线,营口至奉天府;第三线,辽阳州过凤凰城、义州,到朝鲜平壤;第四线,从奉天府过铁岭、开原,到吉林省城;第五线,从吉林府过宁古塔到珲春;第六线,从吉林府经齐齐哈尔城到瑷珲。⑦当时东北州厅及以上驻地全部连通,中国自办电报线共长4 909公里,并设电线守备站,有专门人员巡视。⑧电信局所在地如下:盛京境内有山海关、锦州、新民厅、奉天、辽阳州、营口、

---

① 《牛庄关十年贸易报告(1922—1931)》,中国第二历史档案馆等编:《中国旧海关史料(1859—1948)》,第157册,京华出版社,2001年,第454页。
② 《哈尔滨关十年贸易报告(1922—1931)》,中国第二历史档案馆等编:《中国旧海关史料(1859—1948)》,第157册,京华出版社,2001年,第334页。
③ 满铁庶务部调查科:《满蒙全书》第五卷,商业,满蒙文化协会发行所,1923年,第16页。
④ 王树枏、吴廷燮、金毓黻纂:《奉天通志》卷一百六十六,交通六,邮政。
⑤ 金毓黻主编:《东北要览》,国立东北大学,1944年,第335页。
⑥ 中国边疆史地研究中心、中国第一历史档案馆合编:《珲春副都统衙门档》,第124册,广西师范大学出版社,2006年,第6—8页。
⑦ 日本参谋本部编纂课:《满洲地志》,东京博文social,1894年,第269—270页。
⑧ 伪满国院总务厅情报处编印:《满洲帝国概览》,1936年,第264页。

金州、大连、旅顺、凤凰城、安东县、铁岭;吉林境内有长春、伊通州、吉林、宁古塔、萨奇库站、珲春、伯都讷;黑龙江省境内有齐齐哈尔、博尔多、墨尔根、海兰泡。其中奉天、吉林、齐齐哈尔三省城为电报主局,直属于天津总局,人员与经费等皆由总局任派或支办。①

1916年东北地区设奉天电报局为奉吉黑区域总局,奉天、营口、吉林、哈尔滨、齐齐哈尔为一等电报局,锦州、安东、长春、三姓、昌图、洮南、延吉、铁岭、通化、大孤山、宁古塔、海兰泡、珲春、承德、经棚为二等电报局,其他城镇为三等电报局。据1923年的统计,全国电线共有9万余里,其中东北电线有10 288里。②

光绪三十一年(1905年)俄国在哈尔滨设置无线电台,可与赤塔、伯力和海参崴传递消息。③ 1922年营口创设无线电台,为中国电信业之滥觞,同年中国收回哈尔滨无线电台改为分局,翌年又在奉天设立分局。奉天无线电台最初仅在奉天城内清故宫院内装设了收发报机,与各大商埠如长春、哈尔滨、齐齐哈尔、营口等处传递政府电文。1924年又在故宫大政殿内安装功能更强的收发报机,可直接接受欧美及世界各国电报,并与德国柏林无线电交通社订有合同,凡欧洲拍来的官商无线电报,均可接受代送,这是与欧美直接通信的滥觞。

1924年秋,奉天北大营的长波电台竣工,当时正值直奉二次战争,采用它传递政府电文的成效显著。其后除供政府拍发电文外,逐渐注重商报,营业蒸蒸日上。1925年1月,该台又与法国巴黎无线电总公司订立合同,开放中国全境官商各报,同时又可与中国边区昆明、迪化等处直接通报,以往月余才可得到的电报,日内可以收到,商民均称便利。1927年6月又在大北门外建设短波电台一所,可与欧洲直接通信,平津沪汉各埠出洋电报,多由沈阳台转递,收入日增。1931年,又添设广播无线电台,可与美国直接通电。④

1930年东北交通委员会将全区无线电改为总台制,以沈阳台为总台,统辖各地分台。并注重商业,每月收入不下3万余元。其他分台用于商务也运营较好,如营口分台,1922年初仅装军用机,收发政府电文,后因官电少而锐意收发商报,并可与海上船舶通信。1930年时,每月收入约2 000元。葫芦岛分台于1930年6月安装,在该年7月2日葫芦岛筑港开工典礼前已可与各地台通信,每月收入在1 000元以上。在1931年前,兴安屯垦区内的洮安、洮南、索伦等地也设有无线电台,因无商报可收,开销甚巨,为便利军事通信起见,由兴安屯垦区公署管理。⑤

1876年美国人发明了电话并投入使用。20世纪初年,东北各大港埠城市开始

---

① [日]守田利远:《满洲地志》第3卷,东京丸善株式会社,1906年,第112页。
② 满铁庶务部调查科:《满蒙全书》第五卷,商业,满蒙文化协会发行所,1923年,第727页。
③ 《哈尔滨十年贸易报告(1922—1931)》,中国第二历史档案馆等编:《中国旧海关史料(1859—1948)》,第157册,京华出版社,2001年,第335页。
④ 《沈阳关十年贸易报告(1922—1931)》,中国第二历史档案馆等编:《中国旧海关史料(1859—1948)》,第157册,京华出版社,2001年,第373页。
⑤ 王树枬、吴廷燮、金毓黻纂:《奉天通志》卷一百六十五,交通五,电政。

传入并相继安装短途和长途电话。光绪二十九年(1903年)中东铁路公司在哈尔滨创办电话公司,宣统三年(1911年)有电话964部,1916年为1 245部,1920年为2 276部。1922年,开始安装自动电话并敷设长途电话,1928年中国政府把电话业务收归自办。① 光绪三十二年(1906年)时大连电话用户数达到785位,电话线路总长1 437.36公里;宣统三年(1911年)电话用户数增至3 272位,电话线路长度延长至10 867.29公里。长春以及其他铁路车站所在城市均可通过长途电话与大连及旅顺港取得联系。② 1920年大连的电话用户数为10 562位,大连和安东之间的长途电话已提供公共服务。1921年底,伴随现代电话服务自动化的转变,大连新电话局大楼落成。③ 安东的电话通讯,光绪三十四年(1908年)由官商合办,当时共花费17 000美元,其中官方投资5 000美元。在1912年时,仅有20个电话用户,到1921年,用户已增至20倍以上。用户的初装费在100至200美元之间,每号每月的话费6至8美元不等。1912—1921年的10年间,安东电话局共盈利6万美元。④ 1926年安东电话局改为商办,装设复叠交电机,式样新颖,获利优厚,每年竟达小洋4万元。到1931年,安东共装设电话726部。海关十年报告如此评论:"现在安东附近村庄,亦设有长途电话。其设置目的,原为各处警察传达消息之用,逮至今日,则准人民公共应用,惟须稍纳电费耳。"⑤ 沈阳电话设于光绪三十二年(1906年),1930年改为自动式。至于长春、北镇、锦州、辽源、沟帮子等处,亦分别于1906、1912、1914、1918、1922年先后敷设电话。至1931年,沈阳、山海关、长春、营口各城市之间,及铁岭至法库门、四平街至洮南,均设有长途电话,并皆为华人所办。⑥

九一八事变后,电报、电话业务改属伪满交通部,嗣后又合组满洲电信电话株式会社,经营电报、电话和广播三种业务。因电话、电报在当时东北已相当普遍,所以伪满时期力谋无线电事业发展。该时期对外通讯,以长春无线电台为主,对各地均可直接联络,同时为加强与日本的联系,东北20余个大城市可与日本通过无线电联络,而安东、图们则为对朝鲜通讯的中心。

1927年夏,因广播无线电风行世界,无线电长途电话监督处遂于沈阳商埠地马路湾创建广播台。该台于1928年10月正式播音,有报时、气象、商情、新闻及音

---

① 《哈尔滨十年贸易报告(1922—1931)》,中国第二历史档案馆等编:《中国旧海关史料(1859—1948)》,第157册,京华出版社,2001年,第335页。
② 《大连关十年贸易报告(1907—1911)》,中国第二历史档案馆等编:《中国旧海关史料(1859—1948)》,第155册,京华出版社,2001年,第132页。
③ 《大连关十年贸易报告(1912—1921)》,中国第二历史档案馆等编:《中国旧海关史料(1859—1948)》,第156册,京华出版社,2001年,第97页。
④ 《安东关十年贸易报告(1912—1921)》,中国第二历史档案馆等编:《中国旧海关史料(1859—1948)》,第156册,京华出版社,2001年,76页。
⑤ 《安东关十年贸易报告(1922—1931)》,中国第二历史档案馆等编:《中国旧海关史料(1859—1948)》,第157册,京华出版社,2001年,第394页。
⑥ 《沈阳关十年贸易报告(1922—1931)》,中国第二历史档案馆等编:《中国旧海关史料(1859—1948)》,第157册,京华出版社,2001年,第373页。

乐、戏曲、名人演讲等节目,吸引民众的兴趣,并产生了一定的政治宣传效果。当时因沈阳是奉天省政治中心,边陲重地,还拟于各县酌设收音机一二或三四具,以供收听法令演讲之用。1929年冬,广播台改归交通委员会直辖。① 伪满时期,当局对广播事业颇为着力。截至1943年9月,共在长春、大连、沈阳、哈尔滨、营口、富锦、海拉尔、牡丹江、承德、安东、延吉、齐齐哈尔、佳木斯、锦县、黑河、通化、北安、东安等18个城市设立了广播局。

　　总之,自咸丰十一年(1861年)营口开埠通商之后,尤其20世纪初年至1945年抗日战争胜利前,东北地区基本上形成了由航运、铁路、公路、航空、邮政与电信等交通手段综合营运的近代化交通结构。这种交通结构是受西方国家侵略影响,在空间上是先从沿海、沿边通商口岸推向内陆腹地中心城市,然后再逐步推向广大腹地集镇和乡村的。时人曾经评论:"交通者,文明之基础也。在昔闭关自守,不相往来,墨守成规,人安朴拙实,无进化之可言。自欧风东渐,科学昌明,而轮船铁路化电声光各事,始寖假输于中国,近则自都市传至城乡,由水陆及于空界,改进其速,变迁无疆,所谓交通愈发达,人类愈文明者,信不诬也。梨树自光绪二十五年(按:1899年)铁路开通,邮传创设,人民耳目为之一新,嗣此凭籍电流千里传音,利用光学全城不夜,余如汽轮飞腾,飘忽致远,真是缩地有法,工商思想又为之一变,僻塞穷乡转为文明之域,非交通便利之所赐乎。"② 另一方面,东北综合性近代化交通结构形成于被迫开放的国际化的社会环境之中,日俄以及英、美等国的国际关系、国际财团在东北交通投资及管理运营上的势力消长,是决定东北近代交通空间格局形成及变化的重要因素,并且东北内部各区域地理环境和经济发展的差异也对此区域近代化交通结构向腹地扩张有重要的影响。东北近代的交通虽还有传统与现代混杂的多层次、多样性特征,不过从总体上可以说是一个时代的进步。

---

① 王树枏、吴廷燮、金毓黻纂:《奉天通志》卷一百六十五,交通五,电政。
② 包文俊修,李溶等纂:伪满《梨树县志》,丙编政治,卷五交通,沈阳文化兴印书局,1934年。

第五章 农垦拓展和农业商品化的空间过程与格局

清中期,东北是中国有待开发的最后一块农业区域。清末随着封禁政策的废除和关内移民的大量涌入,东北土地获得大规模开发,农垦界限向北大幅拓展。在闯关东大潮和农垦拓展的过程中,咸丰十一年(1861年)营口开埠,东北农业生产同时被卷入了世界市场,这促进了农产商品化的发展,农业经营方式、农作物种植结构和布局、农业技术均因此发生了新的变化,反映出东北农业近代化已经开始。但受地理区位、资源环境和历史背景等因素影响,东北的农垦拓展和农产品商品化在空间上表现为渐进的历史过程并具有地理布局的不平衡性。本章旨在从历史地理的视角,透视东北农业近代化的空间进程特征及其教训。

第一节 农垦的空间过程

清初顺治十年至康熙七年(1653—1668年)间,曾在短暂时间内颁布过辽东移民招垦令,辽中南地区的部分土地有所开发。其后东北开始厉行封禁政策,把大片土地划为"围场""牧场""禁山""禁地",禁止流民进入私垦,使东北大片土地处于荒芜状态。但在清中期时,就常常有移民铤而走险,越关进入东北,因为当时的华北地区人口已经饱和,在灾荒之年不得不去另寻生存空间。其中直隶人常移居辽西,山东人常移居辽河及其支流浑河、太子河流域。在18世纪之前,移民农垦的界限,北至辽河上流通江口,东至千山山脉。而柳条边外的东北中北部地区,除驿道周围有少数农垦和村落、城镇外,在文人笔下都是一派原始落后景象。道光、咸丰时期,流民移入东北地区日渐增多,尤其第二次鸦片战争之后,柳条边内外的东北牧场、官荒、围场、蒙旗地等开始渐次开放,拉开了近代东北农垦的大幕。

一、由南向北、由内及边的农垦过程

清末东北农垦可分成局部开放和全面开放两大阶段。咸丰十年至光绪三十年(1860—1904年)前为局部开放阶段,东北奉天、吉林、黑龙江及内蒙东部的少数牧场、围场、官荒、蒙旗地开始放垦。全面开放阶段,是在日俄战争之后,随着东北边疆危机加深、铁路修建、国际市场接触和扩大,清政府彻底放弃封禁东北的政策,将未开放的牧场、围场、官荒、蒙旗地等大片土地招民开垦,东北土地的农耕开发从此进入飞跃发展时期。民国时期,东北南部辽宁省可供开垦的荒地日益减少,东北北部黑龙江和吉林两省腹地及沿边的荒地逐渐得到开垦。

1. 辽宁地区

清中期奉天柳条边内的土地大部分业已开垦,清末时期的放垦地,主要包括柳

条边外的东边封禁山场、盛京围场以及八旗牧场等。

清初在奉天设有大凌河、盘蛇驿、养息三大牧场,留为牧马地,不许民间开垦。大凌河牧场位于锦州南部大小凌河流域,盘蛇驿牧厂原为大凌河牧场一部分,位于今盘山县境内,养息牧场位于今彰武县境。咸、同年间移民偷垦者日渐增多,咸丰六年(1856年)户部查出锦县人穆亭杨偷垦大凌河牧场地达8 000余亩。同治元年(1862年)奏议招垦。翌年,大凌河东岸牧场正式开放。① 光绪二十七年(1901年)大凌河牧场全面丈放,光绪三十二年(1906年)大凌河牧场全部变为民地。② 同治二年(1863年)盘蛇驿牧场局部放垦,光绪二十九年(1903年)全部开放,光绪三十二年(1906年)在原盘蛇驿牧场开垦地双台子地方置盘山厅。养息牧场自咸、同以后,移民大量涌入,私垦盛行。光绪二十四年(1898年)开始丈放,光绪二十八年(1902年)置彰武县,光绪三十三年(1907年)裁撤养息牧总管和界官。

东边封禁山场,位于柳条边以东,包括今天辽宁丹东市和吉林通化地区的大部分县市,是清朝长白山永陵龙脉及内廷供奉贡品的采捕地,历来封禁甚严。③ 道光年间东边封禁地已有流民流入私垦,同治二年(1863年)私垦流民聚集已甚众,"省东凤凰、叆阳、碱厂、汪清四边门外南北千有余里。闲荒之地游民开垦多年,渐成村落,人民繁庶"④。光绪元年(1875年)东边地区正式开放,丈地升科,并相继设立兴京、凤凰二厅、岫岩州和宽甸、怀仁、通化、安东四县,管理编籍民户,由此东边外封禁地区被正式纳入州县管理之下。⑤

清代围场是供皇帝及八旗士卒演武狩猎,兼向皇室进贡兽肉、生鹿的场所,也是专供旗人使用的八旗公有地。盛京围场是清代东北较大围场之一,大体相当今辽宁省的西丰和吉林省的海龙、辉南、东丰、辽源、柳河等地。光绪五年(1879年)盛京的鲜围场(约在今吉林省海龙县境内),获批正式开放。光绪二十二年(1896年)西流水围荒(今辽源、西丰一带)奏请开放,光绪二十五年(1899年)东流水围荒(今东丰一带)开放,至光绪末年,盛京围场均已放垦,并相继设置7县管理民户。

清末东北南部大部分土地已被开垦。民国时期,辽宁省接纳移民进行开垦的地域主要集中在当时属辽宁省所辖的辽西北蒙地和辽东南长白山腹地,如洮南、洮安、镇东、安广、通辽、瞻榆、突泉、双山、开通和临江、长白、金川、安图、抚松等县。⑥ 1928年11月,东北当局实行裁兵殖边政策,在洮安组建兴安屯垦公署,组成屯垦军3个团。管辖范围,以辽宁省洮安县、黑龙江省索伦县为主,以扎萨克图、镇国公、扎赉特3旗副之,还包括图什业图王旗的一部分,⑦有力推动了该地区的土地放荒和垦殖。

---
① 王树枬、吴廷燮、金毓黻纂:《奉天通志》卷四十一,大事四十一。
② 李文治编:《中国近代农业史资料》第1辑,生活·读书·新知三联书店,1957年,第776页。
③ 衣保中:《东北农业近代化研究》,吉林文史出版社,1990年,第13页。
④ 王树枬、吴廷燮、金毓黻纂:《奉天通志》,卷一百〇八,田亩,垦丈。
⑤ 杨余炼:《清代东北史》,辽宁教育出版社,1991年,第223页。
⑥ 范立君:《近代关内移民与中国东北社会变迁(1860—1931)》,人民出版社,2007年,第130页。
⑦ 于春英、衣保中:《近代东北农业历史的变迁(1860—1945)》,吉林大学出版社,2009年,第83页。

2. 吉林地区

咸丰十年(1860年)前,除吉林、阿勒楚喀、伯都讷等地稍有放垦外,整个吉林地区封禁甚严。所有封禁地统称官荒,主要包括西部的围场、东部的参山以及围场和已放垦地中间的夹荒。

咸丰十一年(1861年)吉林将军奏请吉林城、伯都讷、双城堡等周围官荒向移民开放,此为吉林地区解禁之始。此后西围场、阿勒楚喀所属蜚克图围场、伯都讷围场相继丈放。光绪初年,东北局势紧张,为加强边防,吉林东部边荒,如宁古塔所属三岔口、珲春、敦化,宾州所属蚂蜒河、穆棱河、三姓等地的官荒地也开始放垦。

光绪二十一年(1895年)甲午战争之后,吉林移民垦荒规制逐渐完备。光绪三十一年(1905年)为抵制日俄侵略,吉林土地全部开放。移民和土地开垦进入高潮时期,农垦区域向东北及东南边远地区进一步推移,如宣统二年(1910年)放垦东部蜂蜜山一带荒地。

民国时期,吉林省腹地20县全面出放官荒,同时边远地区如吉林东部介于松花江和乌苏里江之间及东南诸县的未垦荒面积虽然广大,但却为领户所包揽。为催垦起见,1929年吉林省颁布沿边清丈各县荒地抢垦试办章程,抢垦区域包括依兰、宁安、富锦、桦川、桦甸、额穆、穆棱、密山、濛江、虎林、同江、饶河、绥远、宝清、勃利等15县,①有力促进了边境地区的土地开发。

3. 黑龙江地区

黑龙江省地处北疆,"边漠地区,初无民垦"。清初封禁甚严,仅在黑龙江城、墨尔根、齐齐哈尔等处设立官庄,此为边境兴屯之始。②咸丰四年(1854年),黑龙江将军对呼兰平原的官荒地始有招垦之议,咸丰十年(1860年)正式放垦,同年巴彦苏苏、绥化部分地区也奏请招垦。至甲午战争之前,黑龙江的移民招垦被限制在呼兰、巴彦、木兰一带及绥化部分地区。光绪二十一年(1895年)后,通肯地区(包括今天海伦、望奎、青冈、绥棱等地)获准放垦。

光绪三十年(1904年),黑龙江由局部开禁进入全面放垦时期,巴拜及明水泉子荒段(今拜泉县、明水县)、甘井子及西布特哈南段、讷谟尔河南北段(今讷河一带)、汤旺河段(今汤旺县)、铁山包段(今余庆县)、白杨木河段(今木兰县)、省城附郭及墨尔根荒地(今齐齐哈尔附近)等,均设置垦务局主持土地丈放。但至光绪末年,黑龙江移民仍主要集中在南部的呼兰平原和通肯河流域的小块地区,黑龙江省腹地尤其边境地区尚有大片土地有待开发。民国初年的调查称:"本省未放官荒尚多,其已放各荒,未经垦熟者亦所在皆是。故以繁盛区域论,不过东荒数县,得全省面积十分之一二。余或烟户寥寥,或百余里无人烟,或千余里山林阻深,寂无蹊径。"③

---

① 连濬:《东三省经济实况览要》,吴相湘、刘绍唐:《民国史料丛刊》第10种,台湾传记文学出版社,1971年影印本,第342页。
② 刁书仁:《论清代东北流民的流向及对东北的开发》,《清史研究》1995年第3期,第34页。
③ 张伯英纂:《黑龙江志稿》卷九,经政志垦丈,黑龙江人民出版社,1992年,第414页。

民国初年,黑龙江省将放荒重点确定在沿边地区,如对西布特哈、安达、乌鱼、安古、通北、嫩江、景星、甘井子、龙门、萝北、呼玛、瑷珲等 12 处未开垦者,放荒招垦;同时对龙江、大赉、肇州、肇东、呼兰、木兰、汤原、大通、拜泉、青冈、兰西、讷河、克音等 13 处已开垦者,重在清丈。① 1928 年为促进边境各地垦荒,黑龙江当局制订了沿边各属荒地抢垦试办章程,抢垦区域包括铁力、通北、东兴、汤原、绥东、萝北、乌云、逊河、佛山、龙镇、瑷珲、嫩江、呼玛、漠河、安西、雅鲁、泰康、甘南、德都、索伦各县。② 直至 1931 年,黑龙江省除松花江流域及兴安岭以南一带已有大规模垦殖,略见进展外,其余各处,则皆榛莽遍地而已。③

4. 内蒙古东部地区

东北西部有哲里木、昭乌达、卓索图 3 盟。清廷原为维护蒙古王公贵族利益,对蒙地也实行封禁政策,既禁止流民进入私垦,也禁止王公私招民垦。清中叶以后,蒙地封禁政策逐渐遭到破坏。

哲里木盟包括科尔沁左右翼六旗、郭尔罗斯前后两旗、扎赉特旗和杜尔伯特旗,地域上分属辽河上游、伊通河、洮尔河、嫩江等流域。位于松辽平原的郭尔罗斯和科尔沁左翼三旗土地平坦肥沃,交通便利,成为流民最先潜入垦殖的地区。嘉庆十五年(1810 年)时在郭前旗出现长春和农安两块较大垦区,道光七年(1827 年)又开放长春与农安之间的夹荒。19 世纪以来,辽河上游的科左三旗也相继开放,至光绪初年,因科左三旗的垦区扩大,民户增多,陆续设昌图府和奉化、法库、康平诸县。总而言之,18 世纪末到 20 世纪初的"请旨招垦"时期,农耕北界从清初柳条边北上,今长春—四平—昌图一线以及敖汉、翁牛特旗南部、哲里木盟东南部、卓索图盟大部以及昭乌达盟南部变为农牧并举、以农为主的交错区。

光绪二十八年(1902 年)清政府为移民实边,宣布蒙地开禁,并设官局丈放,由被动弛禁进入主动开发新阶段。光绪二十九年(1903 年)后洮尔河流域的科右三旗陆续丈放,同时嫩江流域的扎赉特旗、郭尔罗斯后旗、杜尔伯特旗及依克明安旗也相继出放蒙荒。清末蒙地全面丈放后,农垦推到洮儿河下游以及西辽河两岸地区,此时的农垦北界北起今黑龙江省大庆县,经白城西、通辽北、开鲁县、林西县,今吉林省西部、辽宁省北部以及西辽河沿岸地带发展成为以农为主的农牧交错区。④

历史地理学大家谭其骧曾有十分精辟的论断:"一个地方至于创建县治,大致即可以表示该地开发已臻成熟,"⑤"所以,知道了一个地方是什么时间开始设县的,就大致可以断定在那个时候该地区的开发程度已经达到了一定标准。弄清了一个

---

① 章有义编:《中国近代农业史资料》第 2 辑,生活·读书·新知三联书店,1957 年,第 651 页。
② 东北文化社编印发:《民国二十年东北年鉴》,东北文化社,1931 年,第 1284 页。
③ 《瑷珲关十年贸易报告(1922—1931)》,中国第二历史档案馆等编:《中国旧海关史料(1859—1948)》,第 157 册,京华出版社,2001 年,第 313 页。
④ 乌兰图雅、张雪芹:《清代科尔沁农垦北界的变迁》,《地理科学》2001 年第 21 卷第 3 期。
⑤ 谭其骧:《长水集》,上,人民出版社,1987 年,第 404 页。

新县是从哪一个或哪几个老县分出来的,也就大致可以肯定该县开发的动力,即最早来这里开垦的人民是从哪里来的。"[1]清初东北仅南部的盛京有 2 府 7 县,清末东北随着移民开发而不断增设县治。光绪三十三年(1907 年)东北改制,设 3 行省 10 道,1929 年东北政务委员会设立,辖辽宁、吉林、黑龙江、热河 4 省 172 县。遵循谭其骧的思路,作者创建了清末民国时期东北各县放荒开发及正式建制的时间序列数据库,通过地图复原,可以详细考察以县级单位为尺度的近代东北农垦扩张的空间特征。

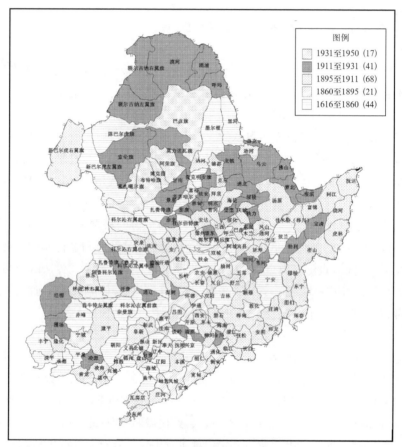

图 5.1　近代东北县级政区设置过程示意图
(资料来源:金毓黻主编:《东北要览》,国立东北大学编印,1944 年,第 279 页。)

由图 5.1 可见,道光二十年(1840 年)之前的清前中期,东北县级政权集中在辽中南地区,光绪二十一年至宣统三年(1895—1911 年)和 1912 年至 1931 年,这两个时段是东北县级政区设置的高潮时期。清末东北土地经历了一个从被动弛禁到主

---

[1] 谭其骧:《浙江各地区的开发过程与省界、地区界的形成》,复旦大学历史地理所:《历史地理研究》第 1 辑,复旦大学出版社,1986 年,第 2 页。

动开放的转变过程,农垦空间次序和移民迁徙路线基本一致。东北县级行政区的设置过程,也呈现出由南向北、由中部平原向四周边境地区逐渐扩展的趋势。东北土地开发和新垦区的形成,为近代东北农业商品经济的发达奠定了基础。

二、土地利用的空间差异

1. 农作物耕种面积及生产量

东北土地耕种面积的变化,起初无准确数据记载。1924 年开始了新一波移民浪潮,满铁等机构也逐渐有了详实的调查。

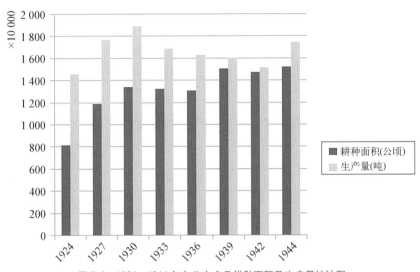

图 5.2　1924—1944 年东北农产品耕种面积及生产量统计图

(资料来源:东北物资调节委员会研究组:《东北经济小丛书·农产》(生产篇),京华印书局,1948 年,第 4—5 页。)

据上图 5.2 可见,从 1924 到 1931 年间,东北农产物耕种面积从 814.8 万公顷增长到 1 373.3 万公顷,年耕种面积增加 70 万公顷。农产物生产量由 1924 年的 1 457.1 万吨增长到 1 845.7 万吨。伪满初期,由于限制关内移民及世界经济危机影响,土地扩耕及农业生产量较 1931 年最高峰值时还有所下降。1937 年后,随着日本对华侵略战争的扩大,伪满当局因负责军需而重视粮食生产,土地耕种面积再次增长,粮食生产量也有所提高。1944 年东北土地耕种面积为 1 518 万余公顷,农产物生产量为 1 743 万吨。虽然耕种面积较 1930 年时增加了 179 万余公顷,但农产物生产量并没有达到 1930 年时的最高纪录。

至 1945 年后,东北 9 省总面积为 11 500 万余公顷,可耕地为 3 300 万公顷,约占全面积的 28.5%。在此可耕地中,已耕地面积为 1 660 万公顷,占可耕地面积的 50%。

2. 各县、市、旗耕种面积及生产差异

1945 年以后,东北重新被划分为 9 省。当时东北物资调节委员会所编的《农产》(生产篇)一书,以9省为单元,对各省平均农户耕种面积和农户平均产量做了分析。

东北每户农家耕种面积平均为3.56公顷。按各省考察,辽宁每户农家平均耕种面积为2.49公顷,安东为1.35公顷,远较其他省份为小。至中北部各省,以嫩江6.5公顷为最高,其次为黑龙江、松江、辽北、吉林、合江诸省。自中部越往北,农户的耕种面积越大。东北平均每户之产量为3.24吨,其中也以辽宁、安东两省为最低,收获量最高则为嫩江之5.27吨及黑龙江之5.16吨。

《农产》(生产篇)一书还根据伪满农业联合会的调查数据,记载了各县市耕种面积及农产物生产量。东北各县、市、旗中,生产量20万吨以上者,共有28县1旗,占总数的17%,生产量在5万吨以下的小县,为43县13旗4市,占总数的35%。如将生产量10万吨以下的通算以内,则达84县18旗4市,占总数的63%。不过生产量最高的28县1旗,其产量占到东北总产量的一半。作者把伪满时期行政区图数字化以后,把这些调查数据再导入Mapinfo软件,得到下图:

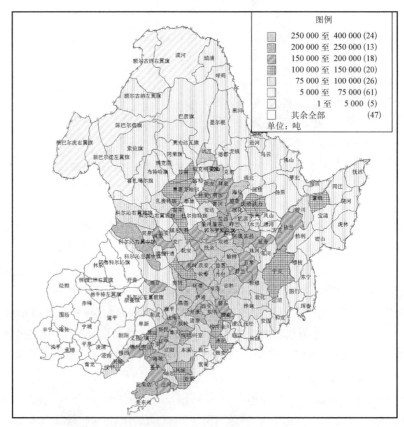

图5.3 伪满时期东北各县、市、旗农产品生产量比较图
(资料来源:金毓黻主编:《东北要览》,国立东北大学编印,1944年,第279页。)

从空间上看,据图5.3可见,年产量20万吨以上的县、旗,为当时的辽宁、吉林、松江、嫩江、辽北、黑龙江6省。如果再参照各县人口,计算每人平均生产量后,就可发现南部辽宁省各县平均每人产量较中、北部各县人均产量低很多,总生产量虽高,但主要是供给自足,无剩余生产。东北农产物的商品化生产,关键在于中、北部各县。

5万吨以下的极小县,分布在南部的安东以及北部的兴安、合江、黑龙江、松江各省,产量小的原因各异。南部因为耕地开发殆尽,无土地可垦。北部生产较小规模县份,则因交通不便或其他关系,多数土地尚待开发。

第二节　农业经济的新变化

在移民和农垦拓展过程中,清末和民国时期东北土地经营方式和农业生产技术也发生了新的变化,即局部地区有新型的农垦企业涌现,它们直接以企业的形式开办和管理,规模大,产品以出售为主,具有鲜明的资本主义性质。此外,近代东北地方政权及日俄殖民当局出于不同目的,相继设立农业试验机构,推行农业技术和品种的改良。东北近代的农业,在一定领域和生产环节,有了突破传统的进步,体现出新的生产力因素,显示出农业经济的近代化趋向。

一、农垦企业的兴起和发展

1. 中国资本的农垦企业

清末政府丈放东北官荒过程中,荒地一度成为当时官员和富商投资转卖的商品。在土地投资和包揽官荒的热潮中,一批以股份或合资形式出现的私营农牧垦殖公司应运而生。这些公司大多是商人们出于包揽官荒需要而组建起来的,其中有些公司则由土地投资转向农业经营,形成比较稳定的经济实体。例如光绪二十六年至二十八年(1900—1902年),李厚佑在奉天锦县设天一垦牧公司,集股60万两,领大凌河牧地10万余亩,并购办外国农具。[①] 这大约是东北第一家农业公司。

清末东北地方政府为推动垦殖,在积极提倡和扶持私人创办农牧垦殖公司的同时,也曾拨用官款创办官办或官商合办的农牧垦殖公司,甚至不顾财政紧蹙。规模较大者,有奉天省镇安县奉天官牧场、黑龙江省瑞丰农牧公司和吉林省长岭县天利公司。它们均出于提倡农业的目的而建,其中奉天官牧场大力提倡牧政改良,瑞丰公司积极提倡火犁垦荒,天利公司力主对无人认领的贫瘠荒地进行综合开发。[②] 这三个官办企业规模大,资金雄厚,还采用了一些先进的生产技术和经营手段,已初具国家资本主义性质。

---

① 李文治编:《中国近代农业史资料》第1辑,生活·读书·新知三联书店,1957年,第216页。
② 农保中:《东北农业近代化研究》,吉林文史出版社,1990年,第130页。

民国时期,官办或官商合办的农牧垦殖公司因经营不善,趋于衰落和倒闭,而私营农牧垦殖公司不但数量增加,类型增多,规模也在扩大,经济效益日渐提高。1913—1920年间,东北三省共创办农林公司137家,实缴资本1584万元,其中奉天71家,资本686万元;吉林51家,资本818万元;黑龙江15家,资本80万元。① 其中较大者,如在黑龙江省呼玛县,有所谓三大公司,系李云书等三人在1915年创办。据称资本江洋60万元,有地3600垧,至1917年已垦熟600垧。有大型拖拉机5台,25马力拖拉机2台,播种机、割谷机各8台,打谷机3台,种小麦和燕麦,并自制面粉。后因石油涨价,1921年起将部分土地改为出租。到1923年,有垦熟耕地2000垧,公司自营机器面粉厂。② 在吉林绥滨县,有所谓5大农垦公司,包括1912年浙江商人郑永昌与美国人合办的绥宾火犁公司(用拖拉机耕地),1915年江苏商人陈遗陶等创办的东井公司,1915年浙江地主官僚周大容等创办的智远公司,1916年创办的广信公司(也有拖拉机耕作)等。1925—1927年五公司耕种面积共近1万垧,约占全县耕种面积的1/3。③

以上公司由资本家投资,以牟取利润为目的,它们积极招徕垦民,引进先进农业技术和机械器具,进行大规模的社会化商品生产。有的除从事土地开发外,还兼营工商业,形成综合开发的经济实体,对东北经济开发起到积极作用。与关内企业相比,有学者还总结了它们的一些特点:首先,东北农垦企业具有突发性和跳跃性,它们不具备内地沿海地区发达的商品经济基础,是落后地区向资本主义农业突进的典型范例。其次,开发新垦区是十分艰巨的事业,东北农垦公司是在土地开发大潮中出现的,富于开拓性和建设性。再次,因东北新垦区分工落后,还缺乏必要的工商业设施,东北多数农垦企业往往兼营农工商各业,经营范围具有广泛性和综合性。最后,与东南沿海地区农垦公司的昙花一现相对照,1931年前东北大多数企业的经营效果较好,发展具有稳定性和持续性。④ 不过在这些近代东北的农垦企业当中,某些垦殖公司的开设其实是官僚、军阀圈占荒地、扩大地盘的一种手段,主事者并没有着力进行农业生产方式的改革,更没有把提高农业生产效率作为立足点,这些公司虽然具有了资本主义的外壳,但包裹的则是封建的旧皮囊,没有从根本上触动传统农业的基础,反映了当时农业试图从封建主义的生产方式向资本主义生产方式转化的一种过渡性经济形态。

2. 日本资本的农垦公司

日本觊觎东北的农业资源已久,在1931年前曾设立不少农业公司,根据其机构大体可分为满铁和东洋拓殖会社两大系统。

---

① 许涤新、吴承明主编:《新民主主义革命时期的中国资本主义》(《中国资本主义发展史》第三卷),人民出版社,1993年,第371页。
② 章有义编:《中国近代农业史资料》第2辑,生活·读书·新知三联书店,1957年,第359页。
③ 孔经纬:《东北经济史》,四川人民出版社,1986年,第145—146、233页。
④ 衣保中:《东北农业近代化研究》,吉林文史出版社,1990年,第150—151页。

1922年,满铁筹设东亚劝业会社,作为从事农业的专门机构。该会社资本2 000万日元,1922—1926年共获得土地208万亩,1927年土地投资为487万余日元。它经营有奉天农场(奉天、新民),东山农场(柳河),大来农场(双山),通辽农场(钱家店、哈拉火烧),哈番农场(通辽、哈番营子),利兴公司(法库),隆育公司(西扎鲁特旗),华峰公司(东扎鲁特旗),蒙古产业公司(巴林旗)等。主要方式是招佃移民,发放农贷。

截至1931年,满铁铁路附属地高达82万亩。在公主岭和熊岳城设有农事试验场及分场,占地共5 000亩;在旅大设机械化农场,占地4 000亩;在巴林旗设垦牧场,占地8.5万亩。

东洋拓殖会社,1908年成立,资本1 000万日元,原经营朝鲜垦殖,1917年扩展至中国东北,1918年增资至2 000万日元,1919年再增资至5 000万日元。东拓在奉天、大连、哈尔滨、龙井设分公司,直接占地144万亩。

3. 伪满时期的农业公司

1931年后,日本对东北进行移民侵略和土地掠夺。1933年成立日满土地开拓公司,为日本移民提供土地。集体移民,主要由东劝办理,东拓提供贷款。1935年12月成立满洲拓殖会社,资本900万日元,由满铁、伪满洲国和三井、三菱公司等投资,统一管理移民的贷款、农具购置、垦荒资金事宜。1937年8月成立满洲拓殖公社代替满洲拓殖会社,资本5 000万日元。1941年合并了办理朝鲜移民的满鲜拓殖会社(资本金1 500万日元),1943年满拓公社再增资为1.3亿日元。公社继承满拓会社土地3 525万亩,到1941年扩地达1.758亿亩。它的基本业务是经营土地买卖和租赁,发放移民贷款,获利甚丰,并非真正经营农业生产的公司。

伪满时期,满铁、东拓经营的农场仍继续经营,不过此时更多的是利用伪满经营。伪满除接管原吉林省的皇产、旗属官产、驿站官产,没收原东北地方政府官办的农企外,还直接投资设立一批农企。1936—1938年间,伪满政府经营的国立农事试验场12个,各县农事试验场、劝农模范场、种畜场等约100余个。①

这期间,由于日本着重开发工矿资源,在农业方面集中力量于移民,满铁及民间投资于东北农业生产的并不多。个别农企虽有较好生产资料、较高生产技术和充裕资金,土地够多,劳动生产率和产品商品率都比较高,但在殖民地时代日本垄断资本控制东北农产品贸易和流通的情况下,它们失去了顺利发展的条件和环境,经营利润率都很低。而当时地租率很高并且稳定,所以有的农企反而向传统农业退化。因此,具有现代性质的农企在伪满时期最终并没有发展起来。

---

① 许涤新、吴承明主编:《新民主主义革命时期的中国资本主义》(《中国资本主义发展史》第三卷),人民出版社,1993年,第381页。

二、近代农技的引进和推广

东北的农业发展由关内的移民所促成,农业技术和方法也是沿袭关内传统农业方式。从清末开始,东北地方政府开始设置农事试验场,日本有对东北领土侵占的野心,故在"关东州"和南满铁路沿线的附属地也设立农业研究机构,以提高单位农产量和农业改良,在一定程度上提高了社会生产力。

1. 现代农业试验机构的设立

东北农业机构的设立,首推奉天农业试验场。1906年3月,由盛京将军赵尔巽奏请开办,最初300余亩。1907年委任美国农科学校毕业生陈振先为农场主任,场地扩大至1 350余亩。1908年又在新民、昌图、锦州三府设立农业分场,翌年又将试验分场推广于海龙、绥中、辽阳、辽源、复州、盖平、海城、广宁、安东等地。吉林农事试验场设立于1908年4月,在农安和宾州有两处分场。黑龙江农林试验场创办于1907年,其后在嫩江府、大赉厅、瑗珲厅、木兰县等地设立了试验分场。据资料综合统计,清末东北各地设立农业试验总场、分场及农学研究所共23处,其中奉天省14处,吉林省3处,黑龙江省6处。① 这些试验场在土壤的化学分析、农作物的施肥、冬小麦的试种、防治病虫害、暖室技术、外国新品种及新农业机械的引进等试验方面,收到一定成效,但试验成果并没有大规模推广和普及。

民国初年,东北农业机构与清末相较,状况大为逊色,由于资金困难和管理不善,很多农事机构处以难以为继的困境。1920年以后,随着农业经济发展,奉系当局陆续恢复和增设了一些农事试验机构。如奉天省,1922年在康平设置了棉业试验场,进行棉花种植技术试验和品种改良,1925年在西安县设立农业试验场,1929年在辽阳设立模范蚕场4处等。② 同期,吉林和黑龙江在不少地方也相继设立了一些农事试验场、苗圃和模范林场等。但所产生的农业试验成果除少数经营地主和农牧垦殖公司有所采用外,并未全面普及和推广,东北农业技术落后的局面没有发生根本性的变化。

在东北地方政府积极设立和发展农事机构的同时,农业欠发达的俄国和农产品短缺的日本也垂涎东北丰富的农业资源,它们把租借地和铁路附属地作为掠夺中国农业资源的基地,也相继设置过系列农事试验机构,以满足他们对控制东北地区农业和掠夺相关资源的需要。这些农业试验机构在资金投入、试验规模和成效推广等方面,甚至在中国之上。

中东铁路公司在铁路沿线创设过3所农事试验场,它们分别是哈尔滨农场,地点临近道外,面积220英亩;厄科站农场,地点在厄科站,面积270英亩;安达农场,地点在安达站,面积275英亩。这些农场对麦、稻、大豆、玉米、亚麻等主要农产品

---

① 衣保中:《东北农业近代化研究》,吉林文史出版社,1990年,第259页。
② 衣保中:《东北农业近代化研究》,吉林文史出版社,1990年,第278页。

以及牲畜品种进行试验,尤其注意培育大豆良种。与农事试验工作相配合,有实验室、畜牛场、养猪圈等,并在牙克石车站附设农业机器出租处一所。

光绪三十二年(1906年)"关东州都督"在大连设立"关东厅农事试验所",实施种苗、蚕种、种畜的推广和农具改良。宣统三年(1911年)又在金州设立农事试验场,1916年改称金州种畜试验所。1917年在旅顺设置"关东厅蚕业试验所",从事有关蚕丝业的试验和调查,蚕种和桑苗的制造与分配等。1924年大连的农事试验所转移到金州,大连旧地改为"满洲棉花协会"的试验场。

试验成果的推广,使得旅大农业在结构、品种和技术上有较大变化。以金州为例,至1933年,金州全区有耕地109.7万亩,粮豆总产量6 250万公斤,其中经济作物面积53.5万亩,农产品商品化率平均达到30%。农村商品经济的发展,刺激了当地地主、富农和工商业者纷纷投资农业,置地栽果种菜或办养鸡场等。当时仅金州城内工商业者兼营农业的就有85家,农业经济出现资本主义萌芽。①

对于以农产品运输为经营基础的满铁来说,农业的改良也是其关注之事。从光绪三十四年(1908年)起,满铁在南满铁路沿线的各附属地,如熊岳城、铁岭、长春、安东、奉天、本溪湖、沙河口、大石桥、公主岭、抚顺、开原、鞍山、四平街、营口等地区相继设立苗圃和试验场,从事调查研究、试验、农畜的品种改良和增殖等。1908—1936年间,满铁设立的农事机构总计有90多所。②

这些机构中最重要者为公主岭和熊岳城农事试验场。公主岭农事试验场设于1913年,1936年的总面积达到306.1陌,设立以来的事业费累计201.4万日元。其下分种艺、农艺化学、畜产和农业经营四科。熊岳城宣统元年(1909年)就设立了苗圃,1913年改为公主岭农事试验场的分场,总面积为70万陌,自创立以来到1936年的累计经费为150.9万日元,设立园艺、种艺、养蚕、林产、病理昆虫科。

公主岭农事试验场种艺科首先着手的工作是大豆品种的改良,最显著成果是成功培育出比原有品种"四粒黄"产量增加50%—60%,含油量增加2%—3%的优良品种"黄宝珠",并普及到以长春为中心,南至开原,北达哈尔滨等铁路沿线的数十县种植。此外,还曾培育出谷子、高粱、玉米、小麦、水稻、棉花、烟草、洋麻、果树等多种适合东北种植的新品种。如谷子中的"太白"号,比原来普通品种产量高五成以上,而且口味甚佳,颇受农家喜爱。③但是满铁农事试验场的这些品种主要是采用纯系淘汰法所培育出来的,它们和原有品种相比,在施肥、培植和管理等方面需要高级技术,而原有品种收成虽少,但施肥少,并且抗御病虫害的能力强。因此在1931年前,这些新品种最多只是在铁路沿线地区应用,对东北南部乃至整个东北地区而言,并没有太大影响。时人评论:"辽省农业,仍属幼稚。农业机器,仅农

---

① 顾明义:《日本侵占旅大四十年史》,辽宁人民出版社,1991年,第340页。
② [日]满史会编著,东北沦陷十四年史辽宁编写组译:《满洲开发四十年史》,上册,内部印行,1988年,第519页。
③ [日]满史会编著,东北沦陷十四年史辽宁编写组译:《满洲开发四十年史》,上册,内部印行,1988年,第519页。

事试验场业经使用。新式耕种方法与改良种子试验,亦仅农事试验场及满铁附属地内日本农场施行而已。农民购用满铁植物种子种植者,虽亦有之,然多数仍系故步自封,罔知效法。"①1937年后,满铁的农业机构移交给伪满洲国。

2. 现代机械农具、化学肥料的引进和推广

东北普通农家使用的农具,大多是关内移民所带来的,从种类上看,大型的有大车、犁杖、壤耙、铡刀、碾子和磨等,小农具有锄、镐头、镰刀等。这些农具还都是按照传统习惯制作而成,构造简单,材料主要是木和铁,铁器多数由铁匠手工制造,价格低廉。而且这些传统农具还大多需要依赖人力和畜力操作,如与牛、马、骡、驴等结合使用,来发挥作用。

清末东北在农业垦殖过程中,尤其是在地广人稀的北部地区,开始出现了机械农具的引进和使用,这是划的时代进步。现代机械农具最初出现的背景,和俄国及欧美国家为加强对东北北部地区的经营和侵略有关。光绪三十年(1904年)日俄战争在中国国土上爆发时,俄国为大量搜集军马所需饲料,在兴安岭以西输入割草机以增加军用粮秣,这是东北现代机械农业的嚆矢。②

光绪三十三年(1907年)有俄国人在中东铁路南部线窑门站附近,租下50—60公顷的农地,引进洋犁和俄国农垦方法进行耕种。宣统元年(1909年)美国芝加哥的万国农具公司为因应西伯利亚开发,在海参崴设立支店,当时黑龙江北部如黑河等地曾输入过一些现代农具。宣统三年(1911年)有英美人合伙在三江地区创办农场,期间引入过洋犁。同期,中国的一些官办农业试验场和个别农垦公司,也尝试引入现代机械农具垦荒。如1915年有上海商人李云书,沿呼玛河一带购置土地10万亩,尝试使用美国火犁从事开垦。③

20世纪20年代,东北北部成立了不少新式农垦企业,当时各地方政府为促进垦殖事业,也大力提倡机械农业。受俄国十月革命后形势的影响,1922年海参崴的万国农具公司迁移至哈尔滨。在此情况下,新式农具价格虽高,但因其效率远胜于传统农具,所以还是有农垦企业购买,有的还组成洋犁队进行荒地开垦包工。该时期东北北部购用火犁约达200架之多。④ 在东北北部和西部新垦区,拖拉机、播种机、割草机、打谷机等机械农具有了广泛使用,它们对东北北部的农业拓垦做出了重要贡献。南部地区由于农业规模狭小,加以工资低廉,所以农业机器如火犁之类,尚未利用。但简单机器,如剥谷机、打米机、舂米机及抽水器等,则输入,小试其端。⑤

---

① 《沈阳关十年贸易报告》(1922—1931年),载《中国旧海关史料》第157册,京华出版社,2001年,第368—369页。
② 刘祖荫:《满洲农业经济概论》,建国印书馆,1944年,第120页。
③ 《大连关十年贸易报告(1921—1931)》,中国第二历史档案馆等编:《中国旧海关史料(1859—1948)》,第157册,京华出版社,2001年,第416页。
④ 《大连关十年贸易报告(1921—1931)》,中国第二历史档案馆等编:《中国旧海关史料(1859—1948)》,第157册,京华出版社,2001年,第416页。
⑤ 《安东关十年贸易报告(1922—1931)》,中国第二历史档案馆等编:《中国旧海关史料(1859—1948)》,第157册,京华出版社,2001年,第386页。

伪满时期,东北机械农具推广并不广泛,只是在北部和西部边境地区及特殊团体如日本开拓团中,机械农具的使用较为集中。1934年,满铁为研究水田机械农业曾在凤城草河沿岸设立两百公顷的农场。1936年,克山农业试验场增加了机械农业试验。1937年,索伦旗、东额尔古纳左翼旗、陈巴尔虎旗、安达县等县旗公署,也曾着手建设过机械农场。1939年,满铁在铁岭设立王杨机械试验农场。① 据1940年的调查,伪兴安北省的农业机械使用最为集中,像牙克石一带曾设有7家大型机械农场。② 到1942年,东北有机械化农场63家(其中俄苏经营的有19家),拥有拖拉机489台。③

和广大农民分散、传统的农田经营相比,现代农场呈零星分布,机械农具价格高昂,如大连进口一架火犁约费300英镑,而农民的收益太少,譬如1 000公斤大豆,从齐齐哈尔运到大连再运销欧洲市场,除去铁路、轮船运费、杂捐、保险、经纪佣金等各项杂费外,所剩利润仅8先令,以致个体农户无力对现代机械进行资本投入。④ 营口和瑷珲海关贸易报告中均有评论:东北农业,对于耕种方法既墨守成规,而所用农具,又像以前一样简陋,间有采用种植新法及新式农具者,但为数实属寥寥。⑤ 瑷珲一带"耕耘之法,迄未改良,致火犁与其他农业机器,不克采购,虽有少数新式农具业已试用,然以沃野千里之广,亦属无裨于事实也"⑥。

东北农业,尤其北部新开垦的黑土地区,很少使用肥料。东北南部土地开垦较早,农业经营规模小,加上农作物的茎秆也被当冬季烧柴用,因此地力消耗严重,肥料使用较多。

1931年前,东北土地地力主要是靠大豆—高粱—玉米、大豆—谷子—小麦或大豆—谷子—玉米等形式的轮作,每隔三四年种植一次大豆来防止地力损耗。此外,东北南部大约有三分之一或一半的土地使用农家自家生产的土肥,少数地方开始使用化肥,如安东"农民所用肥料,除豆饼及粪肥外,化学肥料如硫酸铔等,近年来亦渐盛行,惟以农民困于经济,不克大量购入,故统计之中,进口肥料数字,仍属甚微"⑦。当时,东北北部使用肥料的比例仍很低,如哈尔滨海关报告记载:"哈埠一带,土质肥沃,农民耕耘,无需肥料。惟附近区域,比岁以还,渐趋浇瘠,非籍肥料,难获佳果。农事机关曾经提倡施肥,以图改善。"⑧

伪满时期为促进农业增产,尤其是棉花、洋麻、甜菜和烟草等作物有强制性种植要求,因此当局鼓励施用化肥,地力消耗严重的旅大和东北南部地区首先普及,其后渐次向中北部扩展。当时所使用的化学肥料主要是硫铵和过磷酸钙,从1935

---

① 刘祖荫:《满洲农业经济概论》,建国印书馆,1944年,第120页。
② 满铁调查部:《满洲经济研究年报》,改造社,1941年,第105页。
③ 东北财经委员会调查统计处:《伪满时期东北经济统计(1931—1945)》,1949年,(1)—15,第26表。
④ 《大连关十年贸易报告(1922—1931)》,中国第二历史档案馆等编:《中国旧海关史料》,第157册,京华出版社,2001年,第416页。
⑤ 《营口关十年贸易报告(1922—1931)》,中国第二历史档案馆等编:《中国旧海关史料》,第157册,京华出版社,2001年,第448页。
⑥ 《瑷珲关十年贸易报告(1922—1931)》,中国第二历史档案馆等编:《中国旧海关史料》,第157册,京华出版社,2001年,第312页。
⑦ 《安东关十年贸易报告(1922—1931)》,中国第二历史档案馆等编:《中国旧海关史料》,第157册,京华出版社,2001年,第386页。
⑧ 《哈尔滨关十年贸易报告(1922—1931)》,中国第二历史档案馆等编:《中国旧海关史料》,第157册,京华出版社,2001年,第328页。

年经营化学肥料的日满商事会社的硫铵销售情况来看,使用地主要是大连、营口、鞍山、奉天、四平街、长春、安东、抚顺、哈尔滨、锦县等,不过使用量较少,并且主要施用在果树、蔬菜、棉花、烟草等经济作物的栽培上。

综上所述,农具和肥料的投入作为资本密集度是衡量现代农业的重要指标之一。东北近代农业在局部地区或某些农垦企业、经营性农场中,现代化机械农具和化学肥料的使用有明显进步,但从整体上看,近代东北始终没有进到普遍性农业技术革命的层面,在远离大城市、铁路交通线的广大地区和中、小农户中,以体力和有限畜力相结合的传统农业技术依然占据着主流。

第三节 区域专业化的农业空间结构

清中期受自然条件的制约,东北形成南部农耕、东部渔猎、西部游牧三种并存的经济形态。清末东北三种经济区域的差异迅速消失,东北农业区从南向北、向东、向西不断扩大。与此同时,受卷入世界市场和农产商品化的影响,农作物布局开始突破自然条件的限制,它追随现代商业资本和技术,逐渐形成了区域专业化生产的空间布局结构。这既是东北农业近代化的重要途径,也是近代化农业成就的显著表现。

一、大豆专业区的形成与重心推移

清前期,东北南部已有大豆种植,起初仅作为农民的粮食和牲畜的饲料,有时也供榨油之用。乾隆三十七年(1772年)清廷取消了盛京与南方沿海各地大豆、豆饼贸易的限制后,豆货的生产和运销逐年旺盛,关税也与年俱增。据日人加藤繁的估算,乾隆四十五年(1780年)东北南部黄豆、豆饼的运销额为127.8万石。① 另据美国学者Christopher M. Isett的研究,咸丰十年(1860年)前东北大豆种植面积最高为480万亩,占当时总耕地面积的15%左右。最重要的大豆耕作区域是辽河盆地(包括大清河、太子河等支流)。在19世纪50年代,辽河盆地的大豆生产总量基本上接近整个东北地区的生产量。18世纪晚期的时候,每年的大豆生产盈余部分是在150万石以下,在19世纪的前半期上升到300万石。假定大豆收成的75%用于输出,那么年平均输出大豆量在18世纪晚期时大约是在100万石至150万石之间,在19世纪前半期时上升到大约250万石。②

清中期东北大豆仅输出到江南和华南地区,已经发展到如此大的商业规模,这显示出东北和中国关内大多数地方种植大豆专供自用的不同情况。近代东北更是延续和发扬了大豆生产主要供输出外埠的传统,把出口市场拓展至日本、东南亚,进入20世纪后,更拓展到欧、美国际市场,因此大豆在东北近代成为特别引人关注

---

① [日]加藤繁著,吴杰译:《中国经济史考证》,第三卷,商务印书馆,1973年,第141页。
② [美] Christopher M. Isett著,胡泽学、苏天旺译:《1700—1860年间中国东北谷物与大豆的贸易》,《古今农业》2007年第3期。

和优先种植的农作物。

由于近代东北大豆成为工业所需主要原料,出口贸易量持续增长,1920年后,其种植面积和生产数量最终乃超过当时最重要的食粮作物高粱,毫无疑问地成为东北第一大商品化的农作物。[①] 1924东北总耕地面积为814.8万公顷,大豆耕种面积为216.7万公顷,约占总面积的27%;1931年东北总耕地面积为1338.9万公顷,大豆耕种面积增加到420万公顷,约占总面积的31%。1924年大豆生产量为345.1万吨,占东北农产物生产总量的23.7%;1931年大豆生产量增加至522.7万吨,占东北农产物生产总量的28.3%。[②] 1931年前,东北北部大豆的剩余量,即由生产量扣除城市、农村人口的食粮、种子、家畜饲料等消费量外,占到生产量的80%以上。东北南部的消费量较多,但剩余量也达到60%以上。另据资料统计,1924—1929年间,东北大豆种植面积占近代中国大豆种植总面积的31.1%,产量占全国的37.07%,而1929—1933年间,中国大豆又占世界总产量的89.4%。[③] 由此可见,近代东北是当时中国乃至全球大豆种植面积和产量最大的大豆生产专业区。

1931年东北大豆创下种植面积的最高纪录以后,受时局变动和世界经济危机的影响,其后几年种植面积不断下降,1935年的种植面积为324.9万公顷,较1931年减少了95.1万公顷。1936—1939年间,大豆种植面积又略有增长,1939年的种植面积为387.7万公顷。不过1940年以后,大豆种植面积又有减少趋向,1944年的种植面积为319.5万公顷,较1931年的最高纪录少100万公顷之多。从生产量来看,1930年的536万吨为最高生产纪录,1934年为359.9万吨,较1930年减少了170万吨之巨。1938年随耕种面积扩大,略增至443.3万吨,但其后产量又不断下降,1942年甚至下降至238.7万吨。[④]

从东北内部各地的大豆与其他作物种植率比较的情况来看,随着对外出口市场的拓展、移民由南向北进行的耕地开发以及近代铁路交通敷设的变化,近代东北大豆专业种植区和生产重心也有一个从南向北、转移推进的过程。

在20世纪之前,东北大豆商品生产重心是辽河中下游平原地区。咸丰十一年(1861年)营口开港后,外国商业势力加强了对东北经济的渗透。同治二年(1863年)清政府允许外国商船参与沿海大豆贸易的运售。同治八年(1869年),清政府解除大豆运往外国的禁令,东北大豆开始向日本、香港和南洋等地运销。甲午战争后,东北豆饼大量运往日本充作肥料,豆饼的需求量日益增加,从光绪元年(1875年)的400万石提高到光绪二十六年(1900年)的700万石。大豆的输出量,光绪元年(1875年)为300万石,光绪二十六年(1900年)超过了500万石。在出口刺激之下,辽河流域的大豆种植面积不

---

① 连濬:《东三省经济实况览要》,吴相湘、刘绍唐编:《民国史料丛刊》第10种,台湾传记文学出版社,1971年,第139页。
② 东北物资调节委员会研究组:《东北经济小丛书·农产》(生产篇),京华印书局,1948年,第43页。
③ 许道夫编:《中国近代农业生产及贸易统计资料》,上海人民出版社,1983年,第182页。
④ 东北物资调节委员会研究组:《东北经济小丛书·农产》(生产篇),京华印书局,1948年,第42页。

断扩大,19世纪末辽河中上游铁岭、开原等地成为营口大豆的重要集散地。

光绪三十三年(1907年)东北南部的大连、安东,东北北部的哈尔滨、满洲里、绥芬河相继对外开放。次年,埃及、印度和北美生产的棉籽和亚麻仁歉收,向来以此为主要原料的英国榨油工业因缺少原料而开工不足,日本三井物产会社便将100吨东北大豆运到英国。由于东北大豆作为榨油原料比棉籽和亚麻仁价格低廉,所以深受欧洲市场欢迎。同年,还有俄国商人将东北大豆输往美国,从此,东北大豆对欧美输出明显增加。

世界市场的需求扩大之后,东北大豆、豆油、豆饼的出口量急剧增加,同时导致豆价的不断提升和商品化生产的不断扩大。宣统二年(1910年)后,东北大豆生产布局有北移扩大到东北中部平原的趋势,东北中部县份的大豆种植率不断提高,该时东北大豆生产重心也从南部推移到中部平原。

第一次世界大战结束以后,欧洲制油业迅速恢复,同时美国、德国对大豆进行化学研究和开发,用其为原料制造出肥皂、蜡烛、防水涂料、人造黄油、硬橡皮代用品、人造牛油甚至军火炸药,因此国际市场需求继续扩大。日本是最大的豆饼输出市场,其进口额也在不断增加。在市场机制作用下,东北大豆三品输出贸易空前繁荣。东北大豆输出额,1922年为63万余吨,1927年增至184万余吨,到1931年已达到284万吨。豆饼出口额,1920年为136万吨,1923年增至187万吨,到1927年已达204万余吨。豆油出口额,1920年为12.7万吨,1926年增至18.2万吨,到1931年又增至18.7万吨。该时期大豆、豆饼、豆油的出口额均创1949年前东北豆货贸易的最高纪录。

20世纪20年代,东北南部的土地开垦趋于饱和,人均耕地面积低于北部。由于南部人口密集,粮食大多被本地消费,粮食输出明显减少。从前专以种豆出口为业的辽河流域,为满足当地城乡居民的粮食消费而多种高粱等作物,大豆产区北迁。该时期大量移民进入东北北部地区,松花江、牡丹江和嫩江流域的土地开发迅速,大豆产地进一步北移到东北北部地带。中东路东部、西部、哈尔滨到公主岭之间以及松花江下游的广大地区,大豆成为种植比例最高的作物。时人记载:"哈尔滨为中外交通之枢纽,吉江两省之中心。其四乡土壤,最宜种豆,尤最宜于黄豆。出产之区,延绵数千里。故西至萨额图站,东至牡丹江,南至宽城子,北达松花江之支流汤旺河等处,产豆尤硕。"[①]1922年,东北北部地区大豆种植面积占北部作物种植总面积的26%,到1930年达到37.8%。在一些县份,大豆种植面积远远超过这个平均数,如富锦县占42%,宁安县占47%,密山县占56%。再如《珠河县志》记载:"初垦荒地,农人贪种豆田,谷田仅种十分之一二。若丰收大豆,以此易彼,尚可足食,一遇歉收,则食粮缺乏,虽有粮商贩运,而钱根奇绌,民食为之恐慌。"[②]据1930年的调查,东北大豆种植面积为

---

① 《宣统三年哈尔滨口暨所属北满各分口华洋贸易情形论略》,中国第二历史档案馆等编,《中国旧海关史料(1859—1948)》,第57册,京华出版社,2001年,第160页。
② 孙荃芳修,宋景文纂:《珠河县志》卷十一,实业志,农业,成文出版社,1974年影印本。

406万公顷,总生产量为509.3万吨,其中东北南部为165.1万公顷,产量为206.5万吨,东北北部为240.9万公顷,产量为302.8万吨。①(详见图5.4)由此可见,无论是面积还是产量上,北部均已成为东北大豆的生产重心区。

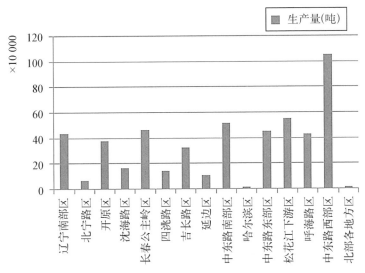

图5.4 1930年东北大豆生产地区比较图
(资料来源:据《民国十九年东三省农产收获与输出之估计》一文数据整理而得。)

另据1943年的调查,伪满时期的伪吉林、松江、辽宁、黑龙江、辽北5省的大豆种植面积最大,生产量占到东北总产量的80.5％以上。此外,从耕种率上看,自伪安东到合江省的山岳地带以及位于中央平原的伪吉林省为最高,伪松江、黑龙江二省稍低,至于伪辽北、辽宁越偏南部的省份,则种植率越低,而伪兴安省也保持相当高的种植率。② 大豆生产形成这种布局的原因,和东北的自然生产条件以及当时的社会经济环境有关。伪安东、合江、吉林等省,气候上属于中温,最适合于耕种大豆,至于伪松江、黑龙江二省,气候虽与前者略同,但小麦种植面积比较大,所以大豆种植率较低。伪辽北省土地含有碱性,不利大豆种植。伪辽宁省因人口密集,耕地狭小,首先要种植粮食作物或者经济价值较高的棉花、烟草等作物,所以大豆种植率也低于其他地方。伪嫩江省多为不适合种植大豆的碱性地带。伪兴安省耕种面积小,种植作物主要是小麦和其他粮食作物,但因与大豆轮流种植的缘故,所以大豆种植率也较高。

二、粮食作物的区域专业化生产趋向

清末,在辽河流域大豆商品生产区形成的同时,交通较为封闭的东部山区和西部农牧地带,农业生产发展缓慢,仍处于自然经济状态。

---

① 星民:《民国十九年东三省农产收获与输出之估计》,《中东经济月刊》1930年第6卷第10号,第19—20页。
② 东北物资调节委员会研究组:《东北经济小丛书·农产》(生产篇),京华印书局,1948年,第42页。

民国初年，随着东北南、中部平原大豆中心生产带的形成和扩大，东北北部部分县市也形成了小麦生产专业区。与此同时，高粱、粟、玉米、稻等作物的商品化程度也在逐渐提高，它们的生产也开始逐渐呈现区域化专业种植的差异。高粱的著名产地为长春、开原、昌图、铁岭、四平街、公主岭、沈阳、辽阳、义县、复州、锦西、黑山、海城、盖平、扶余、德惠、农安、榆树、双城等地；粟主要产于四平街、辽阳、昌图、长春、郑家屯、铁岭、中东路南线各地；玉米的著名产地为复县、金州、庄河、海城、凤城、宽甸、沈阳、怀德、东丰、磐石、汤原等县；水稻主要产于抚顺、兴京、松树、铁岭、开原、沈阳、安东、海城、营口、熊岳城、郑家屯、一面坡、海林、乌苏里一带。①

伪满时期，东北粮食作物种植的区域化趋势进一步加强。如依据铁路线而将东北划分为奉天以南、奉山线、开原、奉海线、长公地方、四洮线、吉长线、间岛以及北铁南部、东部、西部、松花江下游、呼海线等地方，则各种作物的种植面积比例构成，如下表5.1。

表 5.1 1933年东北各地方主要作物种植面积比例表　　　单位：%

种类　地方	大豆	高粱	粟	玉米	小麦
奉天以南	9.55	18.22	7.24	20.92	1.68
奉山线	1.91	15.23	3.27	4.25	0.53
开原	8.25	10.18	6.29	8.48	0.59
奉海线	2.93	1.90	2.18	4.10	0.55
长公地方	10.65	10.37	8.13	6.43	3.34
四洮线	2.91	8.34	7.21	3.74	2.84
吉长线	6.97	3.45	8.09	6.24	1.73
间岛	2.14	0.33	2.73	2.39	0.59
南满小计	**45.31**	**67.99**	**45.14**	**56.55**	**11.85**
北铁南部线	9.94	9.71	10.86	6.33	11.52
哈尔滨管区	0.24	0.002*	0.29	0.26	0.54
北铁东部线	10.00	4.49	9.28	11.10	13.62
松花江下游	8.01	4.41	6.61	5.00	15.94
呼海线	9.15	3.70	9.58	6.31	20.48
北铁西部线	13.01	8.17	16.23	12.83	23.89
北满其他地方	1.94	1.15	1.82	1.50	2.03
北满小计	**52.29**	**31.65**	**54.67**	**43.33**	**88.02**

（资料来源：[日]铃木小兵卫：《满洲の农业机构》，白杨社，1937年，第215—216页。）

* 原书如此，疑为0.02之误，小计按0.02计。

高粱耐碱性较好，能够在碱性土壤中生长，根深不怕干燥，所以不分南部和北

---

① 季茀：《东省农产调查记》，《东省经济月刊》1929年第5卷第8期，第22页。

部,东北各地均可种植。它原是东北第一大农产物,种植面积最大。1925年以后,面积和产量被大豆超过,在东北农产物中所占比例,每年平均产量约占25%,耕种面积约占23%,居东北农产物的第二位。1924年以后全东北高粱年生产量在三四百万吨,1940年最高生产量达536万余吨。不过高粱是东北人民的主要食粮,因此大部分供当地消费,一部分用作饲料或者酿酒,只有少量输出到华北的河北、山东等地,商品化程度极低。[1] 从种植区域来看,沈阳以南和辽西地区,是全东北最大的高粱产区。据1940年的调查,又尤以沈阳以南和辽西地区最多。1940年全东北种植面积411.9万公顷,其中伪奉天省95.3万公顷,伪锦州省65.8万公顷,二者合计占到39.1%。[2]

东北南部的沈阳以南、长春公主岭间、四洮线及东北北部的中东铁路西部线、南部线等地方,是粟的主要产区。粟在东北,是次于大豆和高粱的第三大农作物。据统计,1931年时耕种面积为223万公顷,产量为296万吨;1940年时耕种面积为390.6万公顷,产量为426万吨。其中耕种面积居前三位者为伪吉林、热河、滨江省,而产量前三位则为伪滨江、吉林和北安省。[3] 粟的商品化程度较低,大部分用于食品消费、种子及杂用等,有少量输出到朝鲜。近代朝鲜在日占期间,通常将其地所产稻米供日本人消费,另由东北供给粟以作日常消费。1935—1939年间,东北年输出粟的数量约在20万吨左右。[4]

东北南部及东南部,如复县、庄河、岫岩、凤城、安东、宽甸、兴京、辑安等地,是玉米的主要产区。玉米仅次于高粱和粟,也是东北的重要食粮之一。1931年前年耕种面积约八九十万公顷,年产量170万吨。伪满时期,玉米种植有大的增长。1940年总种植面积增大为228.1万公顷,收获量为340.6万吨。其中耕种面积和收获量居前三位的依次是伪滨江、吉林和奉天省。[5]

东北北部平原,如松花江、嫩江等流域是小麦的主产区。东北小麦种植,始自19世纪末修筑中东铁路,当时有大批劳工和俄国人东来,对小麦的需求迅速增加。光绪二十二年(1896年)东北北部产量仅为16万吨,到光绪三十二年(1906年)增加至35万吨。第一次世界大战期间,东北面粉输入减少,小麦种植随之扩大。一战后东北北部小麦出口受阻,种植面积有所缩小。1923年小麦种植占东北全部农作物面积的17%,1924年减至11%,1925年愈少,减至9.3%。据1926年的调查,滨江、安达区域约占熟地11%,龙江、松花江下游及东部线区域约占9%或10%,而南线区域尚不及6%。[6] 伪满时期东北小麦面积和产量进一步下降,产地集中在呼

---

[1] 王成敬:《东北之经济资源》,商务印书馆,1947年,第36页。
[2] 詹自佑:《东北的资源》,东方书店,1946年,第58页。
[3] 詹自佑:《东北的资源》,东方书店,1946年,第60页。
[4] 王成敬:《东北之经济资源》,商务印书馆,1947年,第39页。
[5] 詹自佑:《东北的资源》,东方书店,1946年,第62页。
[6] 东省铁路经济调查局:《北满农业》,哈尔滨中国印刷局,1928年,第57页。

海、北铁西部线及松花江下游地方。1940年东北小麦种植面积为101.9万公顷,总收获量为87.8万吨。其中伪北安省种植面积最大,为34.4万公顷,占总面积的33.7,次为伪滨江省、三江省、龙江省、吉林省等。从收获量比较来看,伪北安省亦为第一,33.4万吨,占总产量的38%。① 概之,东北小麦年产90万吨左右,尚不能自给,每年均有面粉和原麦输入。

辽河流域及松花江东部地方,是旱稻的集中生产区。此外,受朝鲜移民的影响,中朝边境低湿地区被开垦为水稻田,其后扩展至辽河、松花江、牡丹江、穆棱河等流域。1931年水稻产量为11.5万吨,陆稻为13.7万吨;1940年水稻产量增至81.8万吨,陆稻产量稍减为11.5万吨。②

三、经济作物的区域专业化生产

东北近代农作物,除了粮食、油类作物种植面积和产量不断扩大,并在商品化的驱动下形成区域专业种植日益明显以外,经济类作物如柞蚕、棉花、烟草、麻类等,其种植也占到全部农作物面积的20%左右,在自然条件基础上,某些区域也形成了专门化生产区。

1. 东北东南部柞蚕专业区的形成及扩展

东北南部不少丘陵山地,有野生槲树,叶大如掌,可以饲养山蚕。柞蚕饲养技术乾隆年间由山东莱州传入锦州、复州。嘉庆、道光年间,盖平已设有缫丝厂,当局因蚕丝贸易规模较大而设官征税。在道光二十年(1840年)之前,因地理条件适宜,辽东半岛西部的盖平、海城、金州、复州等地开始砍伐杂树,修理出不少养蚕山场,柞蚕生产专业区初具雏形。

营口开埠十余年后,光绪四年(1878年)有法国商人考察辽南的柞蚕业,同时传授进步的缫丝法,柞蚕丝成为营口出口海外的重要商品。光绪六年(1880年)营口出口柞蚕丝1 000担,其后出口数量不断增长。因市场扩大,光绪十五年(1889年)一担柞蚕丝市价升至100两,光绪二十三年(1897年)市价升至142两。③ 光绪六年(1880年)之后,柞蚕生产区域也由辽东半岛西部逐渐向奉天东南部的新开发区域扩展。《东三省政略》一书对奉天柞蚕业的快速发展做过如此评论:"夫以奉省柞蚕之利,仅东边一隅出口,亦至数百万,则收利不为不溥也。""起于乾嘉之间,盛于咸同之际,则收效不为不速也。"④

安东、凤城等地扩养柞蚕,原因在于该地区原本"土地硗薄,罕有平原广野,居民生计多仰赖于山林。从前伐木烧炭,以易谷食而补不足,厥后渐知饲蚕之利,咸

---

① 詹自佑:《东北的资源》,东方书店,1946年,第66页。
② 王成敬:《东北之经济资源》,商务印书馆,1947年,第45页。
③ 乐嗣炳:《中国蚕丝》,世界书局,1935年,第312页。
④ 徐世昌:《东三省政略》,吉林文史出版社,实业篇,纪蚕业调查,1989年。

争趋之。"据光绪三十四年(1908年)调查,奉天省饲养柞蚕的有辽阳、复州、盖平、本溪、绥中、凤城、岫岩、安东、宽甸、庄河、西丰等12县。其中安东、凤城、岫岩、宽甸、庄河5县有蚕区150处,蚕户8 633家,蚕业人数2.4万余人。① 东边各县的新蚕区生产规模后来居上,有超过辽东半岛西部盖平、海城等县老蚕区之势。

第一次世界大战期间,东北柞蚕缫丝业的发展又获得良机。蚕茧、丝的出口激增,进一步刺激了养蚕业的发展。据农商统计调查,饲养柞蚕的地方又向北新扩至通化、西安、铁岭、东丰、柳河5县,总数增加到17县,山场面积扩大了两倍。② 从清末开始,东北北部吉林、黑龙江二省的一些地方也陆续引种过柞蚕。如光绪三十三年(1907年)昌黎绅商许鹏翊雇觅奉天海、盖等处熟悉蚕务工师,在吉林城附近柞树繁茂之处布放山蚕。翌年设立山蚕局,在吉林、伊通、磐石等地开辟蚕场16处,逐步推广柞蚕养殖。黑龙江柞蚕养殖始于光绪三十四年(1908年),其后甘南、绥化、呼兰、海伦、木兰、汤原各地陆续试养,不过终因气候寒冷、技术落后而发展缓慢。③

截至1931年,东三省蚕场面积共有509.8万亩,饲育柞蚕农凡10万户。其中奉天省柞蚕区面积有502.8万亩,占东北柞蚕总面积的95%以上。④ 奉天省东南部地区,成为面积规模最大、数量不断增长的柞蚕专业生产区。其内部又细分为三大产区,以黄海岸的黄土坎为中心,东面是以安东为中心的东山茧,西面是以盖平为中心的西山茧,北面是以西丰为中心的北山茧。⑤

奉天柞蚕中外驰名,据1917年的海关调查,东北柞蚕区年平均产茧量40万担。又据《东北之经济资源》一书述及,1921—1929年间东北柞丝产量为1.98—3.02万担之间。⑥ 当时中国是世界上最大的柞蚕业国,每年输出海外的柞蚕丝额约达3万担以上,约值八九百万海关两。而从中国柞蚕生产地来看,东三省占全国总生产额的十分之七,山东省占十分之三。时人评论,东三省的柞蚕业可以执柞蚕业界之牛耳,同时,其为世界所重视,可推想而知。⑦

1932年伪满成立以后,在所谓"日满经济一体化"的口号下,着手发展柞蚕丝工业,设立"柞蚕种茧场"和"柞蚕丝检查所",从事柞蚕丝改良,以利于对日输出。随着柞蚕丝制仿毛皮及其他混纺纤维等新用途的发现,日本对东北柞蚕业的掠夺更加重视。1937年前,东北柞蚕丝产销量都维持在一定水平,平均年产3万关担,75%以上被日本掠夺而去。

1939年伪满设立满洲柞蚕株式会社,对东北柞蚕业实施垄断统制。由于所定茧价过低,且因契约饲养,条件苛刻,农民育蚕兴趣减少,还有一些柞蚕区因柞树林

---

① 王树枬、吴廷燮、金毓黻纂:《奉天通志》卷一百二十一,实业九,蚕业。
② 王树枬、吴廷燮、金毓黻纂:《奉天通志》卷一百二十一,实业九,蚕业。
③ 孔经纬主编:《清代东北地区经济史》,黑龙江人民出版社,1990年,第337—338页。
④ 徐辛吾:《中国近代缫丝工业史》,上海人民出版社,1990年,第512页。
⑤ 王树枬、吴廷燮、金毓黻纂:《奉天通志》卷一百二十一,实业九,蚕业。
⑥ 王成敬:《东北之经济资源》,商务印书馆,1947年。
⑦ 乐嗣炳:《中国蚕丝》,世界书局,1935年,第312页。

逐渐衰老未能更新而日趋荒废,以致柞茧产量不过40亿粒左右,始终未达历史水平。① 到1944年仅保持20亿粒的产额,柞蚕丝工业除利用一部分原料,加工制成丝、茧绸、军用降落伞等以供当地需用外,大部分原料及柞蚕丝均输往日本。② 抗日战争胜利后,东北柞蚕业发展仍处于停顿状态。

2. 棉花、烟草、麻类、甜菜等作物的种植变迁

1920年,奉系当局筹办奉天纺纱厂,为保证原料的供应,鼓励棉花生产。该时期东北棉产地为铁岭至康平一带的以南地区,由于辽西自然条件相对较好,遂发展成为棉花的集中产区。该地区棉田占耕地总面积的5%—10%,尤以锦县、锦西、黑山、北镇、兴城等地种植最为集中。1931年前,东北棉花年耕地面积约五六万公顷,年产额约1.5万吨,其中农家自用约30%,其余出售市场。但由于品种多为本地种,纤维太粗,不能纺织细纱,所以东北棉花供给本地工厂纺织的不过3000吨左右,此外每年还要从印度、美国等输入约1万吨左右的外棉。③

1931年后受世界经济危机影响,大豆价格急剧跌落,伪满设立棉花协会,在东北南部推广美国棉种,以代替大豆。同时日本有400万锤的纺织工场,年消费棉花7、8亿万斤,为确保东北成为其纺织工业的主要原料供给地,1934年设立了满洲棉花股份公司,配给种子,指导栽培技术并控制棉花流通。④ 在系列增产措施实行后,1939年东北棉花种植面积达到10万公顷,总收获量为5.1万吨。棉花产地有伪锦州省的黑山、北镇、锦县、锦西、兴城、绥中、义县、朝阳、阜新、台安、彰武,伪奉天省的辽阳、海城、盖平、复县、辽中、新民、营口,伪热河省的凌南、凌源、平南等20余县。⑤

东北烟草种植历史悠久,由于东北当地人民不论男女皆喜吸烟,所以各地烟草种植广泛。清末修筑中东铁路之时,再加俄国人提倡种植,所以种植地区不断扩大。东北烟草分为本地种和美国种两种。1931年前,东北年产烟草约3万吨,其中本地种的种植面积最大,以吉林南部和东部所产"关东烟"最为著名,年产约1.9万吨,奉天东部和北部也有栽培,年产约0.5万吨。

1931年后,烟草也被纳入伪满经济统制,成立满洲烟草特殊会社以指导和控制烟草的生产和流通。由于本地种烟草品质低,不适合作卷烟原料,所以该时期美国种烟草有超过本土种的趋势。美国种的烟草种植,初期以凤凰城、得利寺、瓦房店一带为中心。⑥ 1942年,东北烟草栽培面积达到5.1万公顷,产量为3.5万吨。其中美国种2.2万公顷,产量为2.1万吨,本土种2.9万公顷,面积虽然还大于美

---

① 徐辛吾:《中国近代缫丝工业史》,上海人民出版社,1990年,第525页。1931年前东北柞蚕丰年产量为100亿粒以上,凶年产量也有50亿粒,平均年产量为70亿粒。
② 东北物资调节委员会研究组:《东北经济小丛书·纤维工业》,京华印书局,1948年,第16页。
③ 詹自佑:《东北的资源》,东方书店,1946年,第75页。
④ 傅恩龄:《南开中学东北地理教本》,上册,南开中学自印,1931年,第185页。
⑤ 詹自佑:《东北的资源》,东方书店,1946年,第75页。
⑥ 张宗文:《东北地理大纲》,中华人地舆学图社,1933年,第88页。

国种,但产量反而少于美国种,为1.4万吨。①

清中期,奉天、吉林两地种麻较为普遍,奉天的广宁、宁远、辽阳、盖平、铁岭等州县皆产麻。吉林则以吉林城北一带种麻特多,为当地出产大宗物产之一,烟麻商人贩运内地,每年得银100余万两。②

清末,麻的种植区域不断扩展。奉天以东新垦的兴京、海龙所属诸县,种植面积广,输出数量大,成为新兴的线麻生产中心。奉天西南的辽阳、镇安、广宁一带以生产青麻为主。该时期吉林南部的伊通、磐石、桦甸等地也与奉天东山产地连成一片,形成了较大的麻类生产区。北部松花江沿岸新城、宾州与五常种麻面积在3万亩以上,年产超过200万斤,是另一重要产区。此外,珲春、宁安、东宁各地种麻的绝对面积虽小,但其耕地无多,相对比例大,如东宁府麻和烟草的播种面积占其总耕地的二三成之多。

1931年前,对于麻类作物,东北本地消费极为需要,年均产量虽在不断增长,但每年仍需从印度等地进口黄麻和麻袋。1931年后,伪满继续重视麻类作物的栽培与增产。1939年大麻的种植面积为3.6万公顷,产量为1.7万吨。1942年种植地面积达到7.3万公顷,产量为3.4万吨;青麻栽种面积为2万公顷,产量为0.6万吨。此外,该时期还大力推广原产于热带的洋麻,它可以单独制作麻袋,不用像青麻那样须与印麻一起混用。洋麻最初年产1千吨,1937年伪满制定的5年产业开发计划欲增产至4万吨,以达到麻袋自给自足。1939年统计栽培面积为1.4万公顷,产量为1.4万吨,1942年栽培面积达到5.5万公顷,但由于气候寒冷原因,产量却远未达到计划目标,仅为1.7万吨。③

甜菜于光绪三十二年(1906年)在奉天将军赵尔巽的倡导下,聘请日本技师在辽宁农事试验场进行试种。1914年满铁在南满铁路沿线各附属地农事试验场及部分农家正式栽培。经测验东北所产甜菜糖分含量为15.34%,仅次于比利时和德国所产,自此东北的甜菜种植业逐渐发达。④ 20世纪20年代中东铁路阿什河站有阿什河制糖厂,哈尔滨有呼兰制糖厂,铁岭有南满制糖株式会社,它们均以当地所产甜菜为原料。该时东北南部甜菜种植7 000町,北部种植3 000町,总的来看,种植面积还非常小。主要原因在于爪哇蔗糖价格低,本土产糖缺乏竞争力,1926年时东北就曾输入14.8万担,价值一百五六十万海关两。⑤ 伪满时期,为达到制糖业的自给自足,也把甜菜纳入农业增产计划,计划年产30万吨,以供给沈阳、长春、滨江、绥化、吉林、牡丹江等地的制糖厂。据1939年统计,甜菜种植面积为1.9万公顷,产量为

---

① 詹自佑:《东北的资源》,东方书店,1946年,第76页。
② 李令福:《清代东北地区经济作物与蚕丝生产的区域特征》,《中国历史地理论丛》1992年第3期。
③ 詹自佑:《东北的资源》,东方书店,1946年,第79页。
④ 周志骅:《东三省概论》,商务印书馆,1931年,第46页。
⑤ [日]藤冈启著,汤尔和译:《东省刮目论》,商务印书馆,1933年,第73页。

18.5万吨。1942年甜菜种植面积增加至3万公顷,产量为19.8万吨。[1]

第四节　林、牧副业的外向化

东北林业和畜牧业资源丰富,在东北近代开发尤其是对外开放的过程中,森林被大规模砍伐,所得木材亦有市场化的运销。由于市场的扩大和观念的变化,东北畜牧产品的商品化程度也不断提高,形成了面向市场的专门化生产和加工格局。

一、林业的采伐和运销

1. 近代森林分布概况

清前中期,清廷以东北为其发祥地,定有禁止移民出关、禁止采伐森林、禁止挖掘矿山等政策,东北因此人口稀少而资源保存有原始状态,柳条边以外的吉黑地区,即在大、小兴安岭和伊勒呼里山以及长白山主、支脉的山岳地带,均有森林覆盖,树木种类约300余种,约占东北全区总面积的1/3。它不仅是近代以前中国,也是当时世界上未开发的巨大宝库之一。通古斯语称北满(东北北部)为窝集(树海的意思),形容森林茂密。康熙六十年(1721年)流放士人吴振臣所著《宁古塔纪略》对东北的森林做过这样的描述:"绵绵延延,横亘千里,不知纪极。车马从中穿过且六十里。初入乌稽(窝集)若有门焉,皆大树数抱,环列两旁,洞洞然不见天日,唯秋冬树叶脱落稍明。第五站名拉法(蛟河县境),穿过小乌稽,经过三十里,情景亦相似。"又如"树木千里,一望无际,车马横过,不见天日者,三百逾里"。[2] 杨宾于康熙六十一年(1722年)写的《柳边纪略》记载:"其中万木参天,排比联络,间不容尺。近有好事者,伐山通道,乃漏天一线。而树根盘错,乱石坑呀,秋冬则冰雪凝结,不受马蹄,春夏高处,泥潭数尺,低处汇为波涛,或数日或数十日不得达。"[3]

历代文人虽对东北森林的原始状态有生动描绘,但一向缺乏精确统计。据满铁1926年后的调查,东北森林主要分布在大小兴安岭、三姓、中东铁路东部沿线、松花江、图们江、牡丹江、鸭绿江右岸、浑江、拉林河等地带。从面积和蓄材量来看,三姓的森林居第一位。它位于吉林省北部,在黑龙江、松花江、乌苏里江之间,方正、依兰、桦川、富锦、同江、绥远、虎林、密山等县为主产地。吉林以南、松花江上游的森林居第二位,范围包括濛江、桦甸、额穆、安图、抚松5县。中东铁路东部一线地方居第三位,主要跨宾县、同宾、宁安、穆棱和东宁5县。中东铁路西部一线地方居第四位,主要位于大兴安岭山脉及诺敏河、嫩江上游地区。鸭绿江沿岸的森林,居第五位,尤其头道江至二十四道江等上游地区,如帽儿山等,林木稠密。牡丹江流域的森林居第六位,主要分布在完达山以南、敦化县以北,直至三姓。图们江流

---

[1] 詹自佑:《东北的资源》,东方书店,1946年,第80页。
[2] [清]吴振臣:《宁古塔纪略》,黑龙江人民出版社,1985年。
[3] [清]杨宾:《柳边纪略》,辽沈书社,1985年影印本。

域森林居第七位,自珲春河及嘎呀河、图们江等上游,亘及老爷岭地带。① 伪满时期,对东北森林采用当时最先进的航拍技术进行调查,探明木材蓄积总量为 150 亿石,其中针叶树约 15 亿立方米,阔叶树约 22 亿立方米,合计约 37 万亿立方米。

2. 森林的开发过程

东北境内的森林开发,始于晚清同治年间对鸭绿江沿岸森林的砍伐。咸丰十年(1860 年)后,鸭绿江沿岸山东、河北的移民日渐增多,垦辟农田,因此该地山野多被焚烧,森林也遭到砍伐。光绪三年(1877 年)鸭绿江口的大东沟设立木税局,成为华北木材的供给站。光绪十八年(1892 年)曾设立官民合办、资本金 20 万元的木植公司,因管理问题而成效有限。光绪二十九年(1903 年)俄国设立极东林业公司,并在朝鲜的龙岩浦设立锯木厂,妄图垄断鸭绿江流域木材。日俄战后,光绪三十三年(1907 年)设立中日合办鸭绿江木材公司,掌握鸭绿江流域木材的专卖权、漂流木材处理权及贷给各采伐人的资金权,并自头道江至上游二十四道沟间,江岸十里以内的森林,该公司享有专采权。该公司名为中日合办,权利大半操于日人手中,直至 1940 年方才解散。

中东铁路沿线森林开发,始于 19 世纪末、20 世纪初该铁路敷设之时。铺设中东铁路需枕木 240 万根,每年更换者 40 万根,数量巨大,此外,当时的火车机车还需要烧劈柴。② 俄国以铁路需用木材的名义,获得铁路沿线森林砍伐权,并于各林场至最近车站敷设多条森林铁路,作为经营基础。1917 年俄国十月革命后,东北地方政府努力收回利权,许可中国资本公司如东北林业公司、永利公司等开发林场,凡 20 余处。1918 年日本设立中东海林实业公司,加入中东路沿线森林的采伐。1935 年满铁收买中东铁路,同时接收所有附属林场。1938 年后,全部移交伪满政府。

吉林一带森林所在地方,原为清廷的围场和贡山,光绪时期有移民迁入,开垦耕地,采伐森林。光绪三十三年(1907 年)清政府出资 1 万元,设吉林林业公司,贷与伐木把头,其后又组织松江林业公司等,但成效均不大。1912 年吉长铁路通车后,吉林所产木材运销东北南部各地,与鸭绿江木材相媲美。第一次世界大战期间,日本三井、三菱等会社投资 2 000 万元,吉林木材开发渐盛。直至 1931 年前,该地所产木材以松花江的排运为主。吉敦铁路通车后及伪满时期,松花江上游及各支流的森林逐渐得到采伐。

图们江流域森林,受鸭绿江流域开发的影响,20 世纪初年由中国商人组织开采,运销华南、华北各地,总名珲春木材。民国初年产销最旺之时,产量达 100—180 万立方尺,1919 年高达 360 万立方尺。③

东北森林中采伐最晚的为小兴安岭地带,伪满时期才开始有组织的采伐。首先采伐的是呼兰河及诺敏河流域木材,1937 年起进至滨北(哈尔滨—北安)沿线森

---

① 傅恩龄:《南开中学东北地理教本》,上册,南开中学自印,1931 年,第 196—198 页。
② 东北物资调节委员会研究组:《东北经济小丛书·林产》,京华书局,1948 年,第 54 页。
③ 东北物资调节委员会研究组:《东北经济小丛书·林产》,京华书局,1948 年,第 56 页。

林,1940年绥佳(绥化—佳木斯)铁路通车,1943年铺设汤林(汤原—林口)铁路,对封闭多年的东北北部森林宝库,进行公开采伐。

概之,1931年前东北采伐森林300万石左右,从各地来看,鸭绿江地区产量最多,依次是吉林、中东铁路沿线和图们江地区。进入伪满时期以后,由于建筑工程大面积铺展而导致采伐量剧增,1937年东北北部地区最高采伐量为440万石,其他依次是吉林地区230万石、鸭绿江地区57万石、图们江地区17万石。①

3. 木材的运销

清末安东因濒临海口,交通便利,成为鸭绿江流域的木材集散地,也是当时东北最大的对外木材输出市场。在木材供应方面,除了南方的福建以外,其他地方没有向华北供应的能力。鸭绿江木材独占北方市场,环渤海的营口、锦州、天津、烟台、青岛等港口成为木材转运市场,与安东来往频繁。

1912年尤其是第一次世界大战以后,由于进口美国木材减少的原因,安东木材又发展到上海、南京和汉口等华东、华中市场。此外,还出口到朝鲜和日本。1920年左右是安东木材出口最繁盛时期,每年的木排数目有13 000多张,每张木排银价在3 500—4 000两左右,总值四五千万两。安东运到日本的木材,每年价值在三四百万海关两左右,1923年曾高达1 200万海关两以上。② 1923年以后,由于木材伐区距离越来越远,再加鸭绿江流送困难、运费增加等原因,鸭绿江流域木材出口有逐年下降趋势。1929年,安东华人开设的采伐及贩卖木材的商号,其资本金额1—10万银圆者共28家;日本木商有18家,其资本金额由2万至300万日元不等。

1912年后,由于吉长铁路的修通,吉林和长春成为东北中部的重要木材市场。松花江流域的木材采伐后,大批运销到东北南部市场。长春是南满铁路的最北端、中长铁路的最南端、吉长铁路的起点,因交通中心的缘故,东北北部以及松花江和牡丹江上游林区的木材,大部分经过长春转运。

东北北部木材的最大市场为哈尔滨,当时中东铁路东部、西部、南部线以及方正、依兰等地采伐木材,均用铁路或水路运送到哈尔滨。

伪满成立后,特别是图佳铁路、北黑铁路和佳木斯至虎林铁路修通后,依兰和小兴安岭地区的森林得到开发。除过去的安东、沈阳、长春、吉林、图们、哈尔滨外,又出现了一批新的木材市场,如佳木斯、牡丹江、珲春、黑河、齐齐哈尔、龙井村等。

二、畜牧业的分布和商品化

1. 国际化的兽皮贸易与狩猎业的加速衰落

近代东北南部大多地方已开垦为农业地带,所以狩猎业以北部为中心。黑龙江

---

① [日]满史会编著,东北沦陷十四年史辽宁编写组译:《满洲开发四十年史》,上册,内部印行,1988年,第534页。
② 武堉干:《中国国际贸易概论》,商务印书馆,1930年,第423页。

省的西北部和吉林省的东南、东北部,森林连绵数十里乃至数百里,人烟稀少,成为动物栖居之所。野生动物的分布,在吉林一带,有狐、貂、黄鼠狼、獐、麋鹿、野猪、兔、熊、灰鼠、水獭、猞猁、虎、豹等;与内蒙古东部接壤的大兴安岭,鹿最多,如花鹿、马鹿、麝、麋等;北部兴安岭森林中,野猪较多,此外还有虎、豹、熊等多种动物。

近代以前的传统狩猎方式,按其组织和规模,分为钦敕狩猎、盟内狩猎、全旗狩猎、部落狩猎和个人狩猎五种。因为不少动物及其兽皮是东北的特产,所以实行纳贡制度即实物赋税制度,按惯例每个地方贡献的猎物数量不等,如三姓每年上供皇室貂皮3 000枚,土门子、小黄沟或者西安等地方,贡献活鹿或者虎等。纳贡仪式十分隆重,届时皇室还会给予赐酒这样的荣誉,副都统等地方官吏甚至还作陪酒席,并赐给一定绢帛。[1] 这种供纳制度实质上是一种非市场交换经济。近代以来,东北狩猎业受到影响,清政府的传统纳贡制度不得不做出调整,至光绪二十五年(1899年)已名存实亡。[2]

以往学者大多从政治史的角度,如从东北大片国土割让给俄国,以及随着东北放禁和农产区的不断扩大等方面考察,认为这些是东北狩猎业衰落的重要原因。笔者认为,东北近代对外开放后,欧洲市场的开辟和兽皮贸易出口量的不断扩大,也是加速东北狩猎业衰落的重要原因之一。因为东北兽类皮毛可以防御严寒,有时还是有钱人的奢侈消费品,因此它们成为出口欧洲的重要贸易商品。东北近代兽皮远销欧洲市场,生皮以德国的莱比锡、英国首都伦敦、俄国的下诺夫哥罗等处最大,熟皮尤以德国首都柏林畅茂。[3] 再如旱獭的皮毛在欧洲市场上有很大的需求量,到了冬季,就会有大约5 000—6 000的沙俄或中国人到满洲来经营皮毛出口。[4]

外部市场的变化,对腹地的猎户产生了较大影响。近代以来,钦敕狩猎、盟内狩猎、全旗狩猎逐渐废除,只剩下部落和个人狩猎两种。部落狩猎,纠集一村或数村壮丁,以铳器、网或其他器械,捕猎鸟兽,一年举行三四次。个人狩猎规模较小,由家族中的壮丁结队入山进行。[5] 至于传统的打猎方法,除靠近俄国远东地区采用俄制新式铳枪外,其他地区并无大的改变,大多依然是张网围捕,或者掘窖设陷阱。如见貂落陷窖,就将网覆盖其上,在严寒天气中守候数日,等其出来时驱赶到网中捕捉。但由于大多数猎户是贫寒之家,在秋季未进山之前,就开始收到兽皮商人的预付定金,兽皮价格此时也已约定好,定价权掌握在商人手中。

传统时期东北猎物的实物贡赋,集中在阿勒楚喀、三姓、宁古塔等地,近代东北经济和交通中心改变以后,兽类加工市场转移到吉林、哈尔滨等内陆中心城市,最

---

[1] [日]守田利远:《满洲地志》第2卷,东京丸善株式会社,1906年,第269页。
[2] 丛佩远著:《东北三宝经济简史》,农业出版社,1987年,第222页。
[3] 《中华民国二年哈尔滨暨所属各分口华洋贸易情形论略》,中国第二历史档案馆等编:《中国旧海关史料(1859—1948)》,第61册,京华出版社,2001年,第130页。
[4] 《哈尔滨关十年贸易报告(1907—1911)》,中国第二历史档案馆等编:《中国旧海关史料(1859—1948)》,第155册,京华出版社,2001年,第19页。
[5] 黄越川:《东北畜产志》,开明书店,1930年,第79页。

后出口市场以营口、安东、大连和满洲里等通商口岸城市为主。吉林所出产的细毛貂皮,四方驰名,有日本和俄国商人常驻收购。此外,在辽宁者有日商21家,欧、美商8家,中国商人20余家。东北南部的皮毛交易以沈阳、郑家屯、营口为中心,黄鼠狼皮最多,灰鼠皮、旱獭皮、狐皮次之。东北北部的哈尔滨,是大型皮毛交易市场,有中、俄各10余个大商家。灰鼠皮最多,猞猁皮、旱獭皮、貂皮等次之。满洲里也是皮毛交易市场之一,该地皮毛多向俄国运销。

市场的扩大,导致兽皮价格的高涨。海关贸易报告记载:"忆昔貂皮出产丰富之时,其价值之低贱,每用小米一碗或烧酒一瓶,均可换貂皮一张。"光绪二十八年(1902年)前一张貂皮的价格在5—10两之间,到1912年时,因日俄商人来三姓收买者日益增多,貂皮价格飞涨。冬日所获外观优美、毫无损伤的上等貂皮,每张价格在150—200两之间,中等貂皮,价格在40—100两左右,非正当猎取或者价值40两以下者,只能内销,国际市场不予采购。上等貂皮运销到欧洲市场后,价格又要翻上3—5倍,上等貂皮价格在750—1 000两之间,其下者也在250—300两之数。①

受兽皮出口高额利润的驱动,再加农耕地区的不断扩展,到了民国以后,野生动物资源越来越少,兽皮贸易由盛转衰。当时有学者记述:"皮毛产于长白与兴安二山脉间之茂林深处,其类为熊、狐、貂、豹、虎、鼬鼠、獭、狼等,为三省出口之大宗,仅亚于柞蚕丝,""满洲虎皮以细毛见称于世,视印度产抑又过之,比年产额已稀,为可惜耳。"②再以三姓貂皮为例,1912年的海关报告记载,当时貂皮出产已甚为缺乏,往年运至三姓市场约有7 000乃至10 000张之多,此时仅300—400张而已。此外,时人还有如下的评论:"闻俄政府为保护种类起见,特行禁止猎貂,延至1916年10月5日,始将此禁废弛。中国政府若不设法取缔而禁止之,甚恐数年之后,则此最宝贵之貂,将被猎取净尽而无遗类矣。"③1918年东部南部三港输出皮货计值关平银96万余两,翌年更增至140万两,自此以后,年年减损,1922年出口额仅38万余两。④

2. 畜产品的商品化与家畜业的发展

清代东北植柳为边,它西自山海关附近的长城,东过松花江至今舒兰,该边以西的中西部地区,均是天然草原牧场。此外盛京地区也设有牧场及围场,可以说游牧是清中期之前的主要经济形态。自道光二十年(1840年)移民大量进入该地区以后,随着农业区扩展和行政县治的设立,传统游牧业逐渐衰落,牧区不断西移。1929年,为保留蒙古牧场,当局专门设置了兴安屯垦区。伪满时期,在东北西部设置了伪兴安4省,实行旗、县二元并存体制,并且旗多县少,原因主要在于有些地方

---

① 《中华民国二年哈尔滨暨所属各分口华洋贸易情形论略》,中国第二历史档案馆等编:《中国旧海关史料(1859—1948)》,第61册,京华出版社,2001年,第129页。
② 连濬:《东三省经济实况览要》,吴相湘、刘绍唐:《民国史料丛刊》第10种,台湾传记文学出版社,1971年影印本,第155页。
③ 《中华民国二年哈尔滨暨所属各分口华洋贸易情形论略》,中国第二历史档案馆等编:《中国旧海关史料(1859—1948)》,第61册,京华出版社,2001年,第129页。
④ 连濬:《东三省经济实况览要》,吴相湘、刘绍唐:《民国史料丛刊》第10种,台湾传记文学出版社,1971年影印本,第155页。

面积辽阔,虽有移民开垦,但其间仍为蒙古人保留下一些牧地。但到 1945 年,东北地区连片的天然牧场仅剩下了内蒙古边境和黑龙江西部地区。

在农业经济逐渐取代传统游牧经济的过程之中,畜产最初仅作为移民和农家的一项副业,并没有得到重视。至 20 世纪初,随着国际市场扩大和观念变化,原来并不重视甚至遭到忽视的家畜和畜产品,如兽骨、皮革、畜毛等,都成了出口国外市场的重要商品,东北的家畜业也得到迅速发展。

例如东北人饲养家畜,一向取其肉作为副食,剩余的兽骨则多是废弃之物。因日俄战争后日本商人收购兽骨并运销其国内作为水田的优良肥料,光绪三十一年(1905 年)后东北各地人们开始注意收集兽骨。[①] 日俄战争后,皮革也引起人们注意。第一次世界大战以后,对皮革的需求更加旺盛,原来供地方或本国所用之物,一跃而为世界性商品。[②] 羊毛原来主要用于制毡鞋、毡帽、毡袜等,价格较低,1912 年前每斤大银圆不过 1 角 5 分至 3 角。1914 年第一次世界大战爆发后,外国商人争相收购,遂成重要出口物之一,辽西及满铁沿线,普通每斤涨至大银圆 5 角 5 分至 6 角。[③] 每一骆驼出毛 5 斤,最初输往俄国为衣饰及鞍褥的原料,后又输往美国制造围巾。同治末每担价格不过相当于大银圆 6、7 圆,民国中一担已涨至 50、60 圆,实为当日梦想所不及者也。[④]

此外,在日俄等国资本和先进技术的刺激之下,肉制品、皮毛制品等畜产加工业也开始缓慢起步,如东北南部的营口开始生产牛肉罐头,普兰店加工火腿和熏肉。东北北部的肉制品,在俄国的影响下,其工厂数量和技术更在南部之上,哈尔滨、齐齐哈尔、一面坡及绥芬河都建有加工厂,哈尔滨所产的灌肠有 20 余种,驰名中外。

表 5.2 1926 年东北南部三港畜产品输出数量表

种　类	数　量	价值(海关两)
家　畜	16 119(头)	188 191
家　禽	83 957(只)	6 042
兽　骨	216 217(担)	425 578
皮　革		1 356 859
羊　毛	11 858(担)	371 042
其他毛类	11 721(担)	515 152
猪　毛	9 624(担)	1 623 423
牙　角	908(担)	5 309
兽　脂	1 062(担)	20 039
鸡　卵	310 000(个)	3 972

(资料来源:傅恩龄:《南开中学东北地理教本》,上册,南开中学自印,1931 年,第 210—211 页。)

---

① 黄越川:《东三省畜产志》,开明书店,1930 年,第 105 页。
② 黄越川:《东三省畜产志》,开明书店,1930 年,第 97 页。
③ 黄越川:《东三省畜产志》,开明书店,1930 年,第 92 页。
④ 黄越川:《东三省畜产志》,开明书店,1930 年,第 96 页。

由表 5.2 可以看出,东北南部三港的畜产品输出额为 451.5 万余海关两,此外还有东北北部对俄输出 97.7 万余海关两①,全东北畜产输出总额为 549.1 万海关两。其中皮革输出为 135.6 万余海关两,占第一位,其次为毛类产品。东北畜产品的集散市场,南部以沈阳、锦县最大,其次为郑家屯、营口和长春;北部以哈尔滨最大,其次为吉林、海拉尔和满洲里等。

沈阳交通便利,金融机构齐全,是东北近代畜产品最大中心集散市场,出口量占全东北畜产出口量的 60% 以上。锦县为东北最大的羊毛集散市场,年集散量春毛约 80 万斤,秋毛 40 万斤。春毛多绒,为各国所喜爱,有"锦县套毛"之称。其产地来自锦县附近,赤峰、朝阳、义县、清河门、新立屯、小库伦、连山、锦西、建昌、平泉及热河一带。②营口以干、鲜牛皮最多,每年 7—9 万余张,狗皮 2 万余张,马、驴及其他兽皮 1 万余张,猪鬃 40 万斤。郑家屯每年集散兽皮 13 万余张,兽毛 160—170 万斤。吉林原皮集散数量不多,每年牛皮 5 000—6 000 张,马、骡、驴皮 4 000—5 000 张,皮毛较多,全由依兰、宁安运来。长春市场上的马皮,产自怀德、农安、龙王庙及松花江左岸一带。狗皮产地,南为双阳河、烟筒山、伊通县,东为松花江左岸一带,北为张家湾、龙王庙、孤榆树,西为农安、怀德二县。哈尔滨集散的兽皮有 17 种,每年 111 万余张,马鬃、猪毛、羊毛等,每年约 45 万斤。至于海拉尔和满洲里的畜产及皮毛,则全部向俄国出口。

在畜产品出口贸易不断发展的刺激之下,东北家畜业发展迅速。据满铁调查,1931 年马、骡、驴、牛大牲畜为 579 万头(匹),羊、猪等小家畜为 785 万头。③另据农商部第七、第八两次农商统计,1931 年前东北三省的马、驴、牛、羊、猪的总数为 1 218 万头(匹),内蒙古东部的牲畜数为 493 万头。④

伪满时期实行家畜增产计划,输入畜种并补充家畜,其结果是出口很少,1937—1943 年,平均每年出口仅约为 55 万元,而平均进口却达 1 000 万元。同时,该期间畜产品的平均每年出口,皮革类为 207 万元,兽毛类为 916 万元,其他加工品约为 59 万元,共计 1 182 万元,进口的畜产品及其加工品,共计 1 081 万元。二者综合,东北每年平均有 844 万元的入超。⑤在进口高于出口的影响之下,伪满时期的家畜业发展缓慢,甚至有所倒退。据伪满时期的统计,1943 年全东北的马、牛、骡、驴等大家畜约 540 万头(匹),绵羊、山羊、猪等小家畜约 638 万头。与 1937 年相比,大家畜增加了 7%,小家畜却减少了 25%。与 1931 年前的数据相比,大家畜和小家畜的数量均有下降。

---

① 傅恩龄:《南开中学东北地理教本》,上册,南开中学自印,1931 年,第 211 页。
② 黄越川:《东三省畜产志》,开明书店,1930 年,第 93 页。
③ 傅恩龄:《南开中学东北地理教本》,上册,南开中学自印,1931 年,第 209 页。
④ 连濬:《东三省经济实况览要》,吴相湘、刘绍唐:《民国史料丛刊》第 10 种,台湾传记文学出版社,1971 年影印本,第 151—152 页。
⑤ 东北财经委员会调查统计处:《伪满时期东北经济统计》(1931—1945 年),1949 年,(6)—9,第 6,7 表。

三、渔业资源的分布和开发

东北的渔业,可大致分为海洋渔业和淡水渔业两大类。第二次鸦片战争后东北东、北部大片领土被俄国侵占,剩下南部的海岸线并不算太长,因此水产业总的来说没有陆地产业富饶。但辽东半岛一带渔业自古以来就很发达,近代渔民又学习了西方先进的捕鱼工具和方法,海洋渔业日渐发展。此外,东北内地尤其北部水量充足,河流、湖泊及沼地的栖息鱼类繁多,近代以前渔业资源丰富却未能得到充分开发,近代之后随着移民的大开发而获得较大发展。

1. 渔业资源的主要分布地

东北的海洋渔业,是指东北东南部沿黄海、渤海等地方的渔业,又分为三大区:自安东而西至庄河即黄海沿岸为第一区;由大连、旅顺至熊岳城即"关东州"沿岸为第二区;自复州以北,盖平、营口以西至盘山、锦州、绥中即渤海沿岸为第三区。[①] 这三区中,"关东州"的渔业资源条件最好,大连和熊岳城为两大中心渔港。至于黄、渤海两区沿岸,都是在港湾里面,渔场面积狭窄,特别是一旦到了冬季海水结冰而不能捕鱼。同时由于洄游鱼群很少,渔业资源并不丰盛。

东北的淡水渔业,是指辽吉黑及内蒙古东部地区内陆河流湖泊的渔业。河流又可分为南北两部分,南部的主要为鸭绿江主流和支流、辽河主流和支流以及大凌河等河流。这些河流中,除鸭绿江和辽河外,其他河流渔产极少。鸭绿江自江口至安东再上溯八里至龙岩浦,产鱼甚多,春夏之际,鲤鲶最多,鳗鱼和白鱼次之,其中白鱼味极鲜美,捕鱼以夏季最盛。辽河下游,营口附近,所产有鲤、鲶、银鱼及会生鱼等。[②]

东北北部各地的河流,数量比南部多,且水资源丰富的大河较多。至于湖泊更是主要分布在东北北部。在吉黑两省可分4大水系,松花江、嫩江、牡丹江、镜泊湖为松花江水系,乌苏里江、兴凯湖为乌苏里江水系,呼伦贝尔湖、乌而顺河为呼伦贝尔水系,黑龙江、额尔古纳河为黑龙江水系。其中以松花江与兴凯湖的鱼类最多。松花江特产扁花鱼、奥花鱼、鲤鱼,其次为点鱼、草根鱼、鲜头鱼、鲑鱼等,尤以扁花鱼著名,口味不亚于松江鲈鱼,被视为珍品。兴凯湖呈椭圆形,北部宽广,南部窄缩,水势浩荡,东西约100里,南北约140里,水最深处十四五尺,浅处五六尺。每年解冰之际,鱼群由乌苏里江溯流而上,入于湖内,因此渔业繁盛。湖中鱼类繁殖,尤以鲤鱼最多,其次为鲑鱼,鱼肉美且皮坚韧,沿岸赫哲人即以捕鱼为生。牡丹江产粗鳞鱼、怀子鱼。嫩江产鲤鱼及草杆鱼等。[③] 其他像图们江、绥芬河、嫩江、呼伦贝尔等河流和湖泊,鱼类也非常富饶。像呼伦贝尔湖,为克鲁伦、乌而顺二河汇成

---

① 金毓黻主编:《东北要览》,国立东北大学,1944年,第509页。
② 张宗文:《东北地理大纲》,中华大地舆图社,1933年,第105页。
③ 张宗文:《东北地理大纲》,中华大地舆图社,1933年,第54、105页。

之巨浸,鱼类繁殖,沿岸居民,恃以为利。① 至于内蒙古东部地区,如西辽河、洮尔河、月亮泡、察罕诺尔、陶代屯等处,亦"皆绝好渔业场也"②。

2. 渔业资源的开发

清前中期封禁东北的内容十分广泛,既包括山林土地,也包括河流湖泊。如奉天诸河被定为"官河",网户、旗人捕鱼上贡,不准他人私捕。至于内蒙古东部地区的河流湖泊,因蒙古人虔信宗教,相戒不食鱼鳖,汉民之捕鱼者,往往为其禁阻。近代之前,可以说东北的渔业未讲,渔政未兴,长期处于封闭状态。

光绪三十一年(1905年)日本侵占旅大地区,日本渔业资本家开始大规模掠夺辽东沿海渔业资源。为维护渔权、振兴渔业,光绪三十二年(1906年)奉天当局开始官商合办渔业公司,购买新式渔轮和渔具等先进捕鱼设备,改良捕鱼技术,东北海洋渔业自此渐有起色。近代东北北部和内蒙古东部地区自开放以后,大量汉民流入,从事渔业者日多,蒙古人也因有税课之利,大多不再禁止汉人捕鱼,于是内陆地区的淡水渔业也日益发展。白山黑水间的传统渔猎生活逐渐发生变化,并且在20世纪初年也出现了商品化和企业化的趋势。③

渔业发展体现在渔户或新式渔业公司以及渔产数量的不断增长等方面。据20世纪20年代调查,海洋渔业以金州一带的渔业最为兴盛,约有8 000渔户,人口24 000余人。其他沿岸渔区,约有7 000渔户,人口22 000余人。④ 当时熊岳城海面黄花鱼的捕捞极其繁盛。在每年五月十日前后,约3个星期,有渔船500余艘麋集于此,其光景宛如战场。每一渔期所获因年而异,约为500万斤,值30万元左右。其他如海参、鲍鱼、虾类也远近闻名。⑤ 内地淡水渔业,1924年辽河鱼蟹产量为407.8万余斤,1930年鸭绿江鱼虾产量为381.8万余斤。北部渔产,据1928年统计,贝尔湖及呼伦池水系为828.9万余斤,额尔古纳河及黑龙江为276.3万余斤,乌苏里江为276.3万余斤,嫩江为690.8万斤,松花江(包括第二松花江)为967.12万斤。⑥ 1937年东北海洋渔业产量为1 634.08万余斤,1935—1937年间,嫩江、松花江、牡丹江、镜泊湖、黑龙江、辽河、兴凯湖及呼伦池水系的淡水渔业产量平均为9 440万斤。⑦

近代渔业的发展,不仅满足了当时东北人民的生活需求,有的还出口国外,渔产品加工业也随之有了相当发展,譬如呼伦贝尔湖渔业的开发即是一典型事例。呼伦贝尔湖为高原湖泊,以前多年不准捕鱼,渔产丰富,蒙古人曾有过这样的说法:鱼类孵化有声,震撼湖岸,饮马者不加驱赶,则马畏不进。因俄国及汉人移民增多,

---

① 中国史地图表编纂社:《中国地理教科图》,亚光舆地学社出版,1946年,第66页。
② 徐世昌:《东三省政略》,卷二,蒙务下,筹蒙篇,吉林文史出版社,1989年。
③ 衣保中:《东北农业近代化研究》,吉林文史出版社,1990年,第327—331页。
④ 张宗文:《东北地理大纲》,中华人地舆图学社,1933年,第105页。
⑤ 傅恩龄:《南开中学东北地理教本》,上,南开中学自印,1931年,第213页。
⑥ [日]满史会编著,东北沦陷14年史辽宁编写组译:《满洲开发四十年史》,上册,内部印行,1988年,第539—540页。
⑦ 金毓黻主编:《东北要览》,国立东北大学,1944年,第514页。

光绪三十一年至三十二年(1903—1904年)间,呼伦贝尔湖渔禁得弛。其后1910—1914年间,呼伦贝尔地区开放的捕鱼地增至十处以上,渔产量约为7 370吨。扎来诺尔及满洲里一带的多数居民,终年以鱼为业,据1927年调查,经营渔业者有2 000余人。冬季冻鱼,由中东铁路运至哈尔滨及由宽城子输往国内各大商埠,甚至还远销莫斯科。[①] 由此可见,渔业在呼伦贝尔区域经济中已占有重要地位。

---

① 傅恩龄:《南开中学东北地理教本》(上),南开中学自印本,1931年,第514—516页。

第六章　工业化的空间进程与格局

东北传统手工业历史悠久,其技术多由关内移民传来,种类繁多,诸如油坊、磨坊、烧锅、粉房、皮革制造、制鞋以及用器制造、房屋建筑等。但这些基本都是供本地居民生活消费所需,技术组织和一切设备简单陈旧,动力完全利用人力或者畜力。咸丰十一年(1861年)营口开埠之后,渐有西方现代机器生产和工业技术传入。19世纪末和20世纪初,日俄势力从南北两面侵入东北,新式机器工业亦"南乘太平洋黑潮,北循西伯利亚铁路,以奔集而沓来"[①]。至1931年九一八事变前,南以大连、北以哈尔滨等港埠城市为核心,以中东和南满铁路沿线城镇为绵延带的现代工业布局初步形成。1932年后,伪满统制东北工业经济,为军事需要,在矿工原料产地及边防重地有针对性地规划和建设了一批重点工业区。近代东北各地区工业化的发展,前期是沿着"海港—铁路—腹地"的路线逐步传导和推进的,后期则形成了围绕能源及军事战略基地综合布局发展的局面。短短80余年的时间,东北地区实现了从落后的农业地区,甚至原始的游牧、狩猎经济地区向现代工业地区的跨时代飞跃,成为仅次于以上海为核心的长江中下游地区的近代中国工业化发展程度最高的两大工业区之一。但在工业化快速发展过程中,始终存在着外国和本国资本投入失衡,沿海和内地、南部和北部有着巨大发展梯度落差等多重矛盾。

第一节　近代工业的勃兴与分布

东北地域广阔,近代有着丰富的农、林、畜、渔业资源,煤炭储藏量巨大,还有源源不断的移民及低廉的劳动力价格。概言之,从原料、动力、劳资等角度来看,这是东北近代工业发展的有利条件。东北近代工业兴起的不利条件,则是缺少现代化的机器生产技术和大规模的资本投资。咸丰十一年(1861年)营口开埠,是东北近代工业萌发的契机。第二次鸦片战争的失败,刺激清政府开展起洋务运动,引进西方技术,率先发展军事工业。为因应吉林省的边防需要,光绪七年(1881年)吴大澂奏请在省城吉林开设吉林机器局,厂址选在吉林城东门外7里松花江沿岸地带。机器设备均自国外进口,经津沪至营口再转运而来。[②] 1882年3月动工,次年9月竣工,主要生产火药、枪支、子弹、开花炮弹。3年后,规模再次扩充,除制造枪子外,又开始生产枪炮等军械。[③] 吉林机器局是东北地区第一所近代工业,可惜的是,光绪六年(1900年)被沙俄侵略军毁去。在清政府主动引进西方技术、发展近代军

[①] 刘爽:《吉林新志》,吉林文史出版社,1991年,第393页。
[②] 中国边疆史地研究中心、吉林省档案馆合编:《东北边疆档案资料选辑》第89册,广西师范大学出版社,2007年,第153页。
[③] 孙毓棠编:《中国近代工业史资料》第1辑,上册,科学出版社,1957年,第502页。

事工业之前,即在营口开埠后的第 7 年,就开始有西方商人注意到东北大豆手工榨油技术的陈旧,该年居住在营口的英国商人普拉德设法从英国运来机器,试图设立以蒸汽为动力的近代榨油工厂,但是开业不久,因遭中国从业者的抵制和机器生产尚存不完备之处而予以废弃[①]。在此后的近 20 年间,东北粮豆等加工业虽规模不断扩大,但在技术上还没有明显的革新和进步。中日甲午战争之后,以日俄为首的列强对东北竞相投资,他们充分利用东北的农林矿产资源和廉价的劳动力,大力发展近代农产品加工业以获取高额出口利润,同时围绕大连、哈尔滨等新开租借地、商埠城市的建设需要,着力发展具有工业动力供应和居民生活服务双重作用的水、电、气工业。清末议行新政,东北官商提倡发展实业。民国初期全国兴起创办实业的大潮,东北的企业家也大力引进西方先进机器设备和管理手段,民族工业呈现出持续增长的良好态势。与此同时,奉系当局投资的军工、机械、电力等工业部门也有了初步发展。从总的情况来看,东北近代工业虽较关内地区起步时间稍晚,但发展速度快,门类众多。至 1931 年,东北已形成了以榨油、制粉、酿酒等近代农产品加工业以及缫丝、纺织等轻纺工业为主体,窑业、火柴、机械器具制造、制铁、皮革、制材、电力、煤气等行业齐具的近代化工业格局。

一、出口加工和进口替代轻工业的勃兴

1. 农产品加工业和轻纺工业的近代化

咸丰十一年(1861 年)营口开埠后,东北传统的榨油、面粉、缫丝、棉纺等手工业为适应新的历史潮流,逐渐采用新工艺和新机器设备,开始了近代化的历程。

东北油坊最初主要加工麻油,嘉庆二十五年(1820 年)左右开始在铁岭、开原等大豆集散地用大豆榨油。不过当时还是以制造豆油为主,豆饼只是家畜饲料的副产品。因位居辽河末端的地理区位优势,道光二十年(1840 年)后营口渐成为东北向东部沿海出口豆油和豆饼的港口,并因出口的逐年增多而有山东、华南商人开设了永远兴等油坊,但其制造技术均是传统楔式压榨的简单方法,即利用骡马等畜力,加上人工操作,将黄豆碾碎,蒸过之后,再放入诸木榨中,压制成饼,每日制造能力仅有 100 枚左右。

咸丰十一年(1861 年)营口开埠之初,外国人对豆油在工业上,尤其是化学工业上的广泛应用尚未了解,该时大豆油尚未大量出口,主要供应国内市场的需求,用来作为照明、烹饪用油或者作坊中工具的润滑剂等。榨油仍然沿用传统的手工作业方式,由于原料坚硬,须极强的劳动力,畜力碾豆和蒸料等工序也很耗费工时。同治六年(1867 年),英国商人首先在营口开设机器油厂,尝试机器榨油,但因技术问题未能解决,出油率反而低于手工,加上当地中国商人和手工业者的强烈反对,

---

[①] 彭泽益编:《中国近代手工业史资料》第 2 卷,生活·读书·新知三联书店,1957 年,第 41 页。

这家经过3年筹备的机器油厂,只存在了2年不到的时间即告停闭。在开埠30余年后,光绪二十二年(1896年)营口已有油坊30余家,并成为东北最大的榨油业中心城市。不过在光绪二十二年(1896年)之前,营口各油坊的工艺还未根本改变,规模也不大,最大的日产800枚豆饼。

中日甲午战争以后,情况有所改变。日本对作为稻田肥料的东北豆饼需求激增,西方国家对豆油商品的需求量也很大,如豆油为英国的肥皂制造业所接受,美国因制造石碱、炸药等化学原料之需,对豆油也竭力汲引。19世纪90年代末,英商试验失败而搁置了近30年的机械榨油厂事业,再次被提上日程。光绪二十二年(1896年),英商太古洋行在营口设立太古元油坊,"改用蒸汽力将黄豆压碎,以手推螺旋式铁榨从事榨油,是为营埠油坊改良之始"①。由于在产品品质、平均成本和生产能力等方面,螺旋式均优于传统楔式,所以光绪二十五年至二十七年(1899—1901年)间营口新设立的怡兴源、怡东生、东永茂3家油坊,均采用了新式机器设备②,这意味着营口的榨油业逐步进入利用蒸汽机和发动机的现代工业生产时代。不过从资金投入方面而言,螺旋式要比楔式大得多。楔式总资金需6万两,其中固定资本2万两,流动资本4万两;螺旋式则固定与流动资本各需10万两。由于资金筹措不易,在新式机器引进之初,营口油坊总体上看呈现新旧并立局面。

日俄战争之后,东北机器榨油业发展尤速。光绪三十二年(1906年),日商小寺北吉在营口创设油坊,采用水压式榨油机,效率超过手推螺旋式榨油机,"华商见新式榨油法之效率,比旧式压榨机为大,亦相继改用新法"③。据宣统二年(1910年)调查,营口此时仅余旧式生产油坊1家,其余18家油坊均采用蒸汽或者煤油动力生产,日产豆饼3万余枚,豆油12万斤。④但此后随着大连日资水压式油坊日渐增多,东北南部的榨油工业中心开始由营口转移到大连。第一次世界大战以后,营口中国商人资本势力有所壮大,榨油业又稍有起色。1926—1929年间,营口的华商共有23家油厂,资本共计炉银111.5万两,每厂平均资本4.8万余两,雇工共867人。大部分采用螺旋式压榨法,每日生产豆饼32 486片。⑤

光绪三十三年(1907年)时,大连仅有4、5家规模极小的旧式油坊,每天仅能生产100—120个豆饼。次年年初已有8个新油厂建成,并且在这一年中又新上马10个现代油厂,它们均采用蒸汽动力的铁螺旋压力机和铁粉碎机,代替了落后的骡子、驴等畜力拉动的石头滚子生产。⑥宣统二年(1910年)大连地区的榨油工厂增至55家,年生产豆饼269.8万担,豆油25.2万担。一战时美国对东北豆油需求旺盛,订单

---

① 汪敬虞编:《中国近代工业史资料》第2辑,下册,科学出版社,1957年,第659页。
② 彭泽益编:《中国近代手工业史资料》第2卷,中华书局,1984年,第387页。
③《营口工业之现状》,《经济半月刊》第2卷第4期,调查,第1页。
④ 满铁调查课:《南满洲经济调查资料》第6卷,营口,1911年,第1—2页。
⑤ 龚骏:《中国都市工业化程度之统计分析》,商务印书馆,1933年,第185页。
⑥《大连关十年贸易报告(1907—1911)》,中国第二历史档案馆等编:《中国旧海关史料(1859—1948)》155册,京华出版社,2001年,第136页。

源源而来,同时日本米价暴涨,豆饼价昂,缘此形成大连榨油业发展的黄金时代。1918年大连的油厂增至57家,1923年增至82家。20世纪20年代中后期,由于日本转向化学肥料以及欧美植物油精化工产业的发展,对大豆的需求量下降,再加上大豆原料价格上涨,大连榨油工业的发展受到影响而中落,到1931年时油厂减少至52家。

从大连油厂的生产技术来看,1914年前大连日资开设的数家现代工厂已开始使用水压式机器生产,中资工厂仍多用螺旋式。1918年后随着欧美市场需求的景气,水压式工厂有了进一步发展,到1930年,大连使用螺旋式机器的只剩下6家。此外,随着满铁"中央实验所"的研究发展,1915年大连日资铃木、丰年等油厂开始使用比水压式更进步、产品更佳的苯抽出式化学方法,到1930年,满铁"中央试验所"又发明出酒精抽出式的化学方法。从1916年开始,在"中央试验所"的研究成果支持之下,大连成立了油脂工业株式会社,开始制造硬化油、肥皂等化工产品。

由上可见,在东北广大腹地城乡榨油业普遍由家庭手工工场、传统制造技术向现代工厂、机器生产发展和过渡的时期,大连已开始由粗糙的现代机器工业向精密的大规模化工生产方向发展。由于大连油厂资本雄厚,生产规模大,技术能力强,所以以大连为中心的东北各港埠城市豆饼、豆油生产能力集中的趋势愈发明显。(详见表6.1)

表6.1　1931年东北各地油厂生产状况表

地方别	机械的种类与台数		一昼夜的制造能力	
	水压式(台)	螺旋式(台)	豆饼(枚)	豆油(斤)
大　连	1 815	1 455	214 716	1 073 580
营　口	375	170	24 775	123 875
安　东	234	1 090	47 054	235 057
哈尔滨	1 109	684	95 004	475 020
东北南部各地	344	3 278	88 187	440 935
东北北部各地	424	529	44 055	22 025
合　计	4 301	7 206	513 791	2 370 492

(资料来源:伪满国务院总务厅情报处编印:《满洲国大系第15辑·产业篇》,1934年,第54页。)

民以食为天,东北传统上以人力和畜力加工面粉,其作坊称磨坊。东北近代新式机器面粉工业,肇始于光绪二十六年(1900年)俄国人在哈尔滨创设的东三省面粉厂。日俄战争期间,为满足俄国军队所需,一时间由俄商在哈尔滨创设的机器面粉厂有16家之多。在东北南部,光绪三十二年(1906年)日本也在铁岭设立了满洲制粉株式会社。

日俄战争以后,帝俄势力逐渐减弱,俄国商人经营的面粉厂纷纷倒闭。于是中国商人因势利便,相继投资设厂,原来俄商的工厂也多转让给中国商人,为东北民族面粉工业的发展初奠基础。如光绪三十四年(1908年)俄资哈尔滨的歇杰斯制粉厂转让给李祖盛、王联卿主持的盛泰益面粉公司,日产能力达1450包;而日产能力在2200包的俄商满洲第一面粉公司则为华侨张伯阳收购,改名为广源盛。①② 1914年第一次世界大战爆发,为东北正在兴起的面粉工业提供了广大的国外市场。1919—1920年,是哈尔滨面粉工业的鼎盛时期,该时哈尔滨中、俄、法、日等国投资的现代面粉工厂有23家,其生产能力一昼夜可制粉1200吨,一年按300工作日计算,年产额为35万吨。哈尔滨遂得与上海并称为中国近代两大面粉工业中心。

1923年之前,面粉业在东北北部各工业中,居首要地位。1923年以后,由于东北北部小麦生产歉收,美国廉价面粉的输入和竞争,苏联远东市场销售不畅等原因,哈尔滨的面粉工业发展陷入停顿和中衰局面。1924—1926年间,面粉业"益感困难,海外市场,丧失几尽,各厂制品减少泰半",1928年之后,营业复盛,投资总额,约在银圆1 200—1 500万元之间。③

东北近代纺织工业,分为柞蚕缫丝、棉布等数种。东北柞蚕虽然起源较早,但传统的柞蚕制丝技术,即木制手摇缫丝车迟至咸丰末年才由山东传入盖平。其后盖平和安东稍具规模,不过当时的柞蚕制丝业仍属于农村家庭手工业劳动,由蚕农自己放养一些柞蚕,再自行缫丝售出,所以一直停留在小商品生产阶段上。光绪三年(1877年),德商在山东烟台开设了机器缫丝厂,使用法国开奈尔式缫丝机。随后烟台工人孙小然模仿机器缫丝工场的铁制机械,用木料试制成一种小型脚踏缫丝车,效果良好,"东三省人见而仿之,始有足踏制器之传播"。④ 光绪三十一年(1905年)安东道台钱荣在元宝山麓开设七襄丝厂,置备脚踏式木制小𬬻机170部,改大𬬻丝为小𬬻丝,安东自此开始有了专营缫丝的近代工厂。

光绪三十三年(1907年)安东开埠后,随即成为东北地区柞蚕茧的最大交易市场。因接近原料市场和出口便利等原因,中外商人相继投资设立最新式的缫丝工厂,迅速改变了以往东北柞茧大部分输往山东烟台再缫丝出口到国外的局面。宣统元年(1909年)秋安东县大地主黄宗山投资开设了华安丝厂,置备脚踏小𬬻机250部。为节省运费和避免柞蚕腐烂等损失,宣统二年(1910年)烟台柞蚕丝输出商直接在安东投资开设了福增源丝厂,有缫丝车100部,次年又增设了分厂。继之,东泰茧栈也开设了东泰丝厂,有丝车620部。到1914年,安东已发展出缫丝工厂6家,有小𬬻机2151部,资本59 500两。⑤ 第一次世界大战后,柞蚕丝价格持续

---

① 汪敬虞主编:《中国近代经济史》,下册,人民出版社,2000年,第1659页。
② 连濬:《东三省经济实况览要》,吴相湘、刘绍唐:《民国史料丛刊》第10种,台湾传记文学出版社,1971年影印本,第204页。
③ 《哈尔滨关十年贸易报告(1922—1931)》,中国第二历史档案馆等编:《中国旧海关史料(1859—1948)》,第157册,京华出版社,2001年,第330页。
④ 徐辛吾:《中国近代缫丝工业史》,上海人民出版社,1990年,第497页。
⑤ 安东市工商联:《安东柞蚕绸业发展简史》,《辽宁文史资料选辑》第1辑,1962年,第126页。

上升,投资柞蚕缫丝厂获利较多,据1921年调查,安东柞蚕丝生产工厂又增至63家,共有13 542部丝车。① 到1928年,安东中国资本的大小缫丝厂不下50家。资本合计77万两,其中和聚正和政源丝厂的规模最大,资本各约4、5万两。② 1920年日资开办的富士瓦斯纺织株式会社,雇用220名工人,1930年时制造细丝2 341担,约值日金43.5万元,粗丝985担,值日金15.07万元。③

明代辽阳等地已有棉花种植,但至咸丰十年(1860年)前,东北的棉产区仅有粗笨的手工纺织。咸丰十一年(1861年)营口开埠后,英国棉纱及印度的粗支棉纱输入,东北开始有了家庭织布工业。日俄战争以后,日本将自动脚踏式纺织机传入东北,营口以及铁岭、奉天、锦州等地相继设立纺织工厂。土布工业一时兴起,但该时的经营形态仍是批发式的家庭手工业或零散工厂手工业形态。

第一次世界大战前后,营口的中国商人开始投资纺织业,陆续建立起近代纺织工厂。如1913年8月,营口首家采用新技术的恒样水织布厂宣告成立。随后,同兴厚织袜厂、金生厚毛巾厂、三鸿记腿带子厂、华盛织带厂相继成立。1915年为反对"二十一条"和抵制日货,当地商民更是群起创办工厂。④ 1929—1931年间,由于金贵银贱,进口洋布价格昂贵,营口的织布厂和染坊业发展更盛。1929年时,营口的棉织工厂已发展到98家,其中织布厂58家。并且技术上也有很大进步,如"新立工厂,所装机器,均系由沪购置,而旧有布厂机器,则为日货也。织袜及腿带工厂,从前系手工,近亦改用电机焉"⑤。1929年时营口织机总计有1 320架,工人1 340名,年产粗布29万匹、格布120万匹。生产规模虽不大,但数量多,发展快。与此同时,奉天有一家近代大纺织厂,拥有资本金450万元(奉币),公积金200万元,纱锭20 480枚,线锭888枚,织机300架,雇工2 237人,年产棉纱1.5万包,棉布15万匹。

概言之,农产品加工业和轻纺工业以其投资小、见效快和利润大而成为中外资本最为活跃的工业领域,在各城市经济统计中,它们占到城市工业总产值的半数以上。例如大连是近代中国最著名的榨油工业城市,1931年大连市十类工业全年总产值6 226万元,其中榨油业4 500万元,占72.3%。⑥ 机器面粉业是哈尔滨第一大工业,1928年时,其投资总额约在银圆1 200—1 500万元之间。⑦ 哈尔滨的第二大工业是榨油业。哈尔滨油厂创设较晚,宣统三年(1911年)时还不过2家。但第一次世界大战爆发后,因欧洲对东北豆油需求激增,东北北部大豆种植面积日渐扩

---

① 陈重民:《今世中国贸易通志》第二编,商务印书馆,1924年,第26页。
② 龚骏:《中国都市工业化程度之统计分析》,商务印书馆,1933年,第187页。
③ 《安东关十年贸易报告(1922—1931)》,中国第二历史档案馆等编:《中国旧海关史料(1859—1948)》,第157册,京华出版社,2001年,第388页。
④ 彭泽益:《中国近代手工业史资料》第2卷,中华书局,1984年,第672页。
⑤ 《营口关十年贸易报告(1922—1931)》,中国第二历史档案馆等编:《中国旧海关史料(1859—1948)》第157册,京华出版社,2001年,第448页。
⑥ 转引自杨光震:《论近代东北农产商品化的特点及其对城市经济发展的影响》,《经济纵横》1986年第4期。
⑦ 《哈尔滨关十年贸易报告(1922—1931)》,中国第二历史档案馆等编:《中国旧海关史料(1859—1948)》第157册,京华出版社,2001年,第330页。

大,中东铁路对运集哈尔滨的原料大豆给予特殊运费的优待政策,哈尔滨的榨油业乃急剧繁盛。1919年哈尔滨共有机制油厂21家,华商占到19家。到1921年,哈尔滨的榨油厂增至40家以上,这还不包括数以百计的本地小作坊。① 1931年时,哈尔滨制油工厂有50余家,散处中东铁路沿线者有20余家,资本金在银圆1 000—1 100万左右。② 九一八事变前,输入哈尔滨市场的大豆约有100万吨,哈尔滨油厂大豆年消耗量在40万吨上下,占市场交易总量的1/3—1/2之间,占东北北部大豆总生产量的17%左右。东北北部油厂多集中于哈尔滨,其年生产豆饼量占到东北北部豆饼生产能力的60%。③

2. 其他近代工业的兴起

除农产品加工和轻纺等近代工业快速勃兴之外,随着现代西方机器和技术的传入以及营口、安东、大连、哈尔滨、奉天等港口或商埠的城市建设发展,造纸、制铁、电力、煤气、砖瓦、水泥、陶瓷、玻璃等近代工业也从无到有,迅速兴起。

据1926年调查,营口的各种新式工厂不下38家。如罐头、砖瓦、汽水、电气、玻璃、火柴、印刷、锯木、缫丝、烛皂、烟草等产业,中外商人在营口均曾设有过若干现代制造工厂。④ 另据海关十年贸易报告记载,安东的缫丝及榨油工业主要是华人经营。除上述二者外,1922—1931年间,安东华人经营的棉织业亦趋繁盛。截至1931年,安东棉织厂有40余所,工人1 200名。⑤ 不过总的来说,华人所经营的缫丝、榨油、棉织业等工厂的资本数额、工人人数和生产数量均相对较小,和日本人在安东兴办的锯木、造纸等工厂相比,华人工厂只能望其项背。锯木是日本在安东投资的重要工业之一,1920年时安东有31家机械锯木厂(30家属于日商,1家属于华商),该年它们共生产了20.2亿多英尺的木板。⑥ 1921年以木材为原材料的鸭绿江制纸株式会社成立,资本金500万日元,每年所制油光纸及仿中国纸(机制木质纸),共达1 500万磅。⑦

1912年以来,大连各种现代制造业逐渐兴起,"举凡水泥、砖瓦、化学、漂染、纺纱、酿造、造船、电气、面粉、玻璃、制冰、翻砂、火柴、碾米、酱油、烛皂、制革、织布、制麻等等,亦无不有新式工厂一所至几所"⑧。其中特别值得一述的是机械和电气工业。在满铁铁路运输系统中,工人最集中的企业是大连沙河口铁道工厂。从1907

---

① 《哈尔滨关十年贸易报告(1912—1921)》,中国第二历史档案馆等编:《中国旧海关史料(1859—1948)》第156册,京华出版社,2001年,第24页。
② 《哈尔滨关十年贸易报告(1922—1931)》,中国第二历史档案馆等编:《中国旧海关史料(1859—1948)》,第157册,京华出版社,2001年,第329页。
③ 雷慧儿:《东北的豆货贸易(1907—1931)》,台湾师范大学历史研究所,1981年,第72页。
④ 龚骏:《中国都市工业化程度之统计分析》,商务印书馆,1933年,185—187页。
⑤ 《安东关十年贸易报告(1922—1931)》,中国第二历史档案馆等编:《中国旧海关史料(1859—1948)》,第157册,京华出版社,2001年,第389页。
⑥ 《安东关十年贸易报告(1912—1921)》,中国第二历史档案馆等编:《中国旧海关史料(1859—1948)》,第156册,京华出版社,2001年,第84页。
⑦ 《安东关十年贸易报告(1922—1931)》,中国第二历史档案馆等编:《中国旧海关史料(1859—1948)》,第157册,京华出版社,2001年,第388页。
⑧ 龚骏:《中国都市工业化程度之统计分析》,商务印书馆,1933年,第177页。

年创办至1935年,它是东北境内唯一的现代化机械工厂。1918年该厂员工7 000余名,其中中国雇员4 425人,占当年满铁中国雇员总数的22.8%。创办伊始,该厂以制造新车和兼营修理旧车为目的。1907—1912年间,是从欧美采购机车,实行装配,学习制造机车技术时期;1913—1917年,是参考外国机车,自行设计制造时期,该阶段已能完成小型机车制造;1918年以后,是具备制造大型机车能力的时期;1927年以后,它还为胶济、陇海两条铁路制造过新机车。1927年新造旅客快车"鸠号",其牵引机为太平洋五号,速度极快,从长春到大连仅需12小时,速度比以往需20小时有了极大提高。客车和货车较机车制造容易,1910—1931年间,该厂共生产机车186辆,客车437辆,货车5 779辆。[①]

除沙河口铁工厂外,大连日资规模较大的现代化工厂,还有大连机器制作所,设立于1917年,资本金200万元;川崎造船所和满洲船渠会社,设立于1916年,1923年合二为一,船坞容量为6 000吨;小野田洋灰厂,1921年生产水泥22万桶,1929年增至150万桶;南满电气株式会社,1930年发电电量为9 881万瓦时,可供给电灯29.6万余盏照明;南满瓦斯会社,1930年制造瓦斯38 389万余立方尺。[②]

奉天在南满、安奉、京奉等几条铁路交汇点形成之前,现代化工业的发展成就并不显著。铁路交汇中心形成之后,中外商人和政府资本投资踊跃。据1926年调查,奉天大规模的新式工厂共有24所,包括罐头、化学、纺纱、酿酒、电气、面粉、钢铁、制革、火柴、印刷、碾米、缫丝、肥皂、烟草、毛织等行业。其中日资有12所,华资有11所,英美烟草公司1所。更为重要的是,从20世纪20年代开始,奉系当局着力在奉天发展现代军事和机械制造工业。1921年成立了东北最大的武器和军需品工厂——奉天兵工厂。其后又有大亨、大冶、华北等企业在奉天设立铁工厂,1926年设立名义上是学生机械制造实习所用的东北大学工厂。除东北大学工厂以修理、制造铁路车辆为主外,其他工厂均以制造军械为主。奉天兵工厂设立的资金为5亿元,开办之初已有技师和职工2万多人,日常经费高达5 000万元。充裕的资金和现代化的设备,使得奉系能够拥有自给自足的军工业,在当时中国各军阀系统中装备最好。1928年该工厂能够制造步枪7 500枝,子弹900万颗,机关枪70—80挺,炮弹12万颗。

除制粉、榨油外,在棉毛、制革、酿酒、电气等方面,1931年前哈尔滨也曾创设过较大规模的现代化工厂。如1922年设立裕庆德毛织业工厂,资本金150万元,置有发动机和现代化机器,雇工200—300人,每年生产呢和绒布约值400万元。同年创设的双合盛皮革公司,资本金400万元。1926年哈尔滨有俄资电业公司2所,资本金500万元。1927年官商合办耀滨庆记电业公司,资本金200万元,规模

[①] 东北物资调节委员会研究组:《东北经济小丛书·机械(车辆)》,京华印书局,1948年,第52页。
[②] 《大连关十年贸易报告(1922—1931)》,中国第二历史档案馆等编:《中国旧海关史料(1859—1948)》,第157册,京华出版社,2001年,第418页。

之大,不亚于辽宁省电气厂,除电灯外,还兼营哈尔滨电车,获利甚丰。①

综上所述,咸丰十一年(1861年)之后,西方资本主义势力侵入东北,迫使中国港口和商埠城市逐步卷入世界经济体系。在这一过程中,东北港埠城市具有交通区位优势,可以内接腹地原料产地,外向世界需求市场,逐渐输入西方资本主义国家的近代生产机器和技术,故而这些港埠城市外向型出口的油坊、制粉等农产品加工业和缫丝、棉布等进口替代工业发展格外迅速。20世纪初年,大连和哈尔滨分别成为日本和俄国侵略东北南部和北部的两大重要据点以后,除近代轻工制造业迅速发展以外,日俄两国还投巨资发展起现代机械制造、电力等工业。此外,东北奉系当局及民族商人也在奉天等地发展起现代化军事、机械等工业。至1931年,东北地区基本上形成了自己的工业地域特色、推进路径和空间格局,大连、哈尔滨、营口、安东、沈阳和长春、吉林等港口和商埠城市,伴随着近代工业的勃兴,逐渐发展成为东北近代工业中心。伪满建立以后,却没有延续这种以出口导向或进口替代为主的工业化发展模式,而是形成了新的以军需工业为核心的殖民地工业体系和新的以能源及军事要地为重点的工业区综合发展格局。

二、南满、中东铁路工业带的初现

伴随着港口和商埠城市近代工业的成长,20世纪初年以后,南满和中东铁路沿线的中小城镇,因交通区位重要或者接近原料产地等原因,如油坊、烧锅、磨坊、土布纺织等传统加工制造业也随之发展起来,并逐渐有从传统家庭手工工场向现代化机器工厂过渡之势。此外,由于东北近代铁路沿线城镇还存在有大量铁路附属地等特殊区域,日俄两国出于经济侵略的目的,在各铁路沿线城镇的附属地内也陆续投资和兴建过一些近代榨油、食品、纺织、机械、能源和电力等工厂。中外商人以及带有国家资本性质的投资,促使铁路沿线城镇形成现代工业发展带,它们和港埠城市一起,构成了从"口岸城市—铁路沿线城镇——腹地乡村"这样一个系统的类似树枝分叉形态的空间布局。

1. 南部铁路沿线城镇工业的发展

清前中期,随着关内移民增多和商业的发展,油坊、烧锅、磨坊、柞蚕制丝、采煤等传统手工业技术也相继传入东北,在当地丰富的农、矿等物产原料供给之下,私人家庭加工制造业发展迅速。如油坊业发源于道光时期,最初是在开原和铁岭附近,采用传统压榨法制成豆油,以供给农家自身需求。后来,拥有不超过两三台碾子的油坊,在大豆产地乡村渐渐兴起。咸丰十一年(1861年)营口开埠以后,随着华南地区对东北豆饼需求的增多,辽河沿岸城镇和从通江子到长春地方的油坊业发展加速。但这些油坊规模依然不大,仍是依靠传统的畜力来进行生产,一日仅生

---

① 龚骏:《中国都市工业化程度之统计分析》,商务印书馆,1933年,第177页。

产豆饼 100 枚左右。20 世纪铁路修通以后,大连取代营口成为最大对外贸易口岸,内陆地区的进出口货物集散市场从辽河沿岸位移到铁路沿线各中小城镇。随着贸易扩大和市场发展,各铁路沿线城镇现代化工业也随之发展起来。

日本近代对东北的经济掠夺和扩张,是以日本的租借地——"关东州"为主体,逐步向各"铁路附属地"及日本领事馆所在地的两翼地区扩展的。光绪三十三年(1907 年)满铁从沙俄接收的铁路附属地面积达 180 平方公里,此后又采取没收、强买、盗购、兼并等手段,在铁路两侧不断扩大土地,至 1931 年已增加至 483.9 平方公里,其中被占领最大的附属地——抚顺为 60 平方公里,鞍山也有 20 平方公里。满铁在这些附属地建立起地方行政制度,1931 年前东北南部南满铁路干线和支线车站开辟市街、日渐发达起来的中小城镇,主要有瓦房店、熊岳城、大石桥、鞍山、辽阳、铁岭、开原、四平、公主岭、本溪湖、抚顺等。其中有些城镇,如鞍山、本溪、抚顺等是完全随着铁路交通的发展和日本资本对煤炭、铁矿等资源的开发而迅速兴盛起来的。还有些城镇,在铁路开通以前已有几十或上百年的历史,铁路通过以后,中外商人工业投资愈见发达。

宣统元年(1909 年)满铁地质调查研究课长木户忠太郎在鞍山发现了蕴藏丰富的铁矿床,其后开始有连结临近的抚顺煤田以发展出口导向的钢铁业的构想,以求解决日本缺少铁矿不利于钢铁业发展的问题。1916 年满铁取得鞍山铁矿的开采权,成立振兴铁矿有限公司。振兴铁矿名义上是中日合资,实际上满铁以 550 万日元贷款取得了开采矿石的优先承购权。1918 年满铁设立鞍山制铁所并接管了振兴公司的所有权益,至此该公司完全以日本独资公司的面目出现。1919 年鞍山制铁所开始投产,当年生铁产量为 3.2 万余吨,后由于技术改良和生产设备扩建,到 1927 年时生铁产量已突破 20 万余吨,1930 年产量更达到 29 万吨左右。[①]

相对于鞍山制铁所浓厚的日本国家资本色彩,本溪湖煤铁有限公司则是由日本民间财阀——大仓财阀于宣统二年(1910 年)投资设立的。该公司最初成立时原为本溪湖煤矿有限公司,后来为利用庙儿沟铁矿以从事制铁事业,在公司成立的次年改名为本溪湖煤铁有限公司,并增资到 400 万元,1914 年再次增资到 700 万元。本溪湖庙儿沟所拥有的低磷优良矿石世界罕见,可以用来生产磷和硫磺含量极少的纯生铁,以此制成的钢材有强韧性和抗冲击力,是制造武器的绝佳原料。1915 年该公司第一熔矿炉开始投产冶炼生铁,它是当时东北第一所拥有现代化制铁设备的工厂。到 1930 年时,本溪湖煤铁公司年产煤炭 58.2 万吨,焦煤 13.1 万吨,生铁 8.5 万吨,纯生铁 0.6 万吨。尤其本溪湖的纯生铁供给日本国内的军工厂,提高了日本特殊武器的自给率。[②]

[①] 解学诗主编:《满铁史资料》,第四卷,煤铁篇,中华书局,1987 年,第 1480—1481 页。
[②] 陈慈玉:《战前东北的钢铁业》,朱荫贵、戴鞍钢主编:《近代中国:经济与社会研究》,复旦大学出版社,2006 年,第 317 页。

为防破坏东陵风水，清中期时严禁在抚顺采煤，此后直到光绪二十七年（1901年）解禁，才有中国人开始采煤，不久俄国又购得部分股权。日俄战争后，满铁于光绪三十二年（1906年）从日军手中接收煤矿，开始增加投资，进行旧矿整理和新矿开采，同时其他附带事业，如发电、机械、硫酸、氧气制造、焦煤等工厂也随之发展起来。最初日产煤量为360吨，1912年增至5 000吨，1918年更增至7 000吨。抚顺、烟台两煤矿，1921年年产量为280万吨。1922年抚顺煤产量超过河北开滦煤矿，成为近代中国最大的矿区。1930年煤产量增加到700万吨，其中供给东北各工厂、铁路、家庭等消费350万吨，此外还大量出口到日本。① 抚顺的炭坑富含油母页岩，满铁中央实验所曾进行干馏试验，1929年11月设立制油工厂，1930年炼制柴油5.85万吨，此外如重油、石蜡、硫酸铵等副产品也生产不少，所产柴油，主要供应日本海军。② 抚顺丰富的燃料资源，奠定了东北南部工业快速发展的基础。

　　除在抚顺、鞍山和本溪的煤炭、铁矿重点产业领域投资以外，1906—1931年间，从大连到长春的南满铁路沿线城镇各铁路附属地内，其他行业的日本厂商数量也在迅速膨胀。宣统二年（1910年）在南满各铁路附属地的日本工厂有37家，职工人数4 232人。1915年日本工厂增加到71个，生产总值为860.6万日元。1920年日本工厂187个，生产总值为2 384万日元。1930年，日本在满铁各附属地的现代化工厂已有375个。③ 其中日资纺织工业发展尤为显著，1923年日本在辽阳设立满洲纺织株式会社，在金州设立内外棉株式会社，在周水子设立满洲福纺株式会社，1924年又于营口设立营口纺织株式会社。这4处工厂，有精纺机21万余锭，棉纱年产量11.3万余件。日本在东北南部城镇投资设厂所生产的棉纱及棉纺织品，逐步压倒了向来在东北市场上占据优势的英美等西方国家制品。

　　本书再选择辽阳和铁岭这两个历史较为悠久的城市，比较它们在铁路开通之前及1930年即铁路开通20余年之后的调查纪录，经对比可显示该时期它们由传统手工业向近代工业缓慢过渡的痕迹。

　　据光绪三十年（1904年）的调查，辽阳有油坊30户，烧锅27户，粮栈18户，其中有7户兼营油坊，1户兼营烧锅。铁岭有油坊11户，烧锅3户，染坊7户，线香制造4户，筐匠5户，制盆5户，窑匠5户，皮革制造42户，磨粉7户，造纸3户，毛毡制造5户，铜器制造6户，织布15户，锻冶8户，银细工11户。④ 由上可见，该时的辽阳和铁岭都还处在传统手工业时代，当然有的油坊和烧锅规模稍大，有7人以上的雇工经营和分班生产作业制度，但从技术、资本、生产规模等方面综合来看，它们

---

① 《大连关十年贸易报告（1922—1931）》，中国第二历史档案馆等编：《中国旧海关史料（1859—1948）》，第157册，京华出版社，2001年，第424页。
② 《大连关十年贸易报告（1922—1931）》，中国第二历史档案馆等编：《中国旧海关史料（1859—1948）》，第157册，京华出版社，2001年，第424页。
③ 程维荣：《近代东北铁路附属地》，上海社会科学院出版社，2008年，第229页。
④ 日本外务省：《南满洲ニ於ケル商业》，东京金港堂书籍株式会社，1908年，第222、372页。

仍属于家庭工场的范畴。另据 1930 年的调查,辽阳一些油坊和烧锅已主动革新技术,部分采用机器生产,生产能力有了很大提高,譬如当时烧锅年产额 300 万斤,油坊年产豆饼 60 万斤,豆油 280 万斤。除以上两种产业规模较大外,袜制造业也甚为发达,有 46 户作坊,职工 200 余人,每日平均制造量有 2 500 余打,除供本地需用之外,还向长春、哈尔滨等地输出。此外,还有蒸汽机械织布工厂 1 所。[1] 铁岭在 1919 年有油坊 7 家,采用旧法生产者为顺源恒、福成涌、世义恒、承天生 4 家,雇工分别为 15、40、25、50 人不等;采用机械生产者为日新昌、成聚增、聚昌大 3 家,分别雇用 40、30、60 人等。[2] 除中国资本工业逐渐向现代机器生产过渡外,该时期日本人在铁岭附属地内也相继投资和建设了制粉、制糖、织布、加工精米等现代机器工厂。尤其是制粉工厂规模较大,其产品运销东北各地。[3] 辽阳和铁岭是当时东北工业变化的缩影,在 1931 年前,东北南部铁路沿线各城镇产生了一批近代榨油、纺织、食品、机械等工业,但中外商人的投资极不平衡,日本人投资的现代工业在资本额度、生产技术及规模等方面,远在中国资本工业之上,并且同一城镇内的中方城区和铁路附属地的工业分布也极不平衡。

从中国商人投资的工业来看,1931 年前东北南部铁路沿线各城镇的工业仍多集中在榨油、磨粉、烧锅、缫丝等行业。其中最大的是榨油业,据估计,1931 年前东北地区铁路沿线的油坊总数有 400 家,在乡村者有 600 家,其中在南满铁路沿线城镇的油坊有 200 余家。[4] 不过因港口运输便利和海外市场需求的旺盛,位于港埠城市的油坊较腹地城镇乃至村落的油坊,发展更为迅速。在大连、哈尔滨、营口、安东等港埠城市的大、中榨油工厂普及了水压式机器,形成垄断性输出局面的同时,南满铁路沿线的城市,如辽阳、抚顺、铁岭、长春、奉天等地的大部分油坊,还多是粮商兼营的手押螺旋式半机械化形态。它们的产品如豆油除小部分运销到港口输出外,大部分供应当地及附近地区用作点灯、烹调、车轴润滑或混合涂料。豆饼虽主要供出口,但仍有一部分用作牲畜饲料和田地肥料。在 1920 至 1930 年间,那些虽在大豆产地、却距南满铁路干线较远的东北南部其他城镇或村落的油坊,多由粮栈兼营,粗具规模,主要满足当地居民的油脂需求。因需求量有限,所以更是缺乏发展空间。如 1920 年前后吉林有油坊 20 户,全是小规模的旧式油坊。新民屯的 14 户油坊中,除一户为机器油坊外,其他全是旧式油坊。它们仍然沿用传统的楔式压榨方法进行生产,其规模和生产能力更小。像海龙附近乡村 55 个油坊的制造能力,仅仅和大连的一个小油厂相当。[5]

和榨油业类似,南满铁路沿线各城镇中国资本的缫丝、棉纺、磨粉等工业虽都

---

[1] 熊知白:《东北县治纪要》,立达书局,1933 年,第 40 页。
[2] 中国银行总管理处:《东三省经济调查录》,台湾文海出版社,1987 年影印本,第 101、109、110 页。
[3] 熊知白:《东北县治纪要》,立达书局,1933 年,第 8 页。
[4] 雷慧儿:《东北的豆货贸易》(1907—1931),台湾师范大学历史研究所,1981 年,第 74 页。
[5] 雷慧儿:《东北的豆货贸易》(1907—1931),台湾师范大学历史研究所,1981 年,第 75 页。

有所发展,但和港埠城市相比,仍存在着显著的发展落差。在岫岩、宽甸、西丰等柞蚕的原产地,因出口旺盛,出现了旧式大框缫丝技术为主、批发式的农村家庭手工业工场。第一次世界大战期间因烟台缫丝资本的投入,蚕茧集散中级市场如海城、盖平等城镇,产生了一批小框缫丝技术为主的缫丝工厂;而同期在柞蚕、丝最大的集散和交易市场安东,正规的以小框缫丝技术为主的工厂不断增加,甚至还建立起以柞蚕丝为生产原料的丝绸工厂。在奉天、营口、安东等大城市已是电力纺织机占据主导地位的时候,铁路沿线的铁岭、金州以及新民等中等城市还处在脚踏式纺织机为主的阶段,经营上仍属于家庭手工业或零散工厂手工业范畴。当1923年南满铁路沿线城市发展起23家现代面粉工厂,机制面粉消费在大中城市已很普遍的同时,在距离铁路较远的广大城镇及乡村,传统小磨坊生产依然有较大市场。①

2. 北部铁路沿线城镇工业的发展

直到19世纪末,东北北部还没有近代工业,较南部地区更为落后。光绪二十四年(1898年)随着中东铁路的全面开工,东北北部铁路附属地内俄国资本的机械化新式工业发展迅速。时人曾评论:"北满地方当东省铁路未建筑前,非无制造业之可言,惟至为幼稚,大部分乃以农产五谷略施人力,使成食品而已。如多数之旧式油坊、小磨坊、烧锅、挂面及酱油作坊等均属此类。连同纺织粗布及制造家庭日用必需品,皆手工业制成。各品亦仅供地方需要,绝无运输出境者。迨东省铁路着手兴筑,俄人汲汲于新式火磨、酒厂等之开设,谋以农业出产,改制地方市场需要之各种物品。而此项工厂之建筑制造,均采用最新式方法。此北满之有新式工场之始也。"②

当时俄国资本工业在资金、技术和规模等方面都远在中国资本工业之上,牢固确立了它们在东北北部地区生产和销售的霸主地位。以面粉业为例,可以看出当时中国传统家庭作坊和俄资机械化新式工业的巨大差距。据光绪三十四年(1908年)的记载,东北北部的呼兰、伯都讷、北团林子、双城堡等地磨坊业繁盛,但它们都是农家的副业,均使用传统人力和畜力相结合的生产方法,如伯都讷有磨坊200户,双城堡有150户,呼兰有300户,北团林子有90户,数量可谓不少,但每户每日仅有135斤的磨粉能力。③ 而在光绪二十六年(1900年)时,俄国人首先在哈尔滨开办机械化的第一满洲面粉厂。光绪二十九年(1903年)以后,俄国人又在中东铁路沿线开办多家面粉工厂。光绪三十四年(1908年),俄国10个财团在东北北部各铁路附属地内创建的面粉厂共计14家,资本金680万卢布,一昼夜可制粉123.7万斤。④ 1913年,在哈尔滨和中东铁路沿线附属地内的俄国资本面粉厂已经达到

---

① [日]满史会编著,东北沦陷十四年史辽宁编写组译:《满洲开发四十年史》,下册,内部印行,1988年,第10—11页。
② 《北满之工业状况》,《工商半月刊》1929年第1卷第6期,第72页。
③ [日本]外务省:《北满洲之产业》,东京金港堂书籍株式会社,1908年,第208页。
④ [日]外务省:《北满洲之产业》,东京金港堂书籍株式会社,1908年,第218页。

34家,其中双城2家,齐齐哈尔、富拉尔基、阿城、一面坡、海林、宁古塔、吉林、长春各1家。①受俄资现代化面粉工厂发展的影响,第一次世界大战以前开始有中国资本在吉林和海林创设两家现代化机器面粉工厂。1917年十月革命后,俄资势力有所消退,东北北部中国资本的新式机械面粉工业逐渐发展起来。

酿酒是俄国在东北北部铁路沿线城镇经营的第二大产业。1914年前,俄国在中东铁路沿线城镇的酿酒厂共有46家,其中哈尔滨11家,博克图10家,海拉尔7家,扎兰屯2家,扎赉诺尔2家,满洲里4家,穆棱4家,绥芬河4家,宁古塔1家,富拉尔基1家。这些酿酒厂大部分生产伏特加,有的生产酒精,有的二者同时生产,年产量म约37万桶。此外,俄国还在满洲里、博克图、哈尔滨、一面坡、绥芬河等地开设啤酒厂,以一面坡啤酒公司最为著名。

光绪三十四年(1908年)成立的阿城糖厂,是俄国在中东铁路沿线城镇中所设最大的糖厂,总资本110万卢布,最高年产量40万普特。满洲里和海拉尔的畜产资源丰富,光绪三十四年(1908年)开埠后,俄国在这两地创设了皮革和肉类加工厂。②除食品制造等这些轻工业外,俄国还先后在中东铁路沿线各城镇率先发展起电力工业。中东铁路发电总厂设在哈尔滨中东铁路总工厂内,同时沿线设置有昂昂溪、富拉尔基、扎兰屯、巴利满(今巴林)、免渡河、海拉尔、扎赉诺尔、横道河子、三岔河、宽城子等10座分电厂,总发电量1920年为1 902千瓦小时,1923年为2 763千瓦小时,1927年为5 123千瓦小时。所发电力主要供给铁路使用,余电外供商用。

综上所述,1931年前东北近代工业在南满、中东铁路沿线各城镇集中布局,它的形成与外国资本投向、交通运输条件、市场条件、农业生产布局等因素有关。在1898至1931年间,即从中东铁路动工起,至九一八事止,俄国和日本相继攫取了中东和南满铁路沿线大量附属地,成为"国中之国",而俄日两国对东北近代工业的投资也绝大部分投资在各自的"王国"内,造成了东北工业以铁路为中心的带状布局。同时期,在西方国家分心于第一次世界大战的有利发展时机之下,铁路沿线各城镇的中国资本工业也获得了加速发展。但是中国资本工业和日俄资本工业相比,二者发展极不平衡,后者占据垄断生产地位。同时如果再比较铁路沿线的中小城镇和港埠城市,可以看到,这些腹地城镇的中国资本投资工业种类相对单一,因为农业生产原料便于获取的缘故,所以资本仍多集中在榨油、制粉、酿酒等农产品加工业方面,并处在传统和新式技术并存、从传统家庭手工工场向现代化机器工厂缓慢过渡的时期。至于日俄两国在铁路沿线中小城镇所投资的新式工业,从行业门类、生产规模等方面来看,总体上也逊于港埠城市近代工业的发展。总之,1931年前东北港埠等近代工业城市、铁路沿线中小城镇和交通偏僻的腹地城镇或乡村,三者

---

① 程维荣:《近代东北铁路附属地》,上海社会科学院出版社,2008年,第229页。
② [日]外务省:《北满洲之产业》,东京金港堂书籍株式会社,1908年,第235页。

之间形成了一个显著的近代工业发展梯度落差格局。

第二节　伪满时期重工业发展和重点工业区的形成

1931年前,东北港埠城市和铁路沿线城镇日俄资本的煤铁、机械和电力工业等已有一定比例,中外资本的农产品加工业如以出口为导向的榨油、制粉、酿酒、缫丝业以及进口替代的棉织业也获得了长足进展,且有了一定的新式机械化和规模化生产,它们是区域产业中的主要部门。1932年伪满洲国成立以后,因本土煤铁和石油等资源严重缺乏,为确保东北首先成为其资源供应地以及对中国关内和苏联"以战养战"的军事工业基地,日本彻底摒弃了此前在东北以农产品加工业发展为主导的近代工业发展路径,改取以能源和重工业建设为先导,重点投资和建设集中性的工业区,由满铁和满业等特殊会社或准特殊会社组织进行垄断性经营的发展路线。在此背景下,短时间内东北区域产业结构实现了由农产品加工为主向重工业为主的大幅度跳跃。由于同期东北的重工业部门如矿业、钢铁、电力、其他金属冶炼、机械、化学、窑业等工业有了很大发展,而对发展消费品和农产品出口加工等有关人民生活水平的轻工业则很少关注,这就使得区域产业结构演变出现了断层。总之,受外部日本侵略主导的影响,从空间上来看,伪满时期以东北南部的沈阳、大连、锦州、通化、安东及东北中北部的吉林、哈尔滨、牡丹江、佳木斯等城市为中心的重点工业区逐渐形成。

一、满铁、满业主导下的重工业发展

1933年3月,伪满发表了《满洲国经济建设纲要》,其关于经济建设的基本原则是"有效的开发资源并为谋求各部门经济的综合发展,对重要的经济机关实行国家统制",在伪满对日经济关系上,"对于外国而言,要率先且不动摇地扶植日本经济势力"。关于统制产业和统制产业之外一般产业的界限,1934年6月,伪满又接着发表了详细的产业统制声明,东北重要的工矿业均被列为完全统制或半统制范围,由特殊会社或准特殊会社经营。

实际上从1932年开始,伪满在重要产业领域就开始组建特殊会社,如1932年成立了满洲中银、满洲航空等3家会社,1933年成立了满洲电业等2家会社,1934年增设满洲石油、满洲炭矿、满洲采金等7家会社,1935年增设4家会社,1936年增设11家会社。

在这些特殊和准特殊会社中,1932—1937年间由满铁新建者为21个,其他会社的资金,也是由满铁的社外投资及日本财阀、伪满政府特别投资供给的。伪满政权采取了"一业一社"的方针,给予这些特殊会社、准特殊会社绝对垄断权,在1937年前,它们独占了作为国防重要产业资源的矿业,为日本军工业提供煤、铁、铝、镁等原料,组装日本关东军急需的汽车,生产军用化工产品和军用航空汽油,基本垄

断了东北的各种经济命脉。

1936年8月,日本关东军制订了《满洲国第二期经济建设纲要》,指出:有事之际,要能最大限度地在大陆保证军需的自给自足。同时为了对苏联作战,与苏联计划经济相抗衡,1937年1月关东军又制订了《满洲产业开发五年计划纲要》,涉及工矿业、农畜产业、交通通信和移民等四个方面。该五年计划目标"宏大",如工矿业方面,生铁、钢块和钢材在1936年末的生产能力分别为85万吨、58万吨、40万吨,1941年计划生产目标是253万吨、185万吨、150万吨,产量要求增加3倍,以期达到伪满自给和对日供给。燃料方面,1936年末煤炭生产量为1 170万吨,1941年时计划增产两倍,达到2 716万吨。期待通过研究煤炭液化,到1941年时制造出煤气80万吨,并把页岩油产量从1936年的14.5万吨提高到80万吨。1937年前东北几乎完全没有轻金属工业,此时也计划利用矾土页岩提炼铝,除将其用于飞机制造业外,还把创立诸如汽车等机械工业作为目标,计划汽车、飞机的制造从无到有,1941年时能生产汽车4 000辆,飞机340架。电力从1936年发电量的45 860万千瓦,提高到140 500万千瓦。[①]

伪满五年开发计划所需资金总额约25.8亿元,其中工矿业部分需要高达13.9亿元的资金。该五年计划仅仅实施3个月,七七事变爆发,日本国内又开始策划生产力的进一步扩充,伪满的五年计划也向战时经济转换,工矿业部门目标再次提高,钢铁、煤、液化煤气、页岩油比最初计划又扩大了1.5—2倍,其中汽车追加8倍,飞机比计划指标增加约15倍,所需资金投入,从25.8亿元继续猛增到49.6亿元。[②] 但原来"一业一社"方针下的特殊会社却因资金不足而停滞不前,为筹措巨款,综合经营煤炭、钢铁、液体燃料、飞机和汽车制造等重工业,此时关东军引入了日本的新兴财阀日本产业(简称日产)。1937年12月27日,日产被改组为具有伪满特殊法人身份的满洲重工业开发株式会社(简称满业),资金4.5亿元,日产和伪满政府各出资一半,日产的川义介担任总裁。

1938年满铁将直系和旁系的子公司,如昭和制钢所、同和汽车工业、满洲轻金属、满洲炭矿、满洲采金的股份转让给满业,只留下直接经营的抚顺和烟台煤矿。至1939年,在满业名义下连续新设满洲矿山、协和铁山、珲春煤矿、满业坑木、满洲飞机制造、满洲汽车制造、满洲机床、东边道开发等株式会社。同年,原成立于宣统二年(1910年)的本溪湖煤铁公司也携资加入进来。其后,由满洲炭矿所经营的各地煤矿又被改组为单独会社。到1943年时,满业所属会社总数为37家,资本总额约25.4亿元。[③]

[①] 东北沦陷十四年史总编室、(日本)殖民地文化研究会编:《伪满洲国的真相——中日学者的共同研究》,社会科学文献出版社,2010年,第103页。
[②] [英]琼斯著,胡继瑗译:《1931年以后的中国东北》,商务印书馆,1959年,第141、152、153页。
[③] 解学诗、张克良:《鞍钢史(1909—1948)》,冶金工业出版社,1984年,第257页。

随着抗日战争进入扩大和持久化阶段,日本难以为伪满的五年产业计划提供所需资金,另外日本军队因长期战争消耗,向伪满提出物资供应的要求也日益苛刻。因此从1940年起,五年计划有针对性地向重点部门转移,企图集中力量来努力提高钢铁和煤炭产量,其他部门的计划遂有所缩减甚至终止。1942年起,第二次产业开发五年计划也以煤铁、石油、有色金属材料等为重点。

综上所述,伪满时期在以满铁和满业为两大支柱的诸多特殊和准特殊会社的刻意经营之下,东北工厂数量、工人及生产额急剧增加。1936年东北有8 429家工厂,有227 855名工人,生产额为807百万元。1940年增至14 235家工厂,457 660名工人,生产额则提高至2 647百万元。[①] 在各种工厂数量不断增长的过程中,小工厂固然增长很快,但大规模工厂增长尤为迅速。如表6.2所示,100万元以下者的公司数量,从689家增加到2 225家,增长3.2倍;500万元以上者,从7家增加到39家,增长5倍有余;1 000万元以上者,从6家增长到47家,增加近8倍。

表6.2　1936—1943年东北企业发展表

年代	公司总数	100万元以下	100万元以上	500万以上	1 000万以上	1亿元以上
1936	759	689	57	7	6	
1941	1 748	1 555	123	35	33	2
1943	2 515	2 225	200	39	47	4

(资料来源:东北财经委员会调查统计处:《伪满时期东北经济统计(1931—1945年)》,1949年,2-(51),第15表。)

在大资本公司迅速增加的同时,实际上资本垄断也在不断集中。从1936年末到1941年6月,全东北公司所有资本构成中,1亿日元以上的公司资本占所有公司资本总额的42.5%—45.5%,1 000万日元以上的公司占23.6%—28.9%,500万日元以上的公司约占6.3%—7.6%,从这些数字可以明显看出伪满时期资本集中在大公司的特点。矿业部门的资本集中度很高,仅3家公司就控制了总投资的56%,在生产资料部门中,25家公司即占有67%的投入资本,在轻工业部门中,15家公司掌有全部投资的40%,在动力燃料部门中,甚至仅仅1家公司便掌握了资本总额的65%。[②] 概言之,在日本财阀资本和军权支持下,伪满时期各种特殊和准特殊会社形成了以高度垄断形式控制工业经济的局面。

再从各产业部门的发展比较来看,1932—1945年间,东北的轻、重工业门类已相对齐全,尤其是各种重化工业发展迅速(详见表6.3)。

---

① 东北财经委员会调查统计处:《伪满时期东北经济统计(1931—1945年)》,1949年,2-(1),第1表。
② [日]满史会编著,东北沦陷十四年史辽宁编写组译:《满洲开发四十年史》,下册,内部刊行,1988年,第38页。

表 6.3　伪满时期东北主要工业部门产量及有关数据表

工业部门	到1945年8月止的投资额（千美元）	主要产量或投资额比较				1944—1945年东北产量合关内的百分比
		品种和单位	1931—1932年	1944—1945年	增长百分比	
电力	234 872	1 000 千瓦时	382 962	4 884 000	1 275.3	
		装机容量（千瓦）	250 000	1 776 000	710.4	247.2
煤	235 598	煤（吨）	8 830 000	25 626 704	290.2	97.7
钢铁	509 878	生铁（吨）	335 114	1 159 400	346	846.6
液体燃料	121 255	原油（桶）	301 167	1 069 400	355.1	178.2
水泥	105 775	水泥（吨）	108 800	1 514 000	1 391.5	949.1
纸	61 866	纸（吨）	8 160	76 000	931.4	69.1
棉纺织品	50 000	纱锭（枚）	151 340	541 172	357.6	12.5
机器及工具	339 026	投资（千美元）	1 075	339 026	31 537.3	
化学产品	170 510	投资（千美元）	19 724	170 510	864.5	
榨油	26 495	投资（千美元）	12 220	26 495	216.8	
其他	144 015	投资（千美元）	7 504	144 015	1919.2	
铁路	850 000	长度（公里）	5 572	11 147	200.1	83.3
总计	2 849 290*					

（资料来源：郑友揆著，程麟荪译：《中国的对外贸易和工业发展（1840—1948）》，上海社会科学院出版社，1984年，第245页。）

* 原书总计值误作 2 678 780。

机械及工具制造是此期增长最快的工业部门之一，包括车辆、飞机、汽车、矿山机械及工作机械等制造工业。1931年之前，机械制造工业在东北并不重要，随着抗日战争和及太平洋战争的爆发，东北的汽车和飞机制造业快速发展起来，工厂大多位于沈阳、鞍山和大连一带。航空机器制造工厂设于1938年，名为满洲飞行制造株式会社，位于沈阳东区，其制造修理部原为东三省航空处兵工学校工厂，几经扩充后，能制造军用机身、发动机及其他一些用品，是东北唯一的航空工厂。[①]

电力部门也发展迅速。1932年东北地区工业和民用电量为38 200万千瓦小时，1944年则是488 400万千瓦小时。1932年之前，整个东北地区的火力发电厂装机容量仅25万千瓦。伪满时期开始利用水利资源进行水力发电，主要建成两个水电站，即位于松花江上的丰满发电厂和位于鸭绿江上的水丰发电厂。1943年水丰发电厂全部建成，年发电能力达70万千瓦，除供应朝鲜用电外，还供安东及旅大各地工业之用。[②]

[①] 宋家泰：《东北九省》，中华书局，1948年，第93页。
[②] 宋家泰：《东北九省》，中华书局，1948年，第174页。

1932年前,除榨油业的油脂工厂外,东北并没有其他大规模的化学工厂。由于东北地区盛产各种化工原料,日本打算将之作为某些化学产品的供应基地,因此短短10余年间,各种新的化工厂就建立起来。如1933年大连甘井子设立了满洲化学工业株式会社,1936年大连设立了满洲曹达株式会社,1939年葫芦岛设立了满洲硫安工业株式会社,等等。到1945年时,一些基本化工产品的生产能力已达到较高的水平。硫酸、盐酸、硝酸年产量达39.4万吨,纯碱、烧碱年产量达7.7万吨。

随着重化工业的发展,铁路、公路等基础设施的增加及军事方面的需要,东北的水泥工业也很快发展起来。1932年东北水泥产量为10.88万吨,1933—1934年建成了9家较大规模的水泥工厂,分布在大连、鞍山、泉头(安奉线上)、哈尔滨、吉林、锦西、抚顺、本溪、辽阳各地。1942年和1943年,水泥生产达到顶峰,年产量约为150万吨。

煤是东北最主要的矿产品,储量高达200亿吨,储量最丰富的煤矿位于辽中南和辽西地区。1931年,东北地区煤的年产量为800余万吨。因价格较低,焦煤质优,其产量的大约40%被运往日本、朝鲜和关内。到1944年,煤产量增加到2 560万吨,但东北自身供给冶铁、铁路和家庭取暖所用的耗煤量也逐年增加,煤输出从20世纪30年代初期的每年300—400万吨,减少至200万吨。

钢铁是现代工业的基础材料,因此得到日本和伪满当局的特别重视。最重要的钢铁工业中心是宣统二年(1910年)后发展起来的本溪湖、1915后发展起来的鞍山以及1938年后才开始发展的通化。20世纪30年代初期,东北年产铁矿石100万吨,年产生铁30—40万吨。1933年鞍山制铁所和昭和制钢所合并为昭和制钢所。截至1945年,昭和制钢所每年可生产196万吨生铁和130万吨钢材,规模之大,仅次于日本的八幡而居远东第二位。1943年东北钢铁工业生产达到顶峰,年产铁矿石541万吨,生铁170.8万吨,钢锭84.3万吨,钢片76.8万吨,钢材37.8万吨。东北钢铁产量的半数输往日本,如1943年运往日本的生铁达59.3万吨,低磷铁达21.4万吨,钢材达7.8万吨。①

战争期间,液体燃料的生产极为重要。在东北地区,油页岩遍布抚顺煤田的主要地层。从1928年起,日本开始在抚顺建设制油工厂,以便从油页岩中蒸馏原油,全厂日处理油母页岩4 000吨,1939年粗油产量为40万吨。② 1938年时,在大连和锦西等南部沿海地区,还曾建造过几家炼油厂,提炼从东南亚国家输入的原油。1931年东北石油总量为30余万桶,1944年为106.9万桶。

在消费品工业中,棉纺织和造纸是两个重要部门。东北长期以来是日本廉价

---

① 宋家泰:《东北九省》,中华书局,1948年,第92页。
② 宋家泰:《东北九省》,中华书局,1948年,第97页。

棉制品的市场,棉纺织业并不发达。日本棉织品不断涌入东北市场,但因为战争需要,东北棉花种植和棉纺织业得到了一定程度的发展,较大工厂有11家,计沈阳4家,旅大地区3家,辽阳、锦州、安东、营口各1家,纺锭总数为55万枚。[1] 由于大量输入日本纸品的缘故,尽管东北地区盛产木材、芦苇、豆秸等造纸原料,但1931年前东北的造纸工业并不发达。其后,由于纸张消费量的增加,东北造纸工业也兴旺起来,1931年时各种纸张总产量仅为8 000余吨,到1944年已达7.6万吨。[2]

如把1944—1945年的东北各种工业生产数字与关内同期同类工业生产能力的数字或已达到生产顶峰的数字做一比较(见表6.3),可以发现,东北发电量约为关内的2.5倍,水泥约为关内的9.5倍,煤的产量和关内几乎相等,铁路占关内铁路总长的80%以上,纸张为关内的70%,只有棉纺织业数值较少,东北的纱锭为关内的12.5%。如再将上述各工业的生产总值合计,按1936年不变价格计算,在日本未占领东北前的1931—1932年间,估计为3 970万美元。到1945年8月日本战败投降时,东北各种工业年生产总值已增至21 800万美元。13年中增长4.5倍,平均每年递增14%,在世界近代经济发展史中,很难找到和它相似的例子。[3]

当然,东北工业的快速发展,是殖民地历史上的一个特殊个案。与世界上一般国家的殖民地都是作为宗主国的原料产地和消费市场有所不同,日本把东北当作一个重要工业投资地,这和日本的国情及当时的战略形势有极大关系。再者,在东北各种重化工业及棉纺织、造纸等个别消费品工业快速发展的同时,东北的榨油、皮毛加工等出口工业和食品、饮料等消费品工业的发展却相对缓慢,而这些轻工业又直接关系到东北广大人民生活水平的提高。在重工业迅速发展,移民和城市人口不断增加的时期,东北地区出现了日用品和食物不得不大量进口的反常现象。最后,从各种工业资本所属来看,伪满时期中国的民族资本工业受到极大摧残。总之,日伪发展东北工业的目的是为日本的军事扩张战略服务,对直接关涉东北广大人民日常生活的经济活动从未重视。当然,抗战胜利后,其所经营的工业设施客观上为东北地区留下了一些工业发展基础。

二、重点工业区的形成

伪满时期除继续发展原有的工业中心城市外,还按计划设立工业区进行重点投资和集中建设,逐渐形成了工业高度集中的局面。1933年出台的《满洲国经济建设纲要》规定,在奉天、安东、吉林、哈尔滨附近,即围绕这4个中心城市设立集中工业区。

以奉天为例,铁西工业区是其投资的重点区域之一。为建立起铁西工业区,

---

[1] 宋家泰:《东北九省》,中华书局,1948年,第94页。
[2] 东北物资调节委员会研究组:《东北经济小丛书·纸及纸浆》,中国文化服务社,1947年,第19页。
[3] 郑友揆著,程麟荪译:《中国的对外贸易和工业发展(1840—1948年)》,上海社会科学院出版社,1984年,第244页。

1933年9月由伪满和满铁出资设立了奉天工业土地株式会社。当时资本为250万元,1935年又把资本增加到550万元。① 该会社在铁西第一期规划土地为425万坪,第二期规划占地225万坪。到1935年12月,铁西实际出租土地325万坪②,合16 115亩。当时建成并投产的工厂有中山钢业所、满洲制帽、日本涂料、岛屋商店、鹤原文雄制药、嘉纳制酒、田崎铸造锅、日满钢材、本田铁工场、板内洋行制瓶、三浦洋行皮革工场、本嘉纳商店清酒制造、满洲电信电话修理工场、明治制糖饼干工场、满洲制酒、日满制果(饼干)、极东制果、内德吉次郎胶靴、哈利洋行(生产锅炉)、康德染场、满洲工作所、伊贺原组(生产建筑五金)、江崎利一工场(生产饼干)、奉天制麻(麻袋)、日满皮革兴业工场、国产电机、山地准太(水泥制品)、满洲窑业、东北铁工公司(铸造工场)、乾卯工业厂、满洲啤酒等32家;竣工和正在建筑的工厂有国益制粮公司(制粉)、康泰织布厂、大林组(铁工场及仓库)、钓舟铁工所、半通渡盛广铅笔、满洲机器、昌和洋行、富宫平与助等8家;准备施工建筑的有16家;正在申请办理手续的9家。③ 这些投产和正在施工的工厂都是日本投资。到1940年3月,铁西一个工业区建成的工厂数量已激增至174所,资本金总计达到1.1亿元,门类涵盖了纺织、金属、机械器具、化学、食品原料、窑业、制材和木制品、电气等十余种工业。④

1941年时,伪满行政区划设有19个伪省和1个"新京特别市"(不包括关东州)。根据伪满工业发展的规划,这19个伪省中有8个重点发展工业地区,并且每个工业地区以一个城市为工业区中心,详见表6.4。

表6.4 伪满工业区布局表

工业地区	行政区划	工业中心城市
奉天工业区	奉天省、四平省、兴安南省	奉 天
北满工业区	滨江省、龙江省、北安省 黑河省、兴安东省、兴安北省	哈尔滨
东满工业区	牡丹江省、东安省、间岛省	牡丹江
三江工业区	三江省	佳木斯
安东工业区	安东省	安 东
吉林工业区	吉林省	吉 林
锦州工业区	锦州省、热河省、兴安西省	锦 州
通化矿工区	通化省	通 化

(资料来源:满洲经济研究会:《满洲工业年鉴》,奉天每日新闻社,1941年,第187页。)

---

① 奉天商工公会编:《奉天经济事情》,奉天商工公会,1941年,第13页。
② 坪,日本面积单位,1坪等于3.3057平方米。
③ 张福全:《辽宁近代经济史(1840—1949年)》,中国财政经济出版社,1989年,第366页。
④ 奉天商工公会编:《奉天经济事情》,奉天商工公会,1941年,第14页。

据1940年伪满工业实际分布状况的统计,当时在各省市的电力、煤气、金属、机械、化学、窑业、制材、纺织、食品、印刷、纺织等现代工业中,尤以伪奉天省、安东省和"关东州"三地最为集中,合计占到东北地区工厂总数的41.7%,工人总数的58.6%,生产总额的50.8%。[①] 由此可见,伪满时期东北形成了南部为高度集中的工业区、北部为原料产地这样的经济地理布局。其原因有历史和地理等方面的综合影响。

首先,东北南部自然资源丰富,并且煤炭、矿石等各种资源之间有产业性的关联,足以形成现代工业生产链,这是该地区工业发展起来的重要先决条件。例如鞍山制铁所的发展,就具有企业垂直整合的特点:第一,它原料矿石丰富,能自给自足;第二,邻近抚顺煤矿,它可以得到丰富的燃料煤;第三,收集原料、运输成品和处理废料等,可以通过满铁铁路部门进行。因此,抚顺、鞍山和本溪一起形成了综合性工矿工业基地。

其次,东北南部港口众多,铁路交通发达,和日本的海上交通便利,便于东北矿产和原料产品输出到日本。满铁和满业之所以大力开发和综合经营抚顺、鞍山、本溪现代工矿业生产基地,便是基于这样的认识。日本近代自身出产的铁矿石有限,可随着制铁业的发展,铁矿石的需求有增无减。在20世纪20年代,日本本国所产铁矿石只能满足需求量的7.9%,其余全需进口。起初进口中的60%来自湖北大冶铁矿,其后注意力又转移到南洋矿业公司所开发的英国领地马来亚的铁矿石。[②] 对于这种对铁矿石输入越来越依赖外部的情况,日本当局认为选择供应地必须考量三项非常重要的因素:运输时的海上安全,船舶足以运输矿石,供给地对日本友好。1930年后,日本认为鞍山、本溪湖一带的铁矿石是其扩展制铁业的最佳选择,大连至日本的海上运输较易控制,若海上有困难,还可以利用处于日本势力范围的朝鲜铁路和朝鲜海峡。此外,东北某些种类的钢材生产还可以和日本形成互补。因此,煤、铁资源丰富的辽中南地区对日本钢铁业的发展具有举足轻重的地位。钢铁业是日本近代对外侵略扩张中的政治经济命脉,而辽中南地区的钢铁业发展从一开始就被赋予了特殊使命。

再者,自从日俄战争后,旅大和长春以南的铁路沿线地区就成为日本经营的重点地区。1931年以后,由于工业基地转移成本较高,所以日本继续加大对东北南部地区的投资,已经形成路径依赖。

伪满时期所形成的工业布局,一直延续到解放战争时期和新中国成立初期。据1948年的《东北九省》一书记载:东北的工业分布以南部为重心,当时辽宁、安东和吉林三省的工业约占东北全区的80%以上。从各分工业区来看,沈阳区以机械、

---

① 孔经纬:《日俄战争至抗战期间东北的工业问题》,辽宁人民出版社,1958年,第69页。
② 陈慈玉:《战前东北的钢铁业》,朱荫贵、戴鞍钢主编:《近代中国:经济与社会研究》,复旦大学出版社,2006年,第317页。

化工、军需工业等为主,沈阳铁西区是东北首要的工业中心之一;抚顺区以采煤和钢铁为主,其他如人造石油、窑业、火药工业也很发达;鞍山区以钢铁工业为主,规模之大,已居东亚第二,是东北工业精华之地;本溪区以采煤和炼钢为主,附带有洋灰、机械等工业;辽阳区以纺织和造纸等轻工业为主;营口区以轻工业如滑石、造纸、制镁等为主;辽北区有西丰、开原等煤铁矿开采和曹达工业;长春区有制糖、火柴、油化、酿造、制粉等工业;永吉区有木材、麻织、洋灰及人造石油等工业;安东区以造纸、纺织、制铝等业称盛;锦西区以煤油、洋灰工业为主,葫芦岛还有大规模的硫酸厂;锦州区以纺织和造纸工业为主;哈尔滨区有制粉、酿造、榨油和造纸等工业;其他如佳木斯和通化,也是东北较重要的新兴工业城市。[①] 1949年中华人民共和国成立至1952年前的恢复时期,东北的工业区仍主要为以沈阳为中心的重工业区、旅大工业区、安东工业区、锦西工业区、锦州工业区、吉长工业区、哈尔滨工业区、牡丹江和佳木斯工业区等几个大区,和伪满时期工业区分布的情况相差无几。

---

① 宋家泰:《东北九省》,中华书局,1948年,第90页。

第七章　商业体系和金融中心的变迁

清前中期,东北地广人稀,大片未开垦土地上活跃着以游牧、渔猎为生的民族,农业生产技术落后,农作物单一,手工业不发达,商品品种和数量有限,仅有简单的面向政治中心城市消费的商业体系和市场结构。近代随着国内外贸易、工业和交通运输的发展,东北形成了以进出口商品为主,面向世界、埠际和本地市场的商品和资本网络及由商埠城市、集散中心城镇、乡村集市等组成的多层级市场流动体系。本章旨在分析近代商业和金融从港埠城市开始的近代化空间进程及其盛衰的历史教训。

第一节　以商埠城市为中心的商品市场网络的形成

咸丰十一年(1861 年)营口开埠后,东北开始逐渐纳入世界市场体系之中。20 世纪初大连、安东、延吉、珲春、绥芬河、哈尔滨、瑷珲、满洲里等沿海、沿江、沿边城市全面开放后,东北和国际市场发生越来越密切的商业联系,由此以这些条约港埠为中心的近代商品市场新格局逐渐形成。它的商品流向与传统市场有根本性的不同,主要是西方国家的工业品通过沿海、沿江、沿边港埠城市流向内陆地区,而内陆腹地的农、牧、矿、工业商品则由沿海、沿江、沿边港埠城市出口到国外市场。在西方货物进口推销和中国产品汇集出口的发展过程中,从空间结构上看,沿海、沿江、沿边城市形成国内终点市场,港埠城市联络的交通道路沿线城市形成商品中转市场,广大腹地乡镇或村落为初级市场,它们层次分明,相互衔接,共同构成一个新型的商品市场网络。

一、沿海、沿江、沿边城市的全面开放与区域中心市场的形成

沿海、沿江、沿边城市开放后,作为通达国内主要口岸和联系世界市场的交通枢纽,这里聚集了众多的专营进出口的洋行、买办,有专业的批发、客商、中介、货栈和运输机构,有便捷的信息传媒和发达的金融业,形成了腹地城乡农副土特出口产品的终点市场和国际、埠际进口商品的总批发市场。

1. 营口商人和商业的发展

开埠前营口仅是海滨荒地,开埠后它因地理区位和商业环境的变化而迅速成为中外商人的云集之地。与东北其他地区的商业发展情况相同,外来商人是主导力量,土著商人基本没有参与,这是近代营口商业发展的最主要特征之一。从地域方面来看,清末营口的商人来自山东、河北、山西、江浙、福建、广东等省,形成了三江、宁波、福建、广潮、满洲及北清各地 5 大商帮。[①] 例如山东的胶东地区曾流行过

[①] 满铁调查课编:《南满洲经济调查资料》,第五册,1911 年,第 81 页。

这样的说法：由于清末当地农业并不发达，因此不少人过海赴东北谋生，但又分成两类，一类叫"走边外"，即到柳条边以外从事农业；一类叫"下关东"，即到辽南沿海经营商业，其中又多集中于营口。明清以来晋商就是活跃在中国北方广大地区的重要商业力量。1861年后晋商的金融票号业务也随之分布到东北最早对外通商的城市营口。清中期以来，东北南部地区和江浙尤其是上海的豆货贸易繁盛，因此营口与上海商人之间的商品和金融联系颇为密切，清末营口的豆货出口重心遂转向华南地区，其中汕头的榨油业最为发达，于是广东、福建商人在营口也开始形成重要势力。

在营口的外国商行，以日本人开设的三井物产会社牛庄出张所和小寺洋行的出口贸易经营额最大，设有独立店铺或者通过西义顺代理采购。其他日商有日清豆饼会社出张所、永顺洋行出张店、和田保商会、光明洋行支店等，大多通过西义顺或者谦常等中国商号进行棉布、砂糖、纸等洋货的输入以及大豆、豆饼等本土商品的输出。欧美商行，有英国人开设的太古洋行、亚细亚火油公司、怡和洋行，德国人开设的德茂洋行、瑞记洋行，美国人开设的美孚洋行，均设有独立店铺，在石油和砂糖等商品上占有重要地位，通过买办与营口的批发商人进行交易。①

19、20世纪之交，是营口商业发展最为鼎盛的时期。光绪三十一年（1905年），营口大屋子有百余家，其资本金多者银五六万两，平均每家的年经销额大约在银四五十万两，最多者达到三四百万两；②1909年，营口获利在银1万两左右的商号有七八十家，其中大屋子60家，杂货柜37家，粮坊（栈）18家，山货栈12家，构成当时工商业的主体。③

自大连开港以后，营口的商业日见中落。光绪三十三年（1907年）东盛和倒闭后，山西帮受到的影响最大，全市30多家银炉仅存10余家。另1919年的调查称："营口商铺约有一千五百余家，其在市场上占有重要位置者不过六十余家。其种类计炉房八家，油房九家，粮业六家（均兼做炉房），大屋子十七家（专做粗细杂货批发），山货行五家，药行五家，当铺三家，杂货行六家。即如油房一项，四五年前有二十余家，近因赔累而歇闭者只剩九家，似此趋势，此数家能否维持尚不可知。此外，各商家除大屋子生意尚称畅旺，亦均平平不见发达。至各帮势力，仍以山东帮、直隶帮为最。因各商铺东移，大半皆此两省人也。"④

2. 大连的商人和商业

光绪二十四年（1898年）沙俄逼迫清政府签订《旅大租借条约》，之后为满足其需要，开始进行城市化建设。光绪二十八年（1902年），昔日的渔村消失了，代之而

---

① 满铁调查课编：《南满洲经济调查资料》，第五册，1911年，第84、85页。
② 张虎婴、马俊起：《清代东北的金融中心——营口的货币制度与其控制权》，中国金融学会金融史研究会主编：《沿海城市旧银行史研究——中国沿海城市旧银行史专题研究会文集》，1985年，第70、71页。
③ 营口县公署档案，卷1845，转引自孔经纬主编：《清代东北地区经济史》，黑龙江人民出版社，1990年，第486页。
④ 中国银行总管理处：《东三省经济调查录》，台湾文海出版社，1987年影印本，第57页。

起的是一座初具规模的近代港口工商业城市。光绪二十九年(1903年)大连市内人口为4万人,其中,俄国和其他外国人为1.4万人,中国人为2.6万人。当时大连开办的商业、饮食、服务业有500多家,其中纯商业企业有295家。

日俄战争后日本接管了大连。日本侵略者以满铁为中心,从日本国内各大财团输入大量资本,大规模开发旅大和南满铁路沿线地区,并凭借大连自由港的优越条件,陆续兴建以化学油脂工业、机械器具工业为主体的各种工厂。宣统二年(1910年)后大连成为与东北各地贸易的枢纽,进出口贸易十分活跃。日本正金、朝鲜、兴业等银行先后来大连设立支行,大量输入资本,使商品流通、信贷贸易进一步得到发展。大连的商业就是这样围绕现代化工业和进出口贸易而发展起来的。

大连近代形成了以日本经营为主、各国商人共同经商的局面。据资料统计,从光绪三十二年至宣统元年(1906—1909年),仅3年多的时间日商就发展到1 178家,其中本店设在大连的有999家,本店设在日本、台湾、朝鲜、天津等地而在大连设立支店的有145家。它们大多数属于私人经营,属于股份经营的只有34家,其中本店设在大连的有9家,本店在日本,到大连设支店或办事处的有25家。1919年设在大连的本店增加到20家,支店为27家(见表7.1)。

表 7.1 1919年大连的日本商社情况表

	会 社 名 称	营业 种类	设立年月	资本总额(金元)	已缴资金(金元)
总店	南满洲铁道株式会社	铁道煤矿	1907年4月	2亿	1.2亿
	满洲水产株式会社	渔业及渔场	1907年12月	18万	7.9万
	满洲殖产株式会社	农事制盐信托放款	1913年7月	50万	12.5万
	株式会社光明洋行	贸易	1908年7月	10万	10万
	大连土地家屋株式会社	房屋地皮买卖租赁	1909年3月	50万	50万
	株式会社三星洋行	欧日杂货	1906年3月	5万	5万
	辽东汽船株式会社	海运业	1912年12月	25万	25万
	南满洲汽船株式会社	海运业	1913年1月	100万	100万
	桥本汽船株式会社	海运业	1913年5月	25万	25万
	株式会社朝日商会	海运业	1913年6月	11万	11万
	大连取引所信托株式会社	取引所交易担保	1913年6月	100万	100万
	合资会社长马商会	海运业及贩卖物品	1912年11月	5万	5万
	合资会社岸本商会	海运业及贩卖物品	1912年12月	5万	5万
	合资会社八马商会	海运业及贩卖物品	1913年2月	5万	5万
	合资会社山本汽船商会	海运业	1913年5月	5万	5万
	田隆汽船合资会社	海运业	1913年5月	10万	10万

续　表

	会社名称	营业种类	设立年月	资本总额（金元）	已缴资金（金元）
总店	冈琦汽船合资会社	海运业	1913年7月	5万	5万
	乾合名会社	海运业	1912年11月	10万	10万
	大连汽船合名会社	海运业	1912年12月	10万	10万
	株式会社满洲日日新闻社	新闻印刷业	1913年11月	13.5万	13.5万
支店	日本卖药株式会社（总店东京）	药业	1907年2月	20万	2万
	东亚烟草株式会社（总店东京）	纸烟	1906年11月	100万	40万
	日本乐器制造株式会社（总店滨松）	乐器	1908年2月	60万	60万
	大阪商船株式会社（总店大阪）	运送业	1905年5月	1 650万	1 650万
	三井物产株式会社（总店东京）	贩卖物品运送等	1909年10月	2 000万	200万
	株式会社三越吴服店（总店东京）	绸缎布匹服装等	1904年12月	200万	12.5万
	满洲商业株式会社（总店神户）	贸易	1908年4月	100万	100万
	神奈川电器株式会社（总店东京）	电器机械	1908年3月	25万	25万
	司买开尔电器株式会社（总店东京）	电器机械	1908年1月	25万	25万
	合资会社秋田商会（总店下关）	木材买卖运送	1911年12月	10万	10万
	合资会社南昌洋行（总店东京）	煤炭木材运送	1912年8月	20万	20万
	宅合名会社	贩卖物品	1909年1月	50万	50万
	嘉纳合名会社（总店兵库）	酿酒	1909年12月	30万	30万
	山口合名会社（总店神户）	运送业	1909年12月	20万	20万
	合名会社大矢组（总店东京）	大米物品贩卖	1907年5月	10万	10万
	柴谷合名会社	酒类贩卖	1905年4月	10万	10万
出张所	满洲共同株式会社（总店东京）	运送业	1906年3月	5万(银圆)	5万(银圆)
	日本邮船株式会社（总店东京）	海运业	1909年10月	2 000万	2 000万

续 表

	会 社 名 称	营 业 种 类	设立年月	资本总额（金元）	已缴资金（金元）
出张所	东京制钢株式会社（总店东京）	制钢	1911年1月	150万	150万
	株式会社大仓组（总店东京）	贸易及土木工程	1907年2月	1 000万	1 000万
	合资会社浅野绸业制造所（总店东京）	织绸业	1906年11月	500万	500万
	合资会社高田商会（总店东京）	输入商	1909年2月	100万	100万
	古河矿业会社（总店东京）	制铜电线铅管等	1910年5月	500万	500万
	合名会社铃木商店（总店神户）	贸易及代理保险	1912年9月	50万	50万
	宫下合名会社（总店神户）	木材贩卖	1908年2月	10万	10万
	增田合名会社（总店横滨）	贸易	1913年2月	50万	50万
	巴那爱司合名会社（总店横滨）	电器机械	1912年11月	10万	10万

（资料来源：中央银行总管理处编：《东三省经济调查录》，台湾文海出版社，1978年影印本，第149、150页。）

　　截至1929年末，大连市内的进出口贸易日商和各种批发日商已达2 566家。其中，在大连设本店、公司的有312家，在日本和其他地区设本店，在大连设支店或办事处的有2 150家。[①] 日商为了垄断和操纵大连商业市场，增加利润，在日本殖民当局的支持下，又相继建立了各种同业公会，如满洲重要物产出口商组合、食品批发组合、食品杂货商组合、药品组合等。日本以有组织的同业公会的力量，排斥中国商人及其他国家商人的竞争，保护和发展日商的优势地位。1916年，日商方面单独成立了大连商工会议所。这个机构不仅是日本工商界的商会组织，而且是代表日本殖民当局研究经济实况，调查工商信息，协助殖民当局制定经济政策的机构。[②]

　　欧美商人在大连主要经营进出口贸易业务，宣统元年（1909年）有10家，其中，在大连设本店的有3家，设支公司的有7家。他们主要经营各种机械、五金、水泥、烟草等商品。这10家中，只有两三家巨商，其余资本力量薄弱。截至1934年，欧美商号增加到78家，经营的进出口商品品种又增加了石油、花生、毛织品等。

　　沙俄统治时期，大连的华商已有295家，宣统元年（1909年）发展到318家。此

---

① [日]大连大陆出版协会编：《1905—1929年大连商业概况》，顾明义主编：《日本侵占旅大四十年史》，第268页。
② 操纵大连市面的，不是华商的大连公议会，而是日人的大连商工会议所。该所的理事长及秘书长，几乎就是大连商业的神经系，一切计划的设施，莫不影响大连商务的进行。且其所计划的，仅是以日本的商人利益为前提，华商只有呻吟于其铁蹄下罢了。王正雄：《东北的社会组织》，中华书局，1932年，第50—51页。

后,大连工商业贸易发展迅速,1918年大连港进出口贸易额仅次于上海,居全国商港第二位。山东、天津、上海、广州、沈阳等地的资本家和商户,纷纷云集大连并开设商号或支店。1919年的调查称:"大连及西岗两处,中国商家大小约有九百余家,而在商场上可称为买受者不过二百余家。其种类如代理店、钱庄、绸缎、杂货等。计代理店一百余家,钱庄三十余家,绸缎杂货五十余家,其与各银行之借贷关系,几尽属诸日本各银行,本国商业悉为操纵。各帮势力最占优胜者,为关里帮及山东帮。经营代理店事业者大半系关里帮,其他油坊、钱庄、杂货多属山东帮。"[①]

1929年大连的华商发展到2 300多家,华商大多数经营食品、杂货、纺织品和东北特产品。他们经营的东北特产,除少量供应当地居民外,多数为日商出口服务。他们经营的食品杂货、细布、百货等大部分商品是从日本进口,少数为上海、天津、江苏、浙江产品。经营食品和杂货纺织品的华商在日本大阪和本国天津、上海等地设有驻员,除组织货源外,还为日本进口贸易商经销其进口商品。这些食品、杂货等商品多数销往东北内地城市,因此不少商号在沈阳、长春、哈尔滨等地设有办事处,进行推销。

华商和日商、欧美商相比,其营业规模相差甚远,殖民地商业特征突出。例如在经营地点上,日本及欧美商家多数设置在码头以西至青泥洼以东的大连繁华商业区,在这一带开设的较大的日本商号有三井物产、三菱商事、住友商事、三越洋行、几久屋、大信洋行、日华特产、伊藤忠商事、满洲特产、满洲贸易、东洋拓殖、东亚烟草等。欧美商号有美孚石油、胜嘉缝纫机、太古洋行等。中国商号除少数开在上述地区外,主要设在西岗新开大街附近。较大的华商有安惠栈、益发合、天成号、协茂盛、裕昌恒、瑞康、徐利兴、新昌、永裕、广盛福、同聚福、永生福、福顺昌等。

3. 安东的商人和商业

清中期安东仅是柳条边外的巡防地,隶属于岫岩城守官及理事通判管理。同治元年(1862年)山东人浮海来此,开垦荒地,采伐林木,建置家园。光绪二年(1876年)正式划大东沟至叆河地区而设安东县,治所在今沙河镇。自光绪三年(1877年)起,制油、制材、铁工、印染、制革、绳丝等工商业陆续在安东出现。光绪三十三年(1907年),安东开埠通商,租七道沟一带给日本作为"民团居留地",市内的英、美、日、法、丹麦、荷兰等外国人1 400有余,外国的商业金融活动涉足安东,安东遂成为东北东南部地区的经济中心。鸭绿江中上游腹地的木材、大豆、粮谷、茧丝、药材等源源不断地汇集于安东,并转销沿海商埠和海外。沿海各地和海外的布匹、食盐、杂货、棉、油、纸、糖等经安东沿江、路(铁路)而上,供给各县。

据光绪三十一年(1905年)日本军政署调查,安东的中国人有8 790人,多是山东移民,日本人有3 584人。当地的商店也是烟台和大孤山等地商家开设的支店。

---

① 中国银行总管理处:《东三省经济调查录》,台湾文海出版社,1987年影印本,第147页。

重要行业有柞蚕茧栈,如长泰昌、丰裕栈、中和顺、福丰源、震顺源、公义盛等6家,油坊有中和栈、永聚、兴盛栈、双合栈、同发等数家(见表7.2)。柞蚕来自桓仁县、宽甸以及凤凰城,秋蚕集散量可达20 000余笼。夏季时通化、怀仁、宽甸等县用槽船运来大豆十三四万石,冬季安东当地及凤凰城附近用驮马来运来五六万石。

表7.2 光绪三十一年(1905年)安东商业情况表

店 号	开设日期	店主原籍	营 业
长泰昌	1905	上海人	茧栈
丰裕栈	1891	烟台人	茧栈、油房、艚船运输
中和顺	1904	岫岩人	茧栈
福丰源	1903	安东县人	茧栈
震顺源	1881	凤凰城人	茧栈
公义盛	1895	烟台人	茧栈
中和栈	1899	岫岩人	油房、杂货及艚船代理店
永聚油房	1894	青堆子	油房、杂货
兴盛栈	1888	莱州人	油房、艚船代理
双合栈	1891	岫岩人	油房、杂货
同发油房	1893	河北人	油房

(资料来源:日本外务省编:《南满洲ニ於ケル商业》,东京金港堂书籍株式会社,1908年,第25、30页。)

光绪三十三年(1907年)安东开埠后,商业日见发达。据1919年的调查,安东"大小商铺约有千余家,而在商场上占有位置可列为一二三等者,不过百余家。其种类以丝厂、茧栈、木厂、油房、杂货为大帮。计借寓客庄十七家,丝厂、茧栈二十余家,木厂二十余家,油房十五家,杂货四十余家,其余绸缎、药局、书店、船店、粮店尚有数家。内中多系兼营他业,单独专营一业者甚少,如杂货兼营丝厂、油房兼杂货之类。查从前丝茧多运送烟台缫织,近年山茧出产丰富,烟台商人多来此开设厂栈,就近缫织出口,故丝厂、茧栈均见发达且极获利。木厂亦因近两年木筏运到甚多,销路畅旺,亦均极发达。其各行商人之占势力者,则完全为山东帮,亦因一水之隔,交通便利之故"①。

1920年后,丝茧、木材和油坊成为安东三大支柱性产业。当时安东的珍珠泡以西、中富桥和兴东桥以东的东坎子、沙河镇、后沟一带有宽敞大院的茧栈,如和顺东、广泰福、双合栈、丰裕同、昌记栈、东泰恒、和兴益等有30—40家,经营上采取收

---

① 中国银行总管理处:《东三省经济调查录》,台湾文海出版社,1987年影印本,第86—87页。

购和代销两种形式。① 光绪三十二年(1906年),安东首设电力铁机缫丝厂,1928年安东缫丝厂37家,生产的蚕茧基本都在安东就地缫丝,原茧出口数量大为减少。1928年安东油坊增加到25家,年消耗大豆49万余石,生产豆饼407万余片,豆油2 030万斤。1929年,华人纷纷开设采伐和贩卖木材的商号,资本金额由1万至10万银圆者共28家。日本木材商共有18家,其资本金额由2万至300万日元不等。

4. 哈尔滨的商人与商业

哈尔滨商业的兴盛,始于中东铁路的修建。中东铁路建成后,东通海参崴,南达大连,西经满洲里直贯俄国腹地。水路交通借松花江航运,上与嫩江相衔接,下与松花江、乌苏里江连成一气。因处交通中枢地位,哈尔滨商业因此得以繁盛,东北北部沿江及沿铁路线等数十县市镇均依赖哈尔滨进行商品输出入。

1914年后,"俄国多故,货物缺乏,物价其昂,西伯利亚一带衣食生活悉以哈埠为转运之根据地,而业输出入货物者,莫不利市三倍。兼之北满一带,地利日辟,生齿日增,消费日大,以故商贾云集,贸易繁兴"。② 据1930年的调查,哈尔滨市内的各国商号共有2 087家,其中华商937家,俄商674家,日商264家,德商65家,英商63家,美商31家,法商22家,其他国家31家。③ 但各国商号经济势力,不能以数量多少来简单比较,因为从营业性质上看,中国商号数量虽多,但多为门市零售,日英美德法等国则均以批发为营业主体。

哈尔滨的俄国人涉及的商业上自银行百货商店,下自理发业,种类多达43种。1929年在哈尔滨的商业投资,俄人固定资本为2 390万元,流动资本亦在2 000万元之上。④ 俄国商号规模较大者,有药铺、汽车、五金、纸烟、典当以及呢绒、布匹、杂货商等,其中如秋林洋行为最大。时人游历哈尔滨后曾如此感叹:"中央大街的商店十分之八九是俄国人或其他欧美人开设的,路上熙来攘往的行人也是白种人居多,我们经过这条街无异身入欧洲都市。俄国人创办的秋林洋行,乃哈埠唯一的百货商店,规模实在大,上海的先施、永安、惠罗都是瞠乎其后。"⑤

据1928年日本商工会议所调查,哈尔滨的日侨有3 000人左右,仅占全市人口的0.81%。该年输入米、茶、砂糖、煤油、化工品、钢铁、金属物品、纺织品、粮食等大宗商品共值21 172万日元,从采购商的国别来看,华商直接运输销售者占44.6%,经俄商和其他洋商之手者占38%,由日商经营输入者占17.4%,⑥若将采购商商业比例与人口比例相对照,就可见日人在哈尔滨的商业势力。

哈尔滨的华商,以山东帮和直隶的关里帮最占优胜,关里帮多系银钱业,山东

---

① 安东市民建、工商联:《安东柞蚕丝绸发展简史》,《辽宁省文史资料》第1辑,第128页。
② 中国银行总管理处:《东三省经济调查录》,台湾文海出版社,1987年影印本,第233页。
③ 傅恩龄:《南开中学东北地理教本》,下册,南开中学自印,1931年,第405页。
④ 傅恩龄:《南开中学东北地理教本》,下册,南开中学自印,1931年,第410页。
⑤ 王雨亭:《东北印象记》,新国民印书馆,1934年,第98页。
⑥ 傅恩龄:《南开中学东北地理教本》,下册,南开中学自印,1931年,第411—412页。

帮多系实业,而根基稳固、握有实力者,仍为山东帮。①

总之,由于交通枢纽位置和国内外资本对工商业的投资,哈尔滨成为近代东北北部最大的商品集散中心城市。随着商品生产和商品交换的发展,哈尔滨同东北北部广大城乡的经济联系越来越紧密。一方面,哈尔滨通过中东铁路和呼海路把东起牡丹江、宁安、海林、一面坡、珠河,西达安达、昂昂溪、海拉尔,北至绥化、庆安、海伦、嫩江,南至长春、吉林等地的物资集散地和广大农村连接起来;另一方面,哈尔滨通过松花江航运,把上游的吉林、伯都讷和下游的木兰、通河、依兰、汤原、桦川、富锦等地连接在一起,同时又把附近的呼兰、阿城、双城、宾县和肇源、肇东等地紧密相连。这些地区的粮食、木材和其他农牧业产品不断运送到哈尔滨,供出口、加工和消费,同时又大量进口棉纺织品、食品、盐、石油等日用品和生活用品来消费,哈尔滨和这些地区共同形成了一个紧密的经济网络。

二、区域中级市场与口岸城市、腹地城乡的经济互动

随着商业由通商口岸向内地的辐射,位于交通沿线的城市成为介于通商口岸和腹地农村乡镇之间的商品交换的中转市场,它聚集了推销商、收购商、批发庄、收买庄,由十分活跃的中介机构和经纪人,传统的钱庄、银号和新兴的银行分支机构支撑着商品交易的往来。区域中级市场的主要功能是集散和转运,一方面担负着各地区区域性商品交流的任务,另一方面在上联中心市场以吸纳沿海、沿江、沿边口岸城市的洋货,下通产地市场或专业市场以促进当地物产的出口上,发挥了商品流通中不可替代的纽带作用。

1. 19世纪后半期辽河沿岸中小城镇中转市场的兴起

19世纪后半期至20世纪初年,辽河是营口沟通东北腹地的重要商道,而在辽河沿岸,有别于传统时代的商品集散市镇大量涌现,乃至形成了沿辽河发展的带状市镇群。② 它们上同营口联系,下与农村市场沟通,成为东北地区新型商业网络上的重要网结。据光绪三十二年(1906年)日本人的调查,辽河干流沿岸的停船码头共有187处,其中40余个是大码头。著名码头由北向南有郑家屯、三江口、通江口、英守屯、马蓬沟、三面船、巨流河城、马厂、老达房、三岔河、田庄台等。③ 在这些码头所在地,都形成一定规模的市镇。下面以通江口和马蓬沟两码头为例,简述一下辽河沿岸商业中心的繁盛情况。

通江口又名同江口,本是辽河岸边的一个小渔村,光绪三年(1877年)辟为河港。"自营口溯河而上约千四百里直达昌图之通江子,地当辽河航路之终点,帆船

---

① 中国银行总管理处:《东三省经济调查录》,台湾文海出版社,1987年影印本,第233页。
② 侯峻:《近代辽河航运与沿岸城镇的兴起》,《社会科学战线》1998年第6期。董玉瑛:《清代辽河航运码头》,《史学集刊》1987年第1期。
③ 《辽河ノ水运》(1905年10月20日调查),日本外务省:《南满洲二於ケル商业》,附录,东京金港堂书籍株式会社,1908年,第553—597页。

逆水来此,须行半月至一月。然顺流径向营口,则只需八九天,至迟不过十三天,故辽河上游物品聚集于此"。① 光绪三十一年(1905年)前通江口贸易最为繁盛,与营口来往的各式货船有2 000余艘,冬季由伯都讷、农安、郑家屯、八面城等地运来的粮食有70、80万石之多,甚至在铁岭之上。②

马蓬沟位于铁岭城西五里,距离营口水路868里,是辽河中游最早兴起的码头之一。马蓬沟航运的发达带动了铁岭商业的繁荣,有人回顾,铁岭商务"当有清同、光之际,其繁盛实甲于全省。咸丰末年,开城西五里之马蓬沟,河运由辽河直运营口,商务上交通称极便焉。光绪初叶,海龙城、山城子、朝阳镇又放围荒,每值冬令,该三镇及吉林南境各处粮车麋集,铁岭商务愈形发展。光绪甲午以后,东丰、西丰、西安又先后出荒,粮车益多,凡出口之粮咸萃于此,铁岭商务蒸蒸日上,大有一日千里之势,于商务上之形势实占有重要位置"③。光绪三十二年(1906年)未受铁道运输影响以前,马蓬沟与营口往来的货船有6 000余艘,经马蓬沟河运到营口的大豆曾达27万石。④

2. 20世纪初期南满铁路沿线城市商品市场的繁盛

20世纪初年以后,营口在东北地区的进出口贸易中心地位被大连所取代,水路以及驿路运输也被铁路交通所取代,东北南部的腹地—商业中心的城市格局随之大为改观。一方面,以前是商业重要市场的铁岭与辽阳等城市,或停止发展,或陷入衰微;另一方面,长春、开原、四平街、奉天等位居铁道交通枢纽的城镇,发展为商业都市,前途不可限量。⑤

在道光二十年(1840年)之前,奉天是东北地区的政治中心,也是自关内通往东北各地的重要交通路线所经之地,政治和交通的重要促使其同时发展为东北的商业中心。20世纪大连开埠和南满铁路修建后,奉天因其重要的地理位置又成为东北南部的铁路枢纽。由此,奉天发生了两个方面的变化。一方面,随着大连海港的崛起,奉天商业逐渐以大连为出入门户。时人说:"奉垣(按:指奉天)非出入口之重要埠头,其由内地运货出口者多由就近各车站运往各处,故无从知其详数,出口货物种类以红粮、大豆、豆饼、烟叶、皮张、猪鬃、药材、烧酒为大宗。"⑥另一方面,由于是东北南部的铁路枢纽,奉天仍为人口最多且商业繁荣的大都会城市。

开原最初是县城东南18里的孙家台村,后因铁路车站于此设立,遂逐渐成为沈阳以北、长春以南最大的货物集散中心。开原附近是东北商品粮的重要产区,由于粮豆出口甚多,进口规模也相应较大。1920年,开原出口货物年平均额约大洋1 500万元有奇,入口货物年平均额约大洋400万元。⑦ 当孙家台因铁路而获得迅

---

① 王惠民:《新东北指南》,商务印书馆,1946年,第64页。
② 满铁调查课编:《南满洲经济调查资料》,第4卷,通江子,1911年,第139页。
③ 黄世芳、愈荣庆修,陈德懿等纂:《铁岭县志》卷二,地理志,形势,台湾成文出版社,1974年影印本。
④ 满铁调查课编:《南满洲经济调查资料》,第3卷,铁岭,1911年,第7—8页。
⑤ [日]安盛松之助著,静子译:《满洲商业发达之面面观》,《钱业月报》1931年第11卷5期,第49页。
⑥ 中国银行总管理处:《东三省经济调查录》,台湾文海出版社,1987年影印本,第39—40页。
⑦ 中国银行总管理处:《东三省经济调查录》,台湾文海出版社,1987年影印本,第114页。

速发展时,开原旧县城却日渐衰落,在县境内的地位远不如孙家台重要。

四平位于东辽河流域,在南满铁路通车前,四平只是几个零散的小村落。南满铁路通车以后,人口逐渐增多,铁路两侧逐渐盖起房舍和杂货商铺。四平附近也是东北商品粮的重要产地,粮食是主要的出口物资。以前,当地没有粮谷市场,粮商和农民的交易不通过市场,而是送货上门或者下乡收购。四洮铁路通车后,粮食市场逐渐在四平形成,梨树、昌图、辽源、辉南、东丰、海龙、双山、双辽等地的农产品不断汇集于四平。当地从事粮谷购销和加工的商人也日渐增多,光绪三十二年(1906年)四平只有2家粮商,1931年粮栈增至121家。著名的八大粮商,如玉成隆、高盛全、高盛成等商号,全是在铁路陆续通车的1907—1920年间出现的。①

18世纪末期以前,长春尚为人烟稀少的荒原,为蒙古郭尔罗斯前旗的游牧之地。以后因垦荒的发展和人口的集聚,出现了村落。嘉庆五年(1800年)设长春厅而逐渐成为附近地区的政治中心。光绪三十一年(1905年)后,长春处于南满铁路最北端,同时还是中东铁路南部线路的终点,1912年后更有吉长铁路在此交汇。因居于交通枢纽位置并且地处东北平原的中部,周围农产丰富,遂发展成为东北中部最大的中心市场。光绪三十三年(1907年)长春刚开埠时,外运的大豆及其他农产品总额不过30万石。随着铁路的增多和商业的繁荣,外运的农产品数量不断增长,宣统元年(1909年)达40万石,1912年达75万石,1913年达85万石,到1914年因第一次世界大战爆发导致中东铁路东运不便,东北北部豆粮大部分运输南下,其量竟达180万石之巨。② 交通和贸易带动城市商业的发展,1919年时人评说长春:"吉省商业中心点,输出入货物均集中于此,故市场至为宏阔,总计大小商铺一千二百余家,规模较大者计有粮栈三十余家,其资本较巨,十万乃至二三十万元。"③长春的迅速发展,逐渐取代了吉林省原省城吉林市的地位。

3. 20世纪初期鸭绿江中上游城市商业的发展

光绪三十三年(1907)年后,安东商业中心市场的发达,带动了东北东南部地区即鸭绿江沿岸中小城市商业的繁盛,有关资料记载了桓仁、通化、临江等区域中级市场的商业发达情况。

桓仁位于浑江盆地的中心,浑江发源于吉林省龙岗山脉,经桓仁县境蜿蜒流淌600余里之后入鸭绿江。当年的经商者每年清明至霜降凭借这条水上航路,用帆船、木筏等将桓仁地区的粮食、水材以及土特产品运往安东出售,并由安东运来货物,繁荣了桓仁市场。据满铁的调查,光绪三十三年(1907年)时桓仁向安东输出的烟草、麻、蜂蜜、蘑菇等山货以及大豆、豆饼等,价值5.1万两,而从安东输入的布

---

① 刘丹:《四平粮谷市场的兴衰》,《四平文史资料》第2辑,1991年,第89页。
② 中国银行总管理处:《东三省经济调查录》,台湾文海出版社,1987年影印本,第217页。
③ 中国银行总管理处:《东三省经济调查录》,台湾文海出版社,1987年影印本,第193页。

匹、煤油、茶叶、盐、砂糖、火柴、棉花、蜡烛等杂货,共计7.1万两。① 浑江两岸的农户,由于水运频繁而直接参与了市场交换,农副土特产品均转化成商品。每日傍晚浑江沿岸的村屯,都有停船休息的商人。他们走家串户,与这里的农民进行交易。航路的开辟也使造船业应运而生。造船、拉纤,都需要大量工人,农村的一部分劳动力因此有了就业的机会。②

通化,以地势论,陆路可东达临江、抚松,西抵兴京、奉天,北通柳河、山城镇;水路顺流可到安东,交通运输便利。据宣统三年(1911年)调查,通化有烧锅、山货、杂货、绸缎布、果品、药业、旅店和饮食等商家200余个,资本大者如谦泰润烧锅有8000两,东盛泉烧锅有4000两,资本在2000两以上的杂货店有4家。通化输出的主要是当地所产木材、山货、煤炭和农产品,每年输向安东的烟草、人参、麻、茸、中药材等价值约10万两,大豆2000石,价值1.2万两,豆饼1万枚,价值6000两,煤炭100万斤,价值3000两;每年从安东输入的布匹、棉花、盐、糖、茶、纸张、石油及其他杂货等,价值约21万两。③

从光绪二十年(1894年)开始,临江、八道江和濒临鸭绿江的三道沟有了山货庄和货栈等商家。随着浑江、鸭绿江往来于临江和安东之间流放木排和槽船的增多,该地区商业逐渐繁荣起来。光绪二十八年(1902年)临江建县后,特别是长白府设立后,临江城赢得"小安东"之称,成为上连安东,下达长白、抚松、濛江三县的粮食、农副产品、山货、药材和线麻等大宗物资和日用商品的集散地。

4. 20世纪初期中东铁路及松花江沿线城市商业的发达

20世纪初年东北北部中东铁路贯通以后,随着哈尔滨中心城市商业的发展,中东铁路东部线的阿什河、宁古塔,中东铁路西部线的齐齐哈尔、海拉尔、满洲里,中东铁路南部线的双城堡以及松花江沿线的巴彦、三姓等城市,商业也随之繁盛,形成与哈尔滨中心城市往来频繁的大规模商品中转市场。

阿什河,又名阿勒楚喀,铁路通车后古城重又焕发生机,成为中东铁路东部线上的一个重要商品市场。据光绪三十四年(1908年)调查,其地人口为3.2万,城内大商店有32家,小商店70家。年输出大豆、小麦等粮食数量92万石,其他输出商品还有麻、烟草、烧酒、木耳等地方特产,输入货物有棉布、棉线、白糖、纸张、火柴、煤油等。其商业范围,南至拉林、五常,东至蚕克图,北至70里内外的小村落,西北至哈尔滨香坊,西至双城堡。④ 阿城的一面坡车站"得享经济中心及货物集散地,以五常县之东北,同宾县之东南,珠河县之东部,及苇沙河全境货物无不由此出入。计由各地输入者系各种原料品,以粮食为大宗;输往者为布匹、食盐、煤油、杂货"。⑤

---

① 满铁调查课编:《南满洲经济调查资料》,第2卷,桓仁,1911年,第58—59页。
② 崔宗善、白尔杰:《解放前桓仁的工商业》,《桓仁文史资料》第2辑,1987年,第56页。
③ 满铁调查课编:《南满洲经济调查资料》,第2卷,通化,1911年,第51—53页。
④ 日本外务省编:《北满洲之产业》,东京金港堂书籍株式会社,1908年,第99—103页。
⑤ 孙荃芳修、宋景文纂:民国《珠河县志》卷十二,交通志,铁路,台湾成文出版社,1974年影印本。

宁古塔,位于牡丹江左岸,中东铁路在其西北设海林站。据光绪三十年(1903年)调查,其地人口为 2.5—3 万,主要从海参崴输入棉布、棉花、棉纱、砂糖、食盐等日用品,输出小麦、大豆、杂粮等农产品。①

中东铁路在齐齐哈尔南 45 里的昂昂溪设立车站,最初此地荒野一片。据光绪三十三年(1907 年)调查,市街初成规模,有批发和杂货商等共 22 户。当时齐齐哈尔作为黑龙江省城,人口已达 8 万,其北通墨尔根、瑷珲,南接科尔沁蒙地,西达兴安岭及呼伦贝尔,与蒙古及俄国的商业交易繁盛。齐齐哈尔的商铺共分五等,从其经营内容和数额方面可窥见齐齐哈尔的商业概况。一等商铺 29 家,主要从事当铺、钱铺、杂货贩卖、商业中介等,年营业额白银 4 万两至 60 万两不等;二等商铺 34 家,主要从事杂粮、面粉及粗布、杂货的批发和贩卖等,年营业额平均 1.5 万两;三等商铺 78 家,其从事种类与二等商铺相同,年营业额略低,平均为 8 000 两;四等商铺 60 家,仅经营小批发业,年营业额平均 4 000 两;五等商铺 50 家,主要是菜、肉、鸦片、杂货等小商店,年营业额平均 9 000 两以上。②

在中东铁路最西区,以海拉尔、满洲里为首的各车站货物集散贸易发展迅速。清前中期,多伦诺尔原是内蒙古中、东部首屈一指的商业重镇,其商业圈包括昭乌达盟、锡林郭勒盟以及外蒙古的部分蒙旗。中东铁路通车后,海拉尔和满洲里吸引了原属多伦诺尔商业范围内的各蒙旗畜产品,使大量畜产品流向呼伦贝尔铁路沿线。满洲里和海拉尔的商业范围,包括呼伦贝尔全境,锡林郭勒盟东、西乌珠穆沁旗,昭乌达盟北部和哲里木盟各旗。

中东铁路南线的双城堡,位于松花江右岸的东北中部平原地域之中,20 世纪后这里都被开垦为熟地,农产丰富。中东铁路南部线在此通过以后,成为农产物的大集散市场。据光绪三十四年(1908 年)调查,其地人口为 2.5 万,年农产品集散量达到 60 万石。其商业范围东至阿什河,西至拉林河,南至松花江。③

巴彦,位于松花江中部。20 世纪初年调查,其城内有大小商户 150 个,年集散小麦、大豆等农产品 47.5 万石,豆饼、面粉等农产加工品 585 万余斤,半数以上经哈尔滨或三姓等地输出,价值约 570 万吊。从哈尔滨、营口或呼兰等地年输入棉布、棉线、砂糖、纸张、火柴等日用物品在 400 万吊以上,70%在城市消费,其余 30%再转输到四周各乡镇等地。④

三姓,位于松花江和牡丹江两江交汇地的右岸,年交易货物有 300 万吊左右,其中 78%为貂、水獭、虎、狼等兽皮特产,12%为农产物及其加工品,10%为输入的外国洋杂货。其商业影响范围,东北至俄国伯力,东南至 600 里外的蜂蜜山,西至

---

① 日本外务省编:《北满洲之产业》,东京金港堂书籍株式会社,1908 年,第 108 页。
② 日本外务省编:《北满洲之产业》,东京金港堂书籍株式会社,1908 年,第 117—118 页。
③ 日本外务省编:《北满洲之产业》,东京金港堂书籍株式会社,1908 年,第 92 页。
④ 日本外务省编:《北满洲之产业》,东京金港堂书籍株式会社,1908 年,第 131—133 页。

100 里外的西北河,北至 600—700 里外的北山。①

5. 伪满时期东北东部及西部城市商业的发展

1932—1945 年,伪满当局对东北的口岸和海关布局做了较大的调整。除继续倚重东北南部三港外,为加强东北与日本的经济联系,又将吉敦铁路延伸到图们,并与朝鲜的罗津港相接,接着又修建了以图们为起点向北通到佳木斯的铁路,从而形成新的跨日本海的经济网络。图们与朝鲜北部三港及长春—图们和图们—佳木斯铁路所辐射的地域主要包括今天吉林省东部和黑龙江东南部地区,港埠贸易带动了这些地区的农、林、矿产等资源开发和经济发展,该时期处于腹地的牡丹江、佳木斯等城市商业发展迅速。例如佳木斯在铁路开通后,成为大豆、粮食等特产物的集散地,至 1934 年底,有粮栈 45 家,杂货商 16 家。粮栈业中有德祥东、同瑞昌、公利和等四五家的资本金在 15 万元以上,其他在 5 万元至 2 千元不等,年输出粮食 1 200 货车。②

日本侵占东北西部的热河地区之后,还着手修建了承德、赤峰、北票等地通往葫芦岛港的铁路。葫芦岛港与奉山铁路,热河的锦古、北票、叶峰等铁路所辐射的地域主要包括今天辽宁省西部和内蒙古东部地区,该区的矿产和农牧业资源开发和出口商业发展迅速。③ 赤峰的商业范围北经开鲁达乌珠穆沁旗,西经林西达经棚,东连锦州、营口,南越长城口通京津地区,其中来自西面和北面的产品多为畜产品,来自东面、南面的多为烟草、布匹、茶等多种商品。市场上聚集的产品除供城市自身消费外,还从这里再输往四方,杂货日用品输入农村和游牧区,农牧土特产品则输往上述各大市场。④ 赤峰的货栈建有非常大的院落,如公元店、聚源店等大店的院落连接三道街、四道街两条街。院内除了有留客住宿的客店外,还有经营多种服务的商家,比如饭馆、理发店、裁缝铺、杂货店等,规模大,行业多,几乎像一处独立的综合市场。

三、腹地集镇与村落初级市场的发育

初级市场亦称产地市场,遍及乡镇,多是县城、城镇以及有一定规模和数量商店的集市。它们有来自上级市场的坐庄、行栈、代理商、贩运商,是国内外洋货、机制品向周围农村推销的终点市场和提供农副土特产品的产地市场。腹地终端集镇市场崛起,其主要原因是农村经济实力即农副产品的商品化程度的加强,它是农村经济兴盛的标志,在区域经济发展史上具有重要的意义。近代经济史的学者对农村集市贸易研究甚多,⑤但地域多集中在华北和长江流域。其中尤以施坚雅对四川

---

① 日本外务省编:《北满洲之产业》,东京金港堂书籍株式会社,1908 年,第 147 页。
② 铁路总局编印:《京图线及背后地经济事情—北鲜三港を含む》,1935 年,第 258 页。
③ 铁路总局编印:《奉山县铁路沿线及背后地经济事情—热河南部を含む》,1934 年,第 8 页;南满洲铁道总局编印:《热河诸铁道及背后地经济事情》,1940 年,第 63 页。
④ 满铁调查课:《东部内蒙古调查报告》,第 2 卷,第 4 篇,商工业,都市,1927 年,第 156—160 页。
⑤ 施坚雅著,史建云、徐秀丽译:《中国农村的市场和社会结构》,中国社会科学出版社,1998 年;丛翰香:《近代冀鲁豫乡村》,中国社会科学出版社,1995 年;刘石吉:《明清时代江南市镇研究》,中国社会科学出版社,1987 年。

终端农村市场的研究为著,他借鉴克里斯塔勒的中心地理论,提出了这些联系的空间关系的概念,进而构想出一个逐步遍布全域的一体化市场层系结构。东北是开发最晚的地域,其基层商业市镇发育参差不齐,有关此方面的研究成果不多。本节无意于进行施坚雅模式的讨论,仅从地域开发逐渐推进的角度,比较东北各地域基层市场发育的差异,从集镇地域分布、集镇专业化趋向和商业规模上探讨港口贸易对这些基层市场的影响。

1. 东北南部的集市情况

东北南部尤其是清代柳条边外的辽西和辽南地方,俗称"老满"。[①] 它们是东北开发最早的地域,集市贸易兴起最早,但集镇贸易的繁盛大多在清末和民国对外贸易发展以后,下以辽宁绥中县志记载的 7 个集镇为例,略作介绍。

"前卫镇集市,距县城五十里,大小商户八十余家……集市自金、元、明相沿已久,而清又因之,定以夏历每逢双日为集期,至今未改。前所镇,距县城八十里,大小商户二十余家……集市始于何年无考,定以夏历每逢单日为集期……冬则粮草车驮广集于市,人马喧腾,日趋繁盛。宽邦集市,距县城西北六十里,道光末年设有当铺及杂货行,光绪六年始为立集,每月以四、九日为期,大小商户不过十余家,资本不多。葛家屯集市,距城西北八十五里,创始于咸丰三年,每月以二、七日为集期,东西通街一道,大小商铺二十余家。大王庙集市,距邑城西四十五里,创始于民国六年三月。……商户无多,南临长河,中作市场,每月以逢五排十为期,届时粮食柴草百货齐集。明水塘集市,距邑城西八十里,为临绥两界之交,创始年代无考,每月以四、九日为集期。……尚存商户十数家,资本多寡不同。把涧沟集市,距邑城西六十里,创始于民国十二年三月,每月以一、六日为集期,商户无几,民人互相交易,粮食柴草货物出挤而集,日中为市,过午即散。"[②]

上述 7 个集镇中 2 个时间无考,其余 5 个集镇中最早的一个创始于金代,其他依次为咸丰三年(1854 年)、光绪六年(1880 年)、1917 年、1923 年设立,年代愈后集镇设立愈加密集。规模上集市商户最多者 80 余家,次者 20 余家,少者商户无几。集期稠密者以逢单或者逢双日为期,疏者一六、二七、四九、五十为期,每月逢双日为期者居多。集镇虽然杂货各行齐备,但交易物品基本上为粮食柴草,其中尤以冬日交易为盛。

辽河中部流域的集市贸易虽晚于辽宁省西部和南部,但是由于农业物产丰富,粮食集散量较大,因此日益成为专业性的商品粮集散中心,规模有超过辽宁南部或者西部集镇之势。下以海龙县下的两个终端市场为例,略作介绍。

朝阳镇,光绪元年(1875 年)开市,户数 2 000,人口 13 000,商业繁华。当地商

---

① 清顺治年间修的老边自凤凰城经开原到山海关的边墙,康熙时修的新边自老边开原威远堡边门起,东北至法特哈东北亮子山止(今舒兰县二道岗子),由法特哈边门再往北,达松花江为断。

② 文镕修,范炳勋等纂:民国《绥中县志》卷四,建置,市镇,台湾成文出版社,1974 年影印本。

业影响范围为该镇四周50、60里方圆之内,输出货物主要是农产物,如大豆10万石,山货、杂谷、豆饼类次之,输出地为开原、铁岭,输入依然以开原、铁岭主,直接从奉天输入的货物较少。北山城子,光绪六年(1880年)设市,户数3 000,人口28 000。与开原、铁岭、柳河、大肚川、海龙城等地的关系密切,冬季货物集散车马往复频繁,当地商业范围覆盖柳河、海龙、辉南、东丰、西安一带的乡村。①

2. 东北北部的集市发育

东北北部地域由于移民迁入时间晚于东北南部,因此其集市无论商业规模和分布密度都不如南部发达。

吉林怀德县,光绪三十二年(1906年)前后,"治境初辟,民皆随地而居,棋布星罗,不成村落。后渐人烟稠密,而名村巨镇殊属寥寥。黑林镇,街东西长五里,南北宽一里,商务繁盛,五十余家,稍逊于县治,实属巨镇也,距城正南五十里。朝阳坡,街东西长五里,南北宽一里,商务二十家,距城西南七十里。杨家大城,在县治西北,街东西长四里,南北宽一里余,商务二十余家。五家镇,街东西长三里,南北宽一里,仅有小本营生商务六七家,距东南城五十里"。②

黑龙江省依安县,"双阳镇,以双阳河命名,距城三十五里,……现有商业,烧锅一,粮栈三十,钱庄六,油坊十,杂货行十,旅店三,药肆三,木铺八。三兴镇,原名东安镇,……现有商业,粮栈十,钱庄三,杂货行八,旅店二,药肆三,木铺三。宝泉镇,于民国二年经绅民李秀招户开垦,创设镇基,俗呼为李秀街基。至民国五年,商民日渐稠密,经该绅等请设为镇集。……现有商业,粮栈十,钱庄三,杂货行八,旅店三,药肆三,木铺八"。③

从上述吉林怀德县和黑龙江依安县的几个集镇举例中,可以看出它们设立的时间大多在清末和民国时期,并且地域愈北,创设时间愈晚。除了交通特别便利的集镇成为货物终端市场以外,其他的集镇仅具备一般的行政和商业功能。

3. 内蒙古东部的庙会和集市

内蒙古东部的经济长期以牧业为主,过着逐水草而居的生活。由于这一原因,草原商业不同于农耕区,它没有固定的店铺和商店,只有在四处流动的商贩,当地人称为行商拨子。随着东北三省放垦的进行,毗邻的内蒙古东部地区受到强烈的影响,不仅农业有所发展,而且游牧民也开始设立固定的举行宗教活动的场所——寺庙,在寺庙周围的商业活动庙会也得以兴起并固定化。如果汉人深入牧区,并将牧区改变为农业区,便会出现集市贸易甚至集镇,在这种背景下,集市贸易和集镇上的固定店铺便逐渐取代庙会,成为区域内主要的商业活动形式。

郭尔罗斯前旗为我们提供了这种由行商拨子向集镇坐商转化的例子。

---

① 满铁庶务部调查科:《满蒙全书》第七卷,都市,满蒙文化协会发行所,1923年,第27、29、116—119页。
② 孙云章纂:《怀德县乡土志》,村镇,1906年铅印本。
③ 梁岩修、何士举纂:民国《依安县志》,建置,商镇,台湾成文出版社,1974年影印本。

光绪十二年(1886年),随着寺庙的兴建,当地开始了以庙会交易为主的商业活动。全旗有大小寺庙6座,最大的是位于王爷府附近的崇化禧宁寺。该寺每年于夏历正月十六日和六月十五日举行两次大型庙会。庙会时异常热闹,人山人海,不仅本地旗民参加,农安、扶余、长春厅等地民众也会赶来。人们前来这里,除了朝拜佛祖乞求保佑外,也经常带着自产的牛、羊、皮张、奶酪等前来交易,换回香、纸、烟、茶、盐等生活用品。光绪三十年(1904年),郭尔罗斯全旗人口逐年增加,蒙地弛禁后,汉人大量涌入,定居的农村村落和商业集镇逐渐增多。长春、张家湾(现德惠县境内)、农安、伏龙泉、长岭、新集厂等地都形成了集市贸易和店铺,这种商业形式逐渐占据上风。[①]

据上所述,由于历史上的民族分布和经济生活的差异,作为口岸城市腹地终端市场的东北各地区的集镇市场,其发育程度和密度、规模均相差极大。但是,这些市场的形成和发展,除了开发较早的东北南部的一些集镇外,其余大多是在清末和民国时期形成的。它既是汉人大举涌入东北的产物,也是港口开埠通商新式交通扩及各地的产物。如果没有开埠通商,没有新式交通给发展商品经济带来的便利,东北的集镇发展必然要缓慢得多,规模也要小得多。毕竟,集镇的功能首先体现在商业方面,只有商业发展了集镇才能发展。

第二节 商品流通结构的演进

中国有着悠久的商业发展历史,传统时期的中国商人早就形成了东方特色的经商理念,如处理人际关系的方法和伦理道德观念等。从咸丰十一年(1861年)营口开埠到光绪二十一年(1895年)甲午战争以前,因为营口对外直接贸易并没有像中国沿海口岸的贸易那样发达,在外资商业有所发展的同时,营口的中国商人和商业仍占据发展主导地位,从沿海移民到营口的中国商人逐步接纳西方近代商业经营方式同时,和腹地之间的商业交往依然延续着中国传统的商业习惯。西方的规则与中国传统的商业习惯既有矛盾一面,同时也可互补交融,尤其这个商业网络越向内地和基层推移,中国传统商业习性的色彩就更加浓重和根深蒂固。20世纪初年后,日本控制下的大连成为该国企业和商人的活动基地,日本商人占据了商业发展的主导地位,为了打开东北市场,它们引入了商品展览馆、商品交易所等新型商业机构,节省了信息成本和流通费用,客观上实现了商业大规模和规范化的经营,使得市场活动进入一种更有组织的高级形式。伪满时期,东北的商业活动陷入政府强力管制的流通结构之中,日渐失去发展活力。

一、19世纪后半期以营口为中心的商品交易

在19世纪前半期,东北大豆交易先由农村集中到奉天,再由奉天转销营口,并

---

① 汝华:《前郭商业史话》,《前郭文史资料》第6辑1987年,第74—78页。

且基本上掌握在山西商人手里。这些山西籍的大豆商建有行会组织,以致能操纵奉天到营口这一段的价格,垄断着东北南部大豆出口贸易。①

1. 分散的个体交易与出口市场的完全竞争

咸丰十一年(1861年)营口开埠以后,随着外商的进入和市场交易主体的扩大,少数商人已经无法控制价格和垄断出口。每年东北内地大批量的大车和帆船直接把大豆等粮食出口货物运到营口市场上进行交易。在日俄战争之前,一般每年冬季(夏历十二月至翌年二月)辽河冰封时期,营口每日到达1 000辆以上的大车,此段时间共计有八九万车辆,运来腹地的大豆等出口粮食有六七十万石以上。②每年夏历三月至十月间是辽河河运时期,辽河上的帆船多时达10 000余艘,一年河运到营口的粮食有149万石之多。③ 光绪三十年(1904年)前的最兴盛时期,营口经营大车店的有30余户,经营河船粮店的有20余户,当时各大油坊、粮栈等通常直接派人员来大车店或河船粮店议价和采购。

过量大豆等粮谷都是用一种容器——斗来进行的,因此商家进行大宗交易还需要请"斗纪"(也称"斗牙")作中间人。营口开港以后,商业繁荣,大宗交易很多,"斗纪"行业也随之兴旺。最多时在营口从事陆运及仓储大豆、豆油、豆饼等货物交易的经纪人有200余人,从事河运粮食交易的经纪人有150余人。④ 营口市场上通用的斗有三种,船载粮食用"河斗",车载粮食用"陆斗",零星交易用"官斗",其中"官斗"又有"户部斗"和"关东斗"之别。因这三种斗的容积大小不同,货物重量也就相差很大。营口的"斗纪"行业还分成若干帮派,各帮派为了争夺地盘和生意而不断进行械斗。"斗纪"的陋规很多,用杂乱的斗量从事交易进而获得不正当的利益,这是多数中间商的公开所为。营口制定的斗,比生产粮食的乡村斗量小;相反,营口向乡村出售棉布等货物,规定的尺度却比较长。⑤ "斗纪"陋规对营口商业发展极为不利。

2. 赊销制度与营口进口商品销售的发达

东北近代最基层的商业网点是杂货店。随着流入东北的农民人口的增加,日用需求日益增长,于是为供应彼等各种需要,遂有汉人商店出现。这些商店多系国内有牢固营业基础的分支,起初往往以杂货商的形式出现,渐次规模扩大,按照当地的各种需求充实经营内容,出售食盐、灯油、棉布和鞋、酒、药等商品,甚至"货币之兑换、书信之收发,悉为彼所经营"⑥。同时,这些杂货店也购买大豆、高粱等农产品运往关内,以收购农产品为主的粮栈就是从这种杂货铺演变而来的。继杂货商

---

① 汪敬虞:《19世纪西方资本主义对中国的侵略》,人民出版社,1983年,第472页。
② 满铁调查课编:《南满洲经济调查资料》,第五册,第六卷,营口,1911年,第100页。
③ 满铁调查课编:《南满洲经济调查资料》,第五册,第六卷,营口,1911年,第78页。
④ 满铁调查课编:《南满洲经济调查资料》,第五册,第六卷,营口,1911年,第85页。
⑤ 于阜民,阎海,段速敏著:《营口史话》,黑龙江人民出版社,2003年,第90页。
⑥ [日]稻叶岩吉著,杨成能,史训迁译:《满洲发达史》(又名《东北开发史》),辛未编印社,1935年,第266—267页。

铺之后,"手工业的烧锅也开始插手,又加上从山东来的生产豆饼、豆油的油房和磨面的磨坊,他们接着就移向(农民)大小部落"①。通过与当地产品和手工业制品的交换,这些杂货商逐渐积累了资本。在此基础上,他们扩大了广大商业网点,不仅成为商品交换的中介人,而且还从事手工业经营,乃至支配着家庭工业。

营口的商品批发行业——大屋子和腹地城乡的杂货店之间在商业交往上,是依靠特殊的赊销制度来联系的,这是营口商业进口长期兴旺的重要原因。大连和哈尔滨等处均是现金本位,对于其他各地商业不能作营业上的辅佐。时人评论:"而营口不但能作需要供给,且能作营业辅佐。外城乡镇之商号,多系小本营业,其活动资本不足周转,如由大连、哈尔滨买贷,多是钱货兑交,最迟者,仅可延一二星期;若营口买货惯例,如三月初旬买货,尚可得二个半月之延期。如此时为七月末旬发货,则交款期为六月一日以前。所谓现货,过九月一卯以后,腊月卯以前付款(即是冬月底归还)。此中即有五个月之长期,与连、滨一二礼拜之短期,两相比较,相差何如?故在前二十年,营口全盛,银法松动时代,北城商号多间接以营口为财东。常有北城商号只用一人久驻营口,在营稍有声名即可赊买货物。俟将货卖出,再还贷款,将第一批货款旧清,再买第二批货物。循环捣转,借力良多。故自大连、哈尔滨开埠后,一般外城客商,因款期问题,仍趋赴营口。故营口能保持其衰落后之地位,以至今日。而北城商号,亦赖营口接济,维系于不败也。"②

3. 资本混合、联号经营与营口商业发展的盛衰

清末营口开埠后,形成批发、金融、装运和实业四大商业。但因营口的中国商人资本少、起步晚,所以在这四种商业中,并不是每位商家所经营的业务都截然分开,泾渭分明。因为商业扩张迅速,当时营口的商人往往在批发、金融和实业等商业领域中杂糅混合,见利扩张,形成了资本混合、联合经营的商业形态。

营口、行庄、大屋子等商业资本在30多年的角逐竞争中,一些商业资本转入产业资本,形成以榨油业为主的油坊资本;另一些商业资本转入金融资本,形成特殊金融业——营口银炉。银炉资本是商业资本的变态,它是伴随商业资本的发展而派生出来的,反过来又促进了商业资本和实业资本的发展。自银炉资本地位确立以后,它就成为各种资本利润的源泉,它与大屋子资本、油坊资本紧密结合,并从实业资本、流通资本中获得利润。开设银炉的目的,初期只是获取熔银铸锭的加工费,后来逐渐演变为以集资为目的。资本的来源主要是来自社会(厂、商及个人暂不动用的资金)。但银炉又不是投资银行。因为社会资金虽然表面上是投向银炉,而实际上是银炉的开设者以此种机构来吸收厂、商之存款作为经营银炉和自己其他厂、商业的资本。同时,银炉往往采取同厂、商联办的形式,它并非是单纯扩大银

---

① [日]满史会编著,东北沦陷十四年史辽宁编写组译:《满洲开发四十年史》,下册,内部印行,1988年,第222页。
② 于菁梦:《营口炉银史》,《营口文史资料》第1辑,1983年,第47页。

炉自身的资本,联号经营实际上是暗取银炉资本达到运用自由之便。在法律上,银炉对其联号不承担责任。同时,投资者对银炉也不负有任何义务与法律责任,对银炉的兴衰也不过问,只是按期获得"卯色",还可视形势随时提取现宝。

义字号、东字号、发字号是营口近代著名的三大巨商,他们可以说是当时资本混合、联号发展的典型代表。

西义顺,简称义字号。19世纪中期先于田庄台创办义顺华商号,道光二十年(1840年)携资本来营口开设西义顺商号,同治五年(1866年)前后,随着商业资本的增加而分设大屋子6号,即义顺金、义顺华、义顺栈、义顺复、义顺源、义顺厚。此外,还设油坊3号,即义顺盛、义顺来、义顺东。过了20年后,又在光绪十二年(1886年)设义顺魁银炉,至光绪二十八年(1892年)再添设恒义利银炉。短短40多年中,西义顺由1家商号发展到12家联号,其中以大屋子资本为主,资本形态包括商业、实业和金融三大资本。到1918年破产时,其负债就达800余万两。

东盛和,简称东字号。光绪十一年(1885年),广东南海县北村乡商人叶亮卿(又名叶雨田)携资与他人合股,共12股计1万8千两,在营口开设东盛和、东生长、东和泰3家杂货店和东生怡、昌平德2家机器油坊,组成"东盛和五联号"。光绪十四年(1888年),又将东和泰杂货店改为银炉。其经营的货品主要是豆油、面粉、糖、杂货、豆油、豆饼等,远销广州、香港。光绪十五年(1899年)再增资5万两,年销豆油六七百万斤,自备海轮两艘,在天津、上海、香港设分社、联号和代理店。另在营口还开设德芳纸烟公司、怡丰木局、恒丰砖厂、营口置业公司、营口自来水公司,其中德芳纸烟公司聘用日本人技师8名,日产纸烟20万只。此外,还在铁岭添设东丰泰商号等。光绪三十二年(1906年)东生长商铺又附设银炉。其势力分布到广东、上海、大连、安东、武汉等国内主要城市,在那里设有分号。东盛和的金融和商业往来,北起黑龙江、吉林、辽宁,中至北京、武汉、上海,南达福建、广东。仅营口的东盛和本部就有5 000多员工。据估算,叶亮卿从携资本在营口开业起,到光绪三十三年(1907年)东盛和倒闭,22年中资本增值达100万两,是原资本额的55.6倍,每年平均增值近5.56万两,等于原资本额的2.53倍。

发字号为直隶乐亭汀流河刘姓财东创办,有京东第一家之称。该老号计兄弟三人,初设为乐亭的成发台、双发合,滦县的德发合,其后数年逐渐发展,陆续在长春、滨江、巴彦、一面坡、通辽、辽源、古林、开原、铁岭、公主岭、通江口、大连、奉天、营口、田庄台、新民、锦县等地添设70多个联号商铺。凡直隶、奉天、吉林、黑龙江4省之各重要城镇,无不有发字号之支号或分庄,百行中亦均有发字号之营业所。其范围之声势广大,为国内所仅有。凡发字号之所在,无不为当地首商,握商业之霸权。即官方设立之附属营业,掌纸币之发行权者,亦每相形见绌不能与之争雄竞胜。其财力之雄厚,信用地位之牢固,可想而知。

营口的发字号,除散布埠内各商号、内寓分庄约有20多号外,还有厚发合、志发合、英发合、润发合4家设有银炉。由厚发合一号所分设者有大连、开原、公主岭、长春等4号。起初北京震发合小有亏损,由该嫡系支号英发合在营口垫款接济。后因英发合营业失利,又经厚发、志发两号接济。1917年又欠炉银百余万两,但该两号接济延误,迁延两年后本息债额增多。1920年,东北北部发号又有亏赔。风声所传,遂起轩然大波。据载,"风潮一起,欠人者立即提取,人欠者无济于事,周转不灵,远水不解近渴。遂于民国九年(按:1920年)的农历冬月初五日被挤倒闭。当时全市空气紧张,人心惶惶,各处发号同时被挤,次第搁浅者三十余号。计首由开原文发、萃发被挤起事,旋即波及营口,次即长春、滨江、大连,根本一拔,枝叶自萎,东三省发号一律停业。因年关临近生意停歇,除各留守清理人员外,所有店员完全遣散,一时南北满铁路及榆关道上旅客骤增。盖发号店员,多系昌、滦、乐三县籍贯,总数不下四五千人,同时失业,束装还里,影响之巨实为商场中所罕见。发宁号之倒闭,计欠市内债款炉银三百八十余万两"①。

从营口巨商西义顺、东盛和、厚发合资本形态的演变可以看出,伴随商业资本的增长,华商资本已深入各种经济领域之中。各种资本形态混合生长,这是近代营口商业发展中的重要特点。联号资本就是各种资本的混合体,是商业主体资本与实业资本、金融资本的结合,当然其结合的过程就是扩大与吸收资本的过程。它的表现形式或为同系资本的发展与增设,或为自身资本的增资,或吸收关内的转移资本以及本埠破产业主的资本。联号虽系同一资本体系,可以互相通融,然而它又不是本店支店的关系,而是各自独立经营的实体资本,通常是联东不联财,会计独立(资本独立的)。②

综上所述,清末营口的批发、金融、实业和装船业四大商业类别中,其"主干,均设有批发部分,且有专以批发为业者。综计批发外城之营业,可占全市商业百分之八十。在此百分之八十中,所具有之批发能力(赊卖能力),完全因有炉银之借助,外城之来营买货者,亦因有炉银之借助。营口商业以北城为流域,北城商业以营口为泉源,车辅相依,气息互通,炉银实为其中之大动脉也"③。宣统二年(1910年)后营口腹地面积日渐萎缩,港口贸易额徘徊不前。尽管如此,由于在营口的中国商人贸易网络素来占有较大优势,有赊账和银两交易的方便,④营口同国内其他口岸如广东、福建、上海等地的大豆贸易仍在继续,大连中心枢纽港崛起之后,营口港的对外贸易地位相对下降,但与国内地区间的贸易继续发展。但同时赊销制度是一把双刃剑,也有不利于商业的地方。如果外地商业出现跌落,势必影响营口的收款。1920年,曾因外地欠款难以收回而导致营口银炉倒闭停业。

---

① 于胥梦:《营口炉银史》,《营口文史资料》第1辑,1983年,第33页。
② 孙福海、王今令:《晚清营口民族商业资本与油坊业、银炉业关系研究》,《辽宁师范专科学报》2000年第5期。
③ 于胥梦:《营口炉银史》,《营口文史资料》第1辑,1983年,第47页。
④ 营口"自成商埠以来,商场即已有固定习惯,对于内地客户均有不断之长年信用放账,故内地客户均乐就之,即此已为其他商埠所不及矣"。连濬:《东三省经济实况览要》,吴相湘、刘绍唐:《民国史料丛刊》第10种,台湾传记文学出版社,1971年影印,第271页。

二、20世纪前期以大连为中心的商品流通

随着经济的发展,特别是日俄战后日本商社、商店大举进入东北,大豆等商品的进出口和就地销售量大为增加。但是,当时大豆等重要物资,都是由经营者随时自由商定数量和价格等交易条件,以致出现各种各样的商业行情,使得购买者难以捉摸市场信息。另外对于不履行合同的行为,也没有任何制裁的方法,尤其在中日商人之间,常常因为语言或商业习惯的不同而引发纠纷。因此为了规范市场,促进交易,扩大商品进出口,20世纪初年大连与南满铁路沿线城市相继出现私立和官立交易所机构,客观上促进了商品交易规模的扩大和流通加速。

1. 交易所的创设与日商垄断商品出口

光绪三十一年(1905年)日本侵占大连以后,大力扩建海港和铁路,开辟大连为自由贸易港。数年之内,大连的工商企业有了快速增长,其中资金雄厚和发展速度较快者为粮食、油坊和杂货商业。这些行业为了交易方便,经常到海港(今天港湾桥一带)前进行买卖,品种有大豆、豆饼、高粱、豆油等。每天清晨开始交易,午夜休市,由此形成临时交易场所。

后来由于商品贸易的发展,港湾桥前聚集的商贩越来越多,秩序非常混乱。日本殖民当局认为市容管理混乱,起初指派警察前往驱散。但商户为了牟利,散而复聚。其后有人倡议仿效上海、天津设立交易所的方法,尽量做期货交易。华商公议会同意了该建议并将交易会地址移至公议会所内,规定只准华商参加交易。日商需经华商代办而不能直接参加交易,每千片豆饼的交易日商须付佣金一元。因此,日本当局为维护日商的利益,便以维护市场正常交易秩序为名,与日本财阀集团及日商之工商业组织——日本商工会议所一起策划,筹组官办的交易机构,以此机构来实现对商品交易的控制。

经过筹备,1913年6月,官办的大连交易所(日本称大连取引所)正式成立,中国商人创办的交易场所即被取消。日本殖民当局对此机构控制严格。从1913年到1945年,交易所的最高领导者是常务董事,一直由日籍人员担任;交易所各董事也绝大部分是日籍人员,同时也有少数大连华商界知名人士充任;董事之外,设有监事数人,负责监察交易所的工作状况;另外,交易所还设有顾问、咨议数人,在历任有权威的常务董事和董事人士中聘任。

大连交易所受日本殖民当局关东州厅的直接控制,规定加入交易所的交易人必须在银行存款20万元以上,且要交纳4 000元的身份保证金。经批准后,发给交易所证徽一枚,每枚证徽年度征收6元手续费。交易所每年征收身份保证金有50余万元,证徽费收入有6 000余元。[①]

---

① 唐树福、黄本仁:《大连交易所史话》,《辽宁文史资料选辑》第26辑,1989年,第99页。

交易所为了掌握各经纪人双方买卖额的清算交割,经纪人的资金担保(即资金抵押)以及经纪人之间的资金交流等情况,在交易所之下又成立了大连交易所信托股份有限公司(日本称大连取引所信托株式会社)。该公司的资金总额是1 500万日元,每月有定期决算和临时决算,年末有年结算。其后,大连交易所陆续成立了几个交易分市场:一是粮谷交易市场(日本称特产物交易所),二是钱钞交易市场(日本称钱钞交易所),三是五品交易所市场(又名商品交易所),分别由交易所内的粮谷部、钱钞部和商品部负责专业管辖。

(1) 大连粮谷交易市场

为适应大豆、高粱、玉米以及豆油、豆饼等东北农特产品输出需要,大连粮谷交易所成立。这是东北近代粮谷最大的交易市场,大连因此也就成了当时粮谷最大集散地。粮谷交易市场为殖民当局官办,其权力机关是商议会,成员10人,全由日本人充任。它的权限很大,对交易员有资格审查权、财产调查权、入会营业批准权以及对交易员的停业权。遇到行情波动,发生风潮,无法控制局势时,商议会还有评议物价权。凡经商议会通过的各项决定,由交易所当局发布命令执行,任何法律和机关、单位都无控诉权,由此形成一个"独立王国"。

交易所的交易分现货和期货两种。现货一般10天内交货,期货一般4个月内交货。现货交易可不经过经纪人,期货交易则需要经过经纪人介绍成交。为履行合同责任,交易由交易所附设的特产信托公司办理,交易双方不必考虑对方的信用。特产信托股份有限公司由中日双方同业者集资入股,开始资本金是100万元,最后增加到1 000万元。经纪人佣金连同手续费及交易税,每车大豆(350袋,每袋140斤)为15元,交易保证金每车80元。① 由于大豆等商品交易的旺盛,粮谷市场的手续及交易税的收入超过了大连钱钞市场。

参加粮谷交易所的交易员大多是具有一定资格和经济势力的中外大商人,中方大部分是油坊、粮店、钱庄、银号、代理店中的大户等。② 第一次世界大战前后,由于油坊业的大量发展,因而交易额大增,又涌现出一批新兴粮店、代理店,他们相继加入交易员行列。当时银号、钱庄都认为有利可图,在参加钱钞交易所的同时,也参加粮谷交易。1919年时取得交易员身份的共126人,但实权掌握在日商手中。1920年左右是粮谷交易的极盛时期,当时成交数量极大,对东北大豆生产具有强大的支配力,如1918年大连交易所现货成交大豆、豆饼、豆油1 624万担(折1 361万关担),占到同年全国大豆及其制品出口总量2 496万关担的一半以上。③

---

① 许道夫编:《中国近代农业生产及贸易统计资料》,上海人民出版社,1983年,第194页。
② 中方参加粮食交易所的大户有:慎昌代理店,经理由圣言;天兴福油坊、代理店,经理邵慎亭;义发合粮栈,经理王心斋;福顺厚油坊,经理郭学纯;双聚福代理店,钱庄、油坊,经理安泰生;义成新钱庄,经理张馥远;福顺义代理店,经理庞睦堂;泰来油坊,经理周子扬;新业银号,经理阎之玫;安惠栈粮店、油坊、农场,经理许忆年;政记油坊,经理张本政;裕昌源,经理王辅臣。
③ 满铁劝业课:《满洲大豆》,1920年,第95页。

(2) 大连五品交易市场

大连交易所五品市场,又名五品交易所。起初它只做股票交易,参加者都是日本的大资本家,因为大连和东北当时没有大企业的股票,所以股票种类主要是日本国内各种有价证券。随着业务的不断发展,由证券交易所逐步发展到进行麻袋、棉布、棉纱、面粉、砂糖等商品交易,五品交易所由此而得名。

五品交易所也清算交易差额和征收交易费用,交易员同样要加入五品交易人组合,组合长由日本人担任。五品中面粉是北方人民的主食,市场大量需求,交易数额庞大,日方交易员经常排挤中方人员,并有日本财阀如在大连的三井、三菱等会社的代理人从中操纵。对棉布、棉纱、麻袋、砂糖的交易,日本人控制较松,中方交易员参加者不断增加。五品交易所收取的差额清算费、各种手续费等标准虽低,但因成交额较大,最终每日收取的各项佣金费用仍相当可观。

1916年初,日本殖民当局认为大连交易所还不能完全吸引吉林、内蒙古东部和开原周围的粮谷南下,于是又在开原设立第二个交易所。到该年底,开原交易所成交大豆 40 718 车,金额高达 6 653 万小洋元。① 从此,开原成为近代辽宁第二大粮谷集散地。1916 年 4 月,长春铁路附属地成立交易所,主要吸引吉林以北粮谷南下。其后又在四平街(1918 年 8 月)、公主岭(1918 年 8 月)、铁岭(1918 年 10 月)、营口(1920 年 1 月)、辽阳(1920 年 1 月)、沈阳(1920 年 1 月)6 个城市陆续设立了官办交易所。因这些官办交易所不能为期货交易担保,于是也同时开设了交易所信托株式会社,专为交易所担保并办理结算业务。到 1930 年时,大连、沈阳、开原、四平街、公主岭、长春 6 处官办交易所从事经营者共计 326 人,其中大连 148 人,营业保证金为 119.5 万日元。各交易所信托株式会社实缴资本共计 937.5 万日元,公积金 249.9 万日元,总收入 187.6 万日元,其中支出 93.6 万日元。受 1913 年大连交易所设立的影响,1920 年在奉天中国政府也开设华商交易所,其后在长春、哈尔滨、吉林、通辽等地又相继增设。② 但华商交易所的规模相对较小,上市货物有限,无法与日本官办交易所相抗衡。

对日本官办交易所设立的原委和效果,时人颇具洞见:"东北各都市几均有交易所之设,而以大连、长春、哈尔滨三都市为主。各交易所交易之粮谷,哈尔滨为大豆、豆饼及小麦;长春为大豆、高粱;大连为大豆、高粱及豆油。自由经济时代,各粮商几乎均以交易所为活动中心,盛行投机买卖。交易所最盛时期,各出口贸易商、中心市场大粮栈、产地大粮栈、农产物加工业(大油坊、大制粉厂)等,与粮

---

① 张福全:《辽宁近代经济史(1840—1949 年)》,中国财政经济出版社,1989 年,第 90 页。
② 华商交易所主要如下:沈阳粮谷交易所(经营大豆、高粱),沈阳交易保证所(经营钱钞),通辽粮食交易所(大豆、高粱),长春货币交易市场(经营钱钞),吉林粮食市场(经营各种特产、钱钞),吉林省银钱货币有价证券交易市场,滨江证券粮食交易所股份有限公司,傅家甸货币交易所。

谷有关营业,多舍本逐末,不注意正常交易,而以投机买卖为唯一求利之方法。缘日人设立交易所之本意,一方面为操纵垄断东北农产物之交易,一方面则为于中获得庞大之手续费,似乎有害而无利。但其在交易价格方面,能使一般生产交易顺利推行,故亦不无其作用与贡献。且在交易所交易之粮谷,主为大豆、豆饼、豆油等,三者均为风靡世界之东北特产,故交易所之存在,与世界市场保有紧密关系。"①由上可见,现代化的交易机构建立,客观上促成了大规模和规范化的经营,进一步节省了信息成本和流通费用,使得东北近代商品流通市场进入了一种有组织的高级阶段。

据上所述,从19世纪末到1932年伪满控制商品流通以前,东北出口商品在国内,从乡村到城市,从产地到港口,经过一系列的贸易组织和环节,形成了一个系统的商品流通结构。在东北经济小丛书《农产》流通篇一书中,曾以当时东北最主要农产品大豆出口为例,详细描绘了它的流通路线(详见图7.1)。

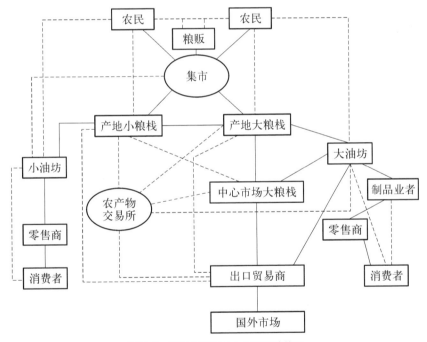

图 7.1 1931 年前东北大豆流通路线图
(资料来源:东北物资调节委员会研究组:《东北经济小丛书·农产》(流通篇),京华印书局,1948年,第142页。)

在上图流通系统中,中间环节的粮栈、油坊等有不少华商。1920年左右,东北有粮栈约两三千家,但华商资金有限,其中70%左右的是小粮栈。1910年前后,奉

---

① 东北物资调节委员会研究组:《东北经济小丛书·农产》(流通篇),京华印书局,1948年,第129页。

天、长春有粮栈 78 家,每户资本 2—15 万元,县、镇以下资本更少,公主岭、开原有粮栈 72 家,每户资本只有 0.2—10 万元。

流通环节最重要者,是商品交易所的交易员即那些掌握出口贸易的中外巨商。据调查,1919 年后大连、营口、安东、海参崴的贸易规模较大的商家共 20 家左右。其中华商四五家,经营沿海及输往南洋的贸易,而出口额仅占出口总值的 2％左右;英国、丹麦、法国贸易商 4 家,经营输往欧洲的贸易;日商 10 余家,经营额占出口值 70％以上,除经营输往日本、朝鲜的贸易外,1/4 的货品输往或转销欧美。在大连的日本大财阀如三井、三菱、日清、丰年、爪谷等 5 家,对豆油、豆饼市场具有垄断作用。经它们之手所出口的大豆及其制品,占到东北同类商品出口总值的 60％以上。①

2. 大连进口商品流通的变革与日货占领东北市场

营口唯一开埠时期,东北进出口商品的流通环节中,华商占据着主导地位。如东北进口货物大多通过华商之手从上海或横滨转运而来。日俄战争以后,日商以大连为基地,组建各种同业组合(公会),改革商品流通组织和运输,在东北迅速扩展商品市场。时人有这样记载,日本在大连"乃竭力经营,惟恐不及","又趁军队未撤,大连海关未设(按:大连海关于 1907 年 7 月设立)之前,奖励商人转运无税之货物,络绎于途,充塞市场,使从前华商所运上海有税之货物不足敌其廉价,所有销场遂为彼所侵占","日商营利无微不至。凡布匹之尺寸,颜色之妍素,商标之记号,皆仿效华货之样式,以投华人之嗜好。其本国所有需用食品以至小儿玩物无不营运来奉,专供本国人购买,无一滴之漏卮,其竞争力可谓利析锱铢矣"。②

下面以日本仿制的上海土布等棉制品倾销和占领东北市场为例,说明进口商品流通环节变革的重要。东北向来是上海等地棉布业的市场,光绪二十八年至三十一年(1902—1905 年),上海的棉布业务相当旺盛,销往东北的土布估计每年有 20 多万包,每包价值银 30 两左右,总计银 600 万两以上。当时上海做东北生意的土布庄有祥泰、王大昌、森生云、王天和、永和、许鼎茂等数十家,各户营业自几千包至二三万包不等,盈余亦数千两至数万两不等。③ 光绪三十一年(1905 年)后上海销往东北地区的土布开始锐减,第一次世界大战期间稍有复苏,1920 年以后上海棉布在东北的市场却尽被日本棉布所夺。当时记载:"考近年冀、鲁、鄂、豫各省平民往东北垦荒者,为数至少在二百万人以上,所需土布,为数当在不少。而实际销售数量,适得其反。考其原因,则以日人仿织中国式土布。此种仿制土布,多系机织,减价运销。东北农民,称为瀛布。兼以面宽线匀、价廉质厚。故东北土布市场,几为所

---

① 东北物资调节委员会研究组:《东北经济小丛书·农产》(流通篇),京华印书局,1948 年,第 126—127 页。
② 熊希龄:《第二次调查营沪商务禀》,明志阁编纂:《满洲实业案》,奉天游艺社,1908 年,第 80 页。
③ 徐新吾主编:《江南土布史》,上海社会科学院出版社,1992 年,第 253 页。

夺。"① 那么日本是如何组织仿造生产并改善流通环节夺取东北棉布市场的呢？

光绪二十九年(1903年)日本纱厂设有布机者仅9家，其中4 992台布机主要生产标布，年生产数额为3 797万余码。日俄战争后东北市场开放，日本开始主动仿造套布和清水布，主产长54尺的价格低廉的套布和长37尺的清水布，上海的套布和清水布销路受到影响，业务逐步下降。② 当时日本9家布厂内，大阪、冈山、三重等五家布厂全为出口生产，并且集中全力予以推广。为了避免本国五家厂商竞争，五厂组织了棉布出口公会，共同压低价格，规定每月须出口1 000捆布到东三省。五厂内出口布匹除用自己的商标外，同时用公会图章，尽力使出口的原料和制造法相统一，以赢得社会信用。③

为了帮助厂家调整生产方向，日本三井公司等企业还在流通领域对日本机织布的倾销给予大力支持。日俄战争后三井公司在大连、牛庄、奉天、宽城子、铁岭各处遍设小支店，布厂可以在日本交货给三井公司总行，由它运货到东北再转各地支店销售，一年内不收取运费，从而使布厂得以减轻成本而占领市场。光绪三十二年(1906年)从神户出口布匹至大连，每吨仅需运费3元，三井公司支店还曾给予中国商人2％的佣金，宽放一月内交付货款。④ 时人这样评论："日人推广东三省布业，目光敏锐，警察机会，智也；通力合作，集本国小团体而与外人竞争，勇也；三井起而辅助之，推广本国之销路，牺牲一年巨大之运费，不少吝惜，毅也。日本实业界居此三美质，宜其无往不利也。反思我国商家则何如，苟察此机会，思秘密以图个人之利益，设有数人同为一事业，必设法挤轧之，务使颠覆而后已。其次焉者，或漠然置之，不肯成人之美德，其自生自灭，而任外人之排挤，若斯人者，比比皆是也。"⑤ 从评论者期待中国商人改进组织、加强联合以应对日本有预谋、有组织的商品倾销的呼吁中，我们也可以看出他对中国商界"恨铁不成钢"的沉痛心情。

1920年后，日本各种商工行业越来越多地进入东北市场，为了增进同行业者的相互利益，日本人在东北各地创设了许多同业组合的组织。从1925年到1930年，"关东州"及满铁附属地同业组合数，从197个增加到328个。⑥ 其中最活跃者的有满洲输入组合，1928年8月在大连成立，其目的就是充当共同采购商品的机构，用大规模组织做到物美价廉的供应，提振在东北的日本商业，最终帮助日本商品长期输入东北。满铁对于该会社的建立曾给予500万日元的无息贷款资助。短短两年时间内，该同业组合已经遍布于大连、旅顺、营口、开原、鞍山、辽阳、奉天、抚

---

① 实业部国际贸易局：《中国实业志》，第8编江苏省，工业第1章，纺织工业，1932年，第91、92页。
② 徐新吾主编：《江南土布史》，上海社会科学院出版社，1992年，第253页。
③ [美]克赖克著，穆湘玥译：《中国花纱布业指南》，上海德大纱厂批发所发行，1917年，第158页。
④ [美]高家龙：《大公司与关系网：中国境内的西方、日本和华商大企业》，上海社科院出版社，2002年，109页。
⑤ [美]克赖克著，穆湘玥译：《中国花纱布业指南》，上海德大纱厂批发所发行，1917年，第160页。
⑥ [日]满史会编著，东北沦陷十四年史辽宁编写组译：《满洲开发四十年史》，下册，内部行印，1988年，第273页。

顺、本溪、安东、铁岭、四平、长春、吉林、公主岭、哈尔滨等东北大中城市。①

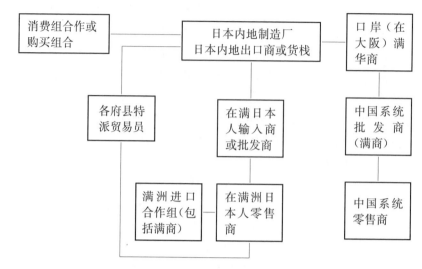

图 7.2　日本商品进入东北市场的流通路线图

（资料来源：[日]满史会编著，东北沦陷十四年史辽宁编写组译：《满洲开发四十年史》，下册，内部印行，第 229 页。）

三、伪满时期对商品流通的统制

伪满时期实行经济统制政策，即以暴力形式实现"国家"经济垄断，扼杀自由竞争，从而使得商业流通日渐顺从"国家"目的。并且随着战争形势的不断发展，统制范围越来越广，统制措施越来越严厉。

1934 年 3 月，《日满经济统制方策要纲》把东北的产业划分为三类。第一类统制产业，包括交通、通讯、钢铁、煤炭、石油、轻金属、电业、兵器、铅镍矿业等，这些产业都属于重工业、基础工业和军需工业，与所谓国防和国策有关，完全被置于伪满政府的直接统制之下，同时接受日本政府的特别保护和监督。第二类是需要批准的产业，其中有化学工业、机械、林牧业、地方性交通、棉花、面粉、水稻等，这类产业仅次于第一类，采取限制和适当的统制措施，经政府批准才能经营。第三类是可以自由经营的产业，包括纺织、水泥、农副产品加工业、小机械、一般农牧渔业等。这些产业不直接关系军国，属于人民生活需要产业，可以自由经营，任其发展。

到 1936 年，以重工业和基础工业为主体的统制产业占据了支配地位，为适应这种发展形势，分配并控制重要生产资料的进出口，同年伪满设立日满商事会社，最初它继承满铁商务部、满煤营业部及抚顺煤炭贩卖会社的销售业务，充当燃料、矿产、肥料、建筑材料、化学制品等综合销售机构。1939 年又改为特殊会社，成为

---

① [日]满史会编著，东北沦陷十四年史辽宁编写组译：《满洲开发四十年史》，下册，内部印行，1988 年，第 274 页。

煤炭、有色金属、化学药品等几乎一切"国"内产品及进口货的统一分配机构,资本金从1 000万元增加到3 000万元,与其经营商品有关的公司有40家,年经营额7亿元,它完全遵从伪满政府指示,成为"国家"的采购和代销机构。[①]

从1939年后半期始,随着中日战争日益激烈,伪满为加强对日粮食和工业原料的供给,又先后制定了《粮谷管理法》和《特产物专管法》等一系列统制法令,对农产及其加工品实行统制。农产品的收购由限定的粮栈、专管会社及特约收购人、兴农合作社进行,其价格由会社斟酌生产费、农产品间相互关系及与生活必需品的关系而定。自此,农产品交易所及出口贸易商都失去了存在价值,同时农产品的流通路径亦相当简单(见图7.3)。

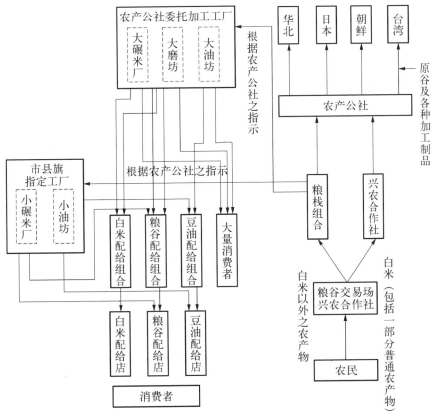

图7.3 伪满末期农产品流通路径图

(资料来源:东北物资调节委员会研究组:《东北经济小丛书·农产》(流通篇),京华印书局,1948年,第148页。)

1941年7月伪满设立满洲农产会社,资本金7千万元,目的在于统制主要粮

---

① [日]满史会编著,东北沦陷十四年史辽宁编写组译:《满洲开发四十年史》,下册,内部印行,1988年,第233页。

食、饲料、油料、农产品及其加工品,与地方行政机关、兴农合作社、农产品市场结成一条线的联系。1939年2月伪满设立满洲生活必需品会社,1940年资本金增至5000万元,在其经营物品中,特别垄断了淀粉、砂糖、茶叶等八项物资,把东北主要城市的批发市场全部收拢到它的卵翼之下。① 在流通领域特殊和准特殊会社不断增设的情况之下,东北的中小华商资本商业被排斥在体制之外,它们的活动都属于非法和黑市交易,不断遭受打压和摧残。直至抗战胜利,东北商品才重新恢复自由流通。

第三节 金融中心的变迁

金融是商业活动的血液,中国传统社会晚期,钱庄、票号等金融业务已经发展出较为完备的组织管理形态。开埠和对外贸易的兴起,使营口、大连、安东、哈尔滨等港埠城市金融业趋于集聚,同时分别产生了具有各自地域特色的金融制度,以支持当地的进出口商业活动。但受国内外局势动荡以及体系自身弱点的影响,营口、安东、哈尔滨的华商金融业屡受重创,而日本的金融业却在入侵性竞争中逐渐占据上风。1931年九一八事变后,金融势力多元竞争的环境不复存在,伪满设立了中央金融机构并统一货币体系,开始以完全统制的方式操控东北的金融市场。

一、1931年前以港埠城市为中心的区域金融体系

1. 营口金融中心的形成与中落

(1) 过炉银体制的发端

清中期,奉天是东北最大的商业中心城市和山西票商的集中地。早在清初,山西商人的足迹就开始走向全国。当时统称为两大帮,一是粮船帮,载运各省货物于沿江沿海及海口贸易;二是骆驼帮,运销各种货物到内外蒙古和俄罗斯。经营东北豆货贸易的属于第一类,由于山西商人的关系,奉天成为东北、蒙古输往国内货物的储藏所,也是华中、华南省份来货的集散地。山西票商在中国各大口岸均设有分号,就东北而言,奉天也是山西票号的大本营。道光年间,在柳条边外出产的大豆,只有1/4直接运到牛庄,其他3/4均经由奉天转运。当时奉天有50个大仓场,而在奉天经营仓场、购买豆货的商人多是向山西票号贷款的。此外,中间商也因在奉天容易寻到买主脱手豆货,纷纷群趋奉天而非牛庄。虽然牛庄也有不少商人经营豆货仓场,但因资本有限,他们很少购买直接运抵牛庄的豆货。如果他们想从事一笔投机生意,还必须仰赖奉天票商的贷款。②

咸丰十一年(1861年)营口开埠后,作为东北唯一的对外贸易中心,除山西商

---

① [日]满史会编著,东北沦陷十四年史辽宁编写组译:《满洲开发四十年史》,下册,内部印行,1988年,第233页。
② 雷慧儿:《东北的豆货贸易(1907—1931)》,台湾师范大学历史研究所,1981年,第150—151页。

人外,广东、山东、天津的商人以及英、美等国商人纷至沓来。进出口货物的批发开始集中于此,东北各地的进出口货款也通过票号汇划或其他方式集中于此,因此清末营口取代奉天而成为东北地区最大的对外贸易中心和金融中心城市。营口的货币,最早的是制钱制度,它由政府控制,一百文为一吊。但开埠后商业骤然繁盛,货币流通量突然扩大,国内外各种各样的白银货币纷纷涌入,这些都使得营口最初的市场货币制度配不上当时的贸易和金融中心地位,于是建立一套自己的货币制度,成为营口经济发展中的大事。

咸丰十年(1861年),营口有了最早的一家银炉。同治三年(1864年)后的几年内,营口相继有商人设立熔铸白银的银炉,将各种成色的白银货币改铸为含银量为千分之九九二的银锭,重53两,称为"营宝",意即营口通用的货宝。同治末年,随着银炉的增多和统一,营宝成为营口的标准通货,其他各种货币都要经过验色,照市价折算成营宝后进入交易。

光绪初年,商业贸易的飞跃还是超过银炉业的发展,当时商人把从各地带来的各种白银改铸成营宝的需求高于营口银炉的改铸能力,非经相当时日不能铸成,而商人又急需营宝,于是银炉就在收到求铸的白银后,加色若干,扣除手续费若干后,开出用营宝记账的一纸凭条,让商人先拿去做生意,银炉再对持有已到期兑现的这种凭条的人支付现银。后来商人干脆在银炉开设账户,随时存入和随时支取这种凭条去做生意,由此银炉发行的这种凭条就成为"营口过炉银",即一种类似支票的信用物。但各个银炉的储银室太小,往往容纳不下许多的白银,交易还是不方便。光绪九年(1883年),裕盛祥银炉执事李润斋为了方便贸易,在公议会上提出了一种新办法,客商向银炉存取银宝,要一律登记入账,可以转入其他银炉的账户,平时不必清算,只是每年夏历三、六、九、十二月的第一天全面清算,到期有存银而没有取的,加色若干。自此营口过炉银制度进入了完善形态。

(2) 对外贸易与过炉银制度运转

前文第三章,作者对营口对外贸易长期发展趋势已经加以分析。在1867—1931年长达65年的海关统计中,除光绪六年至十二年(1880—1886年)连续7年出口稍微大于进口以外,营口贸易的进口基本上长期大于出口,即营口的贸易长期处于逆差情况。在远远大于出口的进口货值中,外国的鸦片和棉纺织品的进口货值又长期占绝对重要的地位,正是它们的倾销才导致长期逆差。贸易逆差意味着把大量的白银从东北各地吸取到了营口,再通过营口流出东北,最后流入到外国商人的手中。因此像同时期全国其他港埠一样,营口的现金通货必然缺乏和紧张。

货币的不足会使市面上出现这样一种麻烦:有货的卖主找不到有现银的买主。在这种情况下,银炉在它出现的时候也充当了那些需要贷款的商人的债权人,这种贷款就表现为客商在银炉存入一定现银而取得透支凭证,以向他的卖主支付贷款;收到这个凭证的商人待支付期限到达时,即可据以向银炉兑现,或在支付期限未达之前贴水卖给别人,这里别人可能是其他商人,也可能是银炉。由此可以看出,过炉银制度,既是一种货币制度,也是一种信用制度。但这种信用关系,仅凭商人与银炉的非经济保证的信用关系来维持。从技术层面上讲,它不能保证不出现商人的诡诈贷款,另外银炉同时兼营大屋子批发商业,从而也不能保证不出现银炉贪利而滥放贷款,尽管这种货币信用活动要受到同业公会的监督。总之,营口过炉银货币的产生和兑换的麻烦不能一直回避,它的存在是一个矛盾的复合体,若成固成于此,若败亦将败于此。

光绪二十六年(1900年)左右为营口贸易最繁盛时期,有人这样形象地记述了当时银炉业状况:"银炉营业遂握金融界之枢纽,然尚未掌金融界之霸权。斯际为银炉所仰望者,乃油坊及粮栈。油坊、粮栈为埠内资本最大之商业。凡油饼粮豆之交易,均以现宝为本位,而现宝之拨转,均由银炉化为支付。因现宝已感缺乏,银炉存储不足。而在银炉存银最多者,即是油坊粮栈,故对于彼等提以现宝,不得不委婉说项,竭诚款待,以期不提现宝。即遇外城客商带现款离营,必须提取现宝之时,亦必恳其少提,付以十分之二三,或付以半数,下缺者,恳其另向其他银炉提取。各银炉均怀此种心理,作此等酬应。故彼时油坊粮栈之势力,实驾乎银炉之上,为银炉极力崇敬也。"[1]营口贸易虽然达到了历史最鼎盛时期,但在繁华的表象之下隐藏着巨大的金融危机,白银外流同时再加银炉行业自身的无限扩张,见利投机,一旦遇到银炉信用破产,营口市场繁盛的局面就会一败而不可收拾。

(3) 清末营口过炉银制度的中落

光绪二十六年(1900年)以后,俄国和日本相继占领营口,社会局势动荡不安,营口银炉业遭受严重打击,进入破产倒闭的高峰期。

营口银炉业中发生的首次倒闭案,是光绪三十一年(1905年)的天字号倒闭,共亏赔炉银40余万两。天字号,为山东黄县城后单家财东,最初老号设在吉林,此后在营口、阿什河、北林子、宽城子等地方开设了20多个分号。营口有天合锦、天合益、天合瀛、天合深、天命达等5家,其中天合益、天合瀛为银炉业,其他3家为大屋子即洋布、杂货等批发商业。光绪三十年(1904年)日俄战争爆发,该号鉴于炉银毛荒(通货膨胀)而大量存货,本想囤积居奇。但不料战争开始后不久,炉银毛荒时间不长又开始跌落,而洋线却每件跌价百余银两,遂至该号货亏甚巨,光绪三十一年(1905年)在外债逼压下宣告倒闭。

营口过炉银最大的倒闭案,是发生在光绪三十三年(1907年)的东盛和倒闭案。后人回忆:"凡营口商场中人,无论长幼未有不知东盛和倒案者。该号财东兼执事人叶亮卿,广东人,智虑深邃,眼光远大,抱进取思想,具无畏精神,建设大规模之机器油坊,修筑平康里之女闾场所,实营口商界中有史以来之第一巨子。惜大功未竣,功亏

---

[1] 于胥梦:《营口炉银史》,《营口文史资料》第1辑,1983年,第19页。

一簣即发生倒案……是日,狂风骤雨,继之以雪,飞沙走石,骇浪惊涛,市内电线摧折,房屋坍塌,河中帆船桅断樯折,沉没无数。彼时之风狂雨暴,似与东盛和倒闭相呼应,惊心动魄。东盛和倒闭消息传出后,中外震骇,尤以山西帮为最剧。该帮中执事人闻而昏厥者数人,其株连之烈可想而知。此时山西帮在营口共存银一千三百余万两,直接受东盛和之累,三晋商人由此即日渐绝迹于营口。该号倒闭时计亏欠众营商八百余万两。"[1] 东盛和倒闭的根本原因是由于该商号营业范围扩张过速过大,同时因叶氏系客籍粤人,营口众商对之无不疑惧。先因上海钱庄顶回汇票,谣言遂随之而起。叶亦因营业范围浩无边际,被四面楚歌所耸动,遂致神经错乱,遽行停业。

概而言之,炉银脱离现宝而成为转账制度以后,可以说是以信用为灵魂,得以张扬其最高权能。然亦即因其有此最高权能之利,则即有其易于荒毛之害。炉银的价格,向来完全以信用为保障,在市面信用坚固时候,则银法稳定,市面信用动摇之时,则银法荒毛。其荒毛原因,又可分为内部和外界两种。东字号、义字号、发字号倒闭案,银法随之荒毛,都是由于内部之牵动;义和团运动和日俄战争后,银法亦随之荒毛,此则由于外界之变动。炉银生命寄托于信用,因此银炉必须有雄厚资本,承担无限责任,方足为众商所信仰。但无论银炉本身信用如何坚固,倘遇内部发生大紊乱,或外界发生大影响的情况,则一般存户不能不产生神经过敏之恐惧而争先提取,于是银法即随群众之作用,呈现荒毛。

光绪二十六年(1900年)后日本正金银行营口支店与俄国道胜银行营口支店勾结在一起,主宰了营口地方市政。正金银行胁迫俄(殖民当局)市政厅令各银炉厉行决算,企图以营口金融主宰的身份把银炉置于死地。光绪三十年(1904年)日俄战争爆发后,日军占领营口,成立了殖民军政府并接收营口海关及全部地方税收。正金银行则成了全部税收的总管和日本在营口殖民统治的金融机关。当时正金银行一方面滥发军用手票,另一方面迫令各银炉一律清卯,使营口银炉完全丧失了对营口货币信用制度的控制权,日本的正金银行营口支店则成为营口地方货币的发行者和信贷活动的控制者。日俄战后,东北的贸易中心转移到大连,营口的金融中心地位也随之中落。

(4) 奉系和伪满时期银炉业的凋敝

新制度经济学理论认为,制度变迁分成诱致性和强制性两种。诱致性制度变迁主要随着市场自身发展而发生变化,强制性制度变迁体现了政府的推导力量。[2] 清末最后几年和民国初年的营口,政府对商业的控制开始加强,营口商业制度出现刚性的强制性制度变迁。过犹不及,在政府的强力控制下营口的商业,特别是银炉业又走到了另一历史极端。

上文已述日俄战争之际,日本在其军事控制下的营口竭力发行军用票,扶植发展

---

[1] 于胥梦:《营口炉银史》,《营口文史资料》第1辑,1983年,第28页。
[2] 林毅夫:《诱致性制度变迁与强制性制度变迁》,盛洪主编:《现代制度经济学》,下册,北京大学出版社,2003年,第263页。

其本国的正金银行而打击营口公议会及其金融操控权,接着营口最大富商叶亮卿败北而去,营口公议会和商业自治的传统自此断裂。光绪三十二年(1906年)垂亡的清政府实行新政,该年盛京将军赵尔巽奏请设立商务局,然后派员到分属各地劝办商会。光绪三十二年至三十三年(1906—1907年),奉天、营口和安东成立了3处商务总会,其他地方设立了38所分会。各商会按有关章程,公举总协理及议董、会员等分任职务,并明确了4条办事宗旨:一是调查商业盛衰,各总分会对于当地物价的起落和货物进出入的统计,都要按月列报,由劝业道衙门汇集成书;二是研究商学新理,商会成立后,奉天、营口和锦州等即创设商业学堂,为商家研究商学之地;三是改良商品,如营口商会针对豆饼有重量不一或者斤两不符而受到外国商人指责或者信用受损的情况,提议改良来共保商利;四是和协商情,调息商讼,虽然民事诉讼中有商法条例,但商会的职责在于调节,把争议化大为小,化小为无。① 总之,光绪三十二年(1906年)后的营口商会在由上到下的过程中实行了重组。1916年奉系军阀张作霖控制东北以后,不断加强军阀集团的垄断利益,营口的商会同地方当局之间的关系颇为紧张。

张作霖为首的奉系军阀集团为了追逐私利,利用权势在东北大搞商品投机活动。当时大豆的出口被张作霖及其他高官显宦投资的那些银行,或者直属这些银行的粮栈以及将军和官员们完全私有的粮栈所直接操纵着。这些"军阀资本"垄断农产品市场的具体操作内幕如下:"十一、十二两个月是最需要奉票的时候,市场上售出的金票、银票也为数甚巨。因为在内地,必须用奉票支付农民,这样一来,通常这段时间奉票涨得最甚。与此同时,东三省官银号的活动也确实令人震惊。在这个农产品交易季节的高峰期间,它增发奉票,催促所属粮栈尽力用奉票购买当地农民的农产品,然后,它把这些农产品运到大连卖掉,把换得的金、银票存在外国银行里。在秋收前后,当奉票价值跌落到最低点的时候,再将金、银票售出,换进奉票存上。通过这个过程,它攫取了双倍的利润。"②

1914年随着现银和现小洋的大量流出,营口银炉宣布改用奉票为本位。但从1924年起,由于奉系频繁而深入地卷进了全中国的事务,为了筹集更多的资金,因此当局增发巨额纸币。1926年,奉票纸币因发行泛滥成灾而大跌贬值。时有记载,1926年的营口炉银"因鉴于钱法渐毛,将当年腊月一卯定价,伸放为一百零八元。至十六年(按:1927年),六九两卯,又伸放为一百三十二元。腊月一卯伸放为二百四十元,十七年(按:1928年)三月一卯三百元。此因奉票之大毛特毛,银价不得不稍为伸放,然所毛者多,所伸者少,终如杯水之救车薪,无济于事。但斯时官家之干涉监视甚为严重,于是由六月一卯,成立炉银事务所,办理炉银归卯事宜。迨至秋冬之间,因奉天官银号在北满一带购存大宗特产,发行百元纸币,以致人心恐慌,奉票惨

---

① 徐世昌:《东三省政略》,实业篇,奉天省,纪商会成立,吉林文史出版社,1989年。
② [英]加文·麦柯马克著,毕万闻译:《张作霖在东北》,吉林文史出版社,1988年,第231页。

落。炉银每锭由二百二三十元之代价,竟毛至九百五十元之新纪录"。营口商会会长鉴于"奉票跌落之止底,如不改弦更张,恐炉银将追随奉票同坠深渊,万劫不复,营口商业币不堪设想。当召集全体会议磋商改革办法。当时为趋合省中意见起见,不敢明白宣布放弃奉票,改为大洋。为面面俱到计,表面上仍以奉票为代价,实际则以大洋为标准。……十八年(按:1929年)春间,将上项决议呈请省长备案,幸蒙批准遵照施行。与奉票齐驱并驾之炉银由此遂分道扬镳,另造成大洋代价新生命矣"。①

在1926年东三省官银号发行百元纸币之后,在奉票跌落如溃堤不可遏制的形势下,营口商会实行了暗度陈仓之计,竭力使炉银与奉票分道扬镳。奉天省政府虽给予了暂时默认,但营口银炉和奉系官银号之间的直接利益冲突还是不可避免地发生了。1929年奉天省政府重申整顿钱法的命令,由官银号出卖金票,压抑市价,当时奉票信用出现一时好转态势。但就在官银号出卖金票的时候,"值营口货商有交付东洋货款之需,故官银号在奉天卖出之金票,多数被营口钱庄所吸收。在到卯实收之际,因为数甚巨,省中当局与官银号方面颇为惊诧,暗中深疑营口经济之富力。故假藉整顿钱法,由财政厅派员,调查营口钱庄有无捣把投机紊乱金融事实。调查结果始悉,此项收卯金票确是做交货款,乃系炉银之权能。于是省中当局转变其视线,对于炉银十分嫉视。然又因炉银与营口市面有生死存亡之密切关系,不便取断然手段予以取消,遂以滥放银码之咎,由财政厅拟妥管理炉银条件,行文营口税捐局,成立炉银监理处"②。

因为营口的炉银业直接触犯了奉系军阀的利益,1929年5月,奉天省遂决定专门设立营口银炉监理处。5月18日,委任营口公安局长李禹铭为监理处总监理,税捐局长高宗山为副监理,并颁布《辽宁省财政厅管理炉银暂行章程》二十八条。炉银是营口地方特色的金融业,银炉是全市金融转账运作的机关。另外,前文已经论述银炉商家的多少与市面的兴衰成正比例关系。如光绪三十年(1904年)前后,全埠银炉多达20余家,当时营口商业进出口贸易达到5 000余万海关两的贸易峰值。光绪三十三年(1907年)东盛和倒闭后,银炉陆续减少,营口的商业亦随之衰落。1922和1924年营口增设毓记、东记两银炉,颓靡不振的营口商业又呈现出中兴气象。1929年间,营口巨商兴茂福和日新昌又准备筹备福记、鼎记银炉,其他还有数家在酝酿之中。但该年颁布的《辽宁省财政厅管理炉银暂行章程》中的第五条,对于在营口开设银炉资格给予了严格限制。如50万两的资本金以及两家商号担保的条件,对正在筹备中的福记、鼎记两家银炉来说,均能做到,但其中还规定50万两以上的有价证券准备金,则实在过于苛刻。时人评论:"试问何等殷实商号,能有此巨额有价证券。即假今有此巨额证券,在彼干戈扰攘之政局,早已失掉人民之信仰,孰肯交与财政厅保管?且交财政厅保管之后,不但有可恐虑之处,且对于一切

---

① 于胥梦:《营口炉银史》,《营口文史资料》第1辑,1983年,第48页。
② 于胥梦:《营口炉银史》,《营口文史资料》第1辑,1983年,第48页。

变动,或领取利息等项,均发生极繁难之手续,因此在胚胎时代之福记、鼎记两银炉,遂畏难而退。其他预想开设者亦望风却步,实营口市面之不幸。"

辽宁省财政厅管理炉银二十八条章程宣布之后,舆论哗然,公认为此法不啻在金融上致营口于死命。于是营口商会请求监理处转请财政厅将管理章程加以修正。但奉系军阀集团操控的财政厅本来就认为炉银与奉票有直接利益抵触,所以才制定出如此苛刻的条件来限制营口炉银的自由发展,又岂会轻易改弦更张。其后财政厅对营口商会的要求不过略加改革,管理炉银章程从二十八条减为二十五条,但主要条款并无变化。章程第五条又增补规定,不但新设的银炉受财政厅限制不能开设,而且原有的银炉也须在一个月内照章补足手续。

营口的银炉业主接到奉天省政府强力管制的命令之后,可以说是陷入一片惶恐之中。服从则心不甘情不愿,请求修改条件又难获得批准,真是进退维谷。1929年5月,当时仅存的永茂号、世昌德、永惠兴、公益、毓记、东记6家银炉联名呈请炉银监理处,转请财政厅,要求缓期执行该章程管理规定。呈文如下:

> 呈为增加准备金极端困难,恳乞转请准备金展限绥交,以维持商业事。窃商等均是银炉营业,开设有年。自炉银监理处成立颁发管理章程二十余条,防范周密,维护备至,仰见上峰关怀炉银,注重市面之挚意,无任感戴。按章程第五条所载各银炉之资本,至少须有炉银五十万两,并须备有五十万两以上准备金,此项准备金,准以不动产或有价证券作抵云云,自应遵照办理,然商等之营业,合资性质居多,股东对于营业前途负有无限责任。惟股东股数多少不一,省份地域亦非一处,故勿论有无此项能力,凡有财产资格者,处此时局纷扰,岂肯轻自献出,致启他人觊觎之心。况有此能力者,未必即为大股东,既非大股东,因有小股东关系,亦不肯单独交纳为他人负责。有此原因,于是商等奉命之下,函电磋商,迄无相当办法,而明令所在,又难抗达,迫不得已,惟有呈恳监核俯准,转请财政厅体念商艰,对于准备金一事,准于展期缓持,以示维持,谨呈营口炉银监理处。

呈文送到银炉监理处并请转交省财政厅后,当时官场例多迟延,所以对于缓期缴纳准备金事情,拖延很久也没有批复下文。至于银炉监理处之机关,当时也没有单独设立,仅由公安局和税捐局代理执行。营口税捐局也详知银炉业的内幕,没有追究关于缴纳准备金困难的这一借口。1929年5月后,营口6家银炉敷衍当局,照常营业。但对于筹备中的鼎记、福记以及其他银炉,因为手续繁难,难免胎死腹中。炉银业受到当局的严格控制而无活力,因此营口的商业再难重返兴旺景象。1931年九一八事变之后,营口的炉银业被伪满政府彻底取缔。

从上文可见,营口近代开埠80年的金融发展历史中,出现过市场无限自由和当局严格控制两个历史极端。在市场自由时期,营口的商人组织——公议会发挥了重要的作用。如果没有外界时局的动荡,以及宽严不适度的当局插手,营口的金融业必定有较好的发展前途。营口迸发的金融业活力,在自身缺乏制约和外部多种因素打击下而逐渐中落,这是深刻的历史教训。

2. 日本金融势力扩张与大连金融中心的形成

1906 年 9 月日本将大连港作为自由贸易港宣布对外开放,到 1931 年时,大连的进出口贸易额已经发展到高达四五亿海关两,占到整个东北年进出口贸易总额的 60% 以上。进出口贸易的兴盛,同时促进了大连城市经济的发展,1930 年末大连的油坊业达到 59 家,成为东北地区榨油工业中心。为铁路、港湾、油坊服务的机械加工业、运输业也随之兴旺起来。1930 年油坊的产值达到 4 166 万余日元,位居第一,其次机械工业产值为 325 万余日元,再次纺织工业产值为 294 余万日元,合计 4 785 万余日元。大连的金融业相伴高速增长的贸易和工业发展而来,同时金融作为商业和工业活动的血液,反过来也促成了大连短短 20 余年就取得年四五亿海关两进出口贸易额和 4 785 万余日元工业产值的巨大成绩。

(1) 大连的日本三大特殊银行与其势力拓展

1906—1931 年,是日本大力开拓和巩固大连金融基地,同时向东北尤其是南满铁路沿线城市地区扩张的时期。日俄战争后,大连经济开发的主导机构是日本政府主导的以民间面目出现的殖民公司满铁,它掌控了大连以及东北南部地区的铁路、海运、电信、钢铁、煤炭、毛棉纺织业、制粉制油业、文化教育事业等。为配合以满铁为代表的日本经济势力在大连的大举扩张,日本的金融机构也大批进入大连,并以大连为基地逐渐向南满铁路沿线城市和地区扩展。

日本金融机构为执行日本政府的殖民政策,有计划地向大连地区推进。甲午战争后,日本与东北间的贸易日趋繁盛,光绪二十六年(1900 年)横滨正金银行①首先设分行于营口,经营日本与东北之间的贸易汇兑事项。光绪二十八年(1902 年)发行"一见即付"的银支票,流通市面。日俄战争爆发时,该银行因为日军经管军费,又在大连和沈阳设立了 2 个分行。1906 年 9 月日本政府赋予它发行银圆券的权利,并负责收回日军在日俄战争期间发行的军用票。银圆券作为在东北的日本人的法定货币,在大连和日本势力范围内的南满铁路沿线附属地强制流通。随着业务的发展,正金相继增设分行于旅顺、辽阳、铁岭、安东、长春、哈尔滨等地方,营业范围大为扩张。接着日本政府又授予其代理日本国库事宜,因此当时正金银行实际上具有东北的日本中央银行地位。日本政府处心积虑,打算由正金来统一东北的币制。宣统二年(1910 年)日本政府以当时在东北还没有殖产金融机构为由,征询侨民意愿后,责令正金银行兼办长期不动产贷款事项。前后共由日本银行贷

---

① 横滨正金银行,创设于光绪六年(1880 年),日本政府特设银行之一。它以发展日本海外贸易为宗旨,其股票仅限日本国民拥有。支行遍于世界,以国际汇兑为主要业务,并在海外代理日本国库事宜。资本金 1 亿日元。中国各大商埠都有其支行,凡日本在华一切借款、赔款,都由该行经营。

给正金低利资金 500 万元,正金于是又兼营殖产金融事项。1913 年市场上银价暴跌,横滨发行的银圆券贬值,东北日侨倾向于用金票,日本银行和朝鲜银行发行的金票在东北流通渐广,所以正金又开始发行金圆券,采取了金、银券同时流通的办法。1917 年日本寺毅内阁整顿东北金融,结果取消正金的金券发行权和代理国库权,转而授予朝鲜银行。其兼营的不动产贷款事务,也移转给东洋拓殖会社。于是正金又重新回到原来的汇兑银行专职任务,扶持日本、东北之间的国际贸易,其铁岭、安东、旅顺、辽阳四支行也转让给了朝鲜银行。

东北每年秋冬季节,粮豆上市,大宗特产交易均需用钞票结算,钞票用急。此时正金银行便大批量发行钞票,放贷给出口商人,同时对南方各省、上海或外国收汇现币。直到次年春夏季节,粮豆特产出口交易高峰期过,进口商品大批输入,资金外流,钞票收回,进口商人进而又通过正金银行做汇上海或国外。大连钞票交易所正金钞票对上海规元,每天行市波动、成交量甚大,正金银行据此挂牌规定沪汇行市。东北腹地通行的纸币,对于外币没有直接的行市交易,遇到调动,必须先将纸币兑换成钞票,方能汇沪。上海银钱调往东北,也必须先汇兑成钞票,再到腹地兑成通行的各种纸币。往返流转,钞票成为上海与东北汇兑的媒介,凡南方与东北的资金调动,正金银行可称枢纽。

正金发行钞票主要通过以下两种方式获取利益。第一,该行流通的钞票额数每年约数百万元,贸易旺盛年份最多时一千二三百万。根据东北的特产交易数量,这些钞票数额当然不敷周转。实际上正金银行在大连等特产汇集地,这些交易通常都用支票来划拨,现票仅供找零时之用。每年秋冬,当特产交易旺盛时间,正金除增拨若干现钞票外,复发行大批钞码周转于市面,用于开签支票和划拨巨款。凡商人需用钞票,不用现币(多为规元)交易钞码,即须先向正金贷款,支付定额利息后,给予开填支票。正金银行发行的钞票和钞码,准备金都是存在上海的规银。这些准备金全部都在上海运用,用在各种营业获利之中,最低营业如存庄生利,收取利息。第二,中国金融节序,东北秋冬特产交易繁盛,钱法紧急,资金北流,钞票高涨,规元低落。南方春夏丝茶出口旺盛,银根奇拙,资金南下,规元高昂,钞票又贬落。正金银行恰于秋冬钞票高涨时增加发行,于春夏钞票贬落时收汇,一发一收之间,因行市变动,获利巨大。

朝鲜银行[①]是朝鲜中央银行,但从它开办之始就营业困顿,原因是当时朝鲜经济衰微,对外贸易常年巨额入超,该行每年要支付巨额现金偿还债务,准备金极难保持。于是日本统治下的朝鲜银行考虑在东北扩张营业范围,用近邻的出超贸易来补救维护本土的银行准备现金。1913 年朝鲜银行首先创设大连、沈阳、长春 3 家

---

① 朝鲜银行,创设于 1909 年,即在日本吞灭朝鲜的前一年,由日本政府特颁法令组织而成,为朝鲜的中央银行,兼营普通银行业务。资本总额初为日金 1 000 万元,实收 250 万元。1917 年增加到 2 000 元,实收 1 500 万元。1918 年又增加到 4 000 万元,实收 2 500 万元。享有纸币发行权。以日本银行兑换券、生金银、国债券、短期商业债券等物为准备,发行金兑换券,强制流通全朝鲜。总行设于汉城,支行朝鲜境内 11 处,日本国内 3 处,中国东北 13 处,中国内地 3 处(天津、青岛、上海),海参崴 1 处,欧美(伦敦、纽约)各有 1 代办处。

支行，第一次世界大战爆发后东北与日本之间的经济联系进步一滋长，朝鲜银行也趁机扩展。到1918年末，已有18家支行分布东北。① 朝鲜银行最初进入东北时，经营的业务以接济出口贸易，收买出口汇票为主，目的在于用东北出超的债权来抵朝鲜入超的债务。1917年日本政府整顿东北日侨的金融制度，决议统一东北金券发行事务，免去正金银行金券发行和国库代理权利，全部转交朝鲜银行，朝鲜银行由此变成东北的日人中央银行。② 后因一战原因，朝鲜也输出骤增，对外贸易渐趋平衡，朝鲜银行不用再专事收买东北出口汇票，开始改以发行为主要业务，全力维护日本人在东北的各项工商业利益，尽到中央银行的责任。

朝鲜银行所发行之纸票即金票，俗称老头票，只流通于朝鲜和东北，在日本国内则不通用。但用金票由朝鲜银行往返作汇日本、朝鲜、东北各地，通常例不收费。另外东北各省内部币制复杂，也大多用金票借朝鲜银行作汇兑。金票的常年发行额为一亿数千万元，流通于东北的约为四五千万元。所有日本人经营的工商业都以此为周转。时人评论一针见血：金票实际上是"日人对于我国所负之债务，以其发行之始，曾由我国易取同额之现宝财货也"，"大连、沈阳各地，支票制度近渐盛行，鲜银处发行之地位，发行纸币之外，更得无限制的发行支票，获取利息。此与流通东三省的金票所赚得之利息，同为日人在我国境内实行金融侵略下不义利得。国权但有恢复之一日，此固皆应严厉取缔者也"。③

日俄战争后日本政府经营东北南部的方针为：以满铁经营交通事业，以正金经营贸易事业，以日本兴业银行经营殖产事业。前两者成绩显著，但兴业银行向东北发展缓慢，东北的日本实业界缺乏金融后援。宣统二年（1910年）日本政府决定让正金兼办殖产金融事业，命令日本银行把500万的资金低利贷款给正金，使正金转投资于东北的日本实业界，办理不动产抵押放款。但正金本属汇兑银行，不能兼营长期固定放款，日本银行接济的资本也为数有限。1917年寺内内阁进一步增加东洋拓殖会社资本④，使其继承正金在东北的拓殖事业。东洋拓殖会社先设立大连、沈阳2分行，后又增设哈尔滨支行，专办长期实业贷款，接济日本企业家投资东北。其所收抵押都是不动产，期限常例最短3年，最长8年。利率最低年息6厘，最高年息1分1

---

① 除大连、沈阳、长春3处外，尚有四平、开原、哈尔滨、营口、傅家店、龙井村、吉林、沈阳商埠地、旅顺、辽阳、铁岭、郑家屯、满洲里、齐齐哈尔和安东等15处。1919年一战结束后，经过整理紧缩，吉林、沈阳商埠地、郑家屯、满洲里、齐齐哈尔等6支行歇业，1920年剩余13处支行。
② 朝鲜银行取代正金银行，原因在于：（1）朝鲜银行与正金银行比较，前者属发行银行，后者属汇兑银行。朝鲜币制整理，为朝鲜银行一手打造，富有发行经验。而正金银行则营业范围扩展至全世界，因此不能竭全力而专攻于东北一个地方的币制改革；（2）1911年鸭绿江铁桥竣工后，东北、朝鲜陆路通商减税1/3，贸易兴盛，如果再有同一银行，统一两地的币制，交易媒介相同，则更有利于两地之间的贸易。寺毅内阁提倡东北、朝鲜经济统一政策，即委托满铁管理朝鲜铁道事宜，复使朝鲜中央银行兼领东北发行事务，这是当时日本政府的政策意图所在；（3）正金原来只发行银圆券，其金券的发行，实际开始于朝鲜银行。日本银行的金票盛行东北之后，因流通数不多，废少兑多，这是朝鲜银行胜出正金的第三个原因。
③ 侯树彤：《东三省金融概论》，太平洋国际学会，1931年，第241页。
④ 东洋拓殖株式会社，创设于1908年，日本官民合办。总部初设汉城，后移东京，目的在开发朝鲜。专营实业投资，以拓殖其农林、矿山、畜牧、水产、蚕丝、制造种种实业，并常直接投资于各种公司。特设银行部，办理长期实业贷款，专收不动产抵押品。资本金初为1 000万元，后增至5 000万元，实收3 500百万元。由日本政府特许发行债券，金额以较资本金大过10倍为限，由政府担保一部分还本付息责任。营业范围最初只限于朝鲜半岛，以后扩张到中国台湾（当时日占）、东南亚和中国北部省份。

厘。1917年初入东北时,业务发展较快。1922年因第一次世界大战结束后日本经济紧缩,东拓发展受到冲击。日本政府又低利借入2 000万资金后,其营业渐有转机。

大连及东北的日本金融事业,经过寺毅内阁整顿后,规模齐备。朝鲜银行居中央银行地位,代理国库,发行金票,为商业金融的中心机构。正金银行掌握银券的发行,专门办理贸易汇兑事务。东洋拓殖会社经营殖产投资,办理长期实业贷款。三行分工合作,各有侧重领域,在日本政府统一指导下,在东北互相协力扩张。

除上述3家银行负有特殊使命外,其他17家日本银行分别属于日本各财团和朝鲜银行的直接投资,经营一般银行业务,并在东北设有分支机构,以大连为基地向外扩展。除日本银行外,进入大连的其他外国银行最先是帝俄道胜银行。光绪三十二年(1906年)俄国势力退出东北南部以后,道胜银行基本处于歇业状态。此外,英国的麦加利银行、汇丰银行,美国的花旗银行也相继来大连设立分行,它们主要是为其本国的进出口贸易服务,存放业务则为数寥寥。大连作为日本及其他各国在东北银行的分总部所在,因此也成了最发达的金融中心城市之一。

(2) 在大连的中国新、旧金融机构

光绪三十三年(1907年)后,随着大连港口贸易和城市经济的发展,除占有主导地位的日本金融机构和其他外国金融机构在大连广泛设立外,华商开设的银行、钱庄也逐渐增多。

在大连的中国新式金融机构有中国、交通、东莱、金城4家银行,在设立时间上都晚于日本的银行。另一方面,由于大连华人工商业力量相对较弱,因此其开展业务受到限制,华人企业存款只占到全部银行存款的5%,对华人企业的放款则不到2%。

钱庄的业务主要是货币兑换、收取存款、放出贷款和外地通汇,并兼营粮食、杂货等交易业务。钱庄有独资和合伙开设两种,资金多则二三十万元,少者一两万元不等。对外营业信誉,并不完全依赖实有资金多少,而是看钱庄老板和股东本身是否殷实。如果各股东声望高,各方存款可不招自来,这是钱庄业兴旺的基础和保障,反之钱庄如果吸收存款不多,则它的放款业务也无法展开。截至1931年前,大连规模较大的钱庄业者共有30余家。

大连的钱庄按籍贯又有金州本地帮、山东帮、关里帮、南方帮之分。本地帮财东,其财产也在本地,信誉较好,放款期短,易于收回,很少发生不能收回放款的情况;山东帮中以胶东地区的福山、威海两派实力较强,掖县次之,他们的财产都不在大连,但同乡亲友互相信任,团结力强,其业务对象主要是山东籍的工商业者;关里帮是指冀东乐亭一派,资金雄厚,其实力与本地帮不相上下,但因同乡较少,业务就不以存放款为主,而是兼营买卖金银、粮食等,以外地客人为主要对象;南方帮以闽粤人为主,实力也不小。①

---

① 郭习朴、孙耀庭:《大连钱庄业述略》,《大连文史资料》第6辑,1988年,第107页。

开设钱庄者都必须有银行方面的支持,否则存放款数不能平衡时,就有资金周转不灵的危险。钱庄向银行借款,一般都以不动产作抵押,然后办理往来透支手续。钱庄的存款主要来自往来客商活动存款和居民个人存款,但客商存款时间不长,个人存款数量较小,因此钱庄对银行有特别强的依附性。钱庄利用放款获取高额利润,钱庄放款和银行不同,没有固定利率,也无长远计划,看人办事。有信誉者电话联系即可办成,手续非常简便。外商银行贷款通常手续繁多,不具有一定实力和信誉的商人不容易贷款,因此大连钱庄的服务对象主要是华商中的中小工商业者。钱庄放款期限越短越有利,有时一天一进一出获利更多更快,因此放款利率随着市场银根的松紧而变动。银行的利率每千元为 0.21 元,钱庄通常高出一倍以上,但一般大钱庄不在放款上过分提高利率,他们还把资金移往钱钞交易所,兼营现、期货买卖,并在金银、货币、粮食等投机交易中获利。

总而言之,日本统治大连时期,为达到向东北地区扩张金融势力的目的,逐步建立了以大连为中心,以南满铁路沿线附属地城市为依托的金融势力网络,并有计划有目的地推行金融垄断。中国方面的银行和钱庄资本少、实力有限,该时期它们在大连成为日本银行综合体系下的附庸。

3. 镇平银(现宝)制度与安东贸易的安稳

现银(宝银)是中国通用最久的货币,它在外观上有一定的样式,如马蹄式或者鞍翅式等;有一定的铸造所,如银炉等;有一定的份量,如 50 两或 53 两 5 钱等;有一定的成色,如 995 或 992 等。如果以上条件具备,每一地的宝银即可流行于本地域,公私通用。清代关内各省对关外协款,除大半由票号汇解外,每年实运现宝数十万两于东北,历年经久,传入渐多。因此清代东北除通用制钱、纸钞外,一些大宗货物往来都用宝银交易。[①]日俄战争时,俄国输入军饷费用,除发行大批羌贴外,还从本国运来大条银数千万两,消费在东北。日俄战后这些大条银逐渐被改铸成各种宝银,流通于东北市场。

20 世纪初年,东北小银圆盛行,通行便利,最初时候价格高于工料所值,于是东北的宝银逐渐被熔铸成小银圆。宣统二年(1910 年)以后,除东北南部的安东和北部的呼伦贝尔附近外,东北其他各地无论城乡都不再多见宝银。[②]虽然商家往来或者政府出纳仍有沿用银两的情况,但都是习惯上的沿袭,在实行交易时,一概仍须按市价折算成奉票或官贴等现行通币。

---

① 东北的宝银主要有以下几种:沈平银(沈阳),重量555.42,成色995,换算率(沈平银千两折合其他银两的两数)1 000 两;营平银(营口),重量556.53,成色992,换算率998 两;镇平银(安东),重量563.21,成色992,换算率987.16 两;锦平银(锦州),重量567.66,换算率989.12;宽平银(长春),重量553.43,成色980,换算率1 004.90 两;吉平银,重量551.57,成色995,换算率1 002.90 两;江平银,成色992,换算率994.53 两。
② 宣统二年(1910年)后宝银在东北通商都市已属罕见,但在偏僻乡村的一般农民中还偶有储藏。因为吉林、黑龙江两省通用官贴的地方,纸币涨落无常。但长期趋势是逐渐跌落,每况愈下。农民售粮所得,若有储蓄,为防止官贴贬值,即购买现宝储藏地下。呼伦贝尔及毗邻蒙古的地方,多用银两作为日常交易的媒介,原因是呼伦贝尔一带,每年牛马贸易数量庞大,汉蒙贸易,两者没有共同承认的通币,为沟通两民族间的交往,因此现银流通较广。

安东为近代东北南部唯一实行现银制度的港埠城市。光绪十五年(1889年)开始,安东地域有了自己的地方货币,这就是镇平银。镇平银是用镇平(即原安东的秤,因原安东县治设在沙河镇,因此得名)衡量的银锭。当时,由于外地流入的银子在成色和重量上各不相同,交易十分不便。凡外地各种银块和各色宝银流入安东,经过银炉改铸之后即成镇平银。镇平银每锭重53两5钱,但成色甚低,与上海的二七宝银比较,每1 000两须加色15余两。镇平银作为一种地方货币却颇受欢迎。从1917年开始,它取代制钱而获得了本位币的地位。所有安东商埠的大宗交易,如柞蚕、木材、粮豆等贸易,都以镇平银为本位进行计算、结价。各种货币之间的交易,均要通过设在财神庙街的银市进行折价,折合成镇平银标价后才能为交易双方所接受。日常小银圆和各种纸币仅供零星使用,起辅助流通的作用。

东北近代其他地方的商业发展,都受到官贴、奉票等纸币长期贬值的影响,但安东一埠独自实行镇平银(现宝)制度而没有受到直接危害。1918年,在张作霖的支持下,安东的官商一起创办了东边实业银行。它效法欧美银行的信用制度,出放贷款,不付现宝,只将贷出银额作为借款人存款,转入存款账下,供贷款人随时以支票提取。年数日久,这种银支票开始充斥市场,逐渐演变成交易媒介。但因滥发太多,支票与现宝差价日增。根据劣币驱逐良币的原理,几年间安东商埠的现宝大量流出到外地。到1924年,支票价格惨跌,上海、烟台的汇水坚涨,导致金融动摇,市场形势恐慌,各种交易岌岌可危。这时安东总商会出面维持局面,一方面迫使东边实业银行收回大量支票,另一方面筹措资金从上海运来大批二七宝银以接济救市。安东银根充实后,市面又趋于稳定。所有这些由上海运到的二七宝银都被逐渐改铸成"足色宝银"。每锭重50两2钱,升色2两7钱5分,计每锭作52两9钱5分通用,虽仍然保留镇平银名称,但在重量、成色、汇率性质上,与往日的镇平银已不相同。1924年后安东市场上流通的镇平银,较申平稍大,以镇平银988两即可购买上海规元1 000两。

1907—1931年,安东开埠的20多年中,当地商业发展迅速。光绪三十三年(1907年)时安东所有宝银不过35万两,1930年已增加到250万两以上。[①] 但安东毗邻朝鲜,日本一直企图用金票势力来驱逐镇平银。朝鲜银行屡次以金票作低利息放款,同时用高利吸收现宝存款,但中国方面向来习惯用银,对于金本位货币总有稍许歧视,因此日本操控安东商埠金融的意愿从没有实现过。

4. 俄国金融势力的伸缩与哈尔滨金融中心的变迁

光绪二十一年(1895年)中日甲午战争以后,俄法两国联合从清政府那里取得4亿法郎(合1亿卢布)的借款权,由沙俄政府出面争夺中国经济权益的华俄道胜银行由此产生。光绪二十二年(1896年)中俄密约,清政府给予俄国建造中东铁路的

[①] 侯树彤:《东三省金融概论》,太平洋国际学会,1931年,第55页。

权利。因筑路、造桥、开埠、开矿等所需资金甚巨,在此背景下,华俄道胜银行就不仅仅是一般的商业和投资银行,它获取了直接参与中东铁路修建、电线架设和矿山的开采的特权。中东铁路正式合同第一条规定,所有建造、经理一切事宜,派委华俄道胜银行承办。

华俄道胜银行在东北担负的主要任务就是在金融上支持中东铁路攫取权利。光绪二十二年(1896年)它进入营口,光绪二十四年(1898年)扩大到哈尔滨、旅顺、大连,光绪二十六年(1900年)在宽城子、齐齐哈尔、吉林、宁古塔,光绪二十七年(1901年)在铁岭、海拉尔,光绪二十九年(1903年)在沈阳等地,先后设立分支机构。其创设资本,最初不过600万卢布,其后沙俄政府不顾财政困难,多次由政府向其直接注资。到光绪二十九年(1903年)底,对外公布的资本上升到1 500万卢布。① 因铁路建造、农业开发和工业扩展等,当时东北北部的主要城市和铁路沿线地区货币需要异常紧迫,华俄道胜银行以中东路"为发行之根据地,尽力推行卢布。而又乘中国货币之紊乱,北满各地既乏现金,又无纸币,卢布遂为一般商民所信用,通行无阻,几不复知为何国之本位币"②。日俄战争以后,华俄道胜银行在东北南部地区业务缩减,主要势力退居东北北部,宣统三年(1911年)在东北的发行额已达1亿之巨。③

20世纪之前,欧洲和东北之间的贸易,因货币金银本位的不同,汇兑手续异常繁琐。譬如外国人要来东北采购出口货物,首先要把金币换作上海规元,再把规元兑成营口炉银,而营口炉银又不能在民间直接通行,还需再把其变换成当时东北通行的银钱,像官贴或制钱等,层层交易,损失甚大。自卢布流通以后,凡俄国、欧洲诸国来东北采购大豆、粮食等,只需在欧洲以金币付给道胜,在东北用卢布购买出口物品即可。卖到东北的货物,收回卢布在欧洲换成金币即可。东北和欧洲之间的金融流通,因卢布而灵便。东北对欧、俄处于出超地位,在欧洲存有金款。道胜银行将这些充裕金款汇兑上海规元,东北与上海等沿海地区贸易往来时,该行售出上海规元,因此它又成为东北与中国关内地区金融调拨的枢纽。每年秋冬,东北北部粮食出口时,南部地区做出口生意的商人携带卢布北流;每年春夏,货物大量进口,做进口生意的商人又携带卢布返向南流,故北部卢布价格又高于南部。由上可见,1898—1917年间,华俄道胜银行在东北北部金融业中的影响势力最大。当时哈尔滨市面通用货币都是卢布。即奇零小数,亦系俄国纸币。不仅大洋绝迹,即角洋铜元,市场亦不经见。虽有中交两行,大小洋券及吉黑两省之官贴,然因不兑现之故,只能供信托上买卖之用。④ 总之,华俄道胜银行及其发行的卢布,这时已成为东北和欧洲之间、东北

---

① 汪敬虞:《外国资本在近代中国的金融活动》,人民出版社,1999年,第237页。
② 中国银行总管理处:《东三省经济调查录》,台湾文海出版社,1987年影印本,第229页。
③ 侯树彤:《东三省金融概论》,太平洋国际学会,1931年,第10页。
④ 中国银行总管理处:《东三省经济调查录》,台湾文海出版社,1987年影印本,第229页。

与中国关内各省之间以及东北南、北部地区之间资金流动的中枢和媒介。

1914年第一次世界大战爆发以后,中东铁路货运停顿,俄国和德国对东北出口贸易停止,而大战中的俄国又需在东北大量采购粮食等军需用品,卢布发行日渐泛滥。因俄国对东北的绝对入超,缺乏现金汇作上海规元,所以失去资金周转功用,价格步步跌落。1917年俄国十月革命之后,政府林立,各自发行新纸币有六七种之多,西伯利亚政府甚至发行过一万、五千、一千等票额巨大卢布。据日本调查报告,1917年9月卢布发行总额为153.98亿,其准备金却由1914年的16.3亿减少至12.93亿。东北北部的卢布流通额为4亿,其中哈尔滨估计有2亿之多。① 发行如此泛滥,卢布愈加贬值。"东北各埠受其打击最重者,首推哈尔滨。商店因此倒闭者,比比皆是。其市面之荒凉,百业之凋敝,至欧战终结,乃达于极点"。② 1920年以后,东北地方政府推行的哈大洋券,成为东北北部的主要货币。

综上所述,营口、大连、安东和哈尔滨自开埠以后逐渐形成东北的金融中心城市。从发展过程和空间来看,自1861年营口开埠后,集发行、汇兑于一体的过炉银体制日渐完善。20世纪前后,俄国卢布在东北北部占有相当势力,日俄战争后大连金融为日本机构所操纵。虽然英美其他国家在东北北部哈尔滨也有一定金融势力,但自日俄战后至一战末期的十余年,东北地区基本上是中、日、俄三国金融势力争霸时代。时人曾评论,哈尔滨的俄国卢布、大连的日本正金银钞、营口的过炉银,三者同为东北资金周转的利器,但它们各有自己的职能和活动空间:卢布司欧亚间资金运转,正钞介日满间贸易汇兑,东北与南方的银钱往来,多由炉银居中转致。而道胜、正金以其在欧日的余金,转做沪银,以便在东北卖出南汇,与炉银争一日之雄长。正钞卢布势力盛,则炉银用途蹙;炉银流播广,二者势力亦必势微。③

除东北近代港埠城市因进出口贸易关系形成金融中心外,20世纪初年政府、民间或官商合作,在东北内陆政治中心城市如奉天、吉林、齐齐哈尔等地积极筹建现代金融机构——银行,并发行纸币,以适应东北经济发展需要。东北因经济开发而货币需用甚集,原初当铺、烧锅、粮栈、货店等私商任意发行私贴,从1898年开始,吉林将军延茂设永衡官贴局,统一发行官贴,接济市场。1904年,黑龙江设广信公司,整齐币值。1907年徐世昌改奉天官银号为东三省官银号。1911年黑龙江广信公司改称官银号。1912年兴业银行开始业务,吉林设永衡官银号为发行纸币中枢。④ 但这些官方或官商合办金融机构,大部因营业基础薄弱、兑换准备不足、政治鼎革频繁、滥发纸币等原因,使东北人民饱受其苦。

1917年俄国卢布在东北北部势力消退后,东北北部政府金融机构发行的通货

---

① 中国银行总管理处:《东三省经济调查录》,台湾文海出版社,1987年影印本,第230页。
② 侯树彤:《东三省金融概论》,太平洋国际学会,1931年,第19页。
③ 侯树彤:《东三省金融概论》,太平洋国际学会,1931年,第19页。
④ 金毓黻主编:《东北要览》,国立东北大学,1944年,第434页。

占据主导,如吉林农村地区为吉林官贴与吉大洋票流通区域,黑龙江农村地区为江大洋票流通区域。1920年以后,随着奉系军阀的崛起,东北南部除南满铁路沿线附属地区外,奉票与大洋占有相同地位,热河省也为热河兴业银行大洋票流通区域,营口则因过炉银受当局严格管制而日趋衰落(详见图7.4)。总的来说,在1931年前,东三省官银号、边业银行、吉林永衡官银号、黑龙江省官银号四大银行日渐趋于主导地位,但东北地区仍是一个多方金融势力角逐和多元货币流通时代。在奉系统治的鼎盛时期,以其政治力量,原应将东北复杂币制予以统一,可是最终没有完成,原因在于:第一,需尊重各省的历史;第二,要照顾民众的习惯;第三,旧币收回无代替良币;第四,外币充斥境内,扰乱币制统一;第五,日本人恃强兑换硬币,苦无办法应付。出于以上诸种原因,张作霖治理东北10余年,最终未能彻底治理货

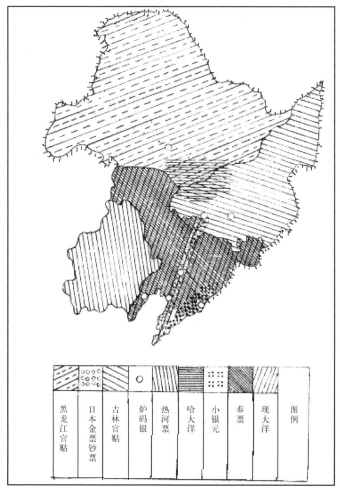

图7.4 20世纪20年代东北各种货币流通范围示意图
(资料来源:金毓黻主编:《东北要览》,国立东北大学,1944年,第461页。)

币乱象。① 1929 年改旗易帜后,东北当局设立辽宁四行联合发行准备库,专司发行大洋票。大洋票在东北所有货币中信用最佳,这是从来未有的现象,本是统一东北币制的最好时机,但九一八事变猝发,遂至中断。

二、伪满时期统一金融体系的建立与金融统制

1931 年九一八事变后,伪满当局着手统一中日俄多元政治势力角逐背景下以商埠城市为中心的分区域金融体系格局。伪满当局整顿和压制普通民营银行发展,筹建了伪满洲中央银行和针对不同行业、地区和阶层人士的系列特设金融机构,着手统一币制,并推行伪满"货币一元化"、"金融汇兑一元化"政策。这些金融机构在东北树立起垄断地位的同时,也为日本垄断财团输出资本、掠夺资源、独占金融市场、建立殖民地经济体系铺平了道路。1937 年后为支持东北产业开发和日本侵华战争扩大的资金需求,伪满又实行了全面的金融统制,本质上为日本垄断财团在伪满的经济利益及日本国家经济利益服务。

1. 伪满时期金融机构及布局的调整

1931 年之前,东北地区没有统一的货币制度。东北 4 家主要银行即东三省官银号、边业银行、吉林永衡官银号、黑龙江省官银号四家银行,每一家都发行着各种大小不同的货币,再加上中小地方和其他商业组织所发行的钞票和硬币,合起来当时市场上流通有 15 种不同的纸币和硬币,具有 136 种面值。除货币繁杂之外,它们之间的兑换率也变动无常,对经济发展构成严重阻碍。伪满成立以后,针对东北金融的历史及现实,最初对金融机构和通货进行了统一,后为配合产业开发和经济统制,多次调整金融机构和金融政策,形成了国家特殊银行、社会普通银行以及城市和农村一般金融机构三大体系,最终形成一个受日本帝国主义直接控制的殖民地化的金融体系。

(1) 伪满中央银行及兴业银行的设立与通货统一

1931 年九一八事变以后,日本关东军着手实施东北货币统一计划。在攫取东北原有的东三省官银号、边业银行、吉林永衡官银号、黑龙江省官银号和四行号联合发行准备库的基础上,于 1932 年 6 月 15 日设立了统制东北金融的伪满洲中央银行。该行于 7 月 1 日开业,总行设于长春,并在奉天等大城市设立分行,各县以上城市设立支行及办事处,总分支机构共计 128 处。初建时资本金定为 3 000 万银圆,实缴 750 万元。最后名义资本为伪币 1 亿元,实缴 2 500 万元。

自成立开始,伪满政府即根据 1931 年 6 月 11 日公布的伪满中央银行法,赋予该行特殊任务。它不仅执行中央银行职能,统一和稳定通货,而且经营一般银行业务,给各企业予以必要扶助,改善各种金融组织,促进信用制度的发展。

---

① 金毓黻主编:《东北要览》,国立东北大学,1944 年,第 430 页。

1932年7月伪满颁布伪货币法和旧货币清理办法,伪满洲中央银行专管货币发行,并进行原有货币的回收。到1935年6月,共兑换和销毁了97.17%的旧币,到1937年6月收兑完毕。① 伪满货币最初为银本位,1934年美国国会通过白银收购案后,东北的白银和中国其他地区一样大量外流并造成通货紧缩。1935年1月,伪满币因与银圆产生差价,币制动荡而放弃银值。同年11月,在"日满货币一元化"、"金融汇兑一元化"的原则下,伪满币以1∶1固定比价依附于日元。此外,日本逐步收回在东北流通的(如支付给日本军队和满铁职员的)日本通货,使伪满货币成为东北唯一通货。1937年满铁附属地转交伪满,日本人治外法权取消,伪满金融法规在这些区域可以适用,同期取消其他外国人治外法权,英美银行在东北的分支行,亦受伪满金融法规节制。自此,作为伪满金融总枢纽的伪满洲中央银行,自行树立起通货体系,并将日本、苏联所发行的纸币根本代替,垄断起东北金融市场。

随着五年产业开发计划的推进,1936年12月伪满在长春又成立了一个特殊银行——满洲兴业银行。它是在日本侵略者和伪满政府策划下,接收了颇具实力的朝鲜银行设在伪满的所有分支行,并且合并了两家日本商业银行——满洲银行和正隆银行而组成的。其首要任务是负责供应低利息资金,以满足重工业为中心的各种产业开发所需。伪满洲兴业银行最初资本为3 000万满元,伪满政府和朝鲜银行各占其半。后增资至1亿元,实收资本9 000万元。其放出资金的用途,50%以上充工业资金,矿业约占10%,商业资金约占8%,因此与普通银行无大的商业摩擦。②

(2) 普通银行创设与布局的调整

伪满政府为了加强以伪满洲中央银行为主的金融垄断,采取各种措施和手段整顿和压制民营普通银行。1933年伪满公布伪银行法,对于当时东北现存的民间资本银行,一开始并没有采取严厉取缔的政策,而是采取了渐进整改的方针。

1934年伪满要求重新审核所有金融机构资质,当时申请换领营业执照者共169家,最后准许营业者88家,其中属于东北者65家,关内者23家。东北的65家中,个人经营者为46家,资本未满10万元的达40家之多。伪满对于这类银行令其增资或者合并,同时对以后新设立的普通银行设立严格标准,如必须为股份公司;在长春、哈尔滨、奉天营业者,资本必须40万元以上;在齐齐哈尔、吉林、安东、营口营业者,资本必须30万元以上;在县级城市所在地营业者,必须为20万元以上;其他地方,必须10万元以上等。1938年伪满再度修改银行法,规定银行资本最低为50万元,在沈阳、长春、哈尔滨设总行者,须为100万元,存款准备金需在1/10

---

① 东北物资调解委员会研究组:《东北经济小丛书·金融》,京华印书局,1948年,第3页。
② 东北物资调解委员会研究组:《东北经济小丛书·金融》,京华印书局,1948年,第71页。

以上,方准放款等。截至1941年,东北普通银行总数为44家,额定资本6 380万元,实收资本2 749万元。

通常来说,银行等金融机构的集聚与区域经济发展程度高度相关。银行基于其利益最大化的目标,在选址及扩张过程中,地方资金供求量、流动性和便利性等都是其考量的重要内容。1941年伪满为筹划产业开发所需巨额资金,开始改变以往东北产业开发以日本融资为主的观念,积极动员各地普通银行资金,但同时制定了"金融机关稀密调整要纲",宣称旨在防止金融机构之间的竞争,便于吸收存款而调整金融机构的空间布局,完善金融网络,实际上是采用行政力量改变银行自身发展的市场逻辑,强制普通银行进行空间上的均衡布局。具体措施:首先,对于金融机构集中的地方,不准再设立分行和办事处,营业欠佳者,鼓励转移或停业,未达法定资本额度者,鼓励合并或弃业;其次,对于还未设有金融机构的地方,鼓励其附近银行在该地设立分行,或者根据当地经济情况,考虑设立新银行。

伪满政府根据金融机构的布局调整方针,令原在长春、沈阳、哈尔滨、安东等主要城市的普通银行合并或停业,在新开发地区如佳木斯、牡丹江等地组建新的银行。关内汪伪政权在东北的中国、交通、金城、大中银行于1941年前后相继关闭。英美麦加利、汇丰、花旗银行等在1941年12月8日太平洋战争爆发后,也被伪满洲中央银行内设的特殊财产资金部接管。到1945年抗日战争胜利前,东北普通银行总数仅剩16家,较调整前的银行总数减少了28家,而且其中9家有伪满中央银行的资本渗入,6家兼有日本人入股,纯华商资本的只剩下益发、商工、功成、三江4家银行(详见表7.3)。

表7.3 1945年抗战胜利前东北普通银行一览表　　　　单位:千元

行　名	总行行址	额定资本	实收资本
帝都银行	长　春	22 000	5 500
益发银行	长　春	30 000	9 000
奉天商工银行	沈　阳	11 000	4 400
奉天银行	沈　阳	10 000	3 400
志城银行	沈　阳	12 000	3 000
沈阳商业银行	沈　阳	7 000	1 750
滨江实业银行	哈尔滨	10 000	2 500
哈尔滨银行	哈尔滨	22 000	5 500
犹太国民银行	哈尔滨	1 000	325
安东银行	安　东	25 000	6 250
兴亚银行	营　口	12 000	3 000

续 表

行　名	总行行址	额定资本	实收资本
功成银行	吉　林	5 000	2 000
东满洲银行	牡丹江	20 000	5 000
锦热银行	锦　州	6 000	1 500
西北银行	齐齐哈尔	5 000	1 250
三江银行	佳木斯	1 000	1 000

（资料来源：东北物资调解委员会研究组：《东北经济小丛书·金融》，京华印书局，1948年，第88页。）

（3）城乡一般金融机构的调整

1931年后在受世界经济危机影响的背景下，为扶持农业发展，伪满效仿日本和朝鲜的金融组合制度，组织农村一般金融机构。最初是1933年由伪奉天省在沈阳和复县两地设立金融合作社试点，1936年末东北地区增至82社。1937年后，伪满推行农业增产计划，亦以县、旗为单位组织农事合作社，二者由于业务上的摩擦，遂于1940年合并成兴农合作社。到1944年10月末，县旗以上成立兴农合作社185处，分社326处，以屯为单位的兴农会为36 109处，社员数为477万余人。存款66 400余万元，放款46 100余万元。①

伪满在东北城市中也以合作社方式组织一般金融机构，在1936年前有以中国人为对象所组织的都市金融合作社，以朝鲜人为对象的都市金融会及以日本人为对象的金融组合。1937年12月日本撤销在伪满的治外法权后，尤其在兴农合作社成立之后，1940年5月伪满将上述三种金融机构合并成商工金融合作社，在长春设立中央会作为中央指导机构。最初三者合并数为33处，到1945年达到100余处，存款5.62亿元，放款1.46亿元。②

伪满时期，当铺、钱庄、粮栈等传统金融机构，在缺乏银行等近代金融机构的东北农村仍颇有市场。在原官银号被伪满中央银行接收之后，1933年将其所附属的当铺等事业移交给了新成立的大兴股份公司统一经营。大兴公司是伪满中央银行设立的专门面向农村低利放款的代理机构，成立时资金为600万元，最初当铺店56个，1939年为358个，1944年增至1 148个，营业网遍及全东北地区。成立之时月息3分，1937年降为2分5厘，1939年又降为2分，全东北地区业务网点利息相同。③ 1944年时，其放款累计4.778亿元，收回4.145亿元。④

总之，伪满时期以伪满洲中央银行为主体行使货币制造和发行权，伪满兴业银

---

① 东北物资调解委员会研究组：《东北经济小丛书·金融》，京华印书局，1948年，第120页。
② 东北物资调解委员会研究组：《东北经济小丛书·金融》，京华印书局，1948年，第123页。
③ ［日］满史会著，东北沦陷十四年史辽宁编写组译：《满洲开发四十年史》，下册，内部印行，1988年，第374页。
④ 东北物资调解委员会研究组：《东北经济小丛书·金融》，京华印书局，1948年，第124页。

行负责供应以重工业为主的各种产业开发所需要的长期资金,横滨正金银行在东北的分行负责外汇和外贸贷款,再加针对城市和农村广大工商农民阶层所设立的伪兴农合作社、工商金融合作社以及以典当为主要业务的大兴公司等一般金融机构,它们一起形成了一个受日本帝国主义直接控制的、垄断性的、殖民化的伪满金融体系。

2. "经济开发"背景下的金融统制

伪满大力整顿东北普通民营金融机构,确立了伪满中央银行和伪满兴业银行的核心地位后,为配合从1936年开始的产业开发及满足1942年战争扩大后的金融需求,相继在利率、储蓄、公债、放款、外汇等方面采取了系列强力管制措施。

1936年伪满产业开发计划实施后,伪满洲中央银行为降低各企业生产成本,将利息负担更多地转化为产业开发投入,确定了统一东北各地区间高低不齐的利率并逐步降低利率的金融政策。以1937年和此之前相比,伪满洲中央银行利率大幅度下降。1940年末,伪满洲中央银行成功斡旋长春、哈尔滨、沈阳、安东4大城市金融机构,缔结统一利率水平协定。1941年10月后,又扩大了利率协定生效范围,囊括了齐齐哈尔、牡丹江、佳木斯、图们、延吉、龙井、吉林、四平、铁岭、抚顺、鞍山、营口、锦州等13个城市。

在降低产业开发融资成本的同时,为开拓产业开发资金来源,伪满政府从1939年开始,发起在职人员义务储蓄和国民储蓄运动,限制人们的生活消费,提高生产资金积累。由于提高储蓄单靠民众自觉无法完成,于是当局采用了系列强制储蓄办法,如国民储蓄运动由伪满洲中央银行和伪协和会领导,并在地方省、市、县、旗设立实践委员会,强迫各地区、各单位、各行业进行储蓄。诸种措施取得了一定效果,1943—1944年储蓄总额为20亿满元,1944—1945年为37亿满元。与此同时,伪满还控制资金分配与生产安排,强迫私营银行扩大存款吸收,并把存款额的三成存入伪满洲中央银行。强制储蓄一定程度上达到了伪满当局资金积累的预期目标,但也成为人民生活的沉重负担。

为拓宽资金来源渠道,伪满政府通过伪满中央银行和伪满兴业银行等机构发行了大量公债。1937年伪满政府发行公债4.44亿元,其中内债1.98亿元,外债1.93亿元,地方债0.53亿元。1943年发债总额增加到28.98亿元,其中内债17.57亿元,外债9.53亿元,地方债1.87亿元。到日本投降时止,仅还本5 700万元。

1937年前伪满洲中央银行比较严格地控制货币发行量,为配合产业开发计划,从1937年开始增加贷款发放,大量发行货币。该年发行货币达3.29亿元,比1932年末增加1.2倍。1941年以后,货币进一步滥发。1940年底货币发行量为9.47亿满元,1941年增至12.62亿满元,1942年又增至16.97亿满元。1944和1945年增发货币达到伪满时期的峰值。1944年官方记载货币的发行量为58.76

亿满元。在 1945 年抗战胜利前,货币总发行量猛增到 80 余亿满元,比 1941 年增加了 5.2 倍。[①] 通货膨胀造成物价上涨,给普通人民的日常生活带来严重困难。

此外,伪满洲中央银行还垄断金银、外汇,进口军需物资。伪满政府从 1935 年 11 月起施行日元、伪满币等价,开始推行外汇管理和金银集中,伪满洲中央银行管理对关内、日本的外汇,兼营外贸之输出入实物,利用外汇或直接用金银购进大批军用和战略物资。综观伪满时期的各种金融统制政策,其核心目标是增加产业开发及战争扩大的资金供给,本质是为日本垄断财团在伪满的经济利益及日本国家经济利益服务。

---

① [英] 琼斯著,胡继瑗译:《1931 年以后的中国东北》,商务印书馆,1959 年,第 137 页。

第八章 城市化的空间进程与格局

清前中期,东北地区处于社会经济自然发展阶段,至于城镇的发展,也处于萌芽时期,政治、军事职能要求是当时东北城镇发展的根本动力。该时期东北南部在历史基础上或移民聚集后逐渐发展起来一些城镇,成为封建政治统治中心,如奉天、辽阳、海城、锦县、广宁及开原等。清廷为巩固对边疆的统治,进行军事移民及官庄垦殖,建立军事城堡,这是东北北部城镇形成的基础,如宁古塔、吉林乌拉、伯都讷、瑷珲、齐齐哈尔、墨尔根及呼伦贝尔等城镇,均属此类型。东北近代向世界通商开放和移民大开发以后,经济发展和人口聚集成为促进城镇发展的原动力,一方面,工商、金融、交通等社会生产力的发展促使东北大批城镇从无到有、从小到大;另一方面,城镇又是商品经济和商品市场生存发展的载体。城镇的性质功能与其商品市场的规模和在市场网络中的地位同生共兴。本章拟在前面几章关于近代交通、工业、商业等产业演化的分析之上,以历史地理的理论和方法,探索近代东北城市化过程中城镇性质、数量、规模及空间结构的嬗变等问题。

第一节 商埠城市的密集诞生

清前中期东北的城镇沿驿道、河流和边疆分布,城镇职能以政治和军事为主。咸丰八年(1858年)中英签订《天津条约》,营口被迫成为东北第一个对外贸易的口岸城市。在西方国家对东北商品倾销和东北物产卷入世界市场的情况下,营口的工商业等经济职能日益增强,意味着近代东北城市开始在发展原动力的层面上与传统时代截然不同。光绪二十四年(1898年),大连成为俄国租借地,并宣布成为自由港向世界各国开放。其后,清政府为了抵制俄国、日本侵吞东北的野心,对东北采取了"全面开放,各国牵制"的举措。根据日俄战后的《中日会议东三省事宜条约》,一举自开16处商埠,民国时期又自行续开了6处商埠。再加清末中日、中美及中朝图们边境约开其他商埠,近代整个东北地区约开和自开商埠多达30处(详见表8.1)。近代中国约开和自开商埠、租借地总数为110余处,而东北地区就占到了1/4以上。

表8.1 近代东北商埠和租借地一览表(1861—1930年)

类 型	商埠名	省 份	设埠日期	所依据不平等条约
约开/租借	营 口	奉 天	1861.4.3	中英天津条约第十一款
	大 连	奉 天	1898	中俄旅大租借条约
	安 东	奉 天	1907.3.1	中美续议通商行船条约(1903.10.8)
	大东沟	奉 天	1907.3	中日通商航海续约(1903.10.8)

续表

类型	商埠名	省份	设埠日期	所依据不平等条约
约开/租借	奉天	奉天	1903	中美续议通商行船条约(1903.10.8)
	龙井村	吉林	1909.11.2	中日图们江界务条款(1909.9.4)
	局子街	吉林	1909.11.2	中日图们江界务条款(1909.9.4)
	头道沟	吉林	1909.11.2	中日图们江界务条款(1909.9.4)
	百草沟	吉林	1909.11.2	中日图们江界务条款(1909.9.4)
自开	铁岭	奉天	1906.9.10	中日会议东三省事宜条约(1905.12.22)
	新民屯	奉天	?	中日会议东三省事宜条约
	通江子	奉天	1906.9.10	中日会议东三省事宜条约
	法库门	奉天	1906.9.10	中日会议东三省事宜条约
	吉林	吉林	1907.1.14	中日会议东三省事宜条约
	长春	吉林	1907.1.14	中日会议东三省事宜条约
	哈尔滨	吉林	1907.1.14	中日会议东三省事宜条约
	满洲里	黑龙江	1907.1.14	中日会议东三省事宜条约
	齐齐哈尔	黑龙江	1907.5.28	中日会议东三省事宜条约
	凤凰城	奉天	1907.6.28	中日会议东三省事宜条约
	辽阳	奉天	1907.6.28	中日会议东三省事宜条约
	瑷珲	黑龙江	1907.6.28	中日会议东三省事宜条约
	三姓	吉林	1909.7.1	中日会议东三省事宜条约
	珲春	吉林	1910.1.1	中日会议东三省事宜条约
	宁古塔	吉林	1910.1	中日会议东三省事宜条约
	海拉尔	黑龙江	1910.1	中日会议东三省事宜条约
	葫芦岛	奉天	1914.1.8	清东三省总督、北洋军阀政府自开
	洮南	奉天	1914.1.8	公使团要求北洋军阀政府自开
	锦县	奉天	1916.4.8	日本领事要求
	赤峰	热河	1917.2.27	公使团要求
	郑家屯	奉天	1917.4	日本领事要求

(资料来源：严中平编：《中国近代经济史统计资料选辑》，科学出版社，1955年，第21—56页；杨天宏：《口岸开放与社会变革——近代中国自开商埠研究》，中华书局，2002年，第395页。)

从空间上看，东北地区的约开口岸或租借地大多位于江海交汇或者沿海、沿边的有利区位，并参照西方近代城市模式进行规划和修建，迅速发展成为商业贸易和现代工业中心城市。时人评论："在牛庄开埠以前，东北商业中心都市，迨无可称述者，其比较商业繁盛之地，盖以各柳条边门附近集镇为著，如西有法库门，北有通江口,东有沈阳等地是也。开埠以后,商业市场渐集中于河滨海口交通便利之区,形势为之一变。"① 东北自开商埠的发展,依托传统内地城镇的居多,开埠之前城镇规模狭小,功能单一,是区域性的政治中心或者人群集聚消费场所。开埠之后城市空间结构和重心发生改变,经济尤其商贸功能增强,城市规模不断扩大。西方国家把先进工业品由沿海、沿边口岸向东北内地商埠推进,再由内地商埠向腹地乡村扩散,广大腹地乡村的物产和人口也逐渐向内地商埠和沿海、沿边口岸输送和转移。至此,城乡经济联系扩大,社会分工日益细化,和传统时期相比较,东北近代城市发展的动力和模式已发生根本性变革。

一、沿海通商口岸城市型政区"市"的孕育

中国传统时期的政区设置,譬如行政中心、军事要地、帝王巡幸处等是考量城市等级和规模的重要因素。近代以后,沿海城市开埠通商,经济迅速发展和人口增加促使它们从封建统治结构中分离出来,形成了新式点状城市型政区"市"。经济实力和人口规模是近代城市自身发展和"市"设立与否的决定因素,除大连和哈尔滨特殊租借地之外,营口、安东两个沿海通商口岸就是东北设"市"的起点。

营口地处辽河下游尾端,在嘉庆二十五年(1820年)前仅为一偏僻海滨,极目荒旷。营口的地名来历有两种说法:一是有游牧的人迁居到此,张幕而居,厥名窝棚。窝棚相连,状似军营,故名营子;一是此地有一潮水沟,潮落则涸,潮满则沟地全没于水,然潮水涨落无损于土人居住,故又以没沟营称之,其后生聚日繁,渐成村落。② 咸丰八年(1858年)《天津条约》定下海城县内、营口上游90里的牛庄为通商口岸。1861年4月3日,牛庄开埠。同年5月23日,英国牛庄首任领事密迪乐乘军舰抵辽河口勘查,因该时牛庄已远离海口不便运输,遂与办理牛庄通商的清朝官员交涉,要求改换牛庄下游的营口为通商口岸。6月11日,英国在营口设立领事馆。因条约文件改动不易,国际文件通称仍为牛庄。

从清朝建立到营口开埠以前,营口(当时称没沟营)一直没有独立的行政建制。营口一地分隶两县,西部属海城县管辖,东部属盖平县管辖。晚清时期,营口政治地位的提高表现在外国领事馆、新式海关、奉锦山海关道、海防同知厅等政治机构的相继设立。

咸丰十一年(1861年)英国在营口设立领事馆,同年法国委托英国领事密迪乐代理其驻牛庄领事任务。同治三年(1864年)瑞典驻营口领事馆在旗昌洋行内设立。光绪二年(1876年)日本驻天津总领事池田宽治筹办营口领事事务。光绪五年(1879年)挪威、荷兰在营口设立领事馆。光绪十七年(1891年)美国在营口设立

---

① 金毓黻主编:《东北要览》,国立东北大学,1944年,第610页。
② 王树枏、吴廷燮、金毓黻纂:民国《奉天通志》卷八,城镇。

领事馆。光绪二十三年(1897年)日本、俄国相继在营口设立领事馆。①

康熙三十三年(1694年),清政府在河北山海关设立山海关监督衙署,管理西自山海关、东到鸭绿江口东北沿海的20余个征税海口以及柳条边上的6个陆地税关。咸丰十一年(1861年)牛庄开埠,随着该地对外交涉以及关税事务骤增,山海关监督衙署该年迁驻牛庄。咸丰四年(1854年),清政府在营口设立山海税关分卡,负责管理民船贸易税。同治五年(1866年),山海关监督衙署又从牛庄迁到营口,俗称常关或西海关,此后直到1931年,所有常关税局才一律撤销。1864年5月,清政府在营口设立海关,俗称洋关或东海关,负责管理轮船贸易和征收进出口关税。

根据中英《天津条约》有关规定,清政府在包括营口在内的各开埠口岸设置海关道台,负责外事、税务事宜。营口开埠后的第五年,又设立奉天、锦州、山海关等处"兵备道",②但通常由山海关监督兼任道员。其职责分巡奉天府、锦州府及山海关等处,兼管金州、岫岩、复州、海城、盖平等州县、厅所属的官佐、钱谷、刑名,监督营口钞、洋两海关及奉天境内30余处水旱码头的税卡、分局,办理奉天各府、县、州、厅的中外交涉事宜。由于海关道台的事务比较繁杂,该道员遇中外交涉紧要事件,可以专折上奏。一般地方税务事情,要分详将军、府尹和北洋三口通商大臣核办。总的来说,海关道台的性质是专管海关事务的专业道台,还不是地方行政官署。1867年1月,根据北洋三口通商大臣崇厚的奏请,清政府又增设奉天营口海防同知厅(同知本为知府的副手),其主要职责是负责营口沿海一带的海疆治安,同时也管理国内贸易税收。同海关道台一样,海防同知厅也是一个专业机构,而非一级地方官署。

1867年6月,为守卫营口要隘,奉天、锦州山海关兵备道俊达征调民夫,修筑东起青堆子、西至外皮沟长达10里的土围墙,营口城市雏形初现。据光绪三十一年(1905年)调查,营口有人口74 033人。其中埠区51 537人,郊区22 496人。山东人几乎占到人口的半数,此外为河北、山西、广东等地人。欧美外国人113人。日本在营口开设的各种实业总计541家,从业人员6 700多人。

1909年7月,清政府将奉天、锦州山海关兵备道改为锦新等处兵备道,仍治营口,改辖锦州、新民两府及营口一厅,同时将原营口海防同知厅改为营口直隶厅,管辖由海城和盖平两县划归之地所组成的5乡1镇,营口由此开始正式设立地方官署。所谓直隶厅即不归知府管辖而直接隶属于巡抚,其长官也称同知,这是介于省县之间与府平级的一级地方政权建制。

民国以后,1914年在营口成立辽沈道尹公署。该时奉天省共设有辽沈、东边和洮昌3道,其中辽沈道尹公署驻扎营口,管辖奉天、辽阳、海城、盖平、铁岭、开原、

---

① 1908年5月,法国驻营口领事馆撤销。1915年3月,美国驻营口领事馆撤销,其一切公文移交驻奉天总领馆。1939年,日本领事馆撤销。

② 所谓"兵备道"是指可以统辖军队的道台。因营口的海关道下辖营口海防马步练军营,故称"兵备道"。1866年1月,清政府为防止"奉天马贼"进攻营口,令暂驻天津的"洋枪队"500名驰赴营口驻扎。此后,兵备道成立营口海防军练营,驻有旗兵两翼500人,专门保卫海关厘卡。

西丰、东丰、西安、辽中、台安、黑山、义县、锦县、锦西、新民、彰武、盘山、北镇、兴城、绥中、营口 22 县。由此可知,今天辽宁省内大部分市县和吉林省的部分市县均在辽沈道管辖之下,是当时奉天省的首道。那时的营口是奉天省的政治中心之一,因为当时的营口"中外杂居、商户交集、事务繁忙不亚于省垣"①。

1913 年 2 月营口废厅改县。1923 年东三省巡阅张元奇指令奉天省的奉天、营口、锦州,吉林省的吉林和黑龙江省的齐齐哈尔试办市。1924 年 11 月 1 日,营口成立市政公所,这是东北最早成立的市政公所之一。辽沈道尹佟兆元为督办,营口县知事陈文学为顾问,曲廉本为市政公所市长。市政公所管辖营口商埠各区,营口县则管辖周边四乡。

当时的营口市,铁路"轮轨交错,交会于此",市街沿辽河东西长 15 里,南北宽 4 里,"商号栉比,号称繁盛",道路"拆撤市房、退让街基、改石条路为碎石路,展至四丈二尺",官署"凡国家及地方行政机关无不完备……除沈阳外举与并",工商烟囱林立,各号已达千数百家,其中油坊 28、机器铁工厂 15、织布工厂 63、带子工厂 70、洋工厂 47、毛巾工厂 7、电灯公司 1、精盐公司 1、烟草公司 1、火柴公司 3、洋烛公司 3、洋钉公司 1,渔业"水产丰饶",海盐"年产 23 万石",交通邮电"水陆咸若,邮传纷披,民族轮船 6 家,备海轮 50 余艘,沟营铁路,邮局,电报,长途电话,市内电话,无线电台,自来水,电灯……"②,城市功能一应俱全。

再如安东,清末因条约开放而不断发展,民国时期也形成了市的萌芽。清初,岫岩是辽东地区的最高首府,安东仅是柳条边外的巡防地,隶属岫岩城守官及理事通判管理。清同治元年(1862 年)山东人多浮海来此,开垦荒地,采伐林木和建置家园。光绪元年(1875 年)大东沟贼匪被基本肃清后,清政府相继改设兴京、凤凰 2 厅,岫岩州和桓仁、通化、宽甸、安东 4 县。安东县于光绪二年(1876 年)正式划大东沟至瑷河地区而设,治所在今沙河镇。辽东地区原来只有岫岩通判管理民人事宜,骤然增加如此多的行政区,又是与朝鲜相邻的边疆地区,因此光绪三年(1877 年)清政府便在凤凰城设分巡奉天东边兵备道,统辖 2 州、1 厅、4 县,督征课税,节制营伍。

光绪二十九年(1903 年),安东根据《中美续议通商行船条约》开埠通商,但一直没有划出商埠地。光绪三十二年(1906 年)东边道员张锡銮兼任安东开埠总办,徙道治于安东县。同年日俄战后日本占据七道沟一带为铁路用地,开始划"前后聚宝街、财神庙街、官屯街及中富、兴隆各街共地九百余亩为中国市场,划七道沟地二千八百余亩为日本市场,于是中外商贾接踵而来,商业极其繁盛"③。开埠后,安东"国内则津沪各地,国外则英日诸邦,富商大贾纷至沓来……商业极繁盛"④。光绪

---

① 于阜民、阎海、段速敏:《营口史话》,黑龙江人民出版社,2003 年,第 121 页。
② 于阜民、阎海、段速敏:《营口史话》,黑龙江人民出版社,2003 年,第 141—142 页。
③ 王介公修、王瑞之纂:民国《安东县志》卷一,地理,台湾成文出版社,1974 年影印本。
④ 王介公修、王瑞之纂:民国《安东县志》卷六,实业,台湾成文出版社,1974 年影印本。

三十三年(1907年),安东设立海关,日、英、美等国相继设立领事馆。

道治所的迁移,反映出安东政治地位的提高。凤凰城于光绪三十一年(1905年)由中日两国订立条约而开埠,但"该地商务实为满洲收聚土产,运往海滨一微小中心点。该处所办之事,全赖安东"。1909年3月,又将东边道部分地区析出,设临长海道,辖长白府、海龙府及临江、辑安、通化三县。1913年,东边道辖安东、兴京、通化、凤凰、宽甸、怀仁、临江、辑安、长白、安图、抚松、抚顺、本溪、海龙、辉南、柳河、金县、复县、岫岩、庄河等20县。

政治地位提高以外,工农业也出现了较快的发展势头,安东由此转变为货物集散、转运和加工制造的现代城市。到了1918年,以前规划的市场界址已经不能满足商业发展的需要,因此"扩展东坎子为商埠区域……开辟马路,经纬纵横,宽平正直,资本家争往购地建筑市房,地价骤增"。同时旧市场也将原有的范围扩大,"东至大沙河,南至鸭绿江,西至七道沟,北至盘道岭,界内均为市场,时称富庶焉"①。安东市人口,光绪三十一年(1905年)时仅为1.4万人;1922—1931年,安东满铁附属地内人口由33 821人增加到61 699人,中国旧市街人口由76 607人增加到87 704人。② 1931年时安东总人口合计149 403人,是东北南部仅次于奉天和大连的第三大城市。

1921年10月,前东边道尹王顺存为改善安东全埠的市政,呈请省署创设市政会。1922年安东市政事务所成立,专管商埠和市政建设。1924年4月,安东市政事务所改称市政公所。③ 在市政公所专门化管理下,1925—1928年间,"安东市政,颇多兴革。主要街衢,悉加铺筑。市内沟渠,亦经疏浚。而侧道两旁,植以树木,以壮观瞻。各处桥梁,重新修筑,俾便交通。并藉天然山地,辟为花园,其中绿草如茵,百卉争艳,登临其上,得窥全埠,堪与日本花园(按:即满铁附属地花园)相媲美"④。1929年1月,根据辽宁省政府训令,裁撤道尹改为市政筹备处,同年9月,市政筹备处划分了市政区域。1931年4月,安东县政府接收安东市政筹备处外交、市政职责,次日东北政务委员会下令撤销市政筹备处。

虽然1931年九一八事变前营口、安东两沿海通商口岸的设市筹备工作最终未能实现,但它为城市型政区"市"的孕育奠定了良好基础。伪满时期,定长春为"国都",1932年2月置新京市,1933年4月升为特别市。1932年7月,设哈尔滨市政筹备所,辖原滨江县及东省特别行政区中心区域,1933年7月1日正式设立哈尔滨特别市,由伪满中央直辖。1936—1937年间,伪满把各省会及重要城市也由县升

---

① 王介公修,王瑞之纂:民国《安东县志》卷一,地理,台湾成文出版社,1974年影印本。
② 《安东关十年贸易报告(1922—1931)》,中国第二历史档案馆等编:《中国旧海关史料(1859—1948)》,第157册,京华出版社,2001年,第407页。
③ 1922年10月22日,《奉天省各县区村制试行规则》公布,1923年3月1日,安东现除商埠区外,分8个区,各区下设立区公所,全县共划82个主村,325个附属村。参见丹东市地方志办公室编:《丹东市志》,辽宁科学技术出版社,1991年,第52页。
④ 《安东关十年贸易报告(1922—1931)》,中国第二历史档案馆等编:《中国旧海关史料(1859—1948)》,第157册,京华出版社,2001年,第397页。

为省辖市,共计有吉林、奉天、抚顺、营口、鞍山、辽阳、铁岭、四平街、本溪湖、齐齐哈尔、安东、佳木斯、锦州、牡丹江 14 市,同时降哈尔滨特别市为伪滨江省辖市。1940—1943 年间,又把阜新、海拉尔、满洲里、通化、东安等升格为市。① 再加伪满日本大使直接管辖的"关东州厅"下的大连市,伪满时期共计有 1 特别市,21 省辖市。在这 22 个市中,除抚顺、鞍山、本溪、阜新 4 个煤铁资源城市和四平街、佳木斯、牡丹江、通化、东安 5 个伪满时期新设省会城市外,其余 11 个均是在原来通商口岸、自开商埠或租借地基础上发展为市的。抗日战争胜利后,国民政府在原辽宁、吉林、黑龙江东北 3 省基础上设东北 9 省,当时东北共计有大连、沈阳、哈尔滨 3 个行政院直辖市,有锦州、营口、鞍山、旅顺、通化、安东、四平、吉林、长春、牡丹江、延吉、佳木斯、齐齐哈尔、北安、海拉尔 15 个省辖市。1949 年金州、辽源又设市。此外,热河省的赤峰于 1948 年复设市,承德也于该年设市。与全国各地区的比较来看,东北地区设市时间较晚,它是在 20 世纪 20 年代后受广州、上海等南方沿海口岸市的兴起影响下而逐渐筹设的,但却发展迅速。据吴松弟的研究,在 1949 年前全国设有 12 个院辖市,总计设过 151 市。② 根据此数据推算,东北地区有 3 个院辖市,占全国的 1/4,1949 年前东北地区曾先后设过 28 市,接近占全国设市总数的 1/5,由此可见,近代东北地区"市"的发展规格及其分布密度均居全国其他地区前列。

二、内陆商埠城市经济职能的增强

光绪三十二年(1906 年)日俄战争后,据《中日会议东三省事宜条约》,清政府在东北一举自开 16 处商埠,民国时期中国政府又自行续开了 6 处商埠。这 22 处自开商埠中,除少数是沿海或边境口岸、重镇,如满洲里、海拉尔、瑷珲、葫芦岛、锦县、珲春等外,有的是沿河流、驿道分布的传统政治、经济中心,如三姓、宁古塔、通江子、法库门等;有的是曾经政治、经济地位重要且在新的铁路交通上有相当作用的城镇,如吉林、长春、哈尔滨、齐齐哈尔、铁岭、新民、辽阳、凤凰城、洮南、辽源、赤峰、郑家屯等。自开商埠以后,除少数城市如凤凰城、宁古塔、三姓、瑷珲等因地理区位、商埠选址不当等原因依然维持原有规模甚至衰落外,大多数自开商埠城市进一步受到商业力的冲击,发展速度加快,城市规模扩大,城市形态因规划自开商埠城区而在空间上发生位移,形成与老城区强烈对比的新核心,城市职能由传统政治、军事为主向经济、政治职能为主过渡。下文以内陆的辽阳、铁岭、新民、吉林、长春、齐齐哈尔、海拉尔、赤峰等传统政治、军事城市为例,分析自开商埠对城市发展的影响。

辽阳,位于太子河畔,自秦以来,就是东北地区的最早的古都之一。咸丰十一年(1861 年)营口开埠后,夏季可乘船而到营口,南满铁路开通后逐渐取代水运,成

---

① 郑宝恒:《民国时期政区沿革》,湖北教育出版社,2000 年,第 745 页。
② 吴松弟:《市的兴起与近代中国区域不平衡发展》,《云南大学学报》2006 年第 5 期。

为沟通辽中与辽东半岛的交通枢纽。时人曾评论道:"自辟商埠后,市肆较前为盛。"[1] 20 世纪 20 年代中国商人创办了长途汽车公司,进一步加强了城市集散能力,经济辐射范围约为四周 100 余公里的城乡地域。境内富产豆、麦、柞蚕丝、棉、麻等农产品,年集散 300 万石以上的杂粮和大豆,棉花也有 100 万石。有日商开办的商品交易所,工业以纺织、榨油和烧酒业为主。[2] 20 世纪初辽阳有 2.5 万人,1930 年为 7.4 万人。伪满时期,"因附近各都市之综合的大工业地带之建设,亦逐次趋向新兴都市发展之机运。既得为背后农村物资之集散地,更为消费都市而渐渐得见其活泼之动态","人口有十万余"。[3]

铁岭,地濒辽河左岸,咸丰十一年(1861 年)营口开埠后,是沟通营口与辽宁北部的交通枢纽。其周围是辽河平原,农业发达,是粮谷的主要集散地之一。开埠后的光绪三十四年(1908 年)左右,加上铁路通行,水陆交通尤为便利,每年聚散的大豆就有六七十万担,1919 年前后集散大豆、高粱达 100 万石。商业以粮谷和杂货批发为主。1919 年铁岭有 7 家粮栈,其中 5 家的营业额就达 115 万元。铁岭的工业有缫丝工场、油坊、磨坊、烧锅工厂和织布工厂,1929 年辽宁有手工织布厂近 500 家,其中铁岭就有 253 家。此外,还有日商光绪三十二年(1906 年)设立的满洲制粉株式会社,资本 100 万元。1906 年人口为 2.5 万人,1933 年为 4.3 万人。

新民,位于辽河西岸,传统时期有驿站通往奉天和内蒙古东部,是辽宁西北部重镇之一。京奉铁路通车后,水陆交便,"热河省东部农产均集散于此,商业颇盛"[4]。光绪三十四年(1908 年)时有大批发商 15 家,大小杂货店 200 家,谷物店 120 家。20 世纪 30 年代初,有较大杂货店 70 家,纱布商 16 家,煤商 10 家,近代工业企业 17 家,另有上百家织布等手工工场。人口光绪三十二年(1906 年)近 3 万人,到 1933 年为 6.6 万人。

吉林,位于松花江左岸,清前中期就是东北中部的政治、交通和商业消费中心城市。老城原为椭圆形,城内有官衙和商铺、民居。光绪二十一年(1895 年)铁路通车前,商铺有匠铺、肉铺、烧锅、粮米行、油坊、粉坊、药铺、烟房、客馆等数种。铺大店巨,人口 10 万。[5] 清末吉林商埠的建设赋予吉林城以新的发展机会。宣统元年(1909 年)吉林自开商埠,埠址选在老城东北门外,以吉长铁路新建吉林火车站为中心。[6] 其后马路敞豁,楼宇如云,建筑皆属新式。[7] 吉林商埠是在相关规划指导下进行建设的,城市中心以交通和商业活动为主,促使城市职能由政治向经济演变,城区发展重心东移。

---

[1] 中国史地图表编纂社:《中国地理教科图》,亚光舆地学社,1946 年,第 61 页。
[2] 熊知白:《东北县治纪要》,立达书局,1933 年,第 38—41 页。
[3] [日]千田万三:《满洲铁路志》,满铁弘报课,1942 年,第 29 页。
[4] 中国史地图表编纂社:《中国地理教科图》,亚光舆地学社,1946 年,第 61 页。
[5] 日本参谋本部编纂课:《满洲地志》,东京博文社,1894 年,第 281 页。
[6] 中国边疆史地研究中心、吉林省档案馆编:《东北边疆档案选辑》,广西师范大学出版社,2007 年,第 78 页。
[7] 王惠民:《新东北指南》,商务印书馆,1946 年,第 56 页。

18世纪末期以前,长春尚为人烟稀少的荒原,为蒙古郭尔罗斯前旗游牧之地。以后因垦荒的发展和人口的集聚,出现了聚落。嘉庆五年(1800年)清政府在长春堡设长春厅,长春开始成为地方行政治所的所在地。道光五年(1825年)清政府把设在南郊长春堡的长春厅迁至现在南关一带,同治四年(1865年)建筑城垣,占地5平方公里。光绪二十五年(1899年),沙俄在修建中东铁路时,在城北修建了宽城子车站和住宅区,长春城市规模开始迅速扩大。日俄战争后,光绪三十三年(1907年)日本修建了南满铁路的车站和满铁附属地。宣统元年(1909年)清政府又在长春旧城北关外至头道沟一带将13 500余亩地划批为自开商埠地,[①]由此老城区、自开商埠、满铁和中东铁路属地等"一城多核",一起构成了新长春。由于长春的特殊地理位置、铁路交通枢纽及商埠地的作用,新长春作为一个农副产品和外来商品的中心市场而日益扩大,至1931年新长春城区面积扩大至21平方公里。

海拉尔的历史较早,远在雍正十二年(1734年)清政府就在此筑呼伦城,此后商业逐渐发展。光绪二十四年(1898年)中东铁路通车对海拉尔发展影响深远,俄国移民增多,俄国商业资本在此大建房舍,出现了新城区。光绪三十二年(1906年)时居民达5 000余人。次年中国开辟商埠,地点选在呼伦贝尔商市北门外关帝庙前附近隙地,西至西土山根,东至依敏河,长约7里;南至商市北门外,北至中东铁路新街,宽约1里。其中隔黑水沟计修桥梁两座。以后地不敷用,可向黑水沟以南展放。[②] 由于此地拥有丰富的畜产品和兽类产品,外商不断增多。1928年人口增加至14 000人,其中俄国人约占三分之一。

赤峰,在昭乌达盟翁牛特右旗境内,南连农耕区域,北接游牧草原。清中期以来,它就是农牧交界地方的政治中心城镇。城南边敖包山向东西连绵,其北边则英金河从西南流向东北,城市位于山河之间。由于这一自然地理环境,赤峰乃呈东西长、南北窄的形状。城有城门而无城垣,由于西北近河流,乃设护堤以防洪水。大街6条直通东西,从北往南分别为头道街、二道街、三道街、四道街、五道街和六道街,"惟三道街最长,约五里有奇,余皆三里左右"[③]。南北走向的街道,被称为东、南、西、北横街。二道街三道街和西横街商家林立,是著名的商业区。[④] 1914年赤峰开辟为商埠,地点勘定在距赤峰县城北1里多外的锡伯河北岸,"东界红山,南界县治,西界银河,北界招苏河",东西长12里,南北长25里,总面积300平方里。[⑤] 赤峰的商业范围,北经开鲁达乌珠穆沁旗,西经林西达经棚,东连锦州、营口,南越长城口通京津地区。其中来自西、北方面的产品多为畜产品,来自东、南方面的多为烟草、布匹、茶等

---

① 中国边疆史地研究中心、吉林省档案馆合编:《东北边疆档案选辑》第121册,广西师范大学出版社,2007年,第34页。
② 张国淦纂:《黑龙江志略》,外交第八《商埠交涉》,柳成栋整理:《清代黑龙江孤本方志四种》,黑龙江人民出版社,1989年,第268页。
③ [日]山田久太郎:《满蒙都邑全志》,东京日刊支那事情社,1926年,第473—474页。
④ 乌云格日勒:《十八至二十世纪初内蒙古城镇研究》,内蒙古人民出版社,2006年,第30页。
⑤ 卓宏谋:《最新蒙古鉴》,第七卷,附录,西城丰盛胡同四号宅,1919年,第386—387页。

多种商品。市场上聚集的商品除了供本城镇自身消费外,从这里再输往四方,杂货日用品输入农村、游牧区,农牧土特产品则输往上述各大市场。①

综上所述,东北近代城市格局,基本上是外国资本主义入侵和开埠先后所形成的市场格局所决定的。约开和自开商埠的密集诞生,既反映了新型经济职能城市的兴起和加强,同时也推动着传统城市出现多核心和现代城市型政区"市"的兴起。现代城市型城区"市"孕育出来,并最终和地域型政区"府县"并列,这是对中国自秦始皇以来沿袭了2000多年的行政区划体制的重大革命性改变。

第二节 铁路交通枢纽和工矿业城市的兴起

清前中期,在落后的生产力水平下,东北的交通线大多是沿河谷地带建设的,它们串联着东北的大小政治中心和军事据点。近代铁路的修筑,克服了大自然的障碍,越过高原,通过草地,也跨过丘陵和河谷,形成新的交通骨干。随着近代铁路交通网的形成,尤其是俄国和日本在中东铁路和南满铁路沿线侵占了大量的铁路附属地和煤、铁等矿山的情况下,东北涌现出一批交通枢纽和工矿业等据主导地位的新城镇。

一、铁路附属地与近代城市的兴起及转型

19世纪末20世纪初,近代东北"丁"字形骨干铁路的最终路线,并没有按最初计划通过传统城市如齐齐哈尔、呼兰、宁古塔、长春等,也没有取道东北地区几何中心城镇的伯都讷。这固然因为路线迂回较远,沿途自然障碍较多,但是沙俄对于东北旧有城市不予重视这一原因,也是很明显的。② 例如齐齐哈尔、呼兰、长春等都距离铁路线很近,但是铁路所经,却在上述各城市附近的昂昂溪、哈尔滨和宽城子等。不难看出,铁路兴建的目的不在于联系东北旧有城市,相反,却是避免旧城市的牵制,另建新据点,以使之对沙俄更为有利。

19世纪末沙俄在东北修建中东铁路伊始,就别有用心地攫取了大量东北铁路附属地。根据《合办东省铁路公司合同》及其他相关条约,凡中东铁路公司"建造、经理和防护铁路所需之地,又于铁路附近开采砂土、石块、石灰等项所需之地",得以通过无偿占用、购买、长期租借等各种方式,而占用一定土地,形成特定地域。光绪三十二年(1906年)日本夺取长春以南段铁路后,于满铁经营附带事业中有附属地管理专项。中东铁路东、西、南线以及南满铁路总长达2900余公里,铁路附属地,即为中东铁路干线、南线以及南满铁路等分别由俄、日占据的沿线地区。实际上,无论中东铁路还是南满铁路,这种铁路用地通过各种合法或者非法的途径不断扩大,远远超出了"建造、经理和防护铁路"以及"于铁路附近开采砂土、石块、石灰

---

① 满铁调查课:《东部内蒙古调查报告》第二卷,第四篇,商工业·都市,1927年,第156—160页。
② [日]小越平隆著,作新社编译:《白山黑水录》,1902年,第17页。

等项所需"的面积,而且包括了沿线各站所划出用作市街的土地,以及农场的土地,部分森林、矿山的土地。铁路附属地与近代列强在中国其他地区建立的租界、租借地有若干相似之处,它是近代俄、日两国在东北建立的具有殖民地性质的特殊区域,①对近代东北城市兴起、转型和经济发展产生过重要影响。

俄国铁路附属地曾经达到1 300余平方公里,超过实际意义上的铁路用地2倍。日俄战争前已有一定规模的新建铁路枢纽和铁路站点城市,主要有绥芬河、一面坡、横道河子、阿什河、满洲里、海拉尔、博克图、昂昂溪、安达、窑门、三岔河、公主岭、大石桥等13个。②

对于东北北部中东铁路附属地的发展来说,哈尔滨崛起的事例尤为典型。光绪二十四年(1898年)之前,哈尔滨还是松花江南岸的一个普通渔村,哈尔滨一词由满语演变而来,即"晒渔网的地方"之意。1898年5月,第一批到达的铁路设计和工程师等一行人,在位于松花江右岸的一片荒寂的平原中发现一个僻陋的中国小村庄,选定此地为中东铁路和南满支线的交汇点,决定分三路进行修筑铁路的工程,一东进海参崴为最终目的地,一西进至满洲里以接近欧洲的西伯利亚线,一南进以达旅大。此后不久,铁路工人到来了,各种阶层的人——有承包商、商人和其他抱有各种目的的人也相继而来。房舍和仓库建成了,街道出现了,土地开始开发,一个城镇正在快速的形成。因处于铁路枢纽的核心区位和中东铁路修筑工程的管理中心,一个临时性的铁路建设局设立了,一个行政财政部也组建了,一队200—300哥萨克人的铁路武装护卫队招募成立,它的人数且随着线路的延伸而不断增加。华俄道胜银行分行也开设了,哈尔滨城市从此开始兴起。③光绪二十九年(1903年),中东铁路管理局以修建铁路所需土地为名,先后征占土地达到136平方公里,从而为哈尔滨城市的发展提供了广阔的空间。到光绪三十二年(1906年),道里、香坊、南岗的单元性街区布局已基本形成。清末在这里设立了滨江厅。到1915年,顾乡、马家沟、沙曼屯、八区、正阳河区域相继成形,道外、四家子在此前后也基本形成。④ 1912至1921年的10年间,哈尔滨以稳定且高效的速度发展着。10年间,城市共增加了1 807所房屋,而且这个数字并不包括那些建在郊区的房屋。建造量最低的一年是1915年,当时这里只建造了52所房屋,其余通常每年房屋的增长量在150至250所之间。而这10年的最后几年还有一个引人瞩目的特点,就是3层楼房或更高层楼房的数量在不断增加。⑤

位于西部边境线上的满洲里,光绪十年(1884年)之前,除少数几座蒙古包以

---

① 程维荣:《近代东北铁路附属地》,上海社会科学院出版社,2008年,第25页。
② 曲晓范:《近代东北城市的历史变迁》,东北师范大学出版社,2001年,第58页。
③ 《哈尔滨关十年贸易报告》(1907—1911),中国第二历史档案馆等编:《中国旧海关史料(1859—1948)》,第155册,京华出版社,2001年,第10页。
④ 张大伟:《铁路建造对清末东北城市的冲击》,《历史地理》第18辑,第53页。
⑤ 《哈尔滨关十年贸易报告》(1912—1921),中国第二历史档案馆等编:《中国旧海关史料(1859—1948)》,第156册,京华出版社,2001年,第28页。

外,还是一片荒凉的草原。此后有少数关内商人来此经商并逐渐定居下来。光绪二十四年(1898年)铁路通车后,因这里为中东铁路西部线的终点,和俄国境内铁路相连接,所以迅速变为一个中俄畜产品贸易市场。光绪三十年(1904年)时有居民6 000余人,粗具城镇雏形。光绪三十四年(1908年),齐齐哈尔地方政府发觉它为贸易和经济的增长提供了很好的收益,因此将此地升为胪滨府,任命一些地方行政官员来规范进出口贸易并建立衙门。为鼓励蒙古人来此贸易,同时也建立了一些供蒙古人大篷车住宿的地方,期望此地能够发展成为木材和獭皮制品交易的中心市场。[①] 1917年俄国十月革命后,满洲里有大批白俄移民迁来,人口骤增至4万余人。至于呼伦贝尔草原上的著名古城海拉尔,在铁路附属地也形成了比较繁荣的新商业区,并有很多俄罗斯商人自后贝加尔地区迁来。安达,原在杜尔伯特旗境内,铁路在此设站后,成为这一新开垦地区的粮食集散中心。以发运货物数量而论,安达站仅次于哈尔滨站,在中东铁路各站中居第二位。经济势力所及之范围,囊括黑龙江省11县,居民约3.5万人。所有东北北部大出口商,如东亚洋行、中英洋行、西比利亚洋行、索斯金洋行及日本各出口商号,皆设分号于此,经营商业,购买力甚大。[②] 此外,像富拉尔基、一面坡、海林等,它们或是木材集中地,或是粮食集中地,或是铁路员工的住宅区,都是随铁路兴建以后新发展起来的较大城镇。

日本所占南满铁路附属地面积,1931年增加到482.8平方公里,占地1平方公里以上的市街有30个。从1907年开始,满铁陆续制定了南满沿线瓦房店、盖平、熊岳城、大石桥、海城、营口、鞍山、辽阳、本溪湖、抚顺、安东、奉天、铁岭、开原、四平街、公主岭、长春等重点地区铁路附属地的市街规划。铁路附属地建设布局完全摒弃东北古城旧有形制,以火车站为中心形成新市街,市街中心结合火车站设有新广场,道路以方格网为主,并设以对角线放射形道路,以方便铁路客货运输与城市道路的联系,利于客货流集散。[③] 随着附属地建设的发展,其区内人口逐渐增加,一些附属地规模和功能开始超越旧城区。

譬如开原,就是因铁路修建而造成结构和规模发生重大改变的城市之一。因其为边防重镇,所以筑城较早。但明代及清前中期,除军事功能外,开原城的商业功能并没有大的发展,直到咸丰年间城内还是"士农工商杂处其间"[④]。清末营口开埠以后,开原与营口之间的粮、货等航日渐兴盛,城市结构开始有大的改变,"商号东街最盛,南街次之,西街又次之……民户则东半城为最多"[⑤]。光绪二十七年(1901年)俄国修筑中东铁路,在距开原老城南18里的小孙家台一带设附属地,并

[①] 《哈尔滨关十年贸易报告(1907—1911)》,中国第二历史档案馆等编:《中国旧海关史料(1859—1948)》,第155册,京华出版社,2001年,第23页。
[②] 东省铁路经济调查局:《北满与东省铁路》,哈尔滨中国印刷局,1927年,第372页。
[③] 吴晓松:《近代东北城市建设史》,中山大学出版社,1999年,第71页。
[④] 全禄修:咸丰《开原县志》卷二,地理,城池。
[⑤] 李毅修,王毓琪等纂:民国《开原县志》卷二,城镇,台湾成文出版社,1965年影印本。

建火车站,开原城市区位、结构和功能更为之大变。光绪三十二年(1906年)开原附属地占地6平方公里多,当时满铁制定了开原附属地市街规划。到1917年完成道路、排水等城区基础设施,城区面积达2平方公里,总人口为18 900人。① 孙家台的发展,使得开原商业区发生转移,"凡旅客之往来,货物之输出,皆以此为中枢"②。

二、其他铁路沿线城市的发展

除中东、南满铁路对东北新城市的兴起和旧城市的结构和功能转型有较大影响外,20世纪初东北外资、中外合资或者民族资本所修筑的铁路以及伪满时期在东北东部和西南部所修筑的铁路,对东北近代城市发展也有显著影响。铁路修通后,原来的村落发展成为有一定商品集散能力的交通枢纽城镇。

20世纪初年外资和中外合资铁路主要有安奉线、吉长线、吉敦线以及平齐线中的四郑、郑洮、洮昂三段铁路等。光绪三十年(1904年)日俄战争之际,日本擅自修筑了安东至奉天的轻便铁路。安奉铁路所经之地,原为东边封禁之地,经济发展缓慢,城市规模一直较小,受铁路影响而迅速发展的城镇有本溪湖、桥头、凤凰城、五龙背、安东等。宣统二年(1910年)清政府借日款修筑吉长铁路,民国初的1912年通车,沿线设立头道沟、卡伦、饮马河、下九台、营城子、土门岭、桦皮厂、孤店子、九站等9个车站。吉长铁路修建前,吉林与长春两城之间尚无一城一镇,完全处于乡村状态。铁路带动客货运输迅速增长,促进了沿线的经济发展和人口增长,使部分车站所在地发展成为较大城镇。如下九台,旧称哂尔哈台,清前中期为边防斥堠之区。站东6里,有上九台,为清初柳条边旧域。铁路开通后,邻境粮豆集中于此,故贸易日兴。昔为荒漠,铁路通车后则粮店已有140余家,其他商店400家,为吉长路线主要商埠。③ 1928年借日款修筑的吉敦铁路通车,全程共设16个车站。该路除使原已稍具规模的蛟河、敦化等城市规模进一步扩大外,还使部分车站所在的传统自然村落迅速发展为近代城镇。

平齐铁路经过地区,原为草原地带,"蒙旗初辟,地旷人稀,车行四顾,一片荒漠无涯际,仿佛航行洋海之中,其土地之最瘠者,水草皆无,惟有灰白色之碱土"④。铁路的修建,一方面便利外来人口向这里移居,同时为当地的畜牧产品和农产品的外销提供了必要的近代交通工具。伴随铁路兴起而发展的城镇,主要有四平、郑家屯、开通、洮南、洮安、镇东、泰来等。

四平,地居松辽平原之中,光绪二十八年(1902年)前仅是一个名为四平街的小村镇。光绪二十九年(1903年)中东铁路修通后,建为大站之一,居民日增,建筑

---

① 吴晓松:《近代东北城市建设史》,中山大学出版社,1999年,第72页。
② 李毅修、王毓琪等纂:民国《开原县志》卷三,交通,商埠,台湾成文出版社,1965年影印本。
③ 李珍甫:《东三省旅行指南》,上海银行旅行部,1926年,第79页。
④ 李珍甫:《东三省旅行指南》,上海银行旅行部,1926年,第79页。

日新。1914年后,形成农产品的集散中心。1923年四洮铁路通车,农牧产品的集散量大为增加。1931年后,伪满又修通四梅铁路,并延伸至通化地区。因处于交通枢纽的位置,四平的商业腹地进一步扩大,榨油、制粉、酿酒等农产品加工业不断发展,城市规模不断扩大。到1947年时,"街衢整洁,工厂如林,水电设备齐全"[①],城区面积29.36平方公里,有人口约20万,[②]俨然已成为东北大都市之一。

郑家屯,原名辽源,在科尔沁左翼中旗境内,位于辽河西岸。咸丰十一年(1861年)营口开埠,辽河航运业兴起。20世纪初年辽源开辟码头,生意日益繁荣,商贾荟萃。光绪二十八年(1902年)设辽源州,宣统元年(1909年)设奉天洮昌道。因水、陆交通之便和清末设治,郑家屯发展成为重要政治、商贸中心城镇。1918年四郑铁路通车,为郑家屯再次发展又创造了契机,由此成为东北西部著名的畜牧产品、食用碱、中药甘草三大特产品集散中心。

洮南,在科尔沁右翼前旗境内,位于洮尔河、交流河合流处。清末官垦之前是一处只有二三户人家的居住点。光绪二十八年(1902年)开始被丈放。《奉天通志》对其地理位置曾如此描述:"右护重沙,左环众水,北连王府,直达外蒙。南自辽源以通省会,西顺站道为东北各境入京之冲途,东顺洮河为西北各镇赴东省之要路,在荒界为适中之地,在东盟为四达之区。"[③]四郑铁路开通后,城内店铺鳞次栉比,砖造房屋颇为壮观,街道十分宽阔。全城人口1922年为2.7万人,1938年为6.3万人,是东北西部仅次于齐齐哈尔和郑家屯的第三大城市。

洮安,光绪二十八年(1902年)开始拓垦,光绪三十年(1904年)置靖安县,为城镇形成之始。1926年平齐铁路全线通车,伪满时期洮索线和长洮线铁路交会于此,因此成为内蒙古东部的交通中心之一。

20世纪20年代中国民族资本所筑铁路最主要的是东、西两大铁路线,以及黑龙江省的呼海等部分短途铁路支线。东部线即奉海和吉海铁路。奉海铁路1925年动工,1927年修筑至海龙,1928年修筑至朝阳镇。吉海铁路1927年动工,1929年修通,并与奉海铁路接轨。奉天经海龙到吉林沿线的一批村落或小城镇,如山城镇、海龙、朝阳镇、磐石、烟筒山、双河镇、口前等,随着客货运输条件的改善和商贸的发展,渐次发展成为中等和近代化城市。例如海龙,为奉海线新兴之农垦地,境内土脉沃,农产丰庶,素有辽北谷仓之称,烟草、麻类、木材、鹿茸输出甚多。市街旧甚寂寥,铁路通车后,则气象蓬勃。朝阳镇因交通便利,大豆之交易最多,市肆繁荣,过于县城。[④]

呼海铁路,从哈尔滨马家船口经呼兰、绥化到海伦,1925年动工,1928年竣工。

---

① 中国史地图表编纂社:《中国地理教科图》,亚光舆地学社,1946年,第62页。
② 宋家泰:《东北九省》,中华书局,1948年,第179页。
③ 王树枏、吴廷燮、金毓黻纂:《奉天通志》卷八十七,建置·城堡。
④ 中国史地图表编纂社:《中国地理教科图》,亚光舆地学社,1946年,第62页。

受呼海铁路影响,新兴城市主要有新松浦、绥化、四方台、绥棱、海伦、海北等。① 如绥化,土名北团林子,地当呼兰河流域肥沃之区,产物丰饶。自绥佳、滨北铁路衔接于此,境内所产大宗之大豆、小麦,均由此输出。街衢整洁,市肆殷盛,为东北大谷仓之中心城市。②

西部线路,由大虎山向西经彰武到通辽,从通辽连通中日合资的郑洮、洮昂铁路,再向北是齐齐哈尔至克山铁路。

大虎山至通辽沿途251公里区间,除靠近大虎山的八道壕、新立屯两站较为富庶外,其他自彰武以北至通辽边境凡300百里间,均为蒙荒,赤地无际,物产鲜少。自铁路修通以后,数年间日渐繁盛,粮食运输尤极拥挤。

通辽位于西辽河右岸,因处于郑通(郑家屯—通辽)支线和大郑线的交汇点,发展最为迅速。它原属科尔沁左翼中旗卓里克图亲王领地,旧名巴林塔拉,蒙古语意为巴林的庄稼。1912年开始丈量此地,并划定镇基。1918年设县时,通辽镇内已呈现街市繁兴的景象。以镇名为县名,县城有东西大街5条,南北大街6条。③ 1921年郑通铁路修通后,成为哲里木盟各蒙旗和奉天间出入要冲。1927年大郑铁路通车后,交通日便,内蒙古东部所产牲畜、皮货均集散于此,市况超过辽源。④

昂昂溪—齐齐哈尔—依安段,经过地区原为草原沼泽地带,铁路开通后,区域农业经济逐渐发达。在此影响下新兴城市和转型老城有齐齐哈尔、依安等。

伪满时期,修建了图佳、洮索等铁路,牡丹江、佳木斯、怀远、索伦等城镇发展迅速。

牡丹江,19世纪末以前还是一个居民很少的小集镇,经济远不如它南面的历史古城宁安发达。它距宁古塔陆路59华里,水路130华里,中东铁路通车后,沙俄铁路职工和关内移民来此经商和垦殖者不断增多,经济发展迅速,宁古塔货物多通过陆路或水路运输至牡丹江车站,其地位日渐重要。⑤ 伪满时期,尤其图佳铁路修筑时,满铁把铁路建设事务所从图们移到牡丹江,作为当时"日满经济圈"的一个铁路中心点,牡丹江的商贸从此繁荣起来。同时作为日本对东北东部地区军事统治和经济掠夺的中心,制材、榨油、机械修配等工业也发展起来。1947年时市区面积达362平方公里,有20万人口。⑥

佳木斯,位于松花江下游南岸,原为赫哲人的渔猎生产之地,清末随着移民的农垦,地方经济开始发展,商业、手工业(烧锅等)和粮栈等逐渐兴起。宣统元年(1909年)商业户数增至50余家。民国初年,交通有了发展,航运可通哈尔滨和黑

---

① 曲晓范:《近代东北城市的历史变迁》,东北师范大学出版社,2001年,第205页。
② 中国史地图表编纂社:《中国地理教科图》,亚光舆地学社出版,1946年,第61页。
③ 王树枏、吴廷燮、金毓黻纂:(民国)《奉天通志》卷八十七,建置·城堡。
④ 中国史地图表编纂社:《中国地理教科图》,亚光舆地学社出版,1946年,第62页。
⑤ 东省铁路经济调查局:《北满与东省铁路》,哈尔滨中国印刷局,1927年,第393页。
⑥ 宋家泰:《东北九省》,中华书局,1948年,第187页。

河地区,"按其起运粮食数量言(依兰、桦川各县之粮),为松花江之第一码头,亦商务最繁盛之地点也。巨大粮栈,计有二十家之上。每年各出口商,亦多在此采购粮食,人皆目为松花江下游之粮食中心"①。1931年后,因本区森林、煤炭资源丰富,尤其是地接松花江对岸,号称有蕴藏量50亿吨的鹤岗煤矿,具备了工业都市的条件。并且佳木斯还被日本定为对苏联作战的军事基地,其周围10万平方公里的广大沃野,成为开拓团开垦的根据地,因此城市有了飞跃发展。② 1937—1938年间,佳木斯—绥化,佳木斯—图们,佳木斯—鹤岗,佳木斯—双鸭山四条铁路先后通车,同时又在佳木斯修建了3处飞机场和4处大兵营,殖民地工业开始出现,1941年人口已达11.3万余。

洮索支线经过地区全为内蒙古草原和山地交错地貌,铁路修建前当地处于封闭状态。1934年铁路通车,1937年又从索伦向西伸展到温泉,由此铁路沿线形成了较大规模的农垦区,一部分站点,如平安镇、葛根庙、怀远镇、索伦等,演变为新兴城市。

怀远镇(今乌兰浩特),紧濒归流河,原是一片渺无人烟的草地。封建王爷曾在这里建立一座家庙,俗称王爷庙。洮索铁路通到这里以后,人烟日密,市街日广,已具新都市雏形。③ 中华人民共和国成立后,内蒙古自治区建立的初期,一度以这里为自治区的首府,改名乌兰浩特。

索伦,位于一山间谷地,周围森林茂密,1912年为森林采伐管理需要而在此设行政机构,形成村落。以后因汉民的移入,农业垦殖地日渐扩大,遂发展为皮毛、家畜的集散市场。洮索铁路通车后,人烟日益稠密,商业亦日有起色,成为新兴城市。④

总之,虽清末民初东北尤其中北部地区由于移民和农业开发仍形成了不少农业县城,但它们仍多呈典型中国式的"十字街"格局。"十字街"交叉口是城镇的中心,布置公署衙门,周围布置居民住宅,城市内部无大的功能分区。与地理位置偏僻,位于农垦区中心,以农业移民为主体所形成的那些农业县城不同,铁路交通枢纽城镇在加速东北城市化进程的同时,城镇结构也多以火车站为中心,形成多核和开放的城市空间,以方便人口流动、货物聚散或加工生产,促进商品经济发展。

三、工矿业城市的崛起

清前中期,东北一些小煤窑和手工业集中的地方聚集了一批人口。至清末民初,东北近代工矿业开始发展,尤其是日俄为加速掠夺东北资源而进行了大规模的开矿、建厂活动。近代工矿企业使用机械化设备,进行社会化大生产,吸收了大量劳动力,促使所在地人口集中,发展成为大小不等的城镇。因矿产资源对日俄等帝

---

① 东省铁路经济调查局:《北满与中东铁路》,哈尔滨中国印刷局,1927年,第421页。
② [日]千田万三:《满洲铁路志》,满铁弘报课,1942年,第28页。
③ 中国史地图表编纂社:《中国地理教科图》,亚光舆地学社,1946年,第61页。
④ 中国史地图表编纂社:《中国地理教科图》,亚光舆地学社,1946年,第68页。

国主义国家具有极强吸引力,它们为加速掠夺而在短期内投下大量人力物力,所以这些工矿城市通常建设速度较快,但也有些城市发展受自然环境制约较大,存在功能较为单一、产业结构失衡等问题。东北南部的抚顺、鞍山、本溪以及东北北部的扎赉诺尔、鹤岗等地,即是典型代表。

光绪三十一年(1905年)前,千金寨只是抚顺城西南郊的一个小村落,随着抚顺煤田的开发而发展成市镇。日俄战争后,日本掠取了抚顺煤矿开采和经营权,满铁投巨资将其建为大规模开采的能源基地,抚顺"千金寨"乃以煤矿而驰名中外。在东北、山东等地提起"千金寨"来几乎妇孺皆知。当时在河北、山东等地流行一首歌谣:"都说关外好,千里没荒草。头上另有天,金银挖不了。"大批移民来此做矿工谋生。[①] 随着人口向煤矿聚集,浑河南岸的千金寨繁盛起来,与此同时,光绪三十四年(1908年)满铁还在千金寨西侧5里地方,占有大量铁路和煤矿附属用地,开辟和建设了一个专供日本人居住的市街,这样就出现了两个千金寨,人们通常把日本人专住区称为新市街,其东面原来的城镇则称旧市街。随着抚顺矿产量逐年提高,城市人口规模也不断扩大。1919年新市街人口达4.14万人,千金寨市街也初具规模。由于千金寨新、旧市街皆在煤层之上,1924年又开始往小官屯、山咀子一带建设的新市街搬迁。至1931年,满铁仅用20余年时间,就在抚顺建成了以年产原煤700万吨为基础,包括电力、煤气、石油和化工的大型能源联合企业。当时记者游历后如此记载:"抚顺煤区总面积约两万五千余平方尺,华工三万余人。每日产额最初仅三百余吨,现已增至两万五千吨。""抚顺日人区域之宽适与方整,惟近代设计之新都市堪与比伦。考其面积,约八万两千余亩。市内有繁盛之市面,宽阔之街道,巨大的建筑物及相当规模之大商店,以上海日侨区域虹口之方之,殆有小巫之别焉。该居留区市政府之设施,颇可见日人经营之不苟。浑河之旁为车站,站旁即为所谓附属地,分为东西两大部。东部包含市政府商业两区,西部则住宅学校也,北端即为煤矿工业区。学校有十二所,此外邮电、机关、医院、公园,莫不应有尽有。"当然在日本功利性开发和城市人口迅速膨胀的过程中,矿业城市的发展也产生了某些弊端,如对中国矿工聚集区,满铁从来不管,"与日本的孜孜经营相比,抚顺华人区域,类皆房屋湫小,县署亦然,欹斜参差而市巷逼仄"[②]。1937年伪满将抚顺附近地区合并起来,称为"新抚顺",成为一个东西长达20公里的近代中国著名的"煤都"。1947年时人口增加到21万多。[③]

本溪也是以矿产丰富,煤质优良著称的煤铁之城。早在雍正、乾隆之际,本溪的采煤、烧窑和冶陶业就开始发展,私人工商业主要制作和经营陶瓷品、冶铁农具和山区农副土特产品。但由于本溪地处群山之中,地形与缸底相似,平地极少,交

---
① 刘汉宗:《千金寨的变迁》,《抚顺文史资料选辑》第1辑,1982年,第1—2页。
② 何西亚:《东北视察记》,现代书局,1932年,第10—12、14—16页。
③ 宋家泰:《东北九省》,中华书局,1948年,第172页。

通不便,本溪城镇长期发展缓慢。光绪三十年(1904年)日俄战争爆发后,日本的财阀大仓喜八郎来到本溪开采煤矿,随之引来很多日本人在本溪建房经商,光绪三十一年(1905年)本溪设立县治。本溪县城,因自昔为缸窑产地,故旧名窑街,火连寨河贯流县城中央,县城向东西延伸,街道呈不规则形。随着矿业的发展,县城分成东、西两街道,河西有炭坑、熔矿炉和缸窑等工场,河东为商业区。光绪三十二年(1906年)后,满铁接河东街东端修建新市街。[①] 1912年后日本人加紧对本溪的掠夺,中日商人大量涌进本溪,该年本溪人口达到2.2万人。1917年本溪私营工商业发展到160多家,其中日本人开设50多家。伪满时期,在战局扩大情况下,煤铁城市本溪担负的国策产业责任遽形加重,以洋灰、白云石工业公司为首,特殊钢会社、宫原机械制作所及窑业会社等渐次设立。因街市日益膨胀,原处于山谷狭隘地点的城市达到饱和,于是选择宫原车站为中心的平坦地带,着手开发近代重工业新城市。[②] 1937年本溪建市,1942年人口为12万。

鞍山位于辽东半岛中部,地下埋藏有数十亿吨的铁矿资源。1909年8月,满铁地质调查所的木户忠太郎等人非法勘探鞍山西南面的铁石,发现了铁矿。1917年满铁设立鞍山制铁所,有巨型的熔矿炉、热风炉、发电所、机械场等,规模很大。此时鞍山开始以采铁炼钢出名,在近代东亚渐成为仅次于日本八幡的第二大钢铁中心,有"铁都"之称。[③] 满铁在以鞍山站为中心建立鞍山制铁所办公楼及其附属工厂的同时,在铁路东西两侧也进行市街建设,鞍山制铁所附属的住宅、水道、仓库,皆有高大建筑及整齐设备。[④] 至1931年九一八事变前,人口约2万,形成鞍山市街的雏形。1931年以后,鞍山从纯以冶铁为主发展为钢铁联合企业重工业城市,市政建设加快。1937年12月鞍山正式建市,周围原属辽阳县管辖的13个村屯划入鞍山市建制,面积共27平方公里,人口有12。到1947年时,城市面积为123.24平方公里,人口有22万。

19世纪末和20世纪初期,在修建中东铁路的同时,东北北部的矿产也不断被发现和开采,出现了扎赉诺尔、穆棱、密山、鹤岗等矿区。伴随开矿活动,在这些矿区附近形成了小规模的城镇。

扎赉诺尔,在满洲里以东,原为新巴尔虎左翼旗游牧地。1901年发现煤田后,引起俄人注意。沙俄与黑龙江当局签订契约,中东铁路公司获得煤矿开采权。光绪二十八年(1902年)动工建井,光绪二十九年(1903年)投入生产,光绪三十一年(1905年)最高年产量曾达46万吨。其矿区由扎赉诺尔湖西北岸一直延伸到额尔古纳河,煤产量的80%供应中东铁路西线用煤之需,此外还供应煤矿自身,以及满足这一地区居民的生活所需。扎赉诺尔是矿区的中心,也是中东铁路西线的重要

---

① 熊知白:《东北县治纪要》,立达书局,1933年,第179页。
② [日]千田万三:《满洲铁路志》,满铁弘报课,1942年,第27页。
③ 李珍甫:《东三省旅行指南》,上海银行旅行部,1926年,第72页。
④ 熊知白:《东北县治纪要》,立达书局,1933年,第42页。

车站。正是由于附近煤矿和铁路的存在,扎赉诺尔得以作为矿城而迅速发展,而矿城的价值又通过产煤、运煤而显示出来。

鹤岗,位于松花江下游左岸,清末民初时还是一片荒山,仅有几家农户定居。1914年在此发现煤田,1918年由商人集资成立兴华煤矿公司并开始采煤,从此矿区附近人丁逐渐聚居。鹤岗"所产之煤,品质尤佳,该矿距哈埠北二百八十里,距松花江仅三十五里"①。1926年铁路通到松花江边莲江口以后,交通条件大为改善,工人、居民渐多,商业随之发展起来。1929年鹤岗煤矿公司规划5条街道,作为商业经营场地。在煤矿规模扩大和商业发展的相互作用之下,鹤岗成为一个新兴的矿山市镇。

在铁路沿线和工矿企业所在地的新城市逐渐兴起的情况下,东北一些传统城镇有的停滞,有的衰落,有的虽然外表上维持原状,但已失去了原有重要地位。总的说来,这一时期,东北各城市的职能都有不同程度的变化。过去作为清朝军事、政治统治的大小核心,到这一阶段,都转化为日俄等国家掠夺、操控东北的经济据点。当然,在外力压迫之下,东北地方政府的一些官员,为了捍卫国家主权,也曾积极抵制外国侵略者对东北城市的殖民地化渗透,大力推进近代东北城市化和城市近代化建设。凡是符合商业集散、工业聚集、交通枢纽转运、矿山开采等新经济职能要求的城镇,都得到不断的扩展,并呈现出繁荣,反之,则相对地衰落下去,这是东北近代城市发展的一般规律,也是现代市场经济规律的具体反映。

第三节 城镇规模的急剧壮大与地域差异

清前中期,东北地区的城镇无论数量还是人口均是全国最低,属于城镇发展低度增长地区。近代以来,随着东北移民大潮的兴起和经济开发的扩展,东北城镇数量迅速增长,城镇规模急剧壮大,至1949年时,东北已成为全国城市化最高的地区之一。百年间,东北城镇发展规模和阶段转变迅速。但早期文献记载尤其是对城镇人口变化的调查缺乏系统和完整性,加上行政区划的纷繁调整,影响了以往学者的研究。早在光绪二十一年(1895年)的甲午战争之前,日本参谋部就注意对东北地区的窥探,曾编有《满洲地志》一书,其后几年日本人小越平隆以记者身份在东北各地广泛游历,撰有《白山黑水录》一书,该两书和当时中国地方志书不同,对当时东北的城镇人口已有大致的数量估计。从1924年起,在哈尔滨实业中学任校长的熊知白,留意并多方搜集哈尔滨经济调查局、满铁经济调查课出版物及东北地方政府调查报告,于1931年撰成《东北县治纪要》一书,除少数县份外,他对东北4省153县的人口有初步考订。伪满时期户口调查标准趋向统一化,人口统计数字也越来越精确。本书尝试梳理以上不同历史时期的几种代表性资料,通过重建近代

---

① 《哈尔滨关十年贸易报告(1922—1931)》,中国第二历史档案馆等编:《中国旧海关史料(1859—1948)》,第157册,京华出版社,2001年,第331页。

城镇人口变迁数据截面,探寻东北城镇规模发展特征及区域差异的历史地理原因。

一、大城市的急剧发展

据光绪十九年(1893年)问世的《满洲地志》一书,东北地区的城镇共计有35个,其中5万人以上的城市5个。再据1932年的《东北县治纪要》的记录,5万人口以上的城市增至14个,其中50万人口以上的大城市1个。到1942年,据《满洲国都市》一书记载,22个行政市中5万人以上城市20个,其中50万人口以上城市3个,100万人口以上的特大城市1个。由此可见,近半个世纪的时间内,东北大城市数量增长急剧,增幅高达4倍,并且城市人口增长速度快于全国总人口的增长,城市化水平走在全国前列。

1. 20世纪前的大城市规模

光绪十九年(1893年)《满洲地志》一书,共记载了35个城镇,其中盛京人口25万,居东北地区首位,其次吉林和长春也各有10万人口以上的规模,再次锦州和齐齐哈尔各有5万人口(详见下表8.2)。当时的盛京城还是中国传统的内城外郭形态,规模雄壮,方九百四十五步,四方各两门。城内为井形,宫殿居中央,五都衙门在其左右,将军衙门在其前,外有长郭,各10里许。[①] 长郭是土墙围城,商贾多居于此,市街繁盛。商店经营兽皮、烟草、菜种、杂谷等交易,其中钱铺、粮铺买卖最大。商人中山东、山西、湖北、广东人居多,西门是马牛行市,大小东门是兽皮店。[②]

表8.2 光绪十九年(1893年)东北35个城镇人口表

城　市	人口/万人	城　市	人口/万人	城　市	人口/万人
盛　京(奉天)	25	复　州	2.5	辽阳州	0.8
吉林府	10	田庄台	2.5	法库门	0.8
长春府	10	宁古塔	2.5	呼　兰	0.6
锦州府	5	金州厅	2	宽　甸	0.5
齐齐哈尔	5	铁岭县	2	安东县	0.4
阿勒楚喀	4	凤　凰	2	三　姓	0.4
开原县	3.5	拉　林	1.5	巴彦苏苏	0.35
义　州	3	怀德县	1	墨尔根	0.35
新民厅	3	岫　岩	1	兴　安	0.025
盖　平	3	瑷　珲	1	通化县	极少
广宁县	2.5	海　城	0.8—1	桓仁县	极少
奉化县	2.5	兴　京	0.8		

(资料来源:日本参谋本部编纂课:《满洲地志》,东京博文社,1894年)。

---

① [日]小越平隆著,作新社编译:《白山黑水录》,1902年,第69页。
② 日本参谋本部编纂课:《满洲地志》,东京博文社,1894年,第271页。

另据《白山黑水录》一书记载,光绪二十八年(1902年)时盛京人口30万,吉林人口20万,长春人口9万,5万人口以上的城市除锦州和齐齐哈尔外,又增加了营口和阿城(详见下表8.3)。总而言之,在20世纪初年现代铁路贯通和港埠城市建成以前,东北地区规模最大的城市,主要是两座传统的政治中心城市盛京和吉林。

表8.3 光绪二十八年(1902年)东北72个城镇人口表

城市	人口/万人	城市	人口/万人	城市	人口/万人
奉天	30	盖平	1.5	宁远	0.4
吉林	20	海城	1.5	康平	0.4
长春	9	呼兰	1.5	烟筒山	0.35
锦州	7.5	怀德	1.2	白彦苏	0.35
营口	6.5	瑷珲	1.2	三岔口	0.3
阿城	5	珲春	1	墨尔根	0.3
齐齐哈尔	5	宾州	1	公园子	0.3
开原	3.5	山河屯	1	郭尔罗斯	0.25
新民	3.5	牛庄	0.8	呼伦贝尔	0.2
大孤山	3	通江子	0.8	局子街	0.15
北团林子	3	伊通	0.8	小庙子	0.15
双城	3	陶家屯	0.8	披河	0.1
铁岭	2.8	三姓	0.8	额摩索	0.1
奉化	2.5	金家屯	0.8	兴京	0.1
辽阳	2.5	兴京	0.7	金州	不详
田庄台	2.5	五常	0.7	复州	不详
昌图	2	拉林	0.7	义州	不详
伯都讷	2	磨盘山	0.5	岫岩	不详
法库	2	宽甸	0.5	凤凰城	不详
宁古塔	2	大民屯	0.5	通化	不详
八面城	1.5	察哈尔站	0.5	桓仁	不详
郑家屯	1.5	新兵堡	0.5	兴安	不详
农安	1.5	广宁	0.4	广宁	不详
朝阳	1.5	安东	0.4	敦化	不详

(资料来源:小越平隆著,作新社编译:《白山黑水录》,作新社,1902年。)

2. 1931年前东北大城市的变化

20世纪初至1931年前,是东北城市迅速增长的时期。1903年东北中央"丁"字形铁路贯通和南部现代海港大规模建设以后,大连和哈尔滨因居于门户和交通枢纽的位置,再加上日俄殖民地和租借地的特殊历史背景,从原来默默无名的小渔村迅速发展为大城市。该时期奉天人口仍居于首位,已发展成50万人口以上的大城市,大连和哈尔滨分别飞跃发展为东北第二、第三大城市。吉林由于受交通区位的影响,该时期城市人口没有明显增长,由东北地区第二大城市下降至大连和哈尔滨之后(详见下表8.4)。

表8.4　1931年东北14个大中城市人口表

城　市	人口/人	城　市	人口/人
沈　阳	561 633	辽　阳	69 024
大　连	289 854	新　民	65 907
滨　江	255 089	锦　县	59 577
永　吉	100 816	扶　余	56 502
长　春	94 362	海　城	55 948
安　东	92 701	双　城	52 463
营　口	91 594	肇　东	51 199

(资料来源:熊知白:《东北县治纪要》,立达书局,1932年。)

奉天即今沈阳,是传统政治中心,光绪二十五年(1899年)中东铁路南部支线修筑时,在奉天老城外10里地方预定盛京站,并以火车站为中心扩占铁路用地。1905年后,满铁接收并继续扩大俄时附属地,加快新市街建设。1906年6月1日,盛京将军赵尔巽宣布奉天省城正式开埠,商埠地址选在老城与铁路附属地之间的空地。铁路开通和由此而来的对外开放打破了奉天老城的封闭空间,令城市的经济功能日益凸显,城市人口迅速增长,城市规模逐渐扩大。此后奉天又成为安奉、吉沈、京奉、南满多条铁路的交汇中心,交通区位愈发重要。20世纪20年代左右,为冲破外国资本对东北民族工业的压制和其对军事工业的垄断,东北奉系当局将发展工业,创建奉天大东、惠工、教军场工业区作为重要工作来抓。大东工业区动工于1919年,到1930年时7平方公里左右的工业区基本建成。惠工(西北)工业区于1924年开工,到1927年共建设了37条马路,工业区的干路与支路基本完工。[①] 短短20余年时间,奉天老城区的改造、商埠区和工业区的开发以及特殊铁路附属地的市政建设,使得原来的大片城郊和农村土地转化为新城区,城市版图大幅度扩展至32平方公里,聚集的人口超过56万,依然居东北地区首位。

哈尔滨的崛起,肇始于中东铁路的兴建。它东通海参崴,南达大连,西经满洲里直贯苏联腹部,联成欧亚通道。水路交通,籍松花江航运,上与嫩江衔接,下与乌苏里江、黑龙江两大国际河流连成一气。自光绪二十四年(1898年)俄国企图建设哈尔滨为其经营东方的侵略据点起,至1917年十月革命止,20年间所投之资金,为2亿6千万金卢布。[②] 铁路开通后,哈尔滨与外交通本已便利,复经后续建设,遂成

[①] 曲晓范:《近代东北城市的历史变迁》,东北师范大学出版社,2001年,第134页。
[②] [日]千田万三:《满洲铁路志》,满铁弘报课,1942年,第22页。

四通八达之局,凭此成为东北北部最大的商品集散地。光绪三十三年(1907年)中俄《北满税关章程》颁布,哈尔滨周围方圆20里成为减1/3关税的货物运输区,其商业环境更加优越,中外资本相继开设商号、洋行或贸易公司。光绪三十一年(1905年)哈尔滨商号仅100余户,1921年外商经营商行已超过1 000户,1929年华商也发展到7 122户。商品经济的扩大又促进国内外工商业者在哈尔滨工业投资的扩大,其中发展最快的是磨粉、制油、酿造、烟草等产业。1930年前,哈尔滨的近代工业有470家,资本计有1亿元。商业、工业繁荣也促进了服务业和地产业发展,1931年时哈尔滨人口达25万。时人评论:"哈尔滨近代城市的形成,最初始于俄国人经营中东铁路,其后市区形成道里和道外两大部分,行政机关、公共机关、各国领事馆、各大商店、别墅、园林等,大都在道里,至于中国人的市场和住所,大抵在道外。"[①]

大连在建设商港之前,只不过是一个叫青泥洼的小渔村。俄国占据旅大后,于光绪二十五年(1899年)开始动工兴建商港,光绪二十九年(1903年)初具规模。随之城以港兴,以港立市,一个占地面积4.25平方公里、人口4万余人的港口城市初步形成。日本取代沙俄侵占旅大以后,随着港口的逐年扩建,城市规模和基础设施不断扩大和完善。围绕港口运输的需要,铁路、造船、金融、商业等迅速发展起来。港口吞吐量的增长,刺激了城市加工制造业的发展。比如大连地区本不是大豆盛产地,然而由于港口运输条件的便利,大量的东北大豆初级产品集中到大连来,这就给经加工制成的豆油、豆饼和其他豆制品再经过港口对外输出创造了条件,从而使榨油业在大连勃兴。1910—1931年间,大连港的贸易额占到东北地区贸易总额的60%以上,1931年大连的油坊、纺织、机械等工厂有460家,资本金2.38亿余日元,年工业产值5 960万余日元。[②] 1929年有日本、美国、英国、中国所属银行十几家,钱庄几十家,每月存贷款各1亿日元左右。商业也有相当程度的发展,1929年日本经营的商店有2 566家,华人经营的商店有2 300多家。港口发展带动了城市各业的发展,导致了人口的迅猛增加,1931年大连市的人口已达28.9万人,城区面积为20.7平方公里。总之,到1931年,大连市作为东北地区最大的对外贸易中心,东北南部地区最大的工业、商业和金融中心,是当时东北南部现代化程度最高的港口城市。当然,我们不否认大连作为现代化港口城市主要是在日本侵占旅大后渐具规模的,在日本帝国主义统治下建设起来的现代化的大连,具有明显的殖民地特征。

3. 伪满时期东北大城市的位序规模

伪满成立以后,1932年设立长春和哈尔滨两行政市。1938年前后第一个五年产业开发计划的实施,又把奉天、吉林、齐齐哈尔、安东、抚顺、锦州、辽阳、牡丹江、四平、铁岭、佳木斯、鞍山、本溪、营口设为市制。1940—1943年间,再次把阜新、海

---

① 王雨亭:《东北印象记》,新国民印书馆,1934年,第95页。
② [日]长永义正编:《经济都市大连》,满洲大博览会协赞会发行,1933年,第39页。

拉尔、满洲里、通化、东安等升格为市。① 如把"关东州"的大连市也计算在内,这样伪满时期东北地区的行政市总数达到 22 个。

行政市的设置,从制度上保证了城市的规划、投资和建设,促进了东北大城市的快速发展,当时各城市纷纷制定了 5—30 年后城区扩展和人口增加的"宏大"规划目标。如长春被定为伪满首都"新京"以后,1932 年第一个五年城市计划增至 50 万人口,1937 年第二期计划增至 100 万人口。在 1931 年前的已建成的老城区、商埠区、满铁和中东铁路附属地等共计 21 平方公里的基础之上,城区计划另建设新区 79 平方公里。当时日本人评论长春:"市街为大放射线,道路纵横行之,官衙、会社及商铺,栉比而筑,具备轮奂之美,而以理想的近代的都市飞跃地向前伸展焉。"②虽意在吹嘘,却也能道出几分真实。伪奉天市规划在已有 32 平方公里城区的基础上,更将周围 178 平方公里地域纳入新城区,扩大并建成有 100 万人口的超大型工业都市。1938 年伪满重新修订《奉天都邑计划》,提出效仿日本大阪模式,采取中心区与卫星城平行建设的方式,在 15 年内,将人口发展到 150 万人,远景规划目标调整为 300 万人。市区中心地由 206 平方公里扩展至 405 平方公里,外加 7 个卫星城,总面积扩大到 1 600 平方公里。哈尔滨的城建规划则是 30 年后人口增至 100 万,市区面积达到 2 154 平方公里,成为伪满面积最大的城市。吉林市原有市区面积为 12.3 平方公里,先预定增加至 59 平方公里,后又追加至 138 平方公里。安东起初计划城区人口扩至 50 万,后鉴于大东沟得临海工业之便利,用水、用地资源又极丰富,复有低廉劳动力供给,因此规划大东港新港城为 150 万人口规模。鞍山由于伪满时期钢铁成为军事支柱产业,因此规划发展为 50 万人口的重工业城市。

据 1934 年的统计,人口 10 万以上的中等城市,有沈阳、大连、长春、哈尔滨、吉林、营口、安东、齐齐哈尔 8 个,其中沈阳规模最大,人口 48 万余。到 1942 年,该时期达到 10 万人口以上的中等城市又增加了一倍,有沈阳、大连、长春、哈尔滨、吉林、齐齐哈尔、抚顺、安东、鞍山、营口、佳木斯、阜新、锦州、牡丹江、辽阳、本溪等 16 个,其中大连、长春、哈尔滨跃进到人口 50 万以上的大城市规模之列,沈阳更是增长为人口 113 万余的特大城市(详见下表 8.5)。

表 8.5 伪满时期东北 22 个行政市人口表

城 市	人口 (1934 年)	人口 (1939 年)	人口 (1942 年)
沈 阳	482 912	810 465	1 135 801
大 连	327 432	533 696	769 000
长 春	225 114	378 242	527 166

---

① 东京市政调查会:《满洲国都市》,1943 年,第 568 页。
② [日]千田万三:《满洲铁路志》,满铁弘报课发行,1942 年,第 20 页。

续 表

城　市	人口（1934 年）	人口（1939 年）	人口（1942 年）
哈尔滨	482 452	460 206	682 541
抚　顺	113 825	221 435	263 037
安　东	171 770	211 579	335 434
鞍　山	24 509	137 154	232 211
营　口	130 360	159 660	190 003
佳木斯	12 837	76 813	106 275
吉　林	141 174	131 113	263 187
阜　新			193 477
锦　州	73 355	108 120	141 757
牡丹江		101936	207 165
齐齐哈尔		97 455	130 453
辽　阳		92 558	114 895
本溪湖			117 088
铁　岭		49 940	58 233
四平街		56 112	88 389
海拉尔			39 877
满洲里			8 009
东　安			45 715
通　化			82 000

（资料来源：1934、1939、1942 年人口数据分别据《满洲经济图说》、《满洲国统计摘要》、《满洲国都市》等书整理而得。）

　　该时期东北大城市快速增加和规模迅速扩大，是围绕日本侵略东北及东北亚整个战略规划意图下实现的。从总体上看，伪满优先建设的三大城市长春、沈阳和哈尔滨，是组成日本侵略东北中轴线的三个核心点，但它们具体发展目标又各不相同。长春是作为伪满"国都"，沈阳和哈尔滨分别是作为东北南、北部交通枢纽和最大工商业城市来规划的。其他如吉林市是作为预期成为"满洲第一旅游城市"来设计的；安东、延吉的建设，则是为了满足日本对东北东部的经济资源掠夺和控制东北通向朝鲜和日本本土的两大铁路干线的需要；而锦州、葫芦岛是日本作为固守东北、南下侵略华北准备的战略基地而经营的；牡丹江、黑河、佳木斯、海拉尔、东安等城市，则规划为日本推行满洲移民政策，图谋进攻苏联而建设的前沿据点；鞍山、抚顺、本溪、阜新、通化等，又是日本为扩大侵略战争所需的钢铁、石油、煤炭等的供应而建

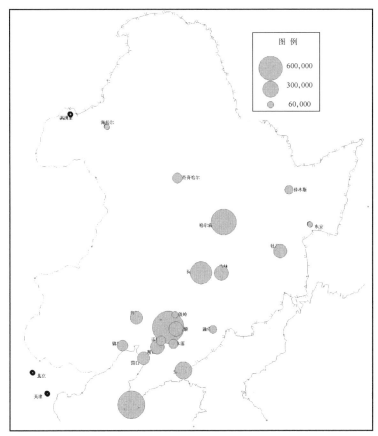

图 8.1　1942 年东北城市人口规模示意图
(资料来源：金毓黻主编:《东北要览》，国立东北大学编印，1944 年，第 279 页。)

设的能源基地城市。

1934 年东北 10 万人以上的 8 大城市人口总数为 2 075 039 人,1942 年则增加到 4 846 622 人,增长了 57%,同期占到东北总人口的 10%。由此可以看出,东北近代各城市的人口规模并不均衡,超大城市、大城市的人口聚集能力急剧加强,作为城市体系中根本基础的小城市发展相对缓慢。这反映出在传统社会经济还具有很大作用的前提下,城市发展的进程所凸显的与经济近代化相脱节,这里并没有展示出城市化潜力的特征。

二、中小城镇的迅速增长

据光绪十九年(1893 年)的《满洲地志》一书记载,东北地区的城镇共计有 35 个,其中 5 万人以上的城市 5 个,2 万人口以上的大城镇 13 个,其余中小城镇 17 个。再据 1932 年的《东北县治纪要》一书中的记录进行统计和分析,可知当时东北地区共有县城 153 个,其中 5 万人口以上的城市 14 个,2 万人口以上的大城镇 27

个,其余中小城镇112个。此外,非县城以外的商业集市共413个。由此可见,近40年的时间内,东北中小城镇发展迅速,增速达4.63倍以上。

1. 大城镇的发展

清中期东北的中小城镇,主要分布在辽宁中南部地带。随着移民开发、口岸开放以及大城市的发展,东北地区的大、中、小城镇也密集增长。19世纪七八十年代及20世纪初年,东北地区出现过两次设置县治的高潮,新设县城商业和工业职能凸显,城镇规模不断扩大。

以东丰县为例,它原系清朝的围场。光绪二十八年(1902年)放荒招垦以后,人口增加,乃置县。县治有土城,开四门,南门外有东西向大街一条,为商业区,大商店骈列于此,最为殷盛。东门外南北向之街衢,多设粮栈。输出品以大豆最多,一年10万石,石油、布匹、面粉等杂货品则从开原、营口、大连等地输入。① 西丰县,原也系围场之地,也是光绪二十八(1902年)置县。县市有东西向大街一条,街路修整,西式房屋及大小商店骈列左右,生意兴隆。商店数千户,其中布匹、杂货店占多数,且兼营油坊、粮栈、当铺等业。②

除了新增县治不断发达以外,东北南部某些县市下属的城镇,因位于交通便利之地,其商业规模和繁华程度甚至超过中心县城,相当于一个大城镇。如海龙县下属的朝阳镇和北山城子,其经济地位均超过当时的县城。朝阳镇位于海龙县东35里,为辽宁省东北隅的大城镇,人口25 000,有南、北和中央3条大街。其商业范围北达磐石、桦甸,东至辉南、濛江,南抵柳河县。物产以大豆为多,每日午前有粮市和牛马市,交易量颇大。③ 北山城子,住户27 000人,有油坊、粮栈、杂货、布匹、当铺等大小商店2 000家左右,市场交易,以大豆最多,高粱、烟草叶、柞蚕丝、蓝靛、麻类、稻米、人参、山货集散也不少。海龙、东丰、西安、开原、柳河等县,均属其商业范围。④ 再如彰武县所属拉套街,距彰武、绥东县治各90里,人口21 800。因沈阳、锦县、义县往绥东必经此处,乃成为彰武县最大的物资集散市场。输出品主要是皮革、面粉、粉条子、烧酒,输入则为陶器、铁器、靴子等杂货。⑤ 黑山县属新立屯,在县城北90里,因是通往蒙古地区的交通要地,所以商业集散范围甚至在黑山县城之上。有商店120家,住户14 000人,市街宽约10里。夏历每月三、六、九日有市期,商店、行商及附近顾客往来不绝,每日交易货价达5 000千元。物产主要有大豆、高粱、粟、麻,边外来者三分之二,附近村落占三分之一,300～400里外的蒙古人,运送牲畜也在此地集中,然后向营口、锦县输出,棉布、火柴、石油、烟酒等杂货由营

---

① 熊知白:《东北县治纪要》,立达书局,1933年,第17页。
② 熊知白:《东北县治纪要》,立达书局,1933年,第22页。
③ 熊知白:《东北县治纪要》,立达书局,1933年,第191页。
④ 熊知白:《东北县治纪要》,立达书局,1933年,第193—194页。
⑤ 熊知白:《东北县治纪要》,立达书局,1933年,第90页。

口、锦县等地输入。①

随着移民增多和土地开发,东北北部城镇也不断涌现。如瑷珲县,有内外土城,周围宽6里,开4门,有东西南北2大街。城外沿江岸南北长约3里,人家栉比,商业繁盛。瑷珲下属的黑河,距县治70里,与俄国隔江相对,人口2万左右,重要市街,有20余条,人烟稠密,商肆集中。重要商店180多家,油坊、磨坊、烧锅,制造额可供本处消费。制皮、木材等工场也有20多家。不过和南部相比,东部及北部的城镇规模有限。如黑龙江龙镇县,1916年设县,县城粗具规模,主要街道仅1条。商家营业,与小市镇相等。②萝北县,有沿江南北长约2里的街1条,市况寂寥。③呼玛县,虽预定广阔街基,但人口不充足,街形也未区划完整,空地甚多,市况萧条。④

整体而言,东北南部城镇数量、规模和商业繁盛程度均较东北北部和西部发达。在《东北县治纪要》一书记载的1931年前东北4省153县中,据作者统计,其中辽宁56县平均各县城有25 843人,其中奉天、安东、营口、辽阳、新民、辽源、锦县和通辽8个县城人口超过5万,通化、海城、铁岭、西安等12地是人口在2万以上的大城镇,人口5千以上的中等城镇23个,人口5千以下的小城镇13个。吉林省41县平均各县城有20 170人,其中滨江、永吉、扶余、长春、双城5个县城人口超过5万,农安、阿城、桦甸、宁安4地人口在2万以上,人口5千以上的中等城镇17个,人口5千以下的小城镇15个。黑龙江省41县平均各县城有11 615人,其中肇东1个县城人口超过5万,呼兰、拜泉、讷河、海伦、龙江、巴彦、绥化、望奎、通河等9地是人口在2万以上的大城镇,人口5千以上的中等城镇12个,人口5千以下的小城镇18个。热河省15县平均各县城有8 890人,朝阳和赤峰2县城人口在2万以上,承德、平泉、林西、凌源、丰宁、开鲁6县城人口在5千以上,其余隆化、经棚、围场、滦平、绥东、阜新、建平7县则为人口5千以下小城镇。

2. 中小集市的广泛增长

道光二十年(1840年)前,东北南部有2府7县。据县志记载,各府、县均有少量集市。如新民县的大民屯镇,在县治东南,距县城40里。集市创始于清嘉庆八年(1803年)三月初三日,以夏历每月三、六、九日为集期。白堡旗镇,在县治西南,距县城50里。集市创始于乾隆二年(1737年),以夏历每月一、四、七为集期。⑤绥中县前卫镇,距县城50里,集市自金、元、明相沿已久,而清又因之,定以夏历每逢双日为集期。⑥

道光二十年(1840年)以后,随着对外贸易的发展,东北南部各县以下的集市逐渐

---

① 熊知白:《东北县治纪要》,立达书局,1933年,第100页。
② 熊知白:《东北县治纪要》,立达书局,1933年,第466页。
③ 熊知白:《东北县治纪要》,立达书局,1933年,第470页。
④ 熊知白:《东北县治纪要》,立达书局,1933年,第472页。
⑤ 王宝善修、张博惠纂:民国《新民县志》卷二,图字,城镇集市,台湾成文出版社,1974年影印本。
⑥ 文镕修、范炳勋等纂:民国《绥中县志》卷四,建置,市镇,台湾成文出版社,1974年影印本。

增多。如 1929 年编纂的《绥中县志》,就记载有前卫、前所、宽邦、葛家屯、大王庙、明水塘、把涧沟 7 个集市。除前卫历史较久、前所和明水塘设市日期无考外,其余 4 个集市均是在晚清和民国时期陆续增设的。宽邦集市,光绪六年(1880 年)设立,每月以四、九日为日期;葛家屯集市,咸丰三年(1853 年)设立,每月以二、七日为集市;大王庙集市,1917 年 3 月设立;把涧沟集市,1923 年 3 月设立,每月以一、六日为集期。①

咸丰十一年(1861 年)后柳条边外的东北中北部地区,随着禁令的解除,地区开发和县治或治局得到推进,不少县城或治局以下的商业集市开始发展起来。如吉林省永吉县,全县共有 12 个集市,有的是加工制造业之地,有的是商业交易集市。如九站,为加工制造业集市。它在吉林西北 25 里,是吉长铁路一个站点,主要进行制材加工。每年 5 月以后,是木筏的到站期,锯木工来此者在 1 000 人以内,市街 9 站,颇为繁荣。再如缸窑,在吉林北 90 里,以窑器生产著名,与本溪湖为东北南北两大窑器出产地,销售范围在昌图以北及内蒙古各处。全镇户数 300,人口 2 000,其中营窑业者 43 户,每户有烧窑一个。全镇一年窑器制造总额,如大、中、小瓷缸等,有 6 万至 7 万套。每年冬季结冰后,由本县或扶余县收窑器的商人到此订货,再转销他处。各窑户也常派遣店员到各大市场设置分销点。商业交易集镇如乌拉街,原名打牲乌拉,市镇形成较早。有土城,周围宽约 6 里,户口 400,人口 2 400。西门外有南北交叉大街,长约 3 里,集散物资的有大豆、高粱等,除小部分供本地需用外,其余均通过铁路运往长春。大小商店 70 余户,通过马车从吉林或长春输入杂货。②

在草原地区或边疆地区,除县治以外,如长白山腹地的安图、抚松、濛江,松嫩平原的大赉、明水、泰来、林甸、依安、克山、兰西、庆城、海伦、通北、绥棱、铁力、绥东、汤原、胪滨、室韦、奇乾、索伦、布西等地,当时还没有县城以下商业集市的记载。有些地方如呼伦贝尔等草原地区,传统的庙会交易等仍在延续。如甘珠尔庙,在呼伦贝尔西南 400 里。它位于广阔高原之中,仅东面有小沙丘。乾隆四十九年(1784 年)设庙,每年夏历八月一日至五日开市。平时僧侣不过 20 名,八月六日至十五日庙会,则喇嘛来集,读经者约 1 000 人,以参观庙会和开市为目的的中俄两国人每年不下 10 000 人。每年七月下旬开始,在庙外 1 里左右搭露天商店者陆续有 200 余户。商店主要经营杂货、家畜、铁工等,蒙古人以家畜交易面粉、砂糖、茶叶、纸烟、烧酒、棉布等货物。家畜交易额为牛 2 000 头,羊 2 500 头,马 3 000 匹,价值 30 余万元。③

《东北县治纪要》一书详细记载了辽宁 56 县、吉林 41 县、黑龙江省 41 县和热河省 15 县的县城以下各集市人口和商业状况。据笔者统计,至 1931 年九一八事变以前,东北 4 省 153 县中除 32 个县没有县城以下的商业集市记载外,其余 121 县共有 413 个集市,有些县下面的集市多达 10 个以上,少的也有 1—2 个,各县平均

---

① 文镕修,范炳勋等纂:民国《绥中县志》卷四,建置,市镇,台湾成文出版社,1974 年影印本。
② 熊知白:《东北县治纪要》,立达书局,1933 年,第 285、286、289 页。
③ 熊知白:《东北县治纪要》,立达书局,1933 年,第 478 页。

有3.41个集市。在413个集市中,除5个集市缺少人口记录外,人口2万以上的大市镇有5个,人口1万以上的大型集市有12个,人口5 000以上的集市有24个,人口2 000—5 000的集市有113个,人口1 000—2 000的集市有110个,人口1 000以下者有144个。再从各省的集市发展情况来看,辽宁省56县共有215个集市,除盘山、安图、抚松、岫岩、安广、镇东、双山7县无集市记载外,其余49县平均每县有4.39个集市。吉林省41县共有110个集市,除濛江、滨江、珲春、东宁、敦化5县无集市记载外,其余36县平均每县有3.05个集市。热河省15县共有48个集市,除绥东1县无集市记载外,其余14县平均每县有3.43个集市。而黑龙江省41县中却有19个县无集市记载,其余22县也仅有40个集市。由此可见,东北南部的辽宁人口稠密,集市兴旺,远较东北北部的黑龙江省发达。

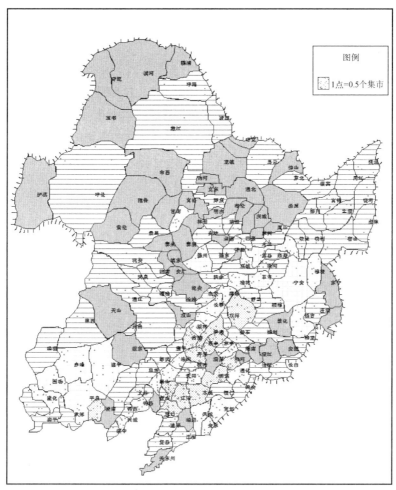

图8.2　1931年东北四省各县集市分布密度示意图
(资料来源:金毓黻主编:《东北要览》,国立东北大学,1944年,第280页。)

三、城镇发展的地域差异

研究空间格局的变动,首先要确定一个可以作时间上的对比的空间区划。近代东北行政区划调整频繁,沿革历史复杂,尤以伪满时期省的设置为最复杂,故从行政区划上选择空间分析单元较为困难。当然,行政区划仅是影响城镇发展的快变量,基于自然条件差异和基本特征划分的综合自然区划,更适合城镇演化过程的分析。根据东北自然地理状况,东北包含东南山地、北部平原、小兴安岭、大兴安岭4个自然区。另据葛勒石所著《中国地理基础》一书,可把东北分为辽热山地、东北平原、长白山地、兴安岭山地4个不同的社会经济区。[①] 笔者综合自然地理区划和社会经济发展背景,拟把东北分成西南热河高原、中部中央平原、东南长白山地、东北部边区、西北部边区5个单元,进行城镇变动的区域格局分析。

道光二十年(1840年)前东北城镇主要集中在辽河中下游及辽西走廊地区,柳条边外的吉林黑龙江及内蒙古东部城镇发展缓慢。

道光二十年至宣统三年(1840—1911年)的整个晚清时期,东北城镇有两次较快的增长。第一次是光绪元年至光绪十一年(1875—1885年),城镇设置分布在东南部长白山地边缘、辽河平原北部及松嫩平原中部地区。第二次是光绪二十七年至宣统三年(1901—1911年),此次增长幅度最大,城镇设置分布在长白山腹地、松嫩平原外围及三江平原地区。

1914—1929年,是东北城镇发展的第三次高峰期。本时期新设置的城镇,主要集中在小兴安岭和大兴安岭即东北部和西北部两个外环地区。

伪满时期直至1949年,除热河山地和松嫩平原新设少量城镇外,其他地区城镇格局变动较小。

从伪满时期东北各区城镇的发展规模比较来看,有以下特点:

1. 中央平原区。可分为南部辽河平原和北部松嫩平原两部分。辽河沿岸平原及周围丘陵地带,自古就是东北的政治经济中心,此区大城市有沈阳、抚顺、本溪、辽阳、鞍山、营口、阜新、锦州8座,中等城市有四平、开原、铁岭、通辽、北票等24座,大城市多分布在铁路沿线一带,中小城市则分布在辽河中下游一带。值得注意的是,在沈阳这一特大城市的带动下,周围这些功能各异的城市相互支持,形成了密集的以重工业为主的城市群体,这在近代中国是少见的。松嫩平原号称东北粮仓地带,跨伪满时期吉林、滨江、龙江三省,此区城市分布并不受铁路的限制,以哈尔滨、长春、吉林为中心而向外扩展,呼兰、绥化、扶余等为中等城市,其余为小城市,农产物集散市镇则分布密集。

2. 西南地区。为热河高原及大兴安岭南部一带,以大兴安岭山麓线为界。本

---

① [美]葛勒石著,谌亚达译:《中国区域地理》,正中书局,1947年。

区内仅有承德、赤峰、平泉等中等城市,其余均为小城市或小城镇,一方面因地形和气候条件差,另一方面社会经济发展缓慢,始终未脱离游牧经济形态,所以城市发展也很缓慢。

3. 东南地区。本地区以伪满时期的通化、安东两省为中心,并包括其西北部的丘陵地带。除南部黄海沿岸以外,丘陵起伏,尽系山地,距离铁路沿线较远,还多未开发。伪满时期,曾致力东边道地区的森林、电力、交通等产业开发,带动了该区城镇发展。至伪满末期,以安东、通化两城市最大。

4. 西北边区。本地区指沿呼伦贝尔高原,经大兴安岭北半部,而达小兴安岭一带。该地为山林地区,人烟稀薄,人口密度每平方公里还不到1人。区内仅海拉尔、黑河属于中等城市,此都是小城市和小城镇。城市多偏于黑龙江及中东铁路的西部,中部山地几无人烟。

5. 东北边区。本区包括伪满时代三江、东安、牡丹江、间岛四省及其西部邻接山地,小兴安岭、长白山脉错综其间,形成若干较小盆地。1931年后,伪满实行产业开发计划及北边振兴计划,积极敷设铁路,与朝鲜北部三港相联系,缩短东北与日本的联系距离。并以此地带作为对苏军事防御基地,因而各种产业开发进度较为迅速。本区内城市,以牡丹江、佳木斯最大,中等城市则有富锦、延吉等19个,大多沿松花江和各条铁路线发展,其中以松花江沿岸、中东铁路东部线及图们佳木斯线分布最密。

第四节　以港埠城市为核心的城镇结构体系

城镇体系是在一个相对完整的区域中,有不同职能分工、不同等级规模,空间有序,联系密切、相互依存的城镇群体。从理论上看,城镇空间结构通常有"中心—腹地"和"枢纽—网络"两种模式。① 清前中期东北的城镇大多按照水路或者陆路驿站交通路线分布,并且性质以军事或政治城镇为主,虽然当时也有少量的经贸往来,但主要是遵循和附从北京—山海关—锦州—盛京—吉林—卜魁的这一政治、军事动脉的路线,②是一种"中心—腹地"式的城镇结构。

东北近代沿海港口或沿边商埠陆续开放以后,东北城镇体系发展的内在机制有了质的转变。东北近代城镇间的货物、人员流动的连接,体现出从枢纽海港沿水陆交通线向内陆腹地节点逐渐推进的特点,东北南部的营口、大连、安东3个门户城市地位显著。此外,由于日俄争霸的特殊历史背景,俄国远东的海参崴、朝鲜东北部的罗津等港口也对东北东、北部地区影响一时。最终它们与东北内陆的广大城镇组成一个经济联系紧密、市场级差明显的"枢纽—网络"式城镇结构体系。

---

① 王铮:《理论经济地理学》,科学出版社,2002年,第173页。
② 吴晓松:《近代东北城市建设史》,中山大学出版社,1999年,第90页。

一、清中期东北城镇的连接结构

清前中期,东北与北京政治、经济联系紧密,北京到山海关,再至锦州,经盛京抵吉林,然后吉林再与卜魁、三姓、宁古塔等发生联系,这是东北城镇物流、人流连接的主要结构。

此外,清中期东北南部海运粮食贸易逐渐兴起,商业城镇发展迅速。其中有一个明显特点,即在诸多天然分散的海口和小流域范围的市场半径圈内,各商业中心和海口门户相对应,自发地组成水流地域原生型的海口—城镇发展态势。

清中期渤海湾西岸的锦州是东北沿海贸易最重要的海口,它包括城东南35里小凌河入海处的马蹄沟和城西南70里的天桥厂两处海口。据《锦县志略》记载,马蹄沟海口在乾隆、嘉庆年间贸易繁盛,道光、咸丰年间天桥厂海口取代马蹄沟海口而至秦鼎盛。① 输入的是来自闽、粤、江、浙、鲁、直等省的土特产、绸缎、布匹、药材、红白糖以及外洋货物,输出的是瓜子、油料、黄豆、药材等大宗物品。天桥厂海口的商业腹地,包括奉天府、锦州府和直隶省承德府的东北部地区,②相当于今天辽宁省的西部、内蒙古和河北省的东部地区。康熙三年(1664年)由盖州卫改置盖平县,治今盖州市。境内有清河,其入海口处正对连云岛,盖平货物的出入都要经过该海口。康熙至嘉庆年间,盖州城内的外地商人相继修建起三江、福建、山东和山西四大会馆。③ 据县志记载,道光以前,"南北贸易咸萃于此,故我城虽系蕞尔偏邑,而名闻八闽,声达三江,无不知有盖州者,皆因货物积散之传播也"。④

牛庄,清代隶属奉天府海城县,地处辽河下游。千里辽河贯穿奉天腹部,因此牛庄是东北最早的海运码头之一,明代由海运向辽东输送的物品多经此地。通过辽河水运,牛庄的腹地不仅包括辽河平原,而且可以向北延伸到整个东北平原。随着清末东北大开发和农耕向北部的推移,牛庄的贸易优势压倒其他海口。⑤ 据许檀考证,道光末年或咸丰初年(1835—1855年),牛庄的贸易税收额最高,其在东北沿海海口贸易中的地位已经超过锦州。⑥

总之,在营口开埠以前,锦州、牛庄、盖州以及复州和金州等地因其分别位于大凌河、清河、复州河等较短的季节性河流河岸,相应地较下游各海口贸易发达,分别成为地域性的商业中心城市。但各流域系统之间的进出口货物结构类似,多层次和分等级的城镇市场系统并没有出现,它们之间的商业关联性程度也不高,未整合

---

① 王文藻等修,陆善格纂:民国《锦县志略》卷十三,交通志。
② [日]松浦章著,冯佐哲译:《清代盛京海港锦州及其腹地》,《锦州师范学院学报》1989年第2期。
③ 张永夫:《清代盖州的四大会馆》,《盖县文史资料》第2辑,1985年,第63页。
④ 辛广瑞等修、王郁云纂:民国《盖平县志》卷八,交通志,海口。
⑤ 牛庄有狭义和广义之分。狭义牛庄仅指牛庄驻防城,广义牛庄指牛庄驻防城所辖之海口,即辽河海口码头的总称。因辽河下游善徙,海口码头的具体地点在乾嘉年间经历了从牛庄到田庄台再到没沟营的迁移过程。1858年《天津条约》所定通商口岸牛庄,其具体地点则是牛庄城下游90里的没沟营(营口)。
⑥ 许檀:《清代前中期东北的沿海贸易与营口的兴起》,《福建师范大学学报》2004年第1期。

成具有多种不同功能的商业地域圈。

二、营口一口开放时期的城镇连接结构

咸丰八年(1858年)中英《天津条约》规定营口对外开埠通商,至光绪三十二年(1906年),营口是该时期东北地区唯一的和最大的对外贸易口岸。营口在牛庄港的基础上,其影响范围从清中期东北辽河平原两侧地方扩大到辽宁省西部和吉林、黑龙江二省的部分地区。作为当时最大的贸易中心港,营口还引领着东北渤海西岸诸海口的发展,形成了以营口为最高层级的海口系统。

辽河沿线的大、中码头以及从通江口到长春再到齐齐哈尔等陆路交通大道沿线的城市,如奉天、新民、开原、铁岭、长春、吉林、齐齐哈尔等,因与营口来往密切,逐渐形成货物中转城市。各中转城市,又分别拥有自己的货物集散腹地和数量众多的初级城镇。如铁岭,其腹地西至法库,东至柳河、梅河口,东西宽度180千米;北至吉林桦甸、辉南,南北长度250千米。较大规模的初级城镇有大疙疸、大肚川、海龙、山城子、伊通等数个。[1]

光绪三十二年(1906年)前后,时人调查营口和奉天及与上海的商业关系之后,曾如此评论:"奉天位于辽东平野之北部,奉天货物北至俄领西伯利亚,南至营口、大连,均有铁道以为转输,而营口又有辽河以民船与奉天相联络,自商业上观之,奉、营两地实有密切之关系也。凡营口货物悉必经过奉天,而后分布吉林、黑龙江、长春一带地方,即生产于满洲中部之物,亦必经奉天商人之手而后由营口输出,然论东省商务,奉天固为中枢,而论上海奉天间之商务,营口又其中枢也。"[2]这段话形象地描绘了营口和奉天两座城市的商业关系和地位,表明该时期这两座城市形成了"门户"和"中心"双核心结构,并且它们还主导着东北其他城镇的连接方向。

三、南、北港口并存时期的城镇连接结构

根据日俄战后系列条约的规定,光绪三十三年至宣统元年(1907—1909年)短短两三年时间,东北南部的大连、安东(包括大东沟),东部的延吉、珲春,北部的瑷珲、哈尔滨、满洲里、绥芬河、依兰(包括拉哈苏苏)等沿海、沿江港口或沿边口岸相继开埠设关,东北由此进入到全方位的开放和开发的新阶段。以沿海、沿江港口或沿边商埠为中心指向的铁路交通线日渐延伸,铁路沿线中、小城镇和货物中转或集散市场发展迅速。这一时期的东北城镇连接,主要体现在南部"大连—南满铁路沿线大中小城镇带"和北部"海参崴—中东铁路沿线大中小城镇带"两块地域上。

20世纪初年,日本通过控制大连港和南满铁路从而在东北南、中部地区不断

---

[1] 曲晓范:《近代营口航运经济的建立和发展与东北地区社会经济的早期现代化》,吴松弟主编:《港口—腹地和中国现代化进程》,齐鲁书社,2005年,第334页。
[2] 明志阁编纂:《满洲实业案》,奉天游艺社,1908年,第84页。

地扩大经济影响。据满铁调查记载,20世纪20年代大连港的货物吞吐范围,主要是大连至长春的南满铁路沿线以及四洮、洮昂、吉长、吉敦等铁路支线周围地区。①随着腹地的扩大和港口的发展,1907—1931年,大连也由邻海的边缘渔村崛起成长为东北地区最大的港口,同时冲击带动了内陆各铁路城镇节点的发育。大连作为港口门户城市,串起了铁路沿线不同层级的城镇节点,形成一种外向型的"枢纽—网络"式的城镇连接结构。在这一空间结构中,作为主要对外枢纽的大连港城,显然是一个不容忽视的核心,而位居东北南部铁路枢纽的沈阳及中部的长春,则是另外的核心。沈阳、长春位于不同区域的节点上,它们既是所在区域的核心,又是港口城市影响到达四平、吉林、通辽、洮南等腹地次级城镇的重要环节。

东北北部有哈尔滨、满洲里和绥芬河等口岸,辐射空间为中东铁路以哈尔滨为界的南线、东线、西线等周围地区。中东铁路和松花江中下游沿线的安达、阿城、珠河及依兰等城镇货物转运繁盛。②

此外,东北东部、东南部和西南部的港埠也和其腹地城镇组成连接体系,但规模远远小于大连和海参崴两港腹地的城镇体系。如该时期东南部的安东成为东北东南部城镇枢纽,鸭绿江沿线的中小城镇均和安东联系紧密。腹地城镇,如桓仁、通化、临江等城市发展迅速。③

总而言之,港口与内地的联系需求是铁路建设和扩展的动力,而铁路—港口的指向性越来越超越传统中国政治中心城市之间的联系。光绪三十三年(1907年)南部大连港、北部哈尔滨对外开放,南满、中东两大铁路系统基本奠定了东北货物流通格局。它首先冲击了长期以来旧有的城镇格局,沈阳、吉林、齐齐哈尔等军事驿站城镇系统价值下降,铁路中心和海港的门户地位上升。以海港为核心,以铁路车站为中、初级市场的城镇发展,彻底打破了陆路和河流等自然条件的限制,东北中南部随着铁路发展起来的哈尔滨、长春、四平、开原、奉天、辽阳、大连等大中城市,至今仍是东北主要城市。1949年以后,东北三省的省会除沈阳以外,吉林和黑龙江两省省会都发生了转移,分别由吉林和齐齐哈尔转移到因铁路而获得大发展的长春和哈尔滨。

四、伪满时期满铁一元化管理下的城镇连接结构

1932—1945年,伪满当局对东北的口岸和海关布局做了较大调整。除继续倚重东北南部三港,加强东北与日本的经济联系之外,首先将吉敦铁路延伸到图们,继而与朝鲜的罗津港相接,接着又修建了以图们为起点向北通到佳木斯的铁路,从而形成跨日本海的经济网络。图们与朝鲜北部三港及长春—图们和图们—佳木斯

---

① 满铁庶务部调查课编印:《大连港背后地の研究》,1923年,第34页。
② 东省铁路经济调查局:《北满与东省铁路》,哈尔滨中国印刷局,1927年,第221页。
③ 满铁兴业部商工课编印:《南满洲主要都市と其背后地》,第1辑2卷,1927年,第15页。

铁路所辐射地域,主要包括今天吉林省东部和黑龙江东南部地区,港埠贸易带动了这些地区的农、林、矿产等资源开发和经济发展,该时期处于腹地的牡丹江、佳木斯等城市发展迅速。[1]

日本侵占东北西部的热河地区之后,还着手建设了承德、赤峰、北票等地通往东北西部葫芦岛港的铁路。葫芦岛港与奉山铁路、热河的锦古、北票、叶峰等铁路所辐射的地域主要包括今天辽宁省西部和内蒙古东部地区,该区的矿产和农牧业资源开发和出口因此发展较为迅速。[2]

综上所述,区域城镇结构是区域经济发展在空间上的最终表现形式。清中期东北弛禁以前,南部粮食海运贸易的兴起已开始导致东北南部城镇发展遵循"海口—中心地"的模式。东北近代受日俄等外力的冲击显著,城镇萌发的性质发生了根本变化,体现出从港口枢纽城市沿铁路线向内陆腹地城镇节点逐渐推进的特点,东北沿边、沿海的港口门户城市地位显著,同时东北内部铁路沿线如沈阳、长春、哈尔滨、吉林、齐齐哈尔等发展为次等商业中心,最后是底层的众多大小商业集镇。这些城镇共同组合成一个以门户城市为终端;以不同铁路城市节点为中初级市场的人员和货物流动连接体系。从沿海到内地,从枢纽到网络,这就是东北近代典型的开发路径与新的城镇空间结构。

---

[1] 铁路总局编印:《京图线及背后地经济事情——北鲜三港を含む》,1935年,第20页。
[2] 铁路总局编印:《奉山县铁路沿线及背后地经济事情—热河南部を含む》,1934年,第8页;南满洲铁道总局编印:《热河诸铁道及背后地经济事情》,1940年,第63页。

第九章 近代东北的经济地理特性及区域发展分异

以山海关为界的东北大经济区的崛起,是近代以来中国区域经济地理最重大的变化之一。与中国其他大区域相比较,新的东北经济区在经济和社会发展过程中显示出区域自身所独有的特征。因自然环境以及历史、政治的因素,东北区域内部又形成经济发展梯度差异,各港口与其辐射腹地所共同形成的港埠经济区的发展程度各不相同。本章在前几章分产业论述的基础上,从历史地理学的视角,探讨东北近代经济地理特性、区域近代化的空间差异及港埠经济区构建的地域性等问题。

第一节 近代东北的经济地理特性

一、基础设施布局的外向性

清中期以前,东北区域经济发展长期受到"封禁"政策的束缚。东北近代经济开发过程中,从南、北两个方向受到了日本和俄国等外部势力的影响。最初受北方俄国的影响,日俄战争俄国失败之后,日本着力经营东北南部以求利益最大化,1931年后东北完全沦为日本的殖民地。因此,从某种意义上来说,东北近代经济是受日俄侵略的影响而被动开发的,通达日本和俄国本土的外向型"港口—铁路"体系布局,是东北近代区域经济开发的显著特征之一。虽然广大关内移民披荆斩棘、辛勤创业,但东北近代经济开发最关键和最重要的基础设施港口和铁路分别被俄日两国长期操控,所以东北经济开发的成果很大程度上被俄日所掠取。

19世纪末期,俄国把注意力转移到远东,为实现其在东北亚地区的霸权,光绪二十二年和二十四年(1896年、1898年)相继获取在东北修筑纵贯东西和南北的铁路权。与此同时,晚清政府也逐渐意识到铁路的重要性,因此借助英国资本修筑北京—奉天铁路,加强东北和关内地区的经济联系,并以此抗衡俄国。光绪二十九年(1903年)以哈尔滨为交汇点,满洲里、绥芬河和旅顺为顶点的"丁"字形中东铁路完工,从战略上东北几乎全被俄国所操控。

光绪三十一年(1905年)日俄战争结束后,日本控制了东北南部的大连港和南满铁路。此后日本以此铁路为主线,不断修建支线,并设法修建日本与东北间或者日本经过朝鲜与东北地区的联络线。1931年前,日本依赖大连港和南满铁路以及安奉、吉长、吉敦、四洮、洮昂等铁路支线,控制了东北南部经济,并向东北北部渗透。

1931年后,日本修通了吉会铁路,通过朝鲜罗津、清津、雄基等港口控制了东北的东、北部广大地区,通过葫芦岛港和锦承、叶峰等铁路控制内蒙古东部地区,通过南满铁路的重要枢纽长春延伸铁路线至洮安和温泉,通达内蒙古农牧区的中心腹地。此外,为开发通化地区的煤矿和铁矿,又修通由沈海路到辑安的梅辑路,通过朝鲜铁路与日本相连接。由此,日本可以通过南满铁路、吉会路、安奉线以及梅辑线4条铁路线以及与这些铁路相连接的多条支线铁路网络,来控制和掠夺东北的经济资源。

清末和民国时期,中国政府和东北地方政权试图构建以葫芦岛为中心的港口—铁路体系,加强东北与中国关内的经济联系,但在列强外部干扰下都归于失败。1945年后,苏联又把原有的中东铁路、南满铁路和大连港变为中苏共管,大连继续为自由港,大连和旅顺军港为中苏共同使用,直至1953年新中国正式收回大连港和中国长春铁路一切权利。

中华人民共和国成立后,东北和关内交通连接的工作日益重要,政府着力调整通向日俄方向的外向型铁路布局。20世纪50年代的经济地理书中曾记载,沈山线"目前仍是关内、关外的唯一桥梁,货运压力较大,而且在货运总量中,过境物资竟占50%以上","今后京承铁路的修建,西部各线的运输和地位,亦将日益加重。在减轻长大、京沈铁路的负担以及国际意义均很重要"。[1] 1960年与京沈线平行的通往东北地区的第二条干线京承铁路通车,东北和关内地区的联系进一步加强,在计划经济时代,东北地区的钢铁、机器、木材以及煤炭、水泥、石油等大量输往关内地区。

二、经济的商品性和输出性

东北原为清廷发祥之地,不许关内人民移入开发。咸丰十年(1860年)后形成移民浪潮和土地开发高潮,但直至1944年,从当时的东北人口和土地分配关系来看,东北的人口密度平均每平方公里仍只有30余人,与关内地区相比,依然稀少。东北是中国最后开垦的一个新农业大区,平原辽阔,可开垦土地面积广大。同时受气温低、霜期长、雨水少并且集中于夏季降落等自然环境的影响,需要耐寒耐旱生长期短的农作物,因此农产物种类相对较少。东北近代土地广,人口少,农作物种类少,便于采用农业机械来耕作,同时,农产物的生产量大,而本地的消耗量少,故而东北的农产品可以大量地输出,可以说东北近代农业具有显著的企业式商品化生产特性。

以东北近代具有代表性的农特产大豆为例,它是当时商品化程度最高和最具有规模化生产特点的农作物之一。大豆营养价值高,最初被用来作为食品作料、饲料或肥料。西方国家近代化工技术进步以来,大豆成为重要的工业原料。东北大豆及副产品豆油、豆饼等大量出口到欧美、日本等国家和地区,近代东北的经济发展和增长,与大豆的生产与销售有着密切关系。东北大豆输出量低时占到全国生产总量的45%,高时占到全国生产总量的75%。东北大豆这一种农产品的输出价

---

[1] 孙敬之主编:《东北地区经济地理》,科学出版社,1959年,第61、63页。

值,最少时占到全部出口商品价值的33%,多时占到41%以上。由此可见,东北近代农业专为对外贸易规模化生产的特性,为中国其他区域所不及。

除大豆、高粱、粟、柞蚕等农作物外,东北近代的木材、畜产、煤炭、铁矿等诸多经济产业均有商品化开发和规模化输出的特点。东北近代天然森林资源丰富,储藏量高过关内各省木材蓄积总量的4倍。平均每年生产的木材数量为400万立方米,大量木材除供东北当地开发和建设使用外,还出口关内和国外。东北煤炭在近代中国产量最大,输出量也最大,每年出口数量有400多万吨。东北铁矿年产量超过200万吨,年生铁输出30余万吨。从东北各港口进出口货物数量上,可以明显看出出口大于进口,区域输出性显著的特征。1931年前东北是中国唯一的出超地区,最高时出口商品价值占到总贸易额的三分之二以上。东北的出超使得近代中国对外贸易的入超额降低。1931年后东北贸易由出超变为入超,实际上东北出口货物价值被压低,而进口的日本货物价值被提高,从数量上来看,东北的输出性特征依然延续。

总之,从近代各类经济资源的生产和销售来看,东北和中国其他区域相比,具有显著的区域个性,即在各种资源产业化开发和生产过程中,又有大量的输出,这为中国其他区域所不及。因此,钱公来早就曾形象地指出,自营口开埠以后尤其20世纪初年全面开发和开放以后,东北的自给自足经济变为市场经济,即农民由"量用为种"变为"量种为用"的生产。① "量用为种"即一家的消费是可知的,而"量种为用"即面向市场的生产是不可知的,虽然充满了风险,却也伴随着较高的经济收益。总之,东北近代区域经济的个性,就是面向市场的商品化输出性的区域经济。②

第二节 经济近代化的南、北分异与其成因

美国著名汉学家拉铁摩尔曾经这样评论:近代东北现代化港埠和铁路兴起、发展的过程,就是以传统时代所没有的现代工、商、金融技术,来联系和整合南部辽河下游农田、西部草原和东部及北部森林三类不同区域的过程,③这无疑说明了东北近代经济大区形成的最重要动力的一个方面。概言之,东北近代港埠经济区,是以沿海、沿边港埠城市为龙头,以铁路、河流等为运输通道,以港埠进出口所带动的货物、资本等流动频繁、交换及联系密切的城乡为腹地,点、线、面三者有机融合形成的近代化经济区。它的发展和壮大,促使辽河下游农田、西部草原和北部森林都发展和转换为现代农工商业区域,从表层地理形式和深层发展机制上都根本改变了清中期时东北的社会经济地域结构,促成了东北近代经济地理格局的巨变,从而使得以山海关为界的新东北地区成为近代以来中国的主要

---

① 钱公来:《东北五十年来社会之变迁》,1939年,第15页。
② 王成敬:《东北之经济资源》,商务印书馆,1947年,第126页。
③ [美]拉铁摩尔著,唐晓峰译,《中国的亚洲内陆边疆》,江苏人民出版社,2005年,第149页。

经济大区之一。

但是对于不同地理区位和历史发展情况不同的港埠来说,它们之间的贸易规模及对各自腹地的促进作用有较大的差别。同时就港埠经济区内部而言,随着铁路或内河交通线路的不断延伸和影响距离的衰减,港埠所辐射的核心、中间和边缘等不同腹地的经济收益逐层递减。所以尽管东北近代形成了东、西、南、北全方位地域开放和开发的格局,但是各港埠经济地域发展的程度和绩效各不相同,最终表现出较为显著的南、北地域发展落差,甚至还制约和影响着东北地区今天的经济发展格局。

一、商业发展差异

1. 商埠分布的南稠北疏

近代东北在开放和开发过程中,由于列强激烈争夺的缘故,成为中国近代条约和自开口岸最密集的地区,几乎占全国口岸总数的1/3。不过以长春为界来看,在31个开放口岸中,东北南部地区又占据绝大多数,东北北部仅有哈尔滨、满洲里、齐齐哈尔、瑷珲、三姓、宁古塔、海拉尔、满洲里等8个口岸。从1931年时东北4省的地域范围来看,辽宁省最多,共有16个;吉林省第二,共有10个口岸;黑龙江和热河省最少,分别仅有4个和1个口岸。

再从地理区位上来看,31个口岸中沿海、沿边口岸共有12个,其中辽宁省的营口、大连、安东、大东沟、葫芦岛属于5个南部沿海口岸,吉林和黑龙江省的龙井村、局子街、头道沟、百草沟、珲春、瑷珲、满洲里属于7个北部和东南部陆路口岸,除黑龙江省的满洲里和瑷珲位于中东铁路西部线及北黑铁路的终端外,其余吉林省的5个东南部口岸在近代没有铁路相通。

沿海、沿边口岸是中国近代经济和社会变化的窗口,口岸的疏密与区域经济发展高度相关。沿海、沿边口岸在被西方入侵的过程中也是主动吸纳西方近代技术和文明的前沿,然后通过交通路线逐步向内地传导。不过由于地理区位、自然和交通运输条件的不同,一般沿海口岸货物吞吐量高于沿边近代铁路交通或传统陆路交通口岸,因此沿海口岸发展前景和地位也要重于沿边口岸。内陆商埠起到上联沿海、沿边口岸,下达腹地城乡的中继作用,当然内陆商埠地理位置、周围地区的经济发展程度、交通条件等因素也是制约其分布和规模的重要因素。

从以上角度分析,东北南部的近代辽宁省既拥有5个重要的沿海口岸,同时内陆河流和铁路交通沿线还有11个自开商埠,它们一起构成了辽宁省外通世界市场,下连腹地城乡的以商埠为中心的区域市场网络。吉林和黑龙江省拥有沿边口岸,但吉林省的沿边口岸当时还没有近代化的铁路交通,所以它们对两省腹地的经济辐射要弱于南部的辽宁省。口岸和商埠的南稠北疏,这是决定东北近代区域经济发展差异的重要原因之一。

2. 对外贸易的南重北轻

上文第三章已经论述,从东北近代各口岸海关贸易统计来看,东北南部营口、大连、安东三港的出口和进口额较北部和东部均占绝对优势。如宣统元年(1909年)南部三港的出口总额占到全东北出口总额的73.8%,1919年为最高年份,甚至达到91%。东部的珲春、延吉两埠的出口额到1929年时才仅仅占到东北全区出口总额的1%。北部的哈尔滨属各关,宣统元年(1909年)出口额时占到东北全区出口总额的25%以上,另外在1914年和1924年时,也分别占到全区出口总额的20%左右;只是在1919年和1929年时,因时局动荡导致出口所占比重的波动较大。再从进口的情况来看,大连港在东北全区的货物进口集中度也在不断增强,个别年份安东和营口两港的额度也分别占到东北全区的20%左右。1920年之后,东北南部三港的进口额占到东北全区总额的90%左右,而东北北部的哈尔滨属各关在1910—1919年还占到全区总额的20%以上,1920年后却下降剧烈,仅占东北全区货物进口总额的5%以下。

1931年后东北南部三港的进出口数额仍占到全东北对外贸易总值的75%以上,大连一港占到东北全部对外贸易总值的65%以上。与1931年以前相比,东北东部的图们口岸和西部的山海关口岸贸易有所发展,1934—1943年间,图们口岸和山海关口岸两者出口总值相加合计占到东北全区总额的15%以上,二者的进口总值也占到全区进口总额的10%以上,但是依然无法改变东北对外贸易南重北轻的总体格局。

对外贸易程度与数量直接关系参与者的收益,这在口岸不发达、对外通道不畅的东北北部尤其明显。如在1931年九一八事变以后,中东铁路通往海参崴港的交通被切断,东北北部农民必须负担更加昂贵的铁路运费。松花江沿岸的大豆通过大连出口时,有时农民的实际收益仅相当于大连市场的1/3。昂贵的运费压低农民的实际收益,进而降低了农民的购买力。通过下表9.1可见,东北北部地方的铁路运费在南部的5至10倍以上。

表9.1 1931年东北每亩大豆粗收入中铁路运费所占比重表

	每亩平均粗收入(A)(元)	铁路运费(B)(元)	B/A(%)
克山	73.01	26.40	36
海伦	92.34	25.92	28
双城	115.22	19.63	17
长春	89.67	16.27	18
昌图	108.17	11.31	10
沈阳	134.12	9.02	7
盖平	146.42	7.18	5

(资料来源:[日]满史会编著,东北沦陷十四年史辽宁编写组译:《满洲开发四十年史》,上册,内部印行,第489页。)

下表9.2是1933年一车大豆从佳木斯水运至哈尔滨再至大连交易时的价格。大豆价格的42.7%被用作了铁路和水路的运费,粮栈、出口商又收取大豆价格的大约18%,最终到农民手中的纯收入仅剩下32%多一点。

表9.2 1933年东北大豆价格及其利益分配

大豆价格(满铁一车)	2 810.7元	100%	
农民纯收入	921.9	32.8	
粮栈所得	334.4	11.9	
输出商所得	167.2	5.9	
松花江水运各种费用	392.7	12.9	
东满铁路各种费用	399.7	14.2	42.7
满铁运费	438.3	15.6	
麻袋及其他杂费	188.9	6.7	

(资料来源:[日]满史会编著,东北沦陷十四年史辽宁编写组译:《满洲开发四十年史》,上册,内部印行,第564页。)

农产物的收益继之影响到土地价格。根据1935年公主岭农事试验场研究时报第24号调查:"奉天以南满铁线、安奉线、奉山线各沿线地带地价最高,它们的延续地带和热河省等次之,京滨线、滨北线为中轴的地方更次。郑白线、齐白线沿线的北部和西北部,直至沙漠干燥地带,这里的地价最低。"[①]耕地买卖受市场供求原则决定,价格以当地的收益为基准,因此客观反映出"港口—腹地"市场结构的影响。

二、工业发展差异

1. 南部工矿业的跳跃发展

19世纪初期,大量关内移民进入辽东半岛和辽河平原,他们延续过去的生产习惯,使得农业经济有了较大发展,商业和农产品加工业也随之兴起。该地出现了早期的沈阳、辽阳、海城、锦州等经济中心,榨油、面粉、酿酒、纺织等手工作坊亦逐渐增多,并在本溪湖、阜新、抚顺等地开始了土法采煤和炼铁事业。

咸丰十一年(1861年)营口开放后,随着海外市场的扩大,机器榨油技术的传入以及对外交通运输的便利,港口城市成为油坊业的最佳工业选地。光绪二十二年(1896年)俄国势力南下,获得了南满铁路支线修筑权和沿线采矿权。光绪三十一年(1905年)日俄战争后,日本夺取沙俄在东北南部的一切权利,占领抚顺、本溪湖和烟台煤矿,并迫使清政府承认其修改原军用轻便铁路——安奉线和沿线矿产

---

① 伪满产业部调查课:《康德二年度农村实态调查报告书——土地关系并に惯行篇》,1935年,第159—162页。

采掘权,其后成立满铁,以垄断南部铁路运输及工矿事业。1915年日本提出"二十一条",在东北南部取得牛心台、田师府、暖池塘等煤矿和辽阳—鞍山—本溪一带的铁矿开采权。

日本积极利用东北南部丰富矿产和廉价劳动力资源,开办大型工矿企业。1915年在本溪建立起第一所炼铁高炉,1917年创建鞍山制铁所。由于炼铁和运输需要,又扩大了抚顺、烟台和本溪湖的煤矿开采,并在旅大租界区和铁路沿线附属地建立纺织、金属、化学、食品等工业。在外资刺激和需求增长情况下,华商投资的机械加工业也有了初步发展,如旅顺人周文富投资建设了顺兴铁厂。周文富曾在旅顺船坞当钳工学徒,后筹集资金八九十元,于光绪三十三年(1907年)在大连西岗子开设周家炉,专制马掌和四轮马车,到1917年发展成为拥有近千名工人的顺兴铁厂。1927年时该厂固定资金约300万元,号称中国东北铁工业的鼻祖。顺兴铁厂主要生产油坊所需的机器设备,以及矿山所用的卷扬机、通风机、抽水机等。大连的三泰油坊,最先使用日本冷气榨设备,并严加保密。后来顺兴铁厂掌握了该项技术,生产出同样的设备,不仅供应大连的油坊,而且营口、沈阳、开原、四平街、长春、吉林、哈尔滨、齐齐哈尔等地,凡设机器油坊或改建油坊,都向顺兴铁厂订购机器。[①]

总之,咸丰十一年(1861年)后,东北南部港口城市是外国资本和先进生产力的登陆地,同时根据原料运进和产品运出的运输指向,符合外向型的工业布局。20世纪初大连开放以后,进出物品集散增多和对外贸易中心形成的同时,也发展起对外输出型的原料加工工业和供给东北内地消费的机械制造工业。再伴随着辽宁中部本溪、抚顺、鞍山等煤铁矿资源的开发,这里大型煤铁矿资源加工工业也相继兴起。从整体上看,辽中南地区大中工业城市快速发展,形成了轻重结合的工业体系。至1931年前,工业的快速发展初步改变了辽中南地区最初落后的农业或农商经济区位特性。

1931年九一八事变后,日本虽在政治、军事上侵占了整个东北地区,但直到1937年七七事变之前,仍是以东北南部的辽宁省为经济中心。辽中南地区距离日本本土较近,且有大型港口便于运输各种物资。日本的经济势力在该地区已有多年基础,日本侵占东北之后,下一个目标是侵占关内大陆,因此不便大事北迁,形成远距离操纵。基于以上种种原因,再加本区矿产资源极其丰富,所以1937年前日本在东北兴建的工业90%以上分布在东北南部的辽宁省。1937年日本侵占华北之后,为了对付苏联,经济势力才开始向北延伸,以掠夺东北北部资源。

1939年第二次世界大战爆发后,日本加紧备战,积极扩大东北南部的工业生产来为战争服务。在钢铁工业方面,积极扩大鞍山制铁所,增加炼铁和轧钢能力。1940年,鞍山制铁所生铁生产能力达195万吨,炼钢能力133万吨,为亚洲

---

① 陈季升、周子恩:《大连顺兴铁厂兴衰记》,《辽宁文史资料选辑》第2辑,1963年,第96页。

大型钢铁企业之一,占到东北全部钢产量的78%和生铁的89%。同时扩建本溪制铁,增加炼钢、炼焦及耐火材料等部门。此外,在抚顺和大连也建立了炼钢厂。日本对有色金属的开采和冶炼,也极尽其能事。大量开采岫岩、桓仁、凤城、锦西等地的铅锌矿,复县、庄河、清原一带的铜矿,并在沈阳、葫芦岛等地扩大冶炼设备。其他钨、钼、铜、铬、钛等金属,也适应炼钢特殊钢的需要而大量开采。

钢铁、金属工业的发展,带动了电力和采煤等动力工业的扩建。日本初期极力经营的是抚顺煤矿。因抚顺煤矿储量大而集中,便于露天开采,1936年该矿产量占东北全部煤矿产量的69.4%。1936年后产量日渐降低,于是又先后扩建阜新、北票和鹤岗煤矿,其中阜新发展最快,成为仅次于抚顺的第二大煤矿。东北煤炭的蕴藏量,以北部地方为多,占总蕴藏量的58%。但1944年北部生产量,仅占总产量的27.7%。至于南部地方则相反,其生产能力已达最高限度。[1] 同时在1928—1945年,东北又逐步建立了人造石油工业,以供应日本迫切需要的军事用油。先后建立抚顺、阜新等大型火力发电站,接着陆续完成小丰满水力发电站,并建立超高压输电网。

日本统治时期的东北化学工业,主要是作为日本国内化学工业的辅助部门,投资设厂受到限制,只在大连、沈阳、抚顺、鞍山等地建立起一些酸碱等基本化学工业设施。作为化学工业的重要部门,如肥料和有机等方面却很少。其他水泥砖瓦等建筑材料工业,为适合当时的需要,亦有一些发展。作为工业首要部门的机械制造工业,在日伪时期得不到发展,仅有的少数机械工业顺应战争需要而发展起来,且完全属于修配性质,不能独立进行生产。当时需要的工作母机和精密仪器,绝大部分须从日本、德国和意大利进口。

由上可见,伪满时期东北南部钢铁、煤炭、化学、电力等重工业发展迅速,沈阳、抚顺、鞍山、本溪、旅大等城市形成重工业中心。它们集中表现为以鞍山为中心的钢铁冶炼工业,以沈阳为中心的几十个大小矿山的有色金属开采和冶炼工业,以抚顺、阜新、本溪、北票等大型矿井、露天矿、洗煤厂组成的煤矿工业,以旅大为中心的造船、机车、电机制造业,以抚顺为中心的油母页岩炼油工业,以锦西、锦州为中心的煤炼油工业,以大连、锦西为中心的制碱工业。此外,安东丝绸工业,旅大棉纺工业,沈阳、安东、旅大的日用轻工业也有较大能力。但在这些工矿产业中,日资占绝对优势,面向军事生产的重工业畸形发展,面向民用生产的轻工业长期没有起色。在工业各部门中,采矿工业比重大,加工工业比重小,机械工业非常脆弱,煤、铁、有色金属被大量开采,其中大部门输往日本。辽中南地区一方面吸纳东北内地甚至其他地区的工业原料,另一方面向东北内地以及国内外地区提供工业制品和煤铁矿产,由此造就了它在东北全区的核心经济区位。

---

[1] 东北物资调节委员会研究组:《东北经济小丛书·资源及产业》,下,京华印书局,1948年,第85页。

2. 北部工业

东北北部的近代工业,肇始于洋务运动和中东铁路的修筑。但直至1931年前,东北中北部的吉林和黑龙江境内,仅在哈尔滨、齐齐哈尔等少数城市有为数不多的食品、纺织、印染、火柴等小型轻工业以及木材加工厂、煤矿、金矿、水泥厂等。机械工业可以说毫无基础,仅有的一些小型厂房只是修配和加工性质,不能独立生产。据下表9.3可见,截至1936年,伪奉天省和"关东州"的工厂数量占到东北总数的47.8%,资本额占到78.7%,是东北北部哈尔滨及伪滨江省的两倍以上。

表9.3 1936年东北工厂统计表

	工厂数（人）	百分比（%）	资本额（元）	百分比（%）	工人数（人）	百分比（%）	生产额（元）	百分比（%）
东北	8 521	100	587 730 210	100	227 842	100	801 492 864	100
关东州	1 919	22.52	322 441 622	54.86	96 897	42.53	466 081 753	58.15
伪奉天省	2 152	25.26	139 870 658	23.80	58 270	25.57	121 983 712	15.22
伪安东省	474	5.56	6 418 138	1.09	14 685	6.45	20 781 226	2.59
伪锦州省	428	5.02	3 110 549	0.53	5 224	2.29	8 260 579	1.03
伪热河省	131	1.54	992 078	0.17	1 210	0.53	1 759 846	0.22
长春市	323	3.79	8 157 654	1.39	7 823	3.43	12 808 161	1.60
伪吉林省	501	5.88	20 597 519	3.51	7 288	3.20	22 290 840	2.78
伪间岛省	81	0.95	1 384 190	0.24	813	0.36	1 811 864	0.23
哈尔滨市	1 172	13.75	52 245 220	8.89	19 736	8.66	89 676 161	11.19
伪滨江省	530	6.22	20 593 165	3.50	7 693	3.38	30 700 401	3.83
伪龙江省	506	5.94	7 007 457	1.19	5 049	2.22	13 105 620	1.64
伪三江省	167	1.96	2 888 000	0.49	1 924	0.84	8 268 384	1.03
伪黑河、兴安总省	137	1.61	2 023 960	0.34	1 230	0.54	3 964 317	0.49

(资料来源:满铁调查部资料课:《昭和十一年满洲工场统计》,1938年。)

1937年后,伪满计划建设8个重点工业区,南部4个,中部1个,北部3个,分别是以哈尔滨、佳木斯和牡丹江为中心的北满、三江和东满工业区。某些产业如水泥生产北迁,但至1945年,南部有10个水泥工厂,生产能力为163万吨;北部在哈尔滨、牡丹江、汪清县庙岭以及吉林创建4个工厂,生产能力为46万吨,南部是北部生产能力的三倍。[①] 从实际建设效果来看,中北部大多数城市的经济面貌仍是以

[①] 东北物资调节委员会研究组:《东北经济小丛书·水泥》,京华书印局,1948年,第42页。

商业为主的消费性城市。

至于边境地区,像黑河、呼伦贝尔以及吉林的延边地区等,较东北南部中心地区的工业更为落后。近代黑河地区的工矿业发展速度缓慢,工矿业中只有个别部门,如沙金业有畸形发展。它的发展速度和产量,是黑龙江沿岸地区经济发展的重要标志。20世纪初,围绕沙金业的发展,建立起一些小规模的电力、采煤、面粉、榨油和建筑材料等工业。但因管理、交通、时局等因素影响,企业经营效果并不理想。如采木公司一向恃哈尔滨为轻木板销售市场,1931年因不敌俄木的角逐而陷于困境。1924年开设的振边酿酒厂,资本70万元,每年出酒40万加仑,本拟将西伯利亚金矿区作为销售市场,不料边疆封锁,1926年亦告歇业。[①] 呼伦贝尔地区自19世纪末中东铁路修筑后开始出现近代工业。但直到1949年,除森林采伐、采煤工业、皮革及部分食品工业有一定规模外,区内所需要的生产资料和生活资料绝大部分依靠手工业生产或由外地调入。在延边地区,珲春1924年曾设立民生火柴公司,惟产品质量,难与日货争衡,相形不免见绌,遂令日货独占市场。珲春煤矿,开采已历年所,惟方法甚为简陋,规模又复狭隘,工人亦不过400名而已,销路不畅,无利可图,以故进展迟缓。[②] 再如龙井村的工业,1922—1931年亦殊少进展。当地商人亦曾设法仿制外货,惟终无成效,小规模铁厂2家,生产已锐减,每年不过消费生铁30吨而已。此外尚有小规模针织厂多处,然皆属乡村工业,仅供当地所需而已。酿酒业(俗称烧锅)随处皆有,本地所产高粱多为该业收买,以作原料,出品大都售于韩农,获利殊微,而所用方法,墨守成规,毫无改进。天宝山之银铜矿,由中日合办采矿公司开采,但自1920年以后,因燃料缺乏,运费昂贵,突告倒闭。[③] 1933年修通长图铁路,1937年修通图佳铁路后,日本借此掠夺该地区的矿产、农产和森林资源。日本利用当地森林资源,在开山屯和石岘,建了2个人造丝木浆工厂,客观上使延边地区近代工业略有发展。另外,日本对天宝山的铜、铅矿,珲春河的沙金矿,以及老头沟、三道沟的煤矿都进行了机械开采。总的来说,和辽中南地区相比,东北北部尤其东、西部边境地区缺乏大型的钢铁、矿产、电力、机器制造工业和化学工业。北部的工业多半以原料和燃料生产为主,并且互不联系,不成体系。

1949年后,东北地区成为国家重点建设的工业基地。在国民经济恢复时期,苏联向中国提供援建项目42个,其中30个设于东北,投资总额达34亿元。"一五"计划期间,全国共安排156个重点建设项目,其中东北地区占56项,占全部投资总额的37.3%。[④] 该时期国家除了有计划地重点改造和加强南部地区原有工业

[①] 《瑷珲关十年贸易报告(1922—1931)》,中国第二历史档案馆等编:《中国旧海关史料(1859—1948)》,第157册,京华出版社,2001年,第313页。
[②] 《珲春关十年贸易报告(1922—1931)》,中国第二历史档案馆等编:《中国旧海关史料(1859—1948)》,第157册,京华出版社,2001年,第347页。
[③] 《龙井村关十年贸易报告(1922—1931)》,中国第二历史档案馆等编:《中国旧海关史料(1859—1948)》,第157册,京华出版社,2001年,第356—357页。
[④] 衣保中等:《中国东北区域经济》,吉林大学出版社,2000年,第50页。

基地外,还在北部建设了新的工业基地,当时在东北投资建设的所有重点工程中,黑龙江和吉林两省占到五分之三。譬如"一五"计划期间吉林省被确定为全国重点建设地区之一,工业发展极为迅速,全国第一个现代化汽车厂和综合化学工业区分别在长春和吉林建成,新的重工业部门不断出现。① 建国后的1950—1951年,黑龙江由外省迁来电机、机床、机车、轴承、仪表、工具、橡胶、电线等十多个大工厂,初步有了现代化的工业。"一五"计划期间,国家又重点在黑龙江省兴建许多新企业,大力发展机械、冶炼、采煤、电力等先行工业以及造纸、制糖、纺织等大型轻工业,哈尔滨、齐齐哈尔、佳木斯及林、矿区出现了新的工业,从根本上改变了原有的面貌。黑龙江省一跃而成以机械、煤炭、木材为中心的工业基地。② 北部新兴工业基地的形成,彻底改变了近代南部工业区和北部农业区相对立和片面依附的产业布局,使东北各省区之间形成了合理的区域经济关系,并成为不可分割的经济整体。

三、农业发展差异

1. 南部农业的零细化发展趋向

清初顺治时期就颁布了移民令,辽中南地区的农业生产得到较快的恢复。雍正、乾隆以后,该区农业生产水平有了进一步提高,开始向直隶、山东等地出口粮食,嘉庆、道光以后开始向沿海各地出口大豆等作物商品。但这时期辽中南地区经济总体上仍较落后,区域生产分工单一。由于棉花种植受到气候限制,该区甚至没有简单的家庭棉纺织手工业,因此农耕纺织结合、自给自足的经济水平都没有达到,主要依赖山东、江南等地输入棉纺织品。整个区域经济表现为纯粹的农业区位特性,区域对外处于依附的状态。

咸丰十一年(1861年)后,移民的急剧增长和对外贸易的发展二者合力促进了本区商业和工业的飞跃发展,同时也带动了农业经济的变革。20世纪初年至20世纪30年代,该区域对外开放进一步扩大,辽中南地区的农业已同东北北部地区地广人稀、雇农经营的情形形成了较大差异,港口—腹地市场结构促进了地价的提升和农业劳动力的转移。但另一方面,由于不断增长的人口的压力,该地区的农业并没有完全随着工矿业的发展而现代化,却同华北地区的零细化的农业经营呈现出较高相似特征。

工矿业的发展必然带动新的劳动就业,促进农业劳动力的转移。20世纪20年代,满铁曾对辽阳县5个村屯、盖平县6个村屯和海城县栏柯山屯共计3县12屯做了一次农业劳动力转移调查,结果见表9.4。

---

① 孙敬之主编:《东北地区经济地理》,科学出版社,1959年,第95页。
② 孙敬之主编:《东北地区经济地理》,科学出版社,1959年,第162页。

表 9.4　1920 年东北南部屯堡出村劳动者调查表

职业/地方	矿山	工场	铁道	商店	官吏	其他	合计	户数
辽阳县后三块石屯	28	21	2	7	5	5	68	73
辽阳县前三块石屯	34	8		1	1	8	52	72
同大窑		14	3	6	5	2	30	32
同单家堡子	13	3	2	1	7	5	31	84
同大寺		5		1	1	3	10	140
同南八里庄	23	8	1	5			37	12
同四里庄	2	10		10		4	26	70
同三里庄		2		5		10	17	170
同新立屯	1	14		3		1	20	104
同首山堡	1	14		4	9	3	31	120
新民县二道河子屯	3	13	1	3	4	18	42	84

（资料来源：[日]平野蕃：《满洲の农业经营》，中央公论社，1941 年，第 75 页。）

脱离农业而转移的户数（出稼户数）占到全屯户数的 47.3%，几乎占到一半的比例，说明接近一半的农家都有人出外谋求其他职业。另外，脱离农业的人数占到全屯总人数的 8.8%，占全屯男性总人数的 17.4%。再据辽阳县一些村屯的调查，出村的劳动者主要在矿山和工场就业，其次是在商店或者铁路就业，或者做官等。

因为辽中南地区是山东、河北等地移民的首先登陆地，然后再沿交通线逐渐北移，所以 20 世纪初年该地区已是人密地少，呈现出了土地的零细化经营特征。

首先，从土地分配即各县农户拥有耕地数量的调查来看，20 世纪 20 年代沈阳、盖平、复县等地区 30 垧土地以上的拥有者不到 2%，60% 以上的农户有 3 垧到 10 垧或 3 垧以下土地，反映了土地的零细化经营趋向。同时期东北北部的农户和土地分配状况，没有像辽中南地区那样两极分化严重，10 垧至 30 垧或者 30 垧以上的农户合计占总农户的 20% 以上（见表 9.5）。

表 9.5　近代东北某些县拥有耕地数量不同的农户所占百分比表

县　名	3 垧以下	3 垧至 10 垧	10 垧至 30 垧	30 垧以上	
开原县	41.8	36.4	16	5.8	
沈阳县	68.4	24.6	5.1	1.9	
盖平县	26.4	67.3	4.6	1.7	
复　县	33.3	60	4.9	1.8	
通化县	21.4	52.9	18.9	6.8	
海龙县	51.5	31.1	12.7	4.7	
锦　县	63.6	29.5	5.1	1.6	99.8
辽宁省合计	41	43.8	11.2	4	
东北北部	25.4	41.7	17.9	6.4	91.4

（资料来源：铃木小兵卫：《满洲の农业机构》，白杨社，1936 年，第 62—63 页。）

其次,反映土地零细化经营的另外一个重要标志就是大家畜的饲养和利用结构。如马主要用于耕地、肥料搬运、粮食脱粒、运输农产物到市场等;骡子的功用较马稍次;驴子身体较小,饲料费较少,适合贫农饲养和零细土地耕作,还可用来搬运、碾磨粮食。牛适合于耕地,饲养费用也较低廉。一般马、骡子的饲料费较驴和牛多1/2或1/3以上。由表9.6可见,东北北部地区的马占牲畜量的77%,驴和牛约占13%;东北南部驴的饲养居第一位,约占33%,驴牛两者合计占到50%以上,马骡合计占49%;而同期华北地区驴的饲养率则占到78%。

表9.6 近代东北大家畜的饲养和利用状况表 (%)

种类/地带	马占比	骡占比	驴占比	牛占比	合计
东北南部	24.01	25.11	32.82	18.06	100
东北中部	47.80	34.58	8.37	9.25	100
东北北部	76.78	10.63	2.09	10.50	100
华　　北	4.13	8.34	78.29	9.24	100

(资料来源:[日]平野蕃:《满洲の农业经营》,中央公论社,1941年,第67页。)

南部偏驴、牛,北部偏骡、马的饲养格局与当时的地方环境及市场等也有着密切关系。东北北部土壤黏重,农耕需套用五六头马或骡子,夏季雨季来临,道路泥泞,农耕期限短,适合作业的时期要求耕种迅速;东北北部的村落较铁道沿线市场的距离远,由于力求运输便利等原因,偏重饲养马、骡等大牲畜。东北南部土壤较松,距离铁路和市场近,农耕期长,这些都是牛、驴所占比重较大的原因。

最后,农田景观的对比也可看出东北南部土地的零细化经营倾向。东北北部农田的垄幅宽广,但南部较狭窄,单位耕作面积小。东北南部玉米、高粱和大豆的混作以及小麦和黑豆的间作逐渐增多。在东北北部,农民的脱谷场常在夏季闲置,南部地区则在夏季开辟成菜园。其他如棉花、烟草、果品、鸦片等商品作物的种植、化学施肥量的增加等,这些现象也都反映出南部土地零细化经营的倾向。

2. 北部农业的大农经营

东北北部移民较晚,地广人稀,地权分配集中现象突出。据1936年满铁对东北北部16县17屯、中部10县10屯及南部10县10屯的调查,东北农村的地权相当集中,东北农村中占户数14%—19%的大、中土地所有者(即地主、富农)占有72%—87.9%的土地,而贫农和无地农民占农村总户数的65.55%—75.4%,却仅占有12.1%—23.6%的土地。[①]

从经营类型上看,在这些大土地所有者即地主中,有只出租土地而不自营的纯

---

① [日]平野蕃:《满洲の农业经营》,中央公论社,1941年,第15页。

地主,有出租部分土地兼自营部分的经营性地主。在中等土地所有者即富农中,有完全进行生产投资、采用雇工进行商品生产的新式富农,也有部分自己参与生产,但由于家庭劳动力不足而经常雇佣雇工帮助生产的旧式富农。再据满铁对不同阶层农户耕地经营面积所占比例调查来看,东北尤其北、中部地区地主和富农所经营的耕地面积规模极大。

表 9.7 1936 年东北各区域不同阶层农户耕地经营面积所占比例表

项目\地区	北部 农户%	北部 面积%	中部 农户%	中部 面积%	南部 农户%	南部 面积%
大耕作者	2.3	27.8	1.0	11.1	5.3	38.9
中耕作者	15.7	55.9	18.9	60.6	16.5	35.6
小耕作者	12.6	11.8	25.7	22.5	19.3	15.8
零细耕作者	45.6	4.5	29.4	5.8	37.4	9.7
无耕作者	23.8		25.0		21.5	

(资料来源:[日]平野蕃著:《满洲の农业经营》,中央公论社,1941 年,第 15—16 页。)

从上表 9.7 可以看出,东北农村的耕地经营也相当集中,大耕作者及中耕作者占农户总数的 20% 以下,却经营着 70% 以上的耕地。不过由于地域差异,东北北部耕地集中经营程度较中部、南部更高。东北北部 2.3% 的大耕地所有者,经营着 27.8% 的耕地,15.7% 的中等耕作者,经营着 55.9% 耕地。总之,大耕地和中等耕地者,再加上近代农场,它们一起构成了带有资本主义性质的"大农"经营形式。从总体上看,东北北部地区农户的土地经营规模较南部地区大得多,大农经营以东北北部和西部最为发达。

综合 1907—1945 年东北港埠区位分布及贸易、工业和农业等产业的整体发展趋势,可以看出东北近代内部经济发展不平衡的状况。北部、东部及西部港埠与南部三港的对外贸易存在着较大落差,在这种贸易格局下,北部、东部及西部港埠对腹地经济发展的影响,不如南部三港那样,有明显的促进和带动作用。光绪三十二年(1906 年)东北全面开放之后,南部的工、商、矿业发展一直快于北部及东、西部地区。如大连开放以后,铁路运输和港口集散能力的增强为当地剩余农产品发展工业提供了条件,带动了榨油、缫丝、酿造等对外输出型的原料加工业的持续发展。1931 年以前,辽中南地区商业和轻工业经济快速发展,改变了该区最初落后的农业经济区位特性。1931 年以后,随着辽宁中南部本溪、抚顺、鞍山等煤矿、铁矿、油页岩等矿产资源的开采,日本人投资的冶铁、炼钢、工业机器制造、化学等工业相继兴起,此时东北南部三港所辐射下的核心区域即辽中南地区成为近代中国第一个大型重化工业基地。著名经济学者罗斯基认为,1931 年以前中国的经济增长从两个地区向外扩展,其一是以充满经济活力的大都会上海为中心的江南地区,此外即是以辽宁省东南部的奉天、鞍山、本溪、营口及大连为工业和交通中心的地区。[①]而从农业来看,近代农业开发有从南向北转移开发的趋势,20世纪初期东北南部人口饱和,土地零细,东北中、北部的大农经济和农业专门化经营仍有较大空间。

总之,受港口区位布局和对外贸易规模的限制,1931年以前,东北北部地区商业市场和外向型经济产业虽有所发展,但起伏和波动较大。1931年以后,东北北部的对苏联贸易口岸关闭,由此造成东北近代生产力分布极端不平衡的状况。与此同时,1931年以后东北东部和西部地区由渔猎、游牧之地加速向农业和工商区域转型,但起步时间较晚,发展水平低于东北中南部地区。1949年以前,东北南部的辽宁占有全区工业的4/5左右,而东部吉林和北部黑龙江仅占全区工业的1/5,形成了南部高度发展的工业区和北部落后农业原料区之间差异显著的经济地理格局。[②]

四、区域发展落差的历史地理成因

通过上文的数据比较,可以看出近代东北港埠经济区的成长表现出极大的不均衡性,无论是在1931年之前,还是1931年之后的伪满时期,东北近代南部的港口贸易始终占有优势地位,尤其是大连港始终是东北近代第一大港。东北近代的这种经济地理格局对今天东北的区域经济发展仍有较大影响,那么北部、东部及西部地区与南部口岸发展差距的成因何在?作者试从历史地理的角度,即从资源禀赋、区位条件、地缘政治、资源配置等四个方面,总结东北近代各港埠经济区发展落差的原因。

1. 三面山地、中部肥沃平原的自然环境与东北各港埠经济区的发展落差

美国人葛勒石在《中国区域地理》一书中,曾把今天的东北地区划分成辽热山地、松辽平原区、长白山地、兴安山地四大次区域。从人们生产活动的自然条件来看,热河山地地势崎岖,土地贫瘠,植被稀少,至少有四分之三地区不利于人类生活,山间溪谷等为居民的集中地带;长白山地木材储藏丰富,农业发展很受自然条件的限制;兴安山地形如一个倒转的"L",木材和矿产丰富,但气候严寒,雨量较少,经济发展受到较多阻碍;与前三者相比,松辽平原土地广阔,黑土肥沃,在葛氏眼中,当时它如同18世纪正待开发的北美洲,对20世纪的中国移民来说,是一个令人目眩心迷,发展新人地关系和新文明的实验所。[③]关内移民到东北之后,促成了东北平原的开垦和商品化生产,如中部平原的大豆及豆油、豆饼等加工品,它们是

---

① [美]托马斯·罗斯基著,唐巧天等译,《战前中国经济的增长》,浙江大学出版社,2009年,第2页。
② 孙敬之主编:《东北地区经济地理》,科学出版社,1959年,第12页。
③ [美]葛勒石著,谌亚达译:《中国区域地理》,正中书局,1947年,第71—107页。

南部港口最重要的出口商品。① 北部和东部港口所辐射城乡腹地的农业生产条件较中部逊色,因此在整体上限制了港口发展规模和经济水平。

2. 口袋地形、开口向南的地理区位与东北各港埠经济区的发展落差

自咸丰八年(1858年)的《瑷珲条约》和咸丰十年(1860年)的《北京条约》把黑龙江以北、乌苏里江以东的大片国土割让给俄国之后,东北北部和东部失去了战略出海口,唯独南部面临渤、黄二海,海岸线长达2 000余公里,港湾众多。因此三面环山、缺口向南的地形决定了南部口岸地理区位最为有利,反之马蹄形的中部大平原又天然地构成了东北南部港口的"口袋"形腹地。

光绪二十四年(1898年)以前,大连港原名大连湾,即众多相连海湾之意。它三面为低山丘陵环绕,湾口朝向东南,宽约11公里。湾内停泊轮船的海面非常宽敞,从来没有大的风浪,冬季也不结冰。此外,大连湾沿岸没有大的河流注入,泥沙淤积度较轻,海湾水深10余米,在整个东北亚地区,此处修建深水港口的自然条件最为优越。② 此外,大连港还拥有优越的地理位置,便于开展与东北亚各国和中国北方之间的海上交通和贸易。它位于辽东半岛顶端,隔黄海与朝鲜、日本相望。它又隔渤海与山东半岛相望,而辽东半岛与山东半岛恰成犄角之势,这种优越的地理位置,使大连港具有发展成为东北乃至整个东北亚地区航运枢纽的极大潜力。

营口位于辽河和渤海的交汇处,安东位于鸭绿江入海口,二者除铁路外,当时还分别有天然水运便利条件与内地腹地相沟通。1931年以前,北部的哈尔滨和绥芬河口岸货物,需中东铁路和俄国的乌苏里铁路连运,最终借助俄国远东地区的海参崴港完成进出口。1931年以后东部的图们口岸货物,也需要借助朝鲜的罗津、清津、雄基等港口来完成进出口,一旦政治时局变动,对外联系通道就有阻隔。从区位自然和交通条件来看,南部港口较北部、东部优越,这是1861—1945年间大连、安东、营口三港始终占据东北对外贸易绝对优势地位的重要原因之一。

3. 南日北俄激烈争夺的地缘环境与东北各港埠经济区的发展落差

东北地处日俄两国之间,在近代中国国势积弱的情况下,该区域的开发受到日俄两国的染指。东北近代"港埠—铁路—腹地"地域的规划、建设和发展,深受南北两个近邻大国日本和俄国的影响。日俄争霸,客观上促使了东北港埠的开放和开发,从这个意义上说,东北港埠经济区的形成是被迫的和外生型的,所以近代东北港埠经济区的发展绩效深受东北亚政治时局变动的影响。1931年以前,俄国(苏联)投资东北北部,以与日本在东北南部的投资相抗衡,客观上促进了东北南、北部地区经济的发展。但1931年以后,东北北部成为日本对苏军事对抗的前沿地区,同时日本致力于东北南部和东、西部港口的建设,再受与中心城市经济辐射距离逐

---

① 雷慧儿:《东北的豆货贸易(1907—1931)》,台湾师范大学历史研究所,1981年,第2页。
② 《光绪三十三年大连湾口华洋贸易情形论略》,中国第二历史档案馆等编:《中国旧海关史料(1859—1948)》,第46册,京华出版社,2001年,第204页。

层衰减规律的影响,东北南、北部的经济差异逐渐加大,到1945年前,形成了南部工业区、北部农业原料区的显著经济格局差异。

4. 制度运作与东北各港埠经济区的发展落差

对港埠经济区的发展来说,资源基础、地理区位和地缘环境等大多是客观因素,而制度安排和资源调配等主观人为因素也有相当重要的作用。譬如就近代东北南部大连、营口两港的发展而言,从地理区位来看,大连港因处在辽东半岛顶端,对外联系虽较营口港便利,但其背后没有较大河流,它与东北中央平原农业区的沟通也不如营口便捷。而近代大连港的发展速度、贸易增量却远在营口之上,其原因在于具有日本国策会社性质的满铁对大连港和南满铁路的资源统筹和精细化的管理运作。

满铁是假公司之名行机关之实,代替政府经营东北南部的殖民中枢机构。日本利用满铁—大连港—进出口贸易这个线路基轴,发展其在东北的经济势力,试图使东北成为日本的商品市场、原料产地和投资场所的殖民地。日本在光绪三十二年(1906年)宣布大连港为自由港,满铁对大连港码头、大连港和南满铁路实行了统一垂直化的管理体制,码头的集中管理大大提高了货物装卸效率和轮船进出速度。① 同时采取"大连中心主义"的特殊运费政策措施,来排斥中国商人及英美势力稳固占据的东北最早开放大港营口。1919年起又针对当时大豆、豆饼和粮食等农产品运输的情况,实行了混合保管制度。② 此外,大连和东北南部铁路沿线城市普遍设有日本人所控制的商品交易所,日本银行也随之大力推进网点布局,在汇兑、贷款等方面给予货物交易的金融支持。

在一系列政策因素的配合下,宣统二年(1910年)大连超越东北最早开放的营口港,后来居上跃至近代中国五大港口之一。相比之下,营口基本上属于市场自发性的港口,一方面列强势力众多,另一方面中国政府缺乏强力保护,因此在相邻区位港口的竞争中只能处于被动和弱势的地位。③ 除近代大连和营口港的发展竞争之外,大连与安东港、海参崴港、葫芦岛港之间在不同历史时期也曾有过竞争历史和特殊制度安排,在此不再一一详述,这些制度因素也是导致港埠贸易绩效及其对腹地经济辐射发展落差的重要原因之一。

本节从静态上描述和分析了近代港埠经济区的形成过程、空间格局和发展原因,但对港口经济地域的现代化发展和转型来说,它又是一个非常复杂的动态构建问题。各港埠经济区域的发展绩效除受地理环境、历史基础、正式制度安排的约束之外,还受到非正式制度及地域特殊性等诸多因素的影响。譬如安东港及其辐射下的鸭绿江区域,它的近代化发展和转型,就曾受到地方商会与当时地方政府博弈、匪

---

① [日]篠崎嘉郎:《满洲と相生由太郎》,大连福昌公司互敬会印行,1933年,第146页。
② [日]满史会编著,东北沦陷十四年史辽宁编写组译:《满洲开发四十年史》上册,内部印行,1988年,第100页。
③ 姚永超:《港势地位兴衰的制度因素分析——以近代大连、营口两港的发展比较为例》,《辽宁大学学报》2007年第1期。

患猖獗、传统商业习俗等多种因素的制约。除了进出口贸易带动的资源开发和现代化生产以外,现代市场经济区所要求的环境稳定、法律规范、交易制度统一等,这些深层次的现代化对当时的安东港埠经济区来说,仍是一个漫长的渐变过程。下节拟对东北近代不同港埠经济地域发展的类型和落差问题做一些个案探讨。

第三节 港埠经济区近代化发展的个案分析

港口—腹地经济区是各种经济要素按照科学规律,在港口与腹地之间进行有序的流动,最终使整体资源配置优化而形成的有机的地域统一体。它由港口中心城市、交通网络和腹地市镇构成。中心城市发挥引领和制导作用,交通网络是联系的纽带,市镇是港口经济区的基础和成长表现。除了这些有形的地理要素之外,税收高低、货币稳健度、治安状况、商品信用等因素也是制约港口—腹地经济区发展的软环境。虽然从整体上看,东北近代南部大连、营口和安东三个港埠有力促进了辽宁省乃至整个东北腹地经济的快速发展,但是三港与各自腹地的经济互动并不相同,并且在近代各港口政治势力多元化的背景下,三港还曾出现过"恶性竞争"局面。在日本强力支持和操纵下的大连港,以其优越的地理区位、良好的基础设施和系列特殊政策制度安排,而成为东北最大和最有影响力的港口,其和辽中南腹地的经济互动构成近代港埠经济区崛起的典范。相比之下,近代营口港与辽西腹地、安东与辽东南腹地的发展或因港口龙头的先天自然缺陷,或因内陆腹地的制约,均曾陷入过"港口—腹地"经济互动发展的软、硬环境困顿的局面。本节试以营口、安东两港为例,探讨近代港埠经济区构建的地域特征和发展差异问题,进而可以看出地域经济向近代化变迁的多重维度。

一、"营口—辽西"港埠经济区构建的滞碍

光绪二十四年(1898年)之前,营口是东北地区唯一且的最大口岸,在19、20世纪之交俄、日相继租借、建设和操控大连港以后,营口港的地位陡然下降,辐射的腹地范围急剧缩小至辽河沿岸及辽西部分地区。在营口港贸易发展中落的情况下,针对制约营口与其腹地互动的水陆交通、税收、金融等不利软环境,东北地方政府均曾采取过治理措施,但最终效果不佳,营口—辽西港埠经济区成为近代辽宁省经济发展的低地之一。

1. 政府对营口水陆交通等基础设施的治理不力

营口位于辽河尾闾,辽河是其与腹地经济互动所依赖的交通动脉,咸丰十一年(1861年)开埠后,营口与辽河两岸腹地曾有过河运兴旺、商品往来频繁的盛景。不过辽河中上游流经内蒙古东部地区,由于移民的日渐开垦而造成水土流失,辽河淤积现象日益严重。20世纪初年,曾担任东三省财经要员的熊希龄开始认识到辽河淤塞的危险,专上呈文提及辽河淤塞情况及改良方法:"辽河口自道光年间渐次

淤塞,舟楫难通。至田庄台以上七十里,地名海青湾,水势渐涸。自此以上计程一百九十三里,深处六尺,浅处一二尺,若行小轮,必须挖去河泥五十三万余丈。"并言:"由新民以上至通江口,业经测量,沿河淤积多有浅至一尺者。"①此外,光绪三十三年(1907年)海关贸易报告记载:"营口最大缺憾乃恒年结冰三个半月,且有沙滩横亘河口,长至六里,以致船舶进出不便。它处河水虽常具深度二十五至三十五尺,顾沙滩之处则只七尺。倘不从事浚渫,恐船务日见衰落,贸易将亦为之不振。"②1908年海关贸易报告曾惊呼:"疏通辽河乃为当务之急,倘不早为筹浚,不但商务难望发达,且恐日后本埠有不堪设想者矣。"③再如1913年遭遇极端气候,由于气候干旱,降水仅13英尺(而往年平均年降水有24英尺),辽河水由双台子支河流入于海,该支河口以下几同干涸,河运竟致断绝。④

疏浚辽河沿途浅滩是一项重要工程,但也需要较大的资金投入,宣统元年(1909年)营口商务总会提出资金筹集方法:"拟将本埠进出口货物按每值千两抽银一两,进口轮船每吨抽银二分五厘,以备浚深之费,尚未见诸实行,亦未知能否邀准。"⑤宣统二年(1910年)营口道宪与各领事会商该建议并各报上宪核定,若经费可以筹办,计划于该年开办并设立开浚辽河工程局。

疏浚辽河是相当急切事情,但从1910年到1914年,该办法在政府决策层面长期搁置未获允准。1914年各国驻京公使通过了修正浚河章程,该年7月民国政府正式批准,8月牛庄海关开办征收浚河船货捐款。到1918年前,工程局重点修浚辽河河口,其后渐次设计辽河上游河道修浚计划。1929年冬,海关曾运到浚河船一艘,拟于次年春施用于浚河。时人评论,浚河的实施,可"俾巨轮得以直驶入港湾寄泊。现在虽有五千吨大轮泊锭之所,然常有赖于潮涨,为操舟者所不满耳。最近辽河河务局拟购置排冰船数艘,以为冬令对封港时之补救。俾全年船舶得以航行不息,此计划如果实行,则营口商务受赐不妙矣。顾所虑者,仍在财政之窘,难以致进行,尚受其牵制"。⑥虽然水运较铁路运输便宜,但因为河道疏浚工程不力,辽河上游地区尤其内蒙古东部地区的货物越来越多地通过四郑铁路(四平—郑家屯)转南满铁路运输到大连港。

入民国后,京奉铁路归北京交通部管辖,是中国国有铁路干线。对比大连港与南满铁路的关系,营口港希望加强与京奉铁路之间的密切联络。南满铁路虽有大石桥支线通往营口,但铁路运费和货车调拨都明显有利于大连港的发展。京奉铁

---

① 明志阁编纂:《满洲实业案》,奉天游艺社,1908年,第61页。
② 连濬:《东三省经济实况览要》,吴相湘、刘绍唐:《民国史料丛刊》,第10种,台湾传记文学出版社,1971年影印,第271页。
③ 《光绪三十四年牛庄口华洋贸易情形论略》,中国第二历史档案馆等编:《中国旧海关史料(1859—1948)》,第48册,京华出版社,2001年,第195页。
④ 《中华民国二年牛庄口华洋贸易情形论略》,中国第二历史档案馆等编:《中国旧海关史料(1859—1948)》,第61册,京华出版社,2001年,第323页。
⑤ 《宣统元年牛庄口华洋贸易情形论略》,中国第二历史档案馆等编:《中国旧海关史料(1859—1948)》,第51册,京华出版社,2001年,第217页。
⑥ 连濬:《东三省经济实况览要》,吴相湘、刘绍唐:《民国史料丛刊》,第10种,台湾传记文学出版社,1971年影印,第271页。

路和南满铁路相比,它对营口港的商业保护力度则显然不够。以铁路为港埠商业服务细节对比为例,京奉铁路车站设在辽河北岸,所运货物,沿途局卡,逐一查验。商人过河运送货物极不方便,营口商人屡屡动议车站在辽河南岸设置仓库,不敢奢望取消税捐,但希望车站各局卡能统一征收税捐以免运输延误。① 1918年海关贸易报告评论道:"京奉铁路不及南满铁路远甚。铁路原为公共之利便,非徒专为谋利而设,酌盈剂虚,用谋改良,始为适合。本埠所受种种困难,该路大可以为之消除。去年该路在介于奉天新民府间、巨流河处筑一侧线,接至辽河之岸,并将其地铲平,以便堆积货物,甚利于输入山海关内之粮石。设将巨流河至牛庄之车费减轻,则豆船可在该处卸载,而免巨流河至辽河口一带浅滩之困难,由牛庄至奉天之路线,往返运费亦宜特别优异,更足使南满铁路有所观感,运费亦必从而减轻。"最后该贸易报告作者感叹:"与牛庄相敌之大连,受其强力政府之保护,享有特别利益,以较牛庄未免向隅。必须有政府扶助,始可与之抗衡,惟该路对于发展本埠之利益,并无何等热忱,不无遗憾。如该路常派代表考察本埠情形,并与商会磋商力谋改良而进行之,裨益良多矣。"② 另外,又有人说:"南满路之一二等货者,仅绸缎、制成药品、洋线、尺布之类,其余产销各物均三四等货,我北宁路竟将各种油粮油饼各项定为二等,不啻为渊驱渔,授南满一大好机会,助大连兴盛也。"③

据上所述,面对大连港的竞争,东北地方政府对营口港的交通、航运等基础设施做了一些改良工作。但相比于大连港铁路与轮船的联运效率,可以说辽河疏浚工程的进行、京奉铁路与营口港的合作都非常的不力。其根本原因,在于当时管理体制不能统一,无法做到责任和权利的有效协调。虽然管理大连港的满铁是日本侵略中国的特殊的垄断殖民会社,但其内部产权责任明晰,并进行了精心的制度设计,港口、铁路乃至航运综合联结成一个为商业流通服务的一体化平台,客观上促进了大连港贸易的快速发展。营口港因为列强各行其是,中国政府无力保护,市场主体多元,面对大连港的非合作式的恶性竞争,革新效果不良。

2. 营口港的税收过重

即使交通基础设施问题解决了,营口港和大连港相比也没有优势,因为税收也是制约它发展的一大问题。营口进口货物都需要缴纳海关税,另外若要运销到吉林和黑龙江省,由京奉路运输还需要再缴纳常关税以及二五附税。大连自光绪二十四年(1898年)被俄国占领后,就被开辟为自由港。光绪三十二年(1906)年日本接管后仍然延续该政策,大连港进口货物不纳关税,此外经大连港运到的东北内地的进口货物只要办理了海关和子口联单,就可自由贩运到东北内地各商埠。在此

---

① 《中华民国六年牛庄口华洋贸易情形论略》,中国第二历史档案馆等编:《中国旧海关史料(1859—1948)》,第76册,京华出版社,2001年,318页。
② 《中华民国七年牛庄口华洋贸易情形论略》,中国第二历史档案馆等编:《中国旧海关史料(1859—1948)》,第80册,京华出版社,2001年,232页。
③ 北宁铁路局编:《北宁铁路商务会议汇刊》,《营口总商会建议书》,大公报馆,1930年,第109页。

形势下,商人为了避重就轻,都纷纷舍营口而趋大连。

下面以常关税对京奉路和营口港的商业影响为例略作说明。时人记载:"由营运往通辽货物,按三等计算每十吨车价一百四十元,外加二五附税和常关税,则需现洋三百余元。关于货箱货包概不分等,均照二等货值百征税三元二角。至小抗费、拨道费、各处报栈费又需洋八十余元尚未在内。试问一车货物究能获利若干? 竟纳如许费用。若由南满路运输,仅交车价一项,以此例彼,则北运货物将来均由南满装运矣。"①又有人这样评论:"营口商埠对于进口所征之税远较大连为奢,故自大连开港货物即源源而趋。大连纵无南满铁路之利便,营口之商务尚不克与大连比拟,况设有税捐以为霸,欲商务之不趋向大连其可得乎? 民国十二年(按:1923年)以后,营口地方即对于过而不留、输往内地之货物尚须征收子口税半税,而自民国十八年(按:1929年)新税则施行以后,对于进口国货亦课以附加税,大连则免,于是商人亦争趋之,是故欲致营口繁荣者,仍有赖于税则之改善也。"②

正是由于税收以及铁路运费较高的原因,辽西不少地区的货物舍营口港而经由大连港进出。例如,辽宁省西部新民、彰武、康平、法库等地方同大连港经济联系程度便大大超过同营口港的联系。③

3. 辽西地区私贴的充斥

咸丰十一年(1861年)以前,东北当地不生产银铜,缺乏硬币。日常市面上流行的少数现货,大部分都是从关内流转而来。因此滨海和毗邻关内各省的地方,现货数量多于东北北部地区,在吉林、黑龙江极北地方的荒地,向来不多见硬币的流通。凡是商家往来,多是相互记账,每年三大节结清存欠。彼此相抵外的差额,由债务人出给欠据。如果这种欠据的发出者为殷实商号,信用强,即可辗转传让,流通市面,因此与现货无异,这是私商最初发贴的原因。咸丰十一年(1861年)东北开始开发以后,东北的经济一日千里,农商各业发展速度极快,通货也因此急需,但内地硬货的输入供不应求,另外经义和团事件、日俄战争以及第一次世界大战时期后,东北的现货反而大量输出,河北、山东的劳工出关行佣,冬去春来,每年也携带现银而归,因此形势造成了私商发贴的盛行。

当时杂货商、油坊、当铺、粮栈、烧锅等,无论大小店,凡是稍有信用者,都可随意发行私贴,即在事先印好的白纸单上,随时添加数目,加盖图章。这些贴子,用以收买粮食、支付工资等,在小区域范围内流通(有时出县境即不通用),仅为当地的交易媒介。最初发行时,私贴都以吊为单位,从一吊到数百吊不等。后来小银圆通行,渐渐又以小银圆为单位。在东北南部,凡持有贴者,可随时要求兑现,发行商号

---

① 北宁铁路局编:《北宁铁路商务会议汇刊》,《营口总商会建议书》,大公报馆,1930年,第108页。
② 连濬:《东三省经济实况览要》,吴相湘、刘绍唐:《民国史料丛刊》,第10种,台湾传记文学出版社,1971年影印,第271页。
③ 北宁铁路局编:《北宁铁路商务会议会刊》,"新民县转运商会提案"、"彰武县兼运商代表提案",大公报馆,1930年,第68—87页。

没有刁难情况,但因现货缺乏,所谓兑现,仍不过是以他家的贴子收兑本家贴子。

清末,奉天省以新民府的凭贴流行最广。新民地处辽河西岸,居辽河中枢,八国联军、日俄战争时均未遭灾,发行凭贴的商号得以保全。屯贴流通区域覆盖了黑山、台安、彰武、辽中、法库、铁岭、昌图等县城和农村。① 私贴通常是冬发春收,随粮食贸易节令而胀缩,弊端丛生。例如常有不具任何资本的市侩,虚张声势设店经商,滥发私贴,吸收财货,然后席卷而逃。后来规定由各县商会担保,或经县署允许,才有发贴的资格。为了消除私贴的弊端以及因应政府专营货币发行的需要,1916年辽宁省财政厅把纸币发行权委于东三省官银号,严令各县勒限商号收销私贴。

虽"自官银号设立发行纸币,严禁私贴,省垣悉数断绝,然各县依然行用。民国成立后,虽叠经取缔,迄未清收,要皆阳奉阴违"。据1919年调查,各县私贴行用甚久,因奉省现货缺乏,从前又无官贴,各处商铺争出私贴以便周转。②

1923年12月,东北当局制定金融整顿办法,通令三省各地滥发的纸币禁止通用,以后发行官贴和其他纸币必须报请审批。1924年又推行货币整理法,将东三省官银号、奉天兴业银行、东三省银行合并,要求统一发行和使用"奉票"。③ 但次年奉票就开始通货膨胀,其信用效力急剧下滑,反而对地方经济带来更严重的损害。以梨树县为例,由于"私贴收缴净尽,城镇商号流动金为之枯窘。虽有官银号放款接济,而农业资金则不能直接贷用。于是有储蓄会及贷庄营业,应运而生,为银行和农民居间机关。茕借零放,交征其利,地方金融顿形灵活焉。此为借贷盛行之时期也。继此军事频兴,支款无度,以致奉票逐渐毛荒,利率过重,农疲敝无力偿还,一般放贷业连带受累,陆续倒闭,加以杂税苛捐层层剥削,遂演成近今经济枯竭之景象。此为财政厅统一币制,被军阀摧残失败之时期也"。④

综上所述,19世纪晚期辽西地区因营口开埠后辽河运输便利而出现了经济趋于繁盛的局面,20世纪初期因为辽河淤积、营口港自然环境治理不力,再加税负过重、时局动荡、奉系军阀和地方商人集团大肆谋取私利等原因,营口—辽西近代化港埠经济区的构建面临诸多困境,经济发展落后于辽中南地区。

二、"安东—辽东南"港埠经济区发展的困境

光绪三十三年(1907年)安东开埠后,它与鸭绿江沿岸的辽东南地区经济互动频繁,促进了辽东南地区商、工、农各业发展,但与大连—辽中南近代化港埠经济区的发展相比,却有匪患严重、商业信用不佳等诸多地域性因素的制约,因此安东—辽东南尤其长白山地区的安东边缘腹地各县,也是近代辽宁省经济发展的低地之一。

---

① 荆有岩:《东北近代金融概述》,《辽宁文史资料》第6辑,1981年,第138页。
② 中国银行总管理处:《东三省经济调查录》,台湾文海出版社,1987年影印,第35页。
③ 刘世荣:《张作霖时期的东北金融》,《辽宁文史资料》第22辑,1988年,第120页。
④ 包文俊修,李溶等纂:伪满《梨树县志》,卷四实业,金融,沈阳文化兴印书局,1934年。

19世纪中期以来,以安东为中心的东边地区逐渐流民开发,其后清政府甚至组织起大规模的移民。在人口聚集、资源开发的同时,行政县治等正式统治机构建立起来。但作为新开发的地区,国家、政府的统治力和控制力还非常薄弱,该区的商业贸易饱受匪盗的干扰。此外,移民之间缺乏沟通和信任,所有的商品交换还必须利用现银完成,故而在安东现代货币制度较东北其他地区来说难以推广。

安东木材贸易秩序的演进就是一个典型事例。道光二十五年(1845年),"有二山东人,一名赵文福,一名马玉田,共居马市台地,凡运出木料者每十支抽收二支。此则在随后五百人中而征收,厥后凡木商均欲征收,如无此二人之允准执照,未能采伐木料"。至咸丰四年(1854年),又有一个名为楚文清的人,原是一个樵夫,但能造船并有水战本领,"在冬季构造战船一队,驱逐江中之盗,亦有六七十人助之。伊取红色榆木而挖空,制成大炮,外以铁条包之,置在木排中之救命小船上,掩之以布,使无人可见"。后来楚文清战胜了赵文福和马玉田,"从此木排商务改入新河道,因木料之节处不坚,为大炮放出后之退缩力一惊,以致木排不能出海面而运至市岛,只可避在大东沟河,不料此大东沟日后成为三市之中之最大市街"。①咸丰九年(1860年),大东沟又出盗贼,立竿悬旗在大东沟河口,凡经过该地,定须抽捐,名义上为建造大庙收捐,但所谓的庙始终不曾建成。

直到同治十年(1871年),政府选派官员宋国昌驱逐盗贼,首次开征收木料捐局,征收银两足可聘用200名巡防勇,但该地仍未平安。这时有山东人宋三好,因见木料运输量年增一年,兼之副目倪忠魁乃天津人,遂在同治十年及十一年(1871、1872年)强夺官权。"伊之能力,如吸铁石以抽收木排之捐,霸占在该处,使木料为业者不胜其扰。伊亦使现任官员协力以助其办事,是以该官员私下派人与之联合而维持,伊在满洲各镖局中之一如是,而行有二三年之久"。②

光绪初年,奉天将军从天津调派军队助剿盗匪,围困数月而平。后派文官治理该地,设局征收税捐。但治局并不熟悉木料的事情,因此搜寻从前的办法,又请赵文高、马玉田为新局,辑成章程而经管此事,以致木排人付税概可赊欠,可待木料卖出后付正税。光绪二年(1876年)安东治局升为知县,将赵、马二人辞去,在此之后,每年采伐之木料渐渐兴盛,安东也取代了大孤山和大东沟而成为东边地区最大的木材集散中心。

20世纪初年安东开埠和社会环境逐渐稳定以后,鸭绿江中上游的地区却依然匪患严重。商业贸易虽略有发展,但治安与信用等市场活动的人文环境基础远未好转。从抚松和安图等长白山腹地数县商品贸易进程的过程中,就足以见出匪患

---

① 《光绪三十三年安东口华洋贸易情形论略》,中国第二历史档案馆等编:《中国旧海关史料(1859—1948)》,第46册,京华出版社,2001年,第188页。
② 《光绪三十三年安东口华洋贸易情形论略》,中国第二历史档案馆等编:《中国旧海关史料(1859—1948)》,第46册,京华出版社,2001年,第189页。

的危害。

1909年抚松正式设治,但因抚松地处偏远山区,开发较晚,所以当时商品的种类很少,只有一些民生的必需品,诸如米、盐、棉布之类,销售量也很有限。到了1929年,抚松的商业有了较大发展,从当时的贸易调查可知,本地输出物品,主要有大豆、豆饼、豆油以及较为贵重的人参、鹿茸、貂皮、狐皮、水獭等山区特产;由外地输入的物品,主要是各种布匹、线类、卷烟、糖果、纸张、烹饪佐料等生活用品。与之相应的,县城市面上也出现了山货庄、杂货铺、皮铺、粮栈、油坊、烧锅、药店等行业。抚松商业虽有发展,但其成长却一波三折。1914年,抚松经历了第一次匪患,民财几乎被洗劫一空,商铺更是土匪骚扰的重灾区。此后几年,抚松商业渐次恢复。1926年冬,抚松又遭到一次更为严重的土匪抢掠,致使全县多户商铺无力经营,市井异常萧条。[①]

安图设治初,因地僻人稀,县城内欲设立东市、西市的想法未能实现。当时的对外贸易以驼子市和爬犁市为主。每年9月、10月间,居民将终岁所得的木值、人参、皮张、药材等物,用马驮至吉林卖掉,然后购置糖、盐和布、棉等生活必需品,逐件办齐后,等下雪时,再用爬犁满载而归。如有余钱,为防土匪抢掠,多将钱存于吉林商号,故此当年在安图居民中间甚少货币流通。[②]

吴承明提出现代化即市场经济的观点,认为完善的市场经济必须具备以下四个条件:法律、货币、信用制度的健全;政府财政、税制和行政管理的改造;货币地租的通行和农产品的商品化;自由劳动代替农奴劳动,劳动力市场形成。[③] 近代安东开埠促进了东边地区外向化产业的发展,但从历史基础和社会环境来说,市场机制的形成这一任务却远远没有完成,安东—辽东南近代港埠经济区的发展过程充满曲折。

总而言之,港口—腹地是近代东北区域经济演化的单位,它一方面促进了区域经济的发展和变革,但在近代政治经济环境下,港口—腹地经济的推动力量也有其发展空间的限制。营口—辽西、安东—辽东南两个近代港埠经济区的构建个案,代表了近代区域经济现代化转型的多样性。这种多样性不仅是由港口经济、交通技术、腹地空间等表象因素的进步而促成,更是由国家政权、社会力量等各种因素的交互作用所造成的。港口与腹地间的互动,既是技术层面,也是制度层面等多重维度的构建和变迁的结果。总结历史,既加深了我们对东北区域经济地理特性形成的认识,对今天的经济现代化建设也将大有裨益。

---

① 李宗尧:《解放前抚松工商业概貌》,《浑江文史资料》第7辑,1989年,第28页。
② 岳中志:《老安图的开发与工商业的发展》,《安图文史资料》第4辑,1990年,第84页。
③ 吴承明:《中国的现代化:市场与社会》,生活·读书·新知三联书店,2001年,第26页。

后　记

　　近来，每天清晨醒来的第一件事，就是赶快坐在电脑前打出昨夜的思绪和想法。相伴的是早春窗外高大而光秃的水杉树，是盛夏郁郁葱葱的绿色和鸣蝉的阵阵嘶叫声，不知不觉间这种天天伏案的状态已持续了多半年，本书也写到了结尾。我知道这不仅是半年多来的一种坚持，实际也是对自己近十余年来涉足学术殿堂所做的一个小结。

　　2001年我从山东南下，负笈求学于复旦大学历史地理研究中心，拜师吴松弟先生，并成为了"港口—腹地"研究团队中的一员。先生当时给我指出了"近代东北港口—腹地问题"的研究目标。2007年，我写出了有关东北南部港口与其腹地经济互动发展的博士学位论文。即将毕业进入上海海关学院工作之际，先生又在学校原文科8楼的办公室对我个人今后的研究发展作了一次长谈，至今记忆犹新。我的博士论文虽然已告完成，但先生告诫我整个近代东北的历史经济地理还需要再花几年的时间来搞个透彻。在我同门师兄弟对全国各区域港口—腹地个案研究积累越来越多时，先生有了进一步厘清全国的近代经济地理状况的决心和规划。博士生毕业并独立工作后，仍承蒙先生的督促和指导，使本书能忝列九卷本《中国近代经济地理》丛书，这是我的幸事。

　　复旦大学历史系的戴鞍钢教授，历史地理研究中心的樊如森副教授，在本书大的写作思路、框架设计至小的章节标题、语句表述等方面，都给了无私指导和宝贵建议。在笔者攻读研究生、撰写博士论文之际，有幸受到吉林大学东北亚区域研究中心衣保中教授、东北师范大学历史文化学院曲晓范教授、陕西师范大学西北环境发展研究院院长侯甬坚教授的指导。本书初稿完成时，再次得到他们的认真审稿和宝贵指导。厦门大学中国海关史研究中心主任戴一峰教授，南京第二历史档案馆孙修福研究员，上海交通大学历史系张志云研究员，均曾审读过本书稿，并给予了宝贵修改建议。台湾中研院历史研究所的林玉茹研究员，曾热心给我邮寄过本书所需查找的台湾有关学者的研究成果。华东师范大学出版社的庞坚先生，也为本书付出了大量心血。在此谨对他们表示深深的谢意。

　　感谢内子孙麒，在本书写作之时，她虽身怀六甲，但仍不辞辛劳，给予我极大的理解和支持。本书付梓之际，小儿姚梓麟已经开始学着翻书认字，愿此书成为他长大后的一份礼物。

　　行文至此，我脑海中再次浮现四年前登临长白山天池之巅的情景。那正巧也是7月底一个晴空万里的夏日，脚踩着厚厚、松软的火山黑土，层叠的山峦和无垠的平原映入我的眼帘，——这是我印象中最难忘的一幕东北大好山河美景。低头回看这些即将付梓的文字,心中不由得反问,自己的描述,是否全面、准确地勾画出了这片白山黑土曾经的历史和地理,对她今后的发展是否能有裨益?答案就交付本书的读者来给出吧。

姚永超
2014 年 1 月 18 日初稿,2014 年 12 月改定

表图总目

表 1.1　近代东北港埠经济区域系统划分表
表 2.1　嘉庆三年(1798 年)山海关所属海、旱各口征收税银及海口船只统计表
表 2.2　近代东北地区人口变化表
表 3.1　近代东北约开商埠、租借地表
表 3.2　光绪十年(1884 年)营口与其他港埠间豆饼输出入状况表
表 3.3　伪满时期东北历年进出口贸易总值比较表
表 3.4　伪满时期进出口货物中生产资料与消费资料的百分比表
表 3.5　1909—1929 年东北各口岸海关进出口货物值比较表
表 3.6　1907—1930 年大连海关历年轮船复出口货物数额表
表 3.7　伪满时期东北各海关进出口货物值比较表
表 3.8　1912—1927 年东北腹地豆货流向表
表 3.9　1912—1921 年南满铁路干线各车站平均年集散货物量及辐射地域表
表 3.10　大连港进出货物地方统计表
表 3.11　1909—1928 年中东铁路货物运输方向统计表
表 3.12　1936—1938 年朝鲜北部三港输出入货物分布表
表 4.1　1944 年东北及朝鲜北部三港年吞吐能力及主要设施表
表 4.2　1909—1928 年中东铁路货物运输方向统计表
表 5.1　1933 年东北各地方主要作物种植面积比例表
表 5.2　1926 年东北南部三港畜产品输出数量表
表 6.1　1931 年东北各地油厂生产状况表
表 6.2　1936—1943 年东北企业发展表
表 6.3　伪满时期东北主要工业部门产量及有关数据表
表 6.4　伪满工业区布局表
表 7.1　1919 年大连的日本商社情况表
表 7.2　光绪三十一年(1905 年)安东商业情况表
表 7.3　1945 年抗战胜利前东北普通银行一览表
表 8.1　近代东北商埠和租借地一览表(1861—1930 年)
表 8.2　光绪十九年(1893 年)东北 35 个城镇人口表
表 8.3　光绪二十八年(1902 年)东北 72 个城镇人口表
表 8.4　1931 年东北 14 个大中城市人口表

表 8.5　伪满时期东北 22 个行政市人口表
表 9.1　1931 年东北每亩大豆粗收入中铁路运费所占比重表
表 9.2　1933 年东北大豆价格及其利益分配
表 9.3　1936 年东北工厂统计表
表 9.4　1920 年东北南部屯堡出村劳动者调查表
表 9.5　近代东北某些县拥有耕地数量不同的农户所占百分比表
表 9.6　近代东北大家畜的饲养和利用状况表
表 9.7　1936 年东北各区域不同阶层农户耕地经营面积所占比例表
附图 1　1931 年东北四省县级行政区划示意图
附图 2　1943 年伪满县、市、旗行政区划示意图
图 1.1　塔弗网络模型示意图
图 2.1　东北地区地势剖面图
图 2.2　自然地理意义上的"东北"及其副区
图 2.3　柳条边示意图
图 2.4　清中期东北海口分布示意图
图 3.1　近代东北开放口岸示意图
图 3.2　营口净贸易长期发展趋势图(1867—1905 年)
图 3.3　营口国内外贸易长期发展趋势图(1871—1905 年)
图 3.4　东北净贸易发展趋势图(1907—1931 年)
图 3.5　1907—1931 年营口净贸易发展趋势图
图 3.6　1907—1931 年营口国内外贸易发展趋势图
图 3.7　1907—1931 年大连港净贸易长期发展趋势图
图 3.8　1907—1930 年大连港国内外贸易发展趋势图
图 3.9　1922 年前后大连港中转贸易关系示意图
图 3.10　1907—1931 年安东净贸易长期发展趋势图
图 3.11　1907—1931 年安东国内外贸易发展趋势图
图 3.12　1908—1930 年哈尔滨属各口岸贸易发展趋势图
图 3.13　1910—1930 年珲春、延吉口岸贸易发展趋势图
图 3.14　1905 年营口港腹地范围示意图
图 3.15　1907—1931 年大连港腹地范围扩展示意图
图 3.16　20 世纪 20 年代安东港腹地范围示意图
图 4.1　近代东北铁路交通变迁示意图
图 5.1　近代东北县级政区设置过程示意图
图 5.2　1924—1944 年东北农产品耕种面积及生产量统计图
图 5.3　伪满时期东北各县、市、旗农产品生产量比较图

图 5.4　1930 年东北大豆生产地区比较图
图 7.1　1931 年前东北大豆流通路线图
图 7.2　日本商品进入东北市场的流通路线图
图 7.3　伪满末期农产品流通路径图
图 7.4　20 世纪 20 年代东北各种货币流通范围示意图
图 8.1　1942 年东北城市人口规模示意图
图 8.2　1931 年东北四省各县集市分布密度示意图

参考征引文献举要

一、中文资料

(一) 地方志、政协文史资料

赫瑶甫:《东北地方志考略》,辽宁人民出版社,1984年。
(清)吴振臣:《宁古塔纪略》,黑龙江人民出版社,1985年。
(清)杨宾:《柳边纪略》,辽沈书社,1985年影印。
(清)徐宗亮:《黑龙江述略》,台湾文海出版社,1965年影印。
(清)西清:《黑龙江外记》,黑龙江人民出版社,1984年。
(清)张凤台修,刘龙光等纂:《长白汇征录》,台湾成文出版社,1978年影印本。
辽宁图书馆编:《东北乡土志丛编》,内部印行,1985年。
徐世昌:《东三省政略》,台湾文海出版社,1965年影印。
徐曦:《东三省纪略》,商务印书馆,1916年。
柳成栋整理:《清代黑龙江孤本方志四种》,黑龙江人民出版社,1989年。
林传甲:《黑龙江乡土志》,商务印书馆,1913年。
万福麟监修,张伯英总纂:(民国)《黑龙江志稿》,黑龙江人民出版社,1992年。
刘爽:民国《吉林新志》,吉林文史出版社,1991年。
魏声和:民国《吉林地志》,吉林文史出版社,1986年。
王树枏、吴廷燮、金毓黻纂:民国《奉天通志》,沈阳古旧书店,1983年影印本。
王介公修,王瑞之纂:民国《安东县志》,台湾成文出版社,1974年影印。
黄世芳、愈荣庆修,陈德懿等纂:民国《铁岭县志》,台湾成文出版社,1974年影印本。
李澍田主编:《珲春史志》四集,吉林文史出版社,1990年。
梁岩修,何士举纂:民国《依安县志》,台湾成文出版社,1974年影印本。
廖彭、李绍阳修,宋抡元等纂:民国《庄河县志》,奉天作新印书局,1921年。
程廷恒修,张素纂:民国《复州志略》,台湾成文出版社,1973年影印本。
辛广瑞等修,王郁云纂:民国《盖平县志》,成文出版社,1973年影印本。
王文藻等修,陆善格纂:民国《锦县志略》,成文出版社,1973年影印本。
李毅修,王毓琪等纂:民国《开原县志》,成文出版社,1965年影印本。
杨晋源修,王庆云纂:民国《营口县志》,1933年油印本。
张元俊修,车焕文纂:民国《抚松县志》,台湾成文出版社,1974年影印本。
刘天成等修,张拱坦纂:民国《辑安县志》,台湾成文出版社,1974年影印本。
王宝善修,张博惠纂:民国《新民县志》,台湾成文出版社,1974年影印本。

文镒修,范炳勋等纂:民国《绥中县志》,台湾成文出版社,1974年影印本。
孙荃芳修,宋景文纂:民国《珠河县志》,台湾成文出版社,1974年影印本。
包文俊修,李溶等纂:伪满《梨树县志》,沈阳文化兴印书局,1934年。
岳中志:《老安图的开发与工商业的发展》,《安图文史资料》第4辑,1990年。
李宗尧:《解放前抚松工商业概貌》,《浑江文史资料》第7辑,1989年。
孙福海:《记营口港码头》,《营口文史资料》第10辑,1994年。
安东市工商联:《安东柞蚕丝绸业发展简史》,《辽宁文史资料选辑》第1辑,1962年。
郭习朴、孙耀庭:《大连钱庄业述略》,《大连文史资料》第6辑,1988年。
陈季升、周子恩:《大连顺兴铁厂兴衰记》,《辽宁文史资料选辑》第2辑,1963年。
崔宗善、白尔杰:《解放前桓仁的工商业》,《桓仁文史资料》第2辑,1987年。
冯德本:《东北抗日义勇军在通江口活动片断》,《昌图文史资料》第1辑,1987年。
郭守昌:《日本帝国主义是怎样掠夺东北大豆和吞并民族工商业的》,《黑龙江文史资料》第6辑,1982年。
洪家奇:《安东柞蚕业发展简史》,《安东文史资料》第1辑,1984年。
荆有岩:《东北近代金融概述》,《辽宁文史资料》第6辑,1981年。
刘汉宗:《千金寨的变迁》,《抚顺文史资料选辑》第1辑,1982年。
刘世荣:《张作霖时期的东北金融》,《辽宁文史资料》第22辑,1988年。
汝华:《前郭商业史话》,《前郭文史资料》第6辑,1987年。
唐树福、黄本仁:《大连交易所史话》,《辽宁文史资料选辑》第26辑,1989年。
于胥梦:《营口炉银史》,《营口文史资料》第1辑,1983年。
刘丹:《四平粮谷市场的兴衰》,《四平文史资料》第2辑,1991。
张永夫:《清代盖州的四大会馆》,《盖县文史资料》第2辑,1985年。
左域封:《张本政与政记轮船公司》,《辽宁文史资料选辑》第6辑,1983年。

(二) 档案年鉴、调查报告、资料汇编

北宁铁路局编:《北宁铁路商务会议汇刊》,大公报馆,1930年。
东北文化社编印处:民国二十年《东北年鉴》,东北文化社,1931年。
东北财经委员会调查统计处编印:《伪满时期东北经济统计(1931—1945年)》,1949年。
戴鞍钢、黄苇主编:《中国地方志经济资料汇编》,汉语大词典出版社,1999年。
海关总署本书编译委员会编:《旧中国海关总税务司署通令选编》,中国海关出版社,2003年。
青岛市档案馆编:《帝国主义与胶海关》,档案出版社,1986年。
李文治编:《中国近代农业史资料》第1辑,三联书店,1957年。
章有义编:《中国近代农业史资料》第2辑、第3辑,三联书店,1957年。
彭泽益编:《中国近代手工业史资料》,中华书局,1984年。
孙毓棠编:《中国近代工业史资料》第一辑,科学出版社,1957年。
陈真编:《中国近代工业史资料》第二辑,三联书店,1961年。

石荣璋:《吉敦铁路沿线调查录》,吉敦铁路局,1927年。
实业部国际贸易局:《中国实业志》,1932年。
上海博物馆图书资料室编:《上海碑刻资料选辑》,上海人民出版社,1980年。
中国第二历史档案馆等编:《中国旧海关史料(1859—1948)》,京华出版社,2001年。
马玉良选编:《吉林农业经济档卷》,吉林文史出版社,1990年。
宓汝成编:《中国近代铁路史资料》,中华书局,1963年。
聂宝璋编:《中国近代航运史资料》第1辑,上海人民出版社,1983年。
聂宝璋编:《中国近代航运史资料》第2辑,中国社会科学院出版社,2002年。
徐雪筠等译编:《上海近代社会经济发展概况(1882—1931)——〈海关十年报告〉译编》,上海社会科学院出版社,1985年。
许道夫编:《中国近代农业生产及贸易统计资料》,上海人民出版社,1983年。
解学诗主编:《满铁史资料》,中华书局,1987年。
姚贤镐编:《中国近代对外贸易史资料》,中华书局,1962年。
严中平编:《中国近代经济史统计资料选辑》,科学出版社,1955年。
王铁崖:《中外旧约章汇编》,三联书店,1957年。
王季平:《吉林省编年纪事》,吉林人民出版社,1989年。
中国第二历史档案馆编:《中华民国档案资料汇编》,江苏古籍出版社,1991年。
中国银行总管理处:《东三省经济调查录》,台湾文海出版社,1987年影印本。
中国第一历史档案馆、中国边疆史地研究中心编:《珲春副都统衙门档》,广西师范大学出版社,2006年。
中国边疆史地研究中心,辽宁、吉林、黑龙江省档案馆合编:《东北边疆档案资料选辑(清代 民国)》,广西师范大学出版社,2007年。

(三) 译著、专著、论文集

[俄] 罗曼诺夫著,民耿译:《帝俄侵略满洲史》,商务印书馆,1939年。
[苏] 阿瓦林著,北京对外贸易学院俄语教研室译:《帝国主义在满洲》,商务印书馆,1980年。
[美] 克赖克著,穆湘玥译:《中国花纱布业指南》,上海德大纱厂批发所,1917年。
[美] 葛勒石著,谌亚达译:《中国区域地理》,正中书局,1947年。
[美] 雷麦著,蒋学楷等译:《外人在华投资》,商务印书馆,1959年。
[美] 施坚雅著,史建云、徐秀丽译:《中国农村的市场和社会结构》,中国社会科学出版社,1998年。
[美] 施坚雅主编,叶光庭等译:《中华帝国晚期的城市》,中华书局,2000年。
[美] 高家龙:《大公司与关系网:中国境内的西方、日本和华商大企业》,上海社会科学院出版社,2002年。
[美] 拉铁摩尔著,唐晓峰译:《中国的亚洲内陆边疆》,江苏人民出版社,2005年。
[美] 林达·约翰逊主编,成一农译:《帝国晚期的江南城市》,上海人民出版社,2005年。

[美]托马斯·罗斯基著,唐巧天等译:《战前中国经济的增长》,浙江大学出版社,2009年。

[日]小越平隆著,作新社编译:《白山黑水录》,作新社,1902年。

[日]松本敬之著,马为珑译:《富之满洲》,上海普及书局,1907年。

[日]藤冈启著,吴自强译:《满蒙经济大观》,民智书局,1929年。

[日]大岛川吉著,汤尔和译:《满蒙铁路网》,商务印书馆1932年。

[日]藤冈启著,汤尔和译:《东省刮目论》,商务印书馆,1933年。

日本工业化学会满洲支部编,沈学源译:《东三省物产资源与化学工业》,商务印书馆,1936年。

哈尔滨满铁事务所编,汤尔和译:《北满概观》,商务印书馆,1937年。

[日]稻叶岩吉著,杨成能、史训迁译:《满洲发达史》,辛未编印社,1935年。

[日]加藤繁著,吴杰译:《中国经济史考证》,商务印书馆,1973年。

[日]草柳大藏著,刘耀武等译:《"满铁"调查部内幕》,黑龙江人民出版社,1982年。

[日]满史会编著,东北沦陷十四年史辽宁编写组译:《满洲开发四十年史》,内部印行,1988年。

[日]滨下武志著,高淑娟、孙彬译:《中国近代经济史研究——清末海关财政与通商口岸市场圈》,江苏人民出版社,2006年。

[英]琼斯著,胡继瑷译:《1931年以后的中国东北》,商务印书馆,1959年。

[英]加文·麦柯马克著,毕万闻译:《张作霖在东北》,吉林文史出版社,1988年。

陈重民:《今世中国贸易通志》,商务印书馆,1924年。

陈博文:《东三省一瞥》,商务印书馆,1924年。

东省铁路经济调查局:《北满农业》,哈尔滨中国印刷局,1928年。

东省铁路经济调查局:《北满与东省铁路》,哈尔滨中国印刷局,1927年。

东北物资调节委员会研究组:《东北经济小丛书·人文地理》,京华印书局,1948年。

东北物资调节委员会研究组:《东北经济小丛书·机械(车辆)》,京华印书局,1948年。

东北物资调节委员会研究组:《东北经济小丛书·林产》,京华印书局,1948年。

东北物资调节委员会研究组:《东北经济小丛书·农产》(流通篇),京华印书局,1948年。

东北物资调节委员会研究组:《东北经济小丛书·农产》(生产篇),京华印书局,1948年。

东北物资调节委员会研究组:《东北经济小丛书·水泥》,京华印书局,1948年。

东北物资调节委员会研究组:《东北经济小丛书·纤维工业》,京华印书局,1948年。

东北物资调节委员会研究组:《东北经济小丛书·运输》,中国文化服务社,1947年。

东北物资调节委员会研究组:《东北经济小丛书·纸及纸浆》,中国文化服务社,1947年。

东北物资调节委员会研究组:《东北经济小丛书·资源及产业》,京华印书局,

1948年。
东北物资调解委员会研究组:《东北经济小丛书·金融》,京华印书局,1948年。
傅恩龄:《南开中学东北地理教本》,南开中学自印,1931年。
龚骏:《中国都市工业化程度之统计分析》,商务印书馆,1933年。
花愣:《内蒙古纪要》,共和书局,1916年。
黄越川:《东北畜产志》,开明书店,1930年。
华企云:《满蒙问题》,大东书局,1931年。
侯树彤:《东三省金融概论》,太平洋国际学会,1931年。
何西亚:《东北视察记》,现代书局,1932年。
胡式:《日本侵略下之工商地志》,华风书店,1932年。
金士宣:《东北铁路问题汇论》,天津大公报馆,1932年。
金毓黻主编:《东北要览》,国立东北大学,1944年。
篮孕欧:《满蒙问题讲话》,南京书店,1932年。
乐嗣炳:《中国蚕丝》,世界书局,1935年。
李曜东:《东北九省地理》,和昌印书馆,1947年。
李珍甫:《东三省旅行指南》,上海银行旅行部,1926年。
李祯等:《东北地区自然地理》,高等教育出版社,1990年。
雷殷:《中东路问题》,国际协报馆,1929年。
连濬:《东三省经济实况览要》,台湾传记文学出版社,1971年影印本。
刘祖荫:《满洲农业经济概论》,建国印书馆,1944年。
钱公来:《东北五十年来社会之变迁》,1939年。
宋家泰:《东北九省》,中华书局,1948年。
实业部工商访问局编辑:《日本在东三省经济势力概要》,1931年。
王成敬:《东北之经济资源》,商务印书馆,1947年。
王正雄:《东北的社会组织》,中华书局,1932年。
王余祀:《北宁路之黄金时代》,北平星云堂,1932年。
王华隆:《蒙古调查记》,商务印书馆,1925年。
王华隆:《东北地理总论》,最新地学社,1933年。
王雨亭:《东北印象记》,新国民印书馆,1934年。
王惠民:《新东北指南》,商务印书馆,1946年。
魏铭:《东北的贸易》,中华书局,1932年。
武堉干:《中国国际贸易概论》,商务印书馆,1930年。
武尚权:《东北地理与民族生存之关系》,独立出版社,1943年。
许逸超:《东北地理》,正中书局,1935年。
许公武:《内蒙古地理》,新亚细亚学会,1937年。
熊知白:《东北县治纪要》,立达书局,1933年。
詹自佑:《东北的资源》,东方书店,1946年。

章勃:《日本帝国主义对华交通之侵略》,商务印书馆,1931年。
张其昀:《东北失地之经济概况》,钟山书局,1933年。
张宗文:《东北地理大纲》,中华人地舆图学社,1933年。
张念之:《东北的贸易》,东方书店,1946年。
周志骅:《东三省概论》,商务印书馆,1931年。
朱契:《日本侵略满蒙之研究》,商务印书馆,1930年。
中国史地图表编纂社:《中国地理教科图》,亚光舆地学社出版,1946年。
明志阁编纂:《满洲实业案》,奉天游艺社,1908年。
曹树基:《中国移民史》第六卷(清、民国时期),福建人民出版社,1997年。
曹树基:《中国人口史·第五卷(清时期)》,复旦大学出版社,2001年。
陈诗启:《中国近代海关史》,人民出版社,1993年。
陈桦:《清代区域社会经济研究》,中国人民大学出版社,1996年。
陈秀山:《区域经济理论》,商务印书馆,2003年。
程维荣:《近代东北铁路附属地》,上海社会科学院出版社,2008年。
丛佩远:《东北三宝经济简史》,农业出版社,1987年。
丛翰香:《近代冀鲁豫乡村》,中国社会科学出版社,1995年。
杜恂诚:《日本在旧中国投资》,上海社会科学院出版社,1986年。
邓景福:《营口港史》,人民交通出版社,1995年。
东北沦陷十四年史总编室,日本殖民地文化研究会编:《伪满洲国的真相——中日学者的共同研究》,社会科学文献出版社,2010年。
东三省中国经济史学会:《东北经济史论文集》,1984年。
樊百川:《中国轮船航运业的兴起》,四川人民出版社,1985年。
范立君:《近代关内移民与中国东北社会变迁(1860—1931年)》,人民出版社,2007年。
冯柳堂:《中国历代民食政策史》,商务印书馆,1993年。
顾明义主编:《日本侵占旅大四十年史》,辽宁人民出版社,1991年。
郭廷以:《近代中国的变局》,台湾联经出版事业公司,1987年。
郭予庆:《近代日本银行在华金融活动》,人民出版社,2007年。
郭来喜、谢香方、过铿懋:《呼伦贝尔盟经济地理》,科学出版社,1959年。
刘连岗:《大连港口纪事》,大连海运学院出版社,1988年。
何炳棣:《读史阅世六十年》,广西师范大学出版社,2005年。
侯杨方:《中国人口史·第六卷(1910—1953年)》,复旦大学出版社,2001年。
侯甬坚:《区域历史地理的空间发展过程》,陕西人民出版社,1995年。
胡焕庸:《中国人口地理》,华东师范大学出版社,1984年。
胡赤军:《近代中国东北经济开发的国际背景》,商务印书馆,2011年。
黄甲元:《长白山区开发史稿》,吉林文史出版社,1991年。
黄宗智:《中国研究的范式问题讨论》,社会科学文献出版社,2003年。

冀朝鼎:《中国历史上的基本经济区与水利事业的发展》,中国社会科学出版社,1981年。

解学诗、张克良:《鞍钢史(1909—1948年)》,中国冶金工业出版社,1984年。

孔经纬:《日俄战争至抗战期间东北的工业问题》,辽宁人民出版社,1958年。

孔经纬:《东北经济史》,四川人民出版社,1986年。

雷慧儿:《东北的豆货贸易(1907—1931年)》,台湾师范大学历史研究所,1981年。

刘熙明:《大连港贸易与南满之产业发展》,台湾大学历史研究所硕士论文,1988年。

李伯重:《江南的早期工业化:1550—1850年》,社会科学文献出版社,2000年。

李健才、衣保中:《东疆史略》,吉林文史出版社,1990年。

李振泉:《延边朝鲜族自治州经济地理》,新知识出版社,1959年。

李振泉、石庆武:《东北经济区经济地理总论》,东北师范大学出版社,1988年。

李孝聪:《中国区域历史地理》,北京大学出版社,2004年。

辽宁省交通厅交通史志编委会编:《辽宁公路交通史》,人民交通出版社,1988年。

盛洪主编:《现代制度经济学》,北京大学出版社,2003年。

刘石吉:《明清时代江南市镇研究》,中国社会科学出版社,1987年。

刘俊文主编:《日本中青年学者论中国史(宋元明清卷)》,上海古籍出版社,1995年。

刘素芬:《烟台贸易研究(1867—1919年)》,台湾商务印书馆,1990年。

罗澍伟主编:《近代天津城市史》,天津人民出版社,1990年。

牛平汉主编:《清代政区沿革综表》,中国地图出版社,1990年。

潘君祥等主编:《近代中国国情透视》,上海社会科学院出版社,1992年。

曲晓范:《近代东北城市的历史变迁》,东北师范大学出版社,2001年。

任美锷:《中国自然地理纲要》,商务印书馆,1999年。

沈毅:《近代大连城市经济史》,辽宁古籍出版社,1996年。

苏智良主编:《上海:近代新文明的形态》,上海辞书出版社,2004年。

孙敬之主编:《东北地区经济地理》,科学出版社,1959年。

谭其骧:《长水集》,人民出版社,1987年。

佟冬:《中国东北史》,吉林文史出版社,1998年。

台湾中研院近代史研究所编:《近代中国区域史研讨会论文集》,台湾商务印书馆,1986年。

汪敬虞:《19世纪西方资本主义对中国的侵略》,人民出版社,1983年。

王魁喜等:《近代东北史》,黑龙江人民出版社,1984年。

王长富:《东北近代林业经济史》,中国林业出版社,1991年。

王铮:《理论经济地理学》,科学出版社,2002年。

乌云格日勒:《十八至二十世纪初内蒙古城镇研究》,内蒙古人民出版社,2006年。

吴晓松:《近代东北城市建设史》,中山大学出版社,1999年。

徐辛吾:《中国近代缫丝工业史》,上海人民出版社,1990年。

徐新吾:《江南土布史》,上海社会科学院出版社,1992年。

许涤新、吴承明主编：《新民主主义革命时期的中国资本主义》，人民出版社，1993年。

许檀：《明清时期山东商品经济的发展》，中国社会科学出版社，1998年。

杨树森：《清代柳条边》，辽宁人民出版社，1978年。

杨余炼：《清代东北史》，辽宁教育出版社，1991年。

杨乃坤、曹延泅：《近代东北经济问题研究（1916—1945年）》，辽宁大学出版社，2005年。

杨天宏：《口岸开放与社会变革——近代中国自开商埠研究》，中华书局，2002年。

衣保中：《东北农业近代化研究》，吉林文史出版社，1990年。

衣保中等著：《中国东北区域经济》，吉林大学出版社，2000年。

于春英、衣保中：《近代东北农业历史的变迁（1860—1945年）》，吉林大学出版社，2009年。

于阜民、阎海、段速敏：《营口史话》，黑龙江人民出版社，2003年。

赵中孚：《近世东三省研究论文集》，台湾成文出版社，1999年。

张仲礼：《中国近代经济史论著选译》，上海社会科学院出版社，1987年。

张福全：《辽宁近代经济史》（1840—1949年），中国财政经济出版社，1989年。

张利民、周俊旗、徐檀、汪寿松：《近代环渤海地区经济与社会研究》，天津社会科学院出版社，2003年。

张凤鸣：《中国东北与俄国（苏联）经济关系史》，中国社会科学出版社，2003年。

郑宝恒：《民国时期政区沿革》，湖北教育出版社，2000年。

郑友揆著，程麟荪译：《中国的对外贸易和工业发展（1840—1948年）》，上海社会科学院出版社，1984年。

中国社会科学院近代史所：《沙俄侵华史》，人民出版社，1990年。

中国金融学会金融史研究会主编：《沿海城市旧银行史研究——中国沿海城市旧银行史专题研究会文集》，1985年。

中国科学院中华地理志编辑部编著：《内蒙古自治区经济地理》，科学出版社，1956年。

周起业：《西方生产布局学原理》，中国人民大学出版社，1987年。

周永刚主编：《大连港史》（古、近代部分），大连出版社，1995年。

朱荫贵、戴鞍钢主编：《近代中国：经济与社会研究》，复旦大学出版社，2006年。

庄维民：《近代山东市场经济的变迁》，中华书局，2000年。

姚永超：《国家、企业、商人与东北港口空间的构建研究（1861—1931年）》，中国海关出版社，2010年。

吴传钧、郭来喜、谢香方：《黑龙江省黑龙江及乌苏里江地区经济地理》，科学出版社，1957年。

吴传钧：《中国经济地理》，科学出版社，1998年。

吴松弟：《港口、腹地与中国现代化的空间进程》，齐鲁书社，2005年。

吴承明:《中国的现代化:市场与社会》,生活·读书·新知三联书店,2001年。

(四)论文、译文

[日]安盛松之助著,静子译:《满洲商业发展之面面观》,《钱业月报》1931年第11卷第5期。

[日]安盛松之助著,方保汉译:《日俄战后之满洲商业》,《新亚细亚》1931年第3卷2期。

曾问吾:《大连旅顺之考察》,《新亚细亚》1931年第2卷第3期。

垦民:《民国十九年东三省农产收获与输出之估计》,《中东经济月刊》1930年第6卷第10号。

季茀:《东省农产调查记》,《东省经济月刊》1929年第5卷第8期。

黎援:《满蒙农业经营之研究》,《东北新建设》1929年第1卷第10期。

束煜光:《安东三大特产》,《商工月刊》1930年第1卷第2期。

阙名:《北满之工业状况》,《工商半月刊》1929年第1卷第6期。

阙名:《大连华商代理店之一斑》,《中外经济周刊》1924年第79期。

吴希庸:《近代东北移民史略》,《东北集刊》1941年第2期。

徐墀:《东三省之商业》,《东方杂志》1924年第21卷第10期。

萧惺伯:《鸭绿江采木之沿革与安东商业之关系》,《商工月刊》1930年第1卷第1期。

云凌久:《东三省内河航运今昔观》,《新亚细亚》1935年第10卷第1期。

陈航:《海港地域组合及其区划的初步研究》,《地理学报》1991年46卷第4期。

陈航:《论海港地域组合的形成机制与发展过程》,《地理学报》1996年第51卷第6期。

刁书仁:《论清代东北流民的流向及对东北的开发》,《清史研究》1995年第3期。

董玉瑛:《清代辽河航运码头》,《史学集刊》1987年第1期。

侯峻:《近代辽河航运与沿岸城镇的兴起》,《社会科学战线》1998年第6期。

何一民、易善连:《近代东北区域城市发展论述》,《史学集刊》2002年第3期。

李令福:《清代东北地区经济作物与蚕丝生产的区域特征》,《中国历史地理论丛》1992年第3期。

陆玉麒:《双核结构模式的形成机理》,《地理学报》2002年第57卷第1期。

茅柏科:《关于港口空间》,《中国港口》2005年第4期。

任海滨、王广义:《东北地方志与东北史地研究》,《东北史地》2006年第4期。

苏崇民:《"满铁"史概述》,《历史研究》1982年第5期。

孙福海、王今令:《晚清营口民族商业资本与油坊业、银炉业关系研究》,《辽宁师专学报》2000年第5期。

乌兰图雅、张雪芹:《清代科尔沁农垦北界的变迁》,《地理科学》2001年第21卷3期。

吴松弟:《港口—腹地和中国现代化空间进程研究概说》,《浙江学刊》2006年第

5 期。

吴松弟:《市的兴起与近代中国区域不平衡发展》,《云南大学学报》2006 年第 5 期。

吴松弟:《中国近代经济地理格局形成的机制与表现》,《史学月刊》2009 年第 8 期。

王革生:《清代东北沿海通商口岸的演变》,《社会科学战线》1990 年第 3 期。

许立勋、贾学梅:《浅论民国年间东北地方志的编修》,《东北史地》2006 年第 4 期。

许檀:《清代前期的山海关与东北沿海港口》,《中国经济史研究》2001 年第 4 期。

许檀:《清代前中期东北的沿海贸易与营口的兴起》,《福建师范大学学报》2004 年第 1 期。

谢景芳:《论清代奉天与内地间粮食海运贸易》,《辽宁师范大学学报》1989 年第 3 期。

张大伟:《铁路建造对清末东北城市的冲击》,《历史地理》2002 年第 18 辑。

[日] 松浦章著,冯佐哲译:《清代盛京海港锦州及其腹地》,《锦州师范学院学报》1989 年第 2 期。

[美] Christopher M. Isett 著,胡泽学、苏天旺译:《1700—1860 年间中国东北谷物与大豆的贸易》,《古今农业》2007 年第 3 期。

二、日文资料

日本参谋本部编纂课:《满洲地志》,东京博文社,1894 年。

日本参谋部编:《蒙古地志》,启新书局,1903 年。

守田利远:《满洲地志》,东京丸善株式会社,1906 年。

日本外务省:《北满洲之产业》,东京金港堂书籍株式会社,1908 年。

日本外务省:《南满洲ニ於ヶル商业》,东京金港堂书籍株式会社,1908 年。

外务省通商局:《清国开港市场ノ经济势力范围》,1911 年。

满铁调查课:《南满洲经济调查资料》,1911 年。

满铁调查课:《北满洲经济调查资料》,1911 年。

满铁调查课:《松花江黑龙江及两江沿岸经济调查资料》,1911 年。

满铁调查课:《吉林东南部经济调查资料附咸境北道及清津事情》,1911 年。

满铁总务部事务局调查课:《满蒙交界地方经济调查资料》,1914 年。

满铁劝业课:《满洲大豆》,1920 年。

满铁庶务部调查课:《大连港背后地の研究》,1923 年。

满铁庶务部调查科:《满蒙全书》,满蒙文化协会,1923 年。

满铁庶务部调查课:《南满三港の中继贸易(1921—1923)》,1925 年。

满铁庶务部调查课:《满洲贸易详细统计》,台湾成文出版社,1987 年影印本。

[日]神足笃太郎:《大连港》,大连港编纂所,1925 年。

[日]山田久太郎:《满蒙都邑全志》,东京日刊支那事情社,1926 年。

满铁庶务部调查课:《东部内外蒙古调查报告书》,1927 年。

满铁兴业部商工课:《南满洲主要都市と其背后地》,1927 年。

筱崎嘉郎:《满洲と相生由太郎》,大连福昌公司互敬会,1932年。

伪满国务院统计处:《满洲国年报》,1933年。

[日]长永义正:《经济都市大连》,满洲大博览会协赞会,1933年。

满铁经济调查会:《满洲国关税概论》,1934年。

铁路总局资料课:《奉山县铁路沿线及背后地经济事情—热河南部を含む》,1934年。

伪满国务院总务厅情报处:《满洲国大系—产业篇》,1934年。

伪满国务院统计处:《统计上的满洲帝国》,1935年。

铁路总局:《京图线及背后地经济事情—北鲜三港を含む》,1935年。

铁路总局:《齐北·平齐沿线经济事情》,1935年。

铁路总局:《沈海铁路背后地の经济事情》,1935年。

铁路总局:《图宁·宁佳·林密线及背后地概况》,1935年。

伪满产业部调查课:《康德二年度农村实态调查报告书—土地关系并に惯行篇》,1935年。

[日]铃木小兵卫:《满洲の农业机构》,白杨社,1936年。

伪满国务院总务厅情报处:《满洲帝国概览》,1936年。

满铁铁道总局资料课:《北黑沿线背后地经济事情》,1937年。

新京商工会议所:《平梅线の经济价值と沿线经济事情》,1937年。

满铁调查部资料课:《昭和十一年满洲工场统计》,1938年。

南满洲铁道总局:《热河诸铁道及背后地经济事情》,1940年。

大连商工会议所:《满洲国经济图说》,1940年。

伪满国务院总务厅统计处:《满洲帝国统计摘要》,1940年。

满洲经济研究会:《满洲工业年鉴》,奉天每日新闻社,1941年。

满铁调查部:《满洲经济研究年报》,改造社,1941年。

奉天商工公会:《奉天经济事情》,1941年。

[日]平野蕃:《满洲の农业经营》,中央公论社,1941年。

[日]千田万三:《满洲铁路志》,满铁弘报课,1942年。

[日]田口稔:《满洲风土》,中央公论社,1942年。

东京市政调查会:《满洲国都市》,1943年。

索 引

一、地名索引

阿城　99,102,103,135,195,213,216,276,283,290

瑷珲　15,32,46,47,51,52,61,66,78,131,133,136,140,141,144,151,158,161,205,217,256,262,283,289,295,301,307

安达　97,102,103,130,137,151,158,161,167,213,266,267,290

安东　9,13,14,16,37,43,45—47,49—52,58,61,62,65,66,71,73,74,76—78,80,86,88,97—101,104,109,114,115,117—120,123,127,130,131,134,135,139,143,145—147,149,154,155,158—162,164—169,174,176,179,186—188,190,193,194,196,199,201—205,210—212,215,216,224,230,231,234,238,241—243,245,246,248,251,252,254,258,260—262,267,268,275,278—280,283,287,289,290,295,296,299,300,307—309,313—315

安图　101,106,107,149,172,261,284,285,314,315

鞍山　3,22,130,159,162,191,192,199,200,203,204,231,254,262,267,272,273,278—280,286,298,299,305,306

昂昂溪　37,48,95,96,121,195,213,217,265,266,270

百草沟　15,257,295

拜泉　103,150,151,283

宝清　107,132,150

北安　14,15,107,120,121,147,167,168,173,202,262

北票　15,116,131,218,286,291,299

本溪　3,22,60,93,130,159,169,191,192,197,200,203,204,231,261,262,267,268,272,273,278—280,284,286,297—299,305,306

伯都讷　28,31—33,82,83,85,92,95,133,134,142,145,150,194,213,214,256,265,276

勃利　107,150

布西　102,284

昌图　23,27,81—84,91,93,98,137,142,145,151,158,166,213,215,284,296,313

长白山　20—25,31,38,107,139,140,149,172,284,286,287,306,313,314,316

长春　8,14,21,27,31,33,42,43,46,79,80,82—84,86,88,91—99,101—103,106,114,120,121,123—125,127,131,132,134—137,142—147,151,159,162,166,167,171,174,178,189,190,192,193,195,203,204,210,213—215,218,221,224,225,228,229,231,241—243,245,250—254,261,262,264,265,267,275,276,278—280,283,284,286,289—293,295,296,298,300,302

朝阳　15,38,48,82,93,120,131,135,143,170,178,214,219,220,269,282,283

承德　15,27,29,43,53,121,131,134,143,145,147,218,262,283,287,288,291

赤峰　1,15,19,34,38,46,48,120,131,132,135,178,218,262,264,283,287,291

打虎山　37,48,120

大东沟　46,51,52,66,118,135,173,210,256,260,279,289,295,314

大孤山　28,30,100,109,145,210,276,314

大赉　43,121,151,158,284

大连　3,7,9,13,14,16—18,29,37,39,40,42—44,46,47,49—52,54,58,61,62,65—76,80,81,85—91,93—101,103,104,109,111—118,120,121,123—125,127—132,134,135,145—147,157,159—162,164,176,179,182—185,187—193,196,199,200,203,205—210,212,214,221,223—228,230,231,234,237,238,241—245,247,248,256,258,261,262,276—279,282,287,289,290,292,293,295—299,305—313

大凌河　21,30,149,155,179,288

大兴安岭　20,22—24,32,33,172,175,286,287

丹东　149,261

德惠　92,93,166,221

东丰　82,92,93,95,149,166,169,214,215,220,224,260,282

敦化　43,94,105,106,121,123,130,131,142,150,172,268,285

额穆　105,150,172

法库　33,37,46,47,83,84,91,93,133—135,142,146,151,157,257,262,275,289,312,313

方正　107,135,172,174

凤城　25,93,161,166—169,299

凤凰城　27,46,58,133,135,144,145,170,211,219,257,260—262,268,276

奉化　83,84,134,136,142,151,275

奉天　3,15,17,19,27,29,30,43,45,46,58,74,84,91,94,98,100,117,119,120,123,127,129,134,135,138,142—145,147—149,155—159,162,166—171,180,187—190,193,194,201—203,214,216,220—222,224,228—231,234,235,238—240,248,250—253,256,258—263,267—270,275—279,283,288—290,292,297,300,306,310,311,313,314

扶余　31,92,93,130,166,221,283,284,286

抚顺　22,23,93,98,120,128—130,159,162,166,191—193,197,200,203,204,231,232,254,261,262,267,272,278—280,286,297—299,305

抚远　107,132

阜新　15,22,116,121,170,262,278—280,283,286,297,299

复州　22,27—30,57,90,93,130,158,166,168,169,179,259,288

富锦　103,107,132,141,147,150,164,172,213,287

盖平　27—29,58,89,101,109,130,135,142,158,166,168—171,179,186,194,258,259,267,288,296,302,303

盖州　28—30,288

关东州　44,46,47,69,129,130,132,158,159,179,191,202,203,226,231,262,279,300

郭尔罗斯　31,33,92,94,151,215,220,221,264,276

哈尔滨　3,9,13—15,38,40,41,46,49—52,61,62,66,78,80,85,88,94—98,101—104,107,108,114,120,121,125,127,130—132,134—137,140—147,157—162,164,166,167,171,173—178,181—183,185—190,193—196,200—202,204,205,210,212,213,216,217,223,228,231,234,241,243,246—248,251,252,254,257,258,261,262,265—267,269—271,274,276—280,286,289—292,295—298,300—302,307

海参崴　7,16,37—41,88,96,97,101,

103—106,109,111,114,115,119,120,
125,126,140,145,160,212,217,230,
242,266,277,287,289,290,296,307,308

海拉尔　15,34,46,135,136,147,178,195,
213,216,217,247,257,262,264,266,
267,278,280,287,295

海龙　48,81,82,91—93,120,135,143,
149,158,171,193,214,215,219,220,
261,269,282,289,303

海伦　103,121,130,135,150,169,213,
269,283,284,296

和龙　105—107

鹤立　107

黑河　15,39,48,107,120,121,130,132,
135,140,141,144,147,160,174,202,
270,280,283,287,300,301

黑龙江　1,2,7,11,13,15—22,31—36,
38—40,42,46,48—50,59,82,83,91,92,
102,103,107,109,110,121,124,125,
133,134,137,138,140,141,143,148,
150—152,154—156,158,160,165,169,
172,177,179,180,206,218,220,222,
224,245,248,249,257,260,262,264,
273,277,283,286,287,289—291,295,
300—302,306,307,312

黑龙江省　10,11,15,16,22,46,85,96,99,
102,103,133,142,145,149—151,156,
158,174,217,220,260,267,269,283—
285,295,302,311

呼兰　33,36,83,85,97,102,103,134,136,
142,150,151,169,171,194,213,217,
265,269,283,286

呼兰河　33,38,173,270

呼伦　1,11,23,32,34,38,102,133,179—
181,217,245,256,264,267,276,284,
287,301

呼伦池　21,180

呼玛尔河　22

葫芦岛　8,14,16,43,46—48,88,109,115,
116,120,126,145,200,204,218,257,
262,291—293,295,299,308

虎林　106,107,121,130,131,141,150,
172,174

桦川　107,150,172,213,271

怀德　82—84,92,93,134,135,142,166,
178,220,275

桓仁　58,93,99,135,139,211,215,216,
260,275,290,299

珲春　15,46,51,52,61,66,79,80,92,
105—107,119,130,133—135,142,144,
145,150,171—174,197,205,262,285,
289,295,296,301

会宁　43,94,106,116

浑河　81,82,138,148,272

鸡宁　107

吉林　1,2,7,10,11,13—19,25,27,28,31,
32,35,36,38,43,46,48—50,52,82—85,
91—95,100,105—107,116,120,121,
123,131,133—136,140,142—145,148—
150,152,154—156,158,165,167—176,
178,180,182,190,193,195,196,200—
203,213—215,220,224,228,231,236,
238,243,245,247—249,251,254,256,
260,262,263,268,269,275,276,278—
280,284,286—291,295,298,300—302,
306,311,312,315,316

吉林省　10,15,16,38,46,81,83—85,92,
94,105,119,133,140,144,149—151,
157,158,165,168,172,175,182,202,
215,218,228,260,263,264,283—285,
291,295,300,302

辑安　14,22,99,121,134,167,261,293

佳木斯　15,103,106,107,121,132,141,
147,174,196,202,204,218,252—254,

262,270,271,278—280,287,290,291,297,300,302

金州 27—30,89,90,93,98,109,129,133,135,144,159,166,168,180,192,194,244,259,262,275,288

锦州 15,27—30,34,38,47,48,57,89,134,135,142—146,149,158,167,168,170,174,179,187,196,201,202,204,218,238,245,254,259,260,262,264,275,276,278—280,286—288,297,299,300

镜泊湖 21,179,180

巨流河 82,83,213,311

开原 25,27,28,37,38,46,82,84,86,91—93,98,123,130,133—135,**137**,142—144,159,164,166,183,**190**,**191**,204,214,215,219,220,224,**225**,228,230,231,243,256,259,267,**268**,275,282,286,289,290,298,303

康平 23,83,93,134,151,158,170,312

科尔沁 32—34,82—84,94,**135**,151,217,269,270

宽城子 83,84,96,114,136,164,181,195,231,236,247,264,265

宽甸 23,58,99,135,139,149,166,167,169,194,211,260,261

拉哈苏苏 52,66,289

兰西 103,151,284

辽东 7,22—25,27—30,35,**37**,**40**,41,50,74,88—90,101,111,148,**149**,168,169,179,180,207,260,262,**273**,288,289,297,307—309,313,315

辽河 1,10,14,21,23,24,27,29—34,37,38,54,66,74,81—87,89,**91**,**93**,94,110,111,123,130,132—134,**136**—**139**,148,151,162—165,168,179,**180**,183,190,191,213—215,219,222,**258**,260,263,269,270,286,288,289,294,297,307,309—311,313

辽南 13,19,33,49,57,60,99,168,206,219

辽宁省 3,10,16,29,38,46,87,101,129,130,148,149,151,155,165,189,211,218,219,239,240,260,261,282,285,288,289,291,295,298,303,306,309,312,313

辽西 7,23,24,27,34,37,87,139,148,149,167,170,177,200,219,286,309,312,313,315

林口 106,107,121,174

临江 14,89,91,101,130,134,139,143,149,215,216,261,290

柳条边 7,10,13,25—27,31,34,37,49,50,52,81,83,84,133,148,149,151,172,206,210,219,234,257,259,260,268,284,286

龙江 102,151,167,168,202,283,286,300

龙井村 15,52,106,130,174,243,257,295,301

胪滨 102,267,284

旅顺 7,8,40,117,118,120,121,128,129,144—146,159,179,231,241—243,247,262,292,293,298

罗津 43,53,106,107,110,115,116,218,287,290,292,307

萝北 107,135,151,283

满洲里 15,46,51,52,61,66,78,102,120,121,144,164,176,178,181,195,205,212,216,217,243,257,262,266,267,273,277,278,280,289,290,292,295

密山 107,135,141,150,164,172,273

漠河 22,132,141,151

墨尔根 32,33,133,145,150,217,256,275,276

牡丹江 15,21,38,43,103,106,107,121,
　　131,132,144,147,164,168,171,172,
　　174,179,180,196,202,204,213,217,
　　218,252—254,262,270,278—280,287,
　　291,300

穆棱 38,102,103,107,130,131,135,150,
　　168,172,195,273

内蒙古东部 1,7,10,12,13,16,19,24,27,
　　49,81—84,88,94,95,98,99,121,133,
　　151,175,178—180,218,220,228,263,
　　269,270,286,291,292,309,310

嫩江 15,21,22,33,43,48,81,94,99,121,
　　131,133,138,140,151,154,155,158,
　　164,165,167,172,179,180,212,213,277

宁古塔 31,32,46,92,105,133—135,142,
　　144,145,150,172,175,195,216,217,
　　247,256,257,262,265,270,275,276,
　　288,295

牛庄 3,28—31,47,52,54,56—61,67,68,
　　81,101,109,110,130,134,136,142,143,
　　206,231,234,257—259,288,289,
　　310,311

农安 82—84,92,93,134,151,158,166,
　　178,214,221,283

齐齐哈尔 14,28,32—34,46,48,82,83,
　　85,92,94,95,97,107,120,121,130,
　　133—136,140,142,144,145,147,150,
　　161,174,177,195,216,217,243,247,
　　248,251,253,254,256,257,260,262,
　　265,267,269,270,275,276,278—280,
　　289—291,295,298,300,302

秦皇岛 47

青冈 103,150,151

清津 15,16,43,53,97,104,106,107,110,
　　115,116,132,292,307

饶河 107,132,141,150

热河 13,16,18,19,35,38,43,46,50,53,
　　116,121,131,135,152,167,170,178,
　　202,218,249,262,263,283—286,291,
　　295,297,300,306

三姓 32,46,51,52,61,66,78,85,103,
　　133,134,136,142,145,150,172,175,
　　176,216,217,262,288,295

沙河 28,30,81,89,98,114,134,159,189,
　　210,211,216,246,260,261

山海关 7,13,24,25,28,30,37,50,53,80,
　　119,127,133—135,137,144,146,176,
　　219,258,259,287,288,292,294,296,311

神户 43,113,118,208,209,231

沈阳 3,9,13,14,17,48,50,67,80,82,84,
　　86,88,89,91—93,95,98—100,120,121,
　　127,129,130,132,134,143—147,160,
　　166,167,171,174,176,178,190,196,
　　199,201,203,204,210,214,228,241—
　　243,245,247,251—254,258,260,262,
　　277,279,280,282,286,290,291,296—
　　299,303,313

盛京 15,19,25,27—29,32,33,45,81—
　　83,133,134,142,144,149,152,158,162,
　　176,238,275—277,287,288

双辽 14,81,94,215

四平 38,39,86,94—98,121,127,135,
　　136,143,146,151,159,162,166,191,
　　202,214,215,228,231,243,254,262,
　　267—269,278,280,286,290,298,310

松花江 14,18,21,22,24,28,31,33,37,
　　38,59,81,85,94,102,103,107,121,133,
　　137,138,140,141,150,151,164,166—
　　168,171—174,176,178—180,182,199,
　　212,213,216,217,219,263,266,270,
　　271,274,277,287,290,296,297

绥芬河 15,20,51,52,61,66,78,96,97,
　　102,103,120,121,125,164,177,179,
　　195,205,266,289,290,292,307

绥化　14,97,103,106,107,121,142,150,
　　169,171,174,213,269—271,283,286
太子河　81,82,89,138,148,162,262
汤原　107,151,166,169,174,213,284
洮南　37,43,46,48,94—96,120,121,135,
　　145,146,149,262,268,269,290
铁岭　14,23,27,28,46,82,84,86,87,91,
　　93,98,123,130,134,138,142,144—146,
　　159,161,164,166,169—171,183,185,
　　187,190—194,214,220,224,228,231,
　　241—243,247,254,259,262,263,267,
　　275,278,283,286,289,313
通河　36,107,213,283
通肯河　38,150
通辽　1,19,37,48,87,93—95,120,121,
　　131,149,151,157,224,228,262,270,
　　283,286,290,310,312
同江　48,82,107,120,131,135,140,150,
　　172,213
头道沟　15,257,264,268,295
图们　15,43,53,80,98,106,107,121,146,
　　174,218,254,256,270,271,287,290,
　　296,307
图们江　19—21,38,46,52,105,106,130,
　　139,172—174,179,257
汪清　105—107,149,300
乌苏里江　11,19—21,32,39,40,59,109,
　　130,137,138,140,141,150,172,179,
　　180,212,277,307
五常　43,48,93,171,216
西安　46,81,82,92,93,95,158,169,175,
　　214,220,260,282,283
西伯利亚　7,24,40,41,62,97,112,119,
　　144,160,182,212,248,266,289,301
西丰　82,92,93,95,149,169,194,204,
　　214,259,282
小兴安岭　20—22,24,31,38,107,121,
　　172—174,286,287
新宾　25
新民　2,14,27,46,47,84,91,119,120,
　　127,134,135,142,144,156—158,170,
　　193,194,224,257,259,260,262,263,
　　275,283,289,303,310—313
新义州　43,46,99,100
兴安盟　1,19
兴凯湖　21,179,180
雄基　43,53,105—107,110,115,116,
　　292,307
岫岩　27—30,58,89,93,99,130,135,149,
　　167,169,194,210,211,259—261,
　　285,299
鸭绿江　14,20,21,23,37,38,43,74,81,
　　99—101,114,115,118,123,130,137,
　　139,143,172—174,179,180,188,199,
　　210,215,216,243,259,261,290,307,
　　308,313,314
延吉　15,38,43,51,52,61,66,79,80,92,
　　105—107,130,134,135,142,145,147,
　　205,254,262,280,287,289,296
伊通　26,33,84,92,93,95,134,145,151,
　　169,171,178,289
依兰　32,43,48,52,103,107,120,131,
　　133,135,150,172,174,178,213,271,
　　289,290
营口　3,9,10,13,14,16,22,29—31,37,
　　46,49—60,62,63,65—68,72—75,80—
　　91,94,97,109—111,114—120,123—
　　127,130,132,134—138,142—148,159,
　　161—164,166,168,170,174,176—179,
　　182—184,187,188,190—194,201,204—
　　206,213,214,217,218,221—225,228,
　　230,231,234—241,243,245,247—249,
　　251,254,256,258—264,267,269,276,
　　278,279,282,283,286—289,294—298,

306—313,315
榆树 92,93,95,135,166,178
昭乌达盟 19,33,151,217,264
肇东 103,151,213,283
肇州 92,102,103,135,151
哲里木盟 19,33,94,151,217,270
郑家屯 33,81—83,94,95,121,134,135,138,166,176,178,213,214,243,257,262,268—270,276,310
庄河 30,57,90,109,130,131,135,166,167,169,179,261,299
卓索图盟 19,33,135,151

熊希龄 17,230,309
熊知白 193,263,273,274,277,282—284
休斯 48,115
徐世昌 17,48,115,168,180,238,248
袁世凯 43
张本政 118,227
张锡銮 260
张学良 13,43,48,50
张元奇 260
张之洞 45,46
张作霖 13,43,48,50,115,238,246,249,313
赵尔巽 158,171,238,277
周文富 298
朱尔典 47

二、人名索引

曹廷杰 50
陈振先 158
崇厚 259
稻叶岩吉 18,27,222
冈松参太郎 42
哈里曼 47,120
何秋涛 50
赫德 47
后藤新平 42,96,97,113
拉铁摩尔 27,294
李鸿章 112,119
李厚佑 155
李云书 156,160
密迪乐 258
木户忠太郎 191,273
钱公来 8,294
曲廉本 260
松本敬之 18,82—85
藤冈启 18,20,21,23,171
王顺存 261
维特 40
相生由太郎 113,308
小越平隆 18,33,134,265,274—276

三、企业与机构索引

阿城糖厂 195
鞍山制铁所 44,191,200,203,273,298
本溪湖煤铁有限公司 191
边业银行 249,250
朝鲜银行 242—244,246,251
大阪商船 44,113,117,118,208
大连埠头事务所 112,113
大连交易所 226—228
大连沙河口铁道工厂 188
大连商工会议所 132,209
大日本航空株式会社 132
大兴公司 253,254
道胜银行 119,237,244,246,247
第一满洲面粉厂 194
东北财经委员会 17,63,64,80,127,128,161,178,198
东北交通委员会 48,115,145
东北联合航务局 141
东北政务委员会 13,15,16,50,152,261
东三省官银号 238,239,248—250,313

东盛和　206,224,225,236,237,239
东亚劝业会社　157
东洋拓殖会社　156,157,242—244
丰满发电厂　199
奉天兵工厂　189
奉天官牧场　155
奉天农业试验场　158
公主岭农事试验场　159,297
黑龙江汽船公司　140
黑龙江省官银号　249,250
黑龙江省瑞丰农牧公司　155
厚发合　224,225
吉林机器局　182
吉林省长岭县天利公司　155
吉林永衡官银号　249,250
满蒙毛织　44
满蒙纤维　44
满铁　3,7,8,11,14,16—18,29,41—49,
　　66,67,73,74,86—101,103,104,106,
　　107,110,112—116,120,121,123—129,
　　131,134,137,139,143—145,153,156—
　　161,171—174,177,178,182,184,185,
　　188,189,191—198,202,203,205—207,
　　214—216,218,220,222,225—227,231,
　　232,241,243,245,249,251,261—265,
　　267,268,270—274,277,279,289,290,
　　292,293,297,298,300,302,304,305,
　　308,310—312
满铁"中央实验所"　185
满鲜拓殖会社　157
满洲曹达株式会社　200
满洲纺织株式会社　192
满洲航空株式会社　132
满洲化学工业株式会社　200
满洲硫安工业株式会社　200
满洲重工业开发株式会社　197
满洲柞蚕株式会社　169

美孚石油　210
南满电气株式会社　189
南满瓦斯会社　189
南满制糖　44,171
南满洲铁道株式会社　3,41,42,207
秋林洋行　212
日本航空公司　132
日本陆军参谋部　18
日本汽船会社　117
日本外务部　18
日本邮船株式会社　117,208
日满商事会社　162,232
三井物产　44,56,57,113,164,206,208,
　　210
水丰发电厂　199
顺兴铁厂　298
太古轮船公司　118
天一垦牧公司　155
万国农具公司　160
伪满兴业银行　253,254
伪满中央银行　250,252—254
戊通商船公司　140
物资调节委员会　11,38,111,119,121,
　　127,128,139,141,153,163,165,170,
　　173,189,201,229,230,233,299,300
西义顺　206,224,225
熊岳城农事试验场　159
一面坡啤酒公司　195
义合信局　142
远东对外贸易局　40,41
远东海外贸易代表支部　41
昭和制钢所　197,200
正金银行　94,237,238,241—244,254
政记公司　118
中东铁路发电总厂　195
中东铁路公司　3,7,97,115,140,141,146,
　　158,265,273

中华航空株式会社　132

中日合办鸭绿江木材公司　173

四、商品索引

白糖　29,74,216,288

玻璃　62,188

布　1,2,7,11,12,14,20—22,28—34,37—39,41,42,45—47,49,56,59,71,72,74,82,84,88—92,96,97,100,103,105,107,112,114,117,119,121,125,129,137,140,148,150,151,155,161,162,164,165,169,172,174,175,179,182,186—190,192—195,200,202—204,206,208,210,212,215—222,224,227,228,230,231,238—241,243,246—248,250—252,256,260—264,266,267,271,277,278,282,284,286—290,292,293,295,298,302,305,306,308,311,314,315

茶　1,3,33,34,56,60,72,84,212,215,216,218,221,234,242,265,284

柴油　192

绸缎　29,71,72,208,210,211,216,288,311

粗布　59,60,63,187,194,217

大豆　1—3,28,30,42,44,50,51,54,56—58,61—65,69,78,79,84,86,87,89—92,97,98,101—103,105,110,115,117—119,123—125,128,130,136,137,139,158,159,161—167,170,183,185,187,188,190,193,206,210—212,214—218,220—222,225—230,234,238,247,263,269,270,278,282,284,293,294,296,297,302,304,306,308,315

稻　51,158,159,166—168,184,232,282

貂皮　31,32,175,176,315

豆饼　28,44,51,56—58,61—64,84,89—91,97,101,105,110,118,123,124,139,

161—164,183—185,188,190,193,206,212,214—217,220,222—224,226—230,238,278,293,306,308,315

豆油　44,51,58,60—64,69,72,84,90,97,124,141,164,183—185,187,190,193,212,222—224,226—230,278,293,306,315

防风　32,58

钢板　59

高粱　24,57,62,64,84,85,89,95,102,123,136,159,161,163,164,166,167,222,226—228,263,282,284,294,301,304

谷子　62,64,159,161

过磷酸钙　161

化学药品　62,233

黄柏　58

黄豆　24,27—29,162,164,183,184,288

火柴　59,60,84,89,183,188,189,204,215—217,260,282,300,301

机械金属　62

家具　71,272

焦煤　191,192,200

金属制品　33,59,60

酒精　74,185,195

旧黄铜　71

卷烟　62,84,170,315

蓝靛　84,91,282

粮食　2,21,28,29,33,34,51,57,58,61,82,84,92,95,96,98,103,107,125,128,136,153,162,164—166,168,212—216,218,219,222,226—228,233,244,245,247,248,267,270,271,288,291,302,304,308,312,313

硫铵　161

硫酸铊　64,161,192

鹿茸　32,58,269,315

麻　44,59,84,91,95,158,159,161,164,
　　168,170,171,183,188,202,204,215,
　　216,235,236,263,269,282

麻袋　62,63,72,110,124,171,202,228,
　　297

毛皮　34,58,84,169

煤炭　2,3,16,22,61,62,64,107,113,116,
　　121,123,128,141,182,191,192,197,
　　198,203,208,216,232,241,271,280,
　　293,294,299,302

煤油　22,59,60,62,63,72,82,92,105,
　　184,204,212,215,216

棉花　1,24,29,59,64,72,75,158,159,
　　161,162,165,168,170,187,201,215—
　　217,232,263,302,304

棉剪绒　71

棉纱　59,60,74,187,192,217,228

棉制品　59,200,230

面粉　3,62,71,82,89—91,97,123,139,
　　141,156,167,168,183,185—189,194,
　　195,217,224,228,232,282,284,297,301

木材　24,32,61,64,89,91,94,101,105,
　　107,110,114,116,123,128,139,141,
　　172—174,188,201,204,208—213,216,
　　246,267,269,283,293,294,300,302,
　　306,314

皮革　61,62,141,177,178,182,183,189,
　　192,195,202,282,301

气锅　71

人参　24,31,32,58,59,84,216,282,315

砂糖　29,62—64,84,89,91,92,138,206,
　　212,215,217,228,234,284

山货　95,206,215,216,220,282,315

烧酒　59,176,214,216,263,282,284

生铁　64,116,191,197,199,200,294,298,
　　299,301

牲畜　33,34,60,84,94,95,128,134,136,
　　137,159,162,178,193,270,282,304

丝织品　59,89

粟　57,84,85,89,91,95,166,167,282,294

陶瓷　62,84,188,272

甜菜　161,170,171

条布　59

铁管　71

铁矿石　3,22,61,62,200,203

铁条　59,314

铜线　71

土布　59,187,190,230,231

五味子　32,58

橡皮器　71

小麦　21,24,44,62,84,97,107,123,124,
　　156,158,159,161,165—168,186,216,
　　217,228,270,304

斜纹布　59,60

畜产品　33,34,64,176—178,217,218,
　　264,267

烟　29,31,33,34,37,57,59,71,72,74,85,
　　89,90,92,93,103,118,120,130,132,
　　142,150,170,171,174,175,178,186,
　　192,194,197,208,210—212,214,215,
　　220,221,224,246,260,263,264,269,
　　271,276,282—284,287,297,298

烟草　62,84,91,95,159,161,162,165,
　　168,170,171,188,189,208—210,215,
　　216,218,260,264,269,275,278,282,304

盐　21,38,64,82,84,89,123,138,139,
　　200,207,210,213,215—217,221,222,
　　260,315

洋布　59,71,187,236

洋铁　59,60

药材　24,29,31,32,58,61,91,210,214,
　　216,288,315

页岩油　197

液化煤气　197

衣服　71
油漆染料　62
玉米　57,62,84,90,95,158,159,161,166,
　　167,227,304
原色布　71

纸张　62,64,82,201,216,217,315
重油　192
柞蚕丝　58,61,62,89,101,168—170,176,
　　186,187,194,211,263,282
柞茧　101,169,186,194,211

图书在版编目（CIP）数据

中国近代经济地理. 第9卷, 东北近代经济地理/姚永超著. —上海：华东师范大学出版社,2014.11
ISBN 978-7-5675-2729-4

Ⅰ.①中… Ⅱ.①姚… Ⅲ.①经济地理-中国-近代 ②经济地理-东北地区-近代 Ⅳ.①F129.9

中国版本图书馆 CIP 数据核字(2014)第 259815 号

审图号 GS(2014)1499 号

中国近代经济地理
第九卷·东北近代经济地理

丛书主编　吴松弟　副主编　戴鞍钢
本卷作者　姚永超
策划编辑　王　焰
项目编辑　庞　坚
审读编辑　王　恒
责任校对　高士吟
版式设计　高　山
封面设计　储　平

出版发行　华东师范大学出版社
社　　址　上海市中山北路3663号　邮编 200062
网　　址　www.ecnupress.com.cn
电　　话　021-60821666　行政传真 021-62572105
客服电话　021-62865537　门市(邮购)电话 021-62869887
门市地址　上海市中山北路3663号华东师范大学校内先锋路口
网　　店　http://hdsdcbs.tmall.com

印　刷　者　上海中华商务联合印刷有限公司
开　　本　787×1092　16开
印　　张　22.25
字　　数　444千字
版　　次　2015年10月第1版
印　　次　2015年10月第1次
书　　号　ISBN 978-7-5675-2729-4/K·422
定　　价　78.00元

出版人　王　焰

(如发现本版图书有印订质量问题,请寄回本社客服中心调换或电话 021-62865537 联系)